初级律师基本技能

王祥修　主编

中国政法大学出版社

2019・北京

校庆筹备工作领导小组

组　长：	夏小和	刘晓红			
副组长：	潘牧天	刘　刚	关保英	胡继灵	姚建龙
成　员：	高志刚	韩同兰	石其宝	张　军	郭玉生
	欧阳美和	王晓宇	周　毅	赵运锋	王明华
	赵　俊	叶　玮	祝耀明	蒋存耀	

总序 GENERAL PREFACE

三十五年的峥嵘岁月，三十五载的春华秋实，转眼间，上海政法学院已经走过三十五个年头。三十五载年华，寒来暑往，风雨阳光。三十五年征程，不忘初心，砥砺前行。三十五年中，上海政法学院坚持“立足政法、服务上海、面向全国、放眼世界”，秉承“刻苦求实、开拓创新”的校训精神，走“以需育特、以特促强”的创新发展之路，努力培养德法兼修、全面发展，具有宽厚基础、实践能力、创新思维和全球视野的高素质复合型应用型人才，在中国特色社会主义法治建设征程中留下了浓墨重彩的一笔。

学校主动对接国家和社会发展重大需求，积极服务国家战略。2013 年 9 月 13 日，习近平主席在上海合作组织比什凯克峰会上宣布，中方将在上海政法学院设立“中国-上海合作组织国际司法交流合作培训基地”，愿意利用这一平台为其他成员国培养司法人才。此后，2014 年、2015 年和 2018 年，习主席又分别在上合组织杜尚别峰会、乌法峰会、青岛峰会上强调了中方要依托中国-上合基地，为成员国培训司法人才。2017 年，中国-上合基地被上海市人民政府列入《上海服务国家“一带一路”建设、发挥桥头堡作用行动方案》。五年来，学校充分发挥中国-上合基地的培训、智库和论坛三大功能，取得了一系列成果。

入选校庆系列丛书的三十五部作品印证了上海政法学院三十五周年的发展历程，也是中国-上海合作组织国际司法交流合作培训基地五周年的内涵提升。儒家经典《大学》开篇即倡导：“大学之道，在明明德，在亲民，在止于至善。”三十五年的刻苦，在有良田美池桑竹之属的野马浜，学校历经上海法律高等专科学校、上海政法管理干部学院、上海大学法学院和上海政法学院等办学阶段。三十五年的求实，上政人孜孜不倦地奋斗在中国法治建设的道路上，为推动中国的法治文明、政治进步、经济发展、文化繁荣与社会和谐而不懈努力。三十五年的开拓，上海政法学院学科门类经历了从单一性向多元性发展的过程，形成了以法学为主干，多学科协调发展的学科体系，学科布局日臻合理，学科交叉日趋完善。三十五年的创新，在我国社会主义法治建设进程中，上海政法学院学科建设与时俱进，为国家发展、社会进步、人民福祉献上累累硕果和片片赤诚之心！

所谓大学者，非谓有大楼之谓也，有大师之谓也。三十五部作品，是上海政法学院学术实力的一次整体亮相，是对上海政法学院学术成就的一次重要盘点，是上政方家指点江山、激扬文字的历史见证，也是上海政法学院学科发展的厚重回声和历史积淀。上海政法学院教师展示学术风采、呈现学术思想，如一川清流、一缕阳光，为我国法治事业发展注入新时代的理想与精神。三十五部校庆系列丛书，藏诸名山，传之其人，体现了上海政法学院教师学术思想的精粹、气魄和境界。

红日初升，其道大光。迎着佘山日出的朝阳，莘莘学子承载着上政的学术灵魂和创新精神，走向社会、扎根司法、面向政法、服务社会国家。在佘山脚下这座美丽的花园学府，他们一起看情人坡上夕阳抹上夜色，一起欣赏天鹅一家漫步在上合基地河畔，一起奋斗在落日余晖下的图书馆。这里记录着他们拼搏的青春，放飞着他们心中的梦想。

《礼记·大学》曰："古之欲明明德于天下者，先治其国。"怀着修身、齐家、治国、平天下理想的上政师生，对国家和社会始终怀着强烈的责任心和使命感。他们积极践行，敢为人先，坚持奔走在法治实践第一线；他们秉持正义，传播法义，为社会进步摇旗呐喊。上政人有着同一份情怀，那就是校国情怀。无论岁月流逝，无论天南海北，他们情系母校，矢志不渝、和衷共济、奋力拼搏。"刻苦、求实、开拓、创新"的校训，既是办学理念的集中体现，也是学术精神的象征。

路漫漫其修远兮，吾将上下而求索。回顾三十五年的建校历程，我们有过成功，也经历过挫折；我们积累了宝贵的办学经验，也总结了深刻的教训。展望未来，学校在新的发展阶段，如何把握机会，实现新的跨越，将上海政法学院建设成一流的法学强校，是我们应当思考的问题，也是我们努力的方向。不断推进中国的法治建设，为国家的繁荣富强做出贡献，是上政人的光荣使命。我们有经世济民、福泽万邦的志向与情怀，未来我们依旧任重而道远。

天行健，君子以自强不息。著书立说，为往圣继绝学，推动学术传统的发展，是上政群英在学术发展上谱写的华丽篇章。

上海政法学院党委书记 夏小和 教授

上海政法学院校长 刘晓红 教授

2019年7月23日

编写说明

INTRODUCTION

随着我国经济的快速发展，法律服务已经渗透到政治、经济、文化、社会、生态文明建设的方方面面。党的十九大召开后，依法治国的战略为律师行业深化改革确立了目标和方向。律师行业在其不断成长、发展过程中，通过解决现有纠纷、防范矛盾激化、预防法律和商业风险、服务企业运营等多种方式，也发挥着越来越重要的作用。律师行业具有极高的实践性，理论知识只是最基本的本领，更多的需要在实践中摸索、学习、思考与总结。在新时代下，律师需要掌握哪些基本技能？如何依靠这些基本技能将知识与经验应用于特定的客户服务之中？这些都是一个准律师或者新律师需要学习和考虑的重要命题。

上海政法学院以教学科研为中心，注重理论与实践紧密结合。学校遵循高等教育规律，倡导勤奋向上的学风，在强调通才教育、素质教育的同时，注重学生的学习潜能和创新潜能的培养，在法律硕士与法学专业本科生中开设了一门专业选修课程《律师实务》，由上海律宏律师事务所团队律师主办，并同时邀请北京炜衡（上海）律师事务所、上海市竞业律师事务所、上海申同律师事务所的多位资深律师为学生课堂教授该门课程。课程开设以来受到了学生的踊跃选修，在国际法学院领导的支持和组织下，我们编写了这本《初级律师基本技能》以作为《律师实务》课程用书。

律师是一个集思想性、科学性、艺术性于一体的实践性职业，不仅需要扎实的法学理论基础，也需要严谨的法律逻辑思维。本书的编撰，是在党的思想路线及方针政策指引下，适应教学改革的要求，体现应用型人才培养特点，力求开拓创新。本书力求做到系统介绍基本知识，充分反映时代要求，理论与实践密切结合，富有启发性，彰显实践性教学特色。本书旨在使学生了解律师职业基本概念和规范准则，增强常规业务必备知识，掌握初级律师各项基本实务操作技能和思考能力，对学生成长为未来的准律师、新律师有所启发和帮助。

本书的编撰强调了基础性、实用性、科学性三者的有机统一。

基础性，即因本书主要面向今后可能踏入律师圈的学生，故在内容安排上涉及的是律师实务最基本和最常见的内容，讲述的也是最基本的律师业务技能和操作方法，并不涉及那些高级、尖端的律师业务门类和技能。

实用性，即根据律师业务的实际情况安排内容，对每项具体律师业务的基本要求、处理思路、工作规范及具体操作技能等逐一进行介绍，将理论教学与案例教学相结合，寓理于例，用典型案例说明重要实务操作理论、法律制度及法律关系，并加入与学生交流互动环节，带领学生熟悉整套案件流程、各阶段文书的书写、案件的思考方式、辩论方案等实务内容，增强学生发现、提出、分析、解决问题的能力，力求从学生的角度出发，以适合学生能理解与掌握的方式培养及训练学生的律师业务基本技能。

科学性，即本书虽为基础实务教材，但注重结构的科学性、内容的新颖性，尽可能反映律师实务的最新立法和最新研究成果。社会飞速发展，新的情势不断出现，本书在法律持续更新的情况下，力求做到内容严谨、分类科学、体例系统，无论是引用法学理论或法律规范，还是阐述自己的观点或解释案例，均遵循客观中立的主旨。

本书共十二章，较全面系统地介绍了律师业务的基本操作规范、业务流程及方法技巧，各章都列示有本章概要、学习目标、理论思考、案例分析实训等内容，其中包含有各类案件操作流程、各阶段诉讼文书的书写规范及模版练习。

本书由王祥修教授主编，撰写人员及分工如下（以撰写章节先后为序）：

金雅珮：第一章律师概述；

邹杨：第二章民事案件律师业务基本技能；

胡霞、胡倩倩：第三章常见民事案件中的婚姻家庭；

陈佳颖、范庭鼎：第四章常见民事案件中的民间借贷；

朱沙：第五章刑事案件律师业务基本技能；

王芸菁：第六章常见刑事案件中的侵犯公民人身权利罪、侵犯财产罪；

黄冬艳：第七章常见刑事案件中的经济犯罪；

樊平、陈佳远：第八章行政案件律师业务基本技能；

徐俪：第九章常见行政案件；

杜佳华：第十章合同起草与审核；

张旻菲：第十一章知识产权案件律师业务基本技能；

王夏青：第十二章初级律师与客户的接待与表达。

本书由上述上海律宏律师事务所的诸位律师共同参与编写，他们具有多年的律师执业经验，且在相关领域术业有专攻，经验丰富。为了保证本书的质量，编委会多次召开会议，在整体风格设计、结构统筹、语言编排等方面进行了多次修改和调整，诸位律师付出了大量的时间和精力成就本书。此外，在本书的编撰过程中，中国政法大学出版社第三编辑部冯琰主任提供了无私的支持和帮助，在此我们特对以上所有人员一并表示感谢。

在此提请大家注意，本书所引用的法律法规截止于2019年3月15日。本书既贴近律师工作实际，又符合一般教育规律，适合将来有志进入律师行业的学生作为选修课程教材。由于我们是第一次采取理论教师与实务律师共同编写的模式，故本书一定会还会存在许多不足和疏漏。真诚欢迎读者多提宝贵意见和建议，帮助我们不断修订和改进，共同探索准律师健康成长和发展的道路。

王祥修

2019年4月

目　录 CONTENTS

CHAPTER1 第一章

律师概述

【本章概要】 律师一直以来都是一个神秘且富有魅力的职业，几乎是所有法学学子所向往的职业之一。本章主要从律师职业的发展历程、律师工作的特点、领域和主要形式、律师职业道德和行为规范以及如何成为一名优秀律师出发，来介绍我国现阶段律所及律师的主要类型、律师的具体工作模式和内容、律师如何在各个场合规范地处理与他人的关系以及一名优秀律师的基本素养。本章最后一节重点阐述了党建引领下的律师业务发展，让学生了解作为一名律师应当履行的社会责任。

【学习目标】 通过本章的学习，让学生了解中国律师制度发展进程中律师事务所和律师的主要类型、律师的主要行为规范和基本素养。同时掌握律师的主要类型和具体工作内容以及党建引领律师业务发展的重要性。

第一节　律师职业的发展

一、中国律师制度的起源

中国律师制度和现代律师职业最早起源于西方的商品经济及法治思想，是清末变法改制时效法西方典章制度的产物。百年来，中国律师制度经历了兴盛、败落；遭受了质疑、反对；但至今仍然屹立不倒且愈渐繁荣地发展。可见律师制度是民主需求和社会法治建设必不可少的一部分。

1912 年，南京临时政府在辛亥革命后起草了《律师法草案》。这是第一部有关律师制度的成文法草案，但后因袁世凯夺权导致南京临时政府被迫解散而未能公布施行。同年，北洋军阀政府制定了《律师暂行章程》和《律师登记暂行章程》，这是中国第一部关于律师制度的成文立法。1954 年 7 月 31 日，中央人民政府司法部发布了《关于试验法院组织制度中几个问题的通知》，指定在北京、上海、天津、重庆、武汉等城市率先试行律师工作，之后全国有 19 个省、市、自治区陆续成立了地方律师协会，包含专业律师和兼职律师近 3000 名。1956 年 1 月，国务院批准了司法部《关于建立律师工作的请示报告》，正式开始实行律师制度。1957 年下半年，律师制度建设中断。1979 年，党中央决定重建律师制度，这是时隔 20 多年后律师制度的重振旗鼓。1986 年，我国开始实行全国律师资格统一考试，用于遴选法律类的专业人才，同年又在北京召开了第一次全国律师大会，会议通过了《中华全国律师协会章程》并正式成立中华全国律师协会以统管全国律师工作。1996 年 5 月 15 日，第八届全国人大常委会第十九次会议通过了新中国第一部律师法——《中华人民共和国律师法》，自 1997 年 1 月 1 日起正式施行。至此，律师执业有了比较系统的法条依据和专业的管理机构。至今为止，1997 年生效的《中华人民共和国律师法》因为国情的变化、法治建设的需要，分别于 2001 年、2007 年、2012 年、2017 年进行了四次修订。

在当今社会，律师对于很多人来说，还是一个比较神秘且高端的职业。他们认为律师就是那些穿着光鲜、西装笔挺、踩着高跟鞋、穿着职业装的商业形象。甚至很多老百姓会认为，律师就是打官司的，而且是帮有钱人打官司的，普通老百姓是根本请不到或请不起一个资深、优秀、经验丰富的律师的。其实这些想法都是非常片面和偏激的，中国律师制度经过近百年的摸索和沉淀已然发展成为一个比较成熟、全面、符合中国国情的体系。

根据《中华人民共和国宪法》（以下简称《宪法》）明确规定："中华人民共和国公民在法律面前一律平等。"这条规定告诉我们，中国公民每个人都平等地享有法律规定的权利和承担法律规定的义务，不允许任何人享有超越法律的特权。这是中国特色社会主义法治建设的一项基本要求，亦是社会主义核心价值观的重要体现。律师并不是有钱人玩弄权益的工具，而是维护社会法治公平正义的催化剂。每个人都有权利聘请律师来维护自己的合法权益。

二、律师事务所的主要类型

（一）国资所

1996年11月25日，司法部颁布了《国家出资设立的律师事务所管理办法》（现已失效）。该《办法》规定，国家出资设立的律师事务所由司法行政机关根据国家需要设立，并以其全部资产对债务承担有限责任；依法自主开展业务活动；不得从事其他任何经营性活动；设立条件——一是有自己的名称、住所和章程，二是有10万元以上人民币的资产，三是有3名以上的专职律师。国资所具有以下特征：

第一，国资所是国家事业法人单位性质的，它的人员编制属于国家事业编制。

第二，国资所的经费来源需要被列入国家事业预算并且实行全额管理、差额补助的办法，所有经费依靠国家财政拨款。

第三，国资所的预算、决算均须报国家司法行政机关审批并且应当按照国家规定来缴纳相应的管理费用。

第四，国资所一经成立，即成为独立法人组织，业务活动均可独立开展并且以自己的全部资产独立对外承担责任，其出资机关不对其业务活动承担连带责任。

第五，国资所律师承办业务，由律所按国家规定的收费标准统一收费，统一入账。律师不能违反该收费标准私自向委托人收取任何费用并且律师的业务收费需全部上交至国库。

1999年，根据国务院办公厅颁布的《关于清理整顿经济鉴证类社会中介机构的通知》，2000年《关于经济鉴证类社会中介机构与政府部门实行脱钩改制的意见》和司法部关于《律师事务所、社会法律咨询服务机构脱钩改制实施方案》的规定，为了完善律师、社会法律咨询服务的执业组织形式，建立、健全适应市场经济发展需要的自律性运行机制，促进律师事务所、社会法律咨询服务机构独立、客观、公正地执业，使之成为真正自主管理、自担风险、自我约束、自我发展、平等竞争的执业主体，全国国资律师事务所要进行脱钩改制工作，即我国今后将大力发展不占国家编制和经费的自律性律师事务所。律师事务所脱钩后，应改制为合伙或合作律师事务所。至此，我国曾占据重要地位的国资律师事务所退出历史舞台。

（二）合作所

1996年11月25日，司法部发布了《合作律师事务所管理办法》(现已失效)。该《办法》规定，合作律师事务所由律师自愿组合，共同参与，其财产由合作人共有，以其全部资产对债务承担有限责任；不得从事其他任何经营性活动；所有专职律师均为合作人；设立条件——一是有自己的名称、住所、章程，二是有10万元以上人民币的资产，三是有3名以上的发起人；合作人退出律师事务所时，律师事务所应当向其支付一定的退职费；但合作人因给律师事务所造成重大损失，被律师事务所开除或被吊销执业证书的除外。合作所具有以下特征：

第一，合作所是民办事业法人性质的，不占国家编制，合作所的人员也不是国家事业编制的。

第二，合作所的设立是由3名以上的专职律师自愿组合而成的。

第三，合作所实行独立核算、自负盈亏的经营方式，所有业务无需国家拨款，而由合作所的合作人集资筹集全部经费。

第四，合作所内部是以合作人会议实行民主管理的，律师选举产生律所主任，全所实行主任负责制。

第五，合作所奉行按劳分配原则，实行律师收入与社会效益、经济效益直接挂钩的分配方式，施行效益浮动工资制。

第六，律师事务所的全部财产由所有合作人共同共有。

1988年，国家司法部下发了《合作制律师事务所试点方案》(现已失效)，改变了由国家包办律师事务的状态，中国第一批合作制试点律所由此设立。1992年始，司法部逐渐向各地开放合作制试点，合作所在当时的中国律师制度中占据非常重要的地位。然而，在2007年10月28日《中华人民共和国律师法》(以下简称《律师法》)的修订稿中已无“合作律师事务所”的相关规定。

（三）合伙所

《律师法》第15条规定:“设立合伙律师事务所，除应当符合本法第14条[1]

〔1〕《中华人民共和国律师法》第14条：律师事务所是律师的执业机构。设立律师事务所应当具备下列条件：①有自己的名称、住所和章程；②有符合本法规定的律师；③设立人应当是具有一定的执业经历，且3年内未受过停止执业处罚的律师；④有符合国务院司法行政部门规定数额的资产。

规定的条件外，还应当有 3 名以上合伙人，设立人应当是具有 3 年以上执业经历的律师。合伙律师事务所可以采用普通合伙或者特殊的普通合伙形式设立。合伙律师事务所的合伙人按照合伙形式对该律师事务所的债务依法承担责任。”

区别/不同情况	故意或者重大过失	非故意或者重大过失
普通合伙	全体合伙人对律所的债务均承担无限连带责任	
特殊的普通合伙	其他合伙人以其在合伙企业中的财产份额为限承担责任	全体合伙人承担无限连带责任

合伙所具有以下特点：

第一，设立合伙所的每位合伙人都应当具有 3 年以上执业经历，且在担任合伙人之前 3 年内未受过停止执业以上的行政处罚。

第二，不是本所的专职律师不得成为本所的合伙人。

第三，合伙人若想要退出合伙，应当依照之前签订的合伙协议约定的条件和程序办理。合伙协议没有约定的，退伙人应当提前 3 个月通知其他合伙人。

第四，合伙人发生死亡或者被宣告死亡的，其合法继承人有权依照合伙协议的约定取得被继承人死亡时在合伙律师事务所中应当分得的财产份额及其他财产收益。

第五，合伙律师事务所的主任对外代表律师事务所，主任的职责由合伙协议约定。

第六，合伙关系存续期间，合伙人的共同财产由律师事务所统一管理，未经合伙人会议决定，各合伙人不得擅自分割、挪用、处置，否则应当承担相应的法律责任。

截至 2019 年 3 月，在上海注册的律师事务所总数为 1603 家，其中合伙所有 1186 家，占律所总数的 74%。可见在现今中国律师制度中，合伙所占有较大的人力、资力的优势。大多数的律师事务所在设立时会选择将律所类型设置为合伙所，因此合伙所无论从律师人数上、业务创收上都占有举足轻重的地位。另，《律师法》第 19 条规定了，成立 3 年以上并具有 20 名以上执业律师的合伙律师事务所，可以设立分所。设立分所，须经拟设立分所所在地的省、自治区、直辖市人民政府司法行政部门审核。截至 2019 年 3 月，在上海经注册的外地分所共计 139 家。分所的设立亦是中大型合伙所发展转型、拓展业务的趋势。

（四）个人所

《律师法》第 16 条规定："设立个人律师事务所，除应当符合本法第 14 条规定的条件外，设立人还应当是具有 5 年以上执业经历的律师。设立人对律师事务所的债务承担无限责任。"

个人所具有以下特点：

第一，设立人只需要一名专职律师，且已经执业满 5 年以上，未满 5 年执业年限的律师不得设立个人律师事务所。

第二，个人所能够承接的业务领域基本与合伙所一致，少数重大的法律项目若自己能力有限的，可选择与其他合伙所合作共同办理。

第三，个人所的性质相当于个人独资企业，设立人对律师事务所的债务承担无限责任，风险较大。

截至 2019 年 3 月，在上海注册的个人所共 418 家，占律所总数的 26%。由此可见，个人所相较合伙所而言有相对较低的设立门槛、较灵活的管理制度，但在承接某些大型项目上仍然存在人力、物资的欠缺。在现今中国律师制度中，个人所亦占有一定的地位。

三、律师的主要分类

律师根据不同的划分依据，有不同的类别。

（一）按工作性质不同，可分为专职律师和兼职律师

第一，专职律师是指取得专职律师执业证后，专门在律师事务所从事法律工作的律师。专职律师不得在其他企业或组织中担任法务。我们在现今社会中接触到的大多都是专职律师。

截至 2019 年 3 月，上海的注册律师总数为 25 964 人，其中专职律师人数达 23 813 人，占律师总人数的 92%，是律师队伍的中流砥柱。

第二，兼职律师是指不脱离本职工作而兼职从事法律工作的律师。《律师法》第 12 条规定："高等院校、科研机构中从事法学教育、研究工作的人员，

符合本法第 5 条[1]规定条件的，经所在单位同意，依照本法第 6 条[2]规定的程序，可以申请兼职律师执业。”常见兼职律师有大学法学教师、理论学者等，他们具有老师和律师的双重身份。但需要说明的是兼职律师的权利和义务和专职律师几乎是一致的。

截至 2019 年 3 月，上海的兼职律师人数达 704 人，占律师总人数的 2.7%，虽占比不高，但是兼职律师亦为中国律师制度中浓墨重彩的一笔。

（二）按所提供服务内容的不同，分为诉讼律师和非诉律师

第一，诉讼律师又分为刑事律师、民商事律师、行政律师等，主要从事刑事辩护、民商事诉讼、行政诉讼、商事仲裁、劳动仲裁等。对于具体到生活的各个方面，对任何一个诉讼所要涉及的法律法规都很熟悉，通常要求是一个综合型的律师。但律师执业到一定年限后，每一个律师都会有自己比较专业的领域，比如专做刑事辩护、离婚诉讼或者劳动仲裁等。

第二，非诉律师主要从事公司设立、专利商标代理、公司上市、证券基金和涉外法律服务等，其所做业务基本不涉及诉讼，不需要像诉讼律师那样上法院开庭，但对所涉业务的具体法律规定、国家政策、操作细节等要比诉讼律师更加了解。

（三）按服务对象不同，分为社会律师、公职律师、公司律师和军队律师

第一，社会律师是指在律师事务所执业，依靠为全社会的当事人提供法律服务，并依法取得法律服务费的律师，我们所说的专职律师就属于社会律师。

第二，公职律师是指专门为政府部门或具有社会公共管理、服务职能的

---

〔1〕《中华人民共和国律师法》第 5 条申请律师执业，应当具备下列条件：①拥护中华人民共和国宪法；②通过国家统一法律职业资格考试取得法律职业资格；③在律师事务所实习满一年；④品行良好。实行国家统一法律职业资格考试前取得的国家统一司法考试合格证书、律师资格凭证，与国家统一法律职业资格证书具有同等效力。

〔2〕《中华人民共和国律师法》第 6 条：申请律师执业，应当向设区的市级或者直辖市的区人民政府司法行政部门提出申请，并提交下列材料：①国家统一法律职业资格证书；②律师协会出具的申请人实习考核合格的材料；③申请人的身份证明；④律师事务所出具的同意接收申请人的证明。申请兼职律师执业的，还应当提交所在单位同意申请人兼职从事律师职业的证明。受理申请的部门应当自受理之日起 20 日内予以审查，并将审查意见和全部申请材料报送省、自治区、直辖市人民政府司法行政部门。省、自治区、直辖市人民政府司法行政部门应当自收到报送材料之日起 10 日内予以审核，作出是否准予执业的决定。准予执业的，向申请人颁发律师执业证书；不准予执业的，向申请人书面说明理由。

事业单位、社会团体提供法律服务，并依法取得公职律师执业证书的人员。相当于准公务员，主要工作是为政府宏观决策提供法律分析和意见，并且承担部分法律援助义务。

第三，公司律师是指专门为公司提供法律服务的律师，尽管公司律师在全国数量不多，但目前在国有大中型企业都有设有公司律师，担任法律顾问。一般而言，公司律师不得参与社会的有偿法律服务、不得在律师事务所兼职、不得以律师身份办理本单位以外案件。

第四，军队律师是指专门为军队提供法律服务的公职律师，军队律师编制在军队，受所在单位首长和政治机关的领导，与社会执业律师享有同等的权利，承担同等的义务。

【案例分析实训】

【案例 1.1】合伙所的合伙人对债务的责任承担

【案情简介】

上海萝之结律师事务所（以下简称“萝之结所”）系一家普通合伙制的合伙所，杜律师、王律师原为萝之结所的合伙人，两人分别于 2016 年 8 月、10 月因自身原因选择退伙，并办理了退伙备案手续。

2015 年，法院生效判决显示萝之结所对外欠款 160 万人民币，债权人为谭女士。谭女士申请法院强制执行之后发现，萝之结所名下无房产、车辆等固定资产，名下的银行存款亦余额不足，也未发现萝之结所有其他可供执行的财产。

故谭女士于 2017 年向法院提起申请，要求追加杜律师、王律师作为其执行案件的共同被执行人，对该笔债务承担无限连带责任。

【思考问题】

1. 普通合伙制合伙所中合伙人对律所债务应当承担怎样的责任？
2. 杜律师、王律师在谭女士申请执行前已办理退伙手续，谭女士是否还可以申请追加两位律师作为共同被执行人？

第二节　律师的工作性质和形式

一、工作性质

有人说律师是自由职业者，每天上下班时间、接案子的类型、案件收费标准都是自己定，非常随性；有人说律师是富人想要达到目的的工具，只看收益不看事实，可以把黑的说成白的；也有人说律师是商人，他们具备非常严密的逻辑推销能力和包装能力。那么，今天我们就来探讨一下律师职业的本质特征究竟是什么。

（一）律师的资格要求

《律师法》第 2 条规定："本法所称律师，是指依法取得律师执业证书，接受委托或者指定，为当事人提供法律服务的执业人员。"

根据法条规定，我们可以看到成为律师的首要条件是必须通过国家法律职业资格考试（2018 年前为国家司法考试、律师资格考试），在取得法律职业资格证书后，需挂靠律师事务所实习一年，实习期满后，经过笔试、面试才能成为一名真正可以独立执业的律师。没有取得律师执业证书的人员是不得以律师名义对外从事法律服务的。

国家法律职业资格考试，是中华人民共和国司法部依据《中华人民共和国法官法》《中华人民共和国检察官法》《中华人民共和国律师法》《中华人民共和国公证法》和《国家统一法律职业资格考试实施办法》的有关规定所组织的专业性考试。所有担任律师、法官、检察官和公证员的人员必须通过该门考试。考试主要测试内容包括：法律职业道德、民法、刑法、民诉、刑诉、三国法等多门法学课程，既考察考生的理论法学亦考察应用法学，要求考生具有逻辑分析能力和比较全面的法律思维。国家法律职业资格考试采用全国统一命题和评卷的方式，成绩由中华人民共和国司法部公布。通过国家考试的人员，由中华人民共和国司法部统一颁发相关证书并可以从事律师、法官、检察官和公证员等相关的工作。

（二）律师的服务对象

律师的服务对象是指接受委托或相关机构指定案件的当事人，这个当事人可以是政府、企业、自然人或其他组织。律师应当以法律为准绳、以事实为依据最大限度地维护当事人的合法权益，从而实现公平和正义的社会价值观。

律师应当平等地对待每一位当事人，不因当事人的年龄、性别、民族、宗教信仰、文化程度、给付律师费的多少以及可能有的前科劣迹等无关因素而抱有歧视、反感的态度，进而影响案件的代理。

（三）律师的服务内容

律师的工作系利用自己所学的专业法律知识，通过法律途径维护当事人合法权益。律师提供的是法律服务，而不是其他商业或营利性服务。具体服务内容包括：诉讼案件代理、谈判、和解、合同审核、法律顾问，等等。

二、工作形式

随着社会法治建设的不断推进，律师的工作形式亦日渐多样化、灵活化、信息化，具体包括以下几个方面：

（一）参与诉讼活动

（1）民事诉讼案件代理。律师的具体工作包括但不限于案情分析、草拟起诉状/答辩状/代理词、整理证据材料、立案、开庭、调解、上诉、申诉等。

（2）刑事辩护。律师的具体工作包括但不限于会见被告人、草拟辩护词、参与庭审、搜集证据、与被害人达成调解等。

（3）行政诉讼。律师的具体工作包括但不限于行政复议程序前置、被告资格的审查、准备相应的诉讼材料、调查取证、参与庭审等。

（4）知识产权案件。律师的具体工作包括但不限于审核案件管辖地、证据固定、参与庭审、调解等。

（5）仲裁案件。商事仲裁。商事仲裁是指双方当事人自愿协议将纠纷提交仲裁机构公正审理并裁决的案件。律师的具体工作包括但不限于帮助当事人在合同中明确约定仲裁机构，协助当事人从仲裁机构提供的名册中选择审理案件的仲裁人员、告知当事人仲裁系不公开开庭审理且仲裁系“一裁终局”等。

劳动仲裁。劳动仲裁是指员工与单位之间因劳动争议纠纷，申请由劳动人事争议仲裁委员会受理管辖的案件，系员工向人民法院提起劳动争议诉讼的前置程序。律师的具体工作包括但不限于草拟仲裁申请书、搜集证据、参与开庭、调解等。

（二）提供非诉法律服务

（1）协助公司上市、挂牌、投融资等。

（2）合同的起草、审核、修改等。

（3）起草/出具律师函、法律意见书、尽职调查报告、见证书等各种专业法律文书。

（4）参与/陪同谈判、商讨解决方案。

（5）进行法律咨询、法治宣传等。

（三）担任法律顾问

法律顾问是指受政府采购，或者其他企业、社会组织的委托，为委托人提供全方面的法律服务，包括诉讼和非诉法律服务。根据委托人要求，帮助委托人有针对性地制定各种规章制度及风险控制管理方案。可以说是委托人的法律管家，为委托人的合法、合规、有效的经营保驾护航。

（四）代理法援案件

当今中国，仍然还有一批由于自然、经济、社会和文化方面的限制而难以像普通人那样解决社会问题的人群，也就是我们平常所说的弱势群体。法律援助制度的建立就是国家为了保障这些弱势群体能够像普通人一样获得必要的法律咨询、案件代理、刑事辩护等法律服务，能够维护自己的合法权益。代理法援案件的方式一般为法律援助律师根据政府设立的法律援助机构的指派为受援人提供无偿法律服务。

法援律师接到案件后，应当对法援案件与其他收费案件一视同仁，必须在法律规定的时间内与受援人取得联系，认真阅看证据材料并给出分析方案，不得歧视、怠慢受援人，更不得敷衍了事。

现在，已有大部分法律援助机构制定了年终考核制度，对法援律师的办案质量从案卷整理、判决结果、受援人反馈意见等各个方面进行严格考评。考评完成后，对认真办理案件的法援律师给予表彰；对态度散漫、受援人投诉较多并查证属实的法援律师进行批评，严重的取消法援律师的资格。

【案例分析实训】

【案例 1.2】法援案件应当如何办理?

【案情简介】

小陶是个农民工，全家的生活开销全部靠小陶一人支撑。因为小陶打工的公司存在长期欠薪的状况，导致小陶一家生活非常困难。小陶多次找到公司老板以及人事部门商讨欠薪事宜，老板总是以公司经营不善为由进行搪塞。无奈之下，小陶只得找到当地的法律援助机构申请法律援助，寻求帮助。法律援助中心受理材料后，第一时间根据规定指派了李律师作为小陶追讨欠薪案件的代理律师。

李律师接到案件后，轻描淡写地扫了一眼材料，认为案件非常简单，不用做特别准备。于是叫他的助理小丽（未取得律师资格证）单独接待小陶，了解案情经过，并准备相应证据材料。每次只要小陶打电话问李律师案件情况，李律师均非常不耐烦，常常故意挂断或者不接小陶电话。仲裁庭开庭时，李律师亦是敷衍了事，准备不足，很多细节问题李律师要么就是答非所问、要么就是完全不清楚，给仲裁员留下了非常不好的印象。

【思考问题】

1. 李律师在承办小陶案件中，有哪些是不应当有的行为?
2. 律师应当如何正确办理法律援助案件?

第三节　律师的职业道德和行为规范

一、基本准则

（一）坚定中国特色社会主义理想信念

律师应当拥护中国共产党的领导，高举中国特色社会主义伟大旗帜，坚持以邓小平理论、“三个代表”重要思想、科学发展观为指导，深入贯彻落实党的十九大精神，深入学习贯彻习近平总书记系列重要讲话精神，紧紧围绕社会主义核心价值体系的要求，维护国家法律与社会正义。

（二）忠于《宪法》和法律

律师应当带头遵守宪法和法律，切实维护宪法和法律尊严。律师应当始终把执业为民作为根本宗旨，全心全意为人民群众服务[1]，最大限度地维护公民、法人和其他组织的合法权益。引导当事人依法理性维护自己的合法权益，维护社会大局的和谐稳定。

（三）严格依法履职

律师应当坚定法治信仰，牢固树立法治意识。尊重司法权威，遵守诉讼规则和法庭纪律，依法充分履行辩护或代理职责，促进案件依法、公正、公平解决。[2]

（四）遵守职业行为规范

律师应当牢固树立诚信意识，自觉遵守执业行为规范，在执业中恪尽职守、诚实守信、勤勉尽责、严格自律。积极履行合同约定义务和法定义务，保守在执业活动中知悉的国家机密、商业秘密和个人隐私。

（五）热爱律师职业

律师应当热爱律师职业，珍惜律师荣誉，努力钻研业务，掌握执业所应具备的法律知识和服务技能，不断提高专业素质和执业水平，注重陶冶个人品行和道德情操，忠于职守，爱岗敬业，尊重同行，维护律师的个人声誉和律师行业形象。[3]

（六）自觉承担社会责任

律师应当带头加入法律援助律师队伍，认真办理每一个法律援助案件，为受援人尽心尽力提供法律帮助。积极参加社会公益及志愿者活动，主动承担社会责任，化解社会矛盾，展现律师作为法律工作者的社会价值。

---

〔1〕 中华全国律师协会《关于印发〈律师职业道德基本准则〉的通知》第 2 条。

〔2〕 中华全国律师协会《关于印发〈律师职业道德基本准则〉的通知》第 3、4、5 条。

〔3〕 中华全国律师协会《关于印发〈律师职业道德基本准则〉的通知》第 6 条。

二、与当事人关系的行为规范

（一）委托代理关系的建立

（1）律师在了解委托人的基本诉求和基础证据之后，应当与委托人就委托事项的内容、权限、费用、期限等进行自愿、公平的协商。经协商达成一致后，由律师事务所，而不是律师个人，与委托人签订《聘请律师合同》及《授权委托书》，《聘请律师合同》一式两份，由律所及委托人各持一份，具有同等法律效力。

（2）律师应当严格按照合同约定，在法律规定的时效内办理委托事项，并做好相应的工作记录和反馈。

（3）律师应当妥善保管与委托事项有关的全部资料，包括委托人的身份信息、案件的证据材料（特别是证据原件、原物、视听资料底版等）、委托人的谈话笔录等。保护委托人的个人信息不对外泄露。

（4）若委托事项违法、委托人利用律师提供的服务从事违法活动或者委托人故意隐瞒与案件有关的重要事实的，律师有权告知委托人并要求其整改，有权拒绝辩护或者代理或以其他方式终止委托，并有权就已经履行事务取得律师费。〔1〕

（5）律师承办业务，由所在律师事务所向委托人统一收取律师费和其他有关办案费用，并向委托人开具相关发票凭证；律师个人不得私自收费。

（二）委托代理关系中律师的禁止行为

（1）办理委托事项不得超越约定的委托权限。

（2）接受委托后，无正当理由不得擅自终止委托。

（3）不得向委托人做出类似保证案件100%胜诉的虚假承诺。

（4）不得向委托人隐瞒与案件有关的重要事实或审理情况。

（5）不得利用提供法律服务的便利，向委托人或者委托人的家属索要除合理法律服务费以外的利益。

（6）未经委托人同意，律所不得擅自将委托事项转委托其他律所办理。

---

〔1〕中华全国律师协会《关于印发加入修正案内容的〈律师执业行为规范（试行）〉的通知》第42条。

且非经委托人的同意，不能向委托人另行增加转委托的费用。

(7) 不得采用向当事人明示或者暗示与某承办机关、政府部门及其工作人员有特殊关系等不正当手段去承揽法律业务。

(三) 利益冲突审查制度

利益冲突是指律师事务所代理的某个委托事项的委托人与本所其他委托事项的委托人之间有利益上的冲突，如果继续代理会直接影响到另一委托人利益的情形。

利益冲突行为是指本所同一律师或者不同律师之间已经或者拟代理的两个或者两个以上的委托人之间存在相悖的利益关系，但仍然接受代理的行为。〔1〕

每一家律师事务所都应当建立利益冲突审查制度，特别是大型律师事务所。因为大型律师事务所部门多、人数多的特点，更容易发生各方对立当事人委托同一家律所律师的情况。为了避免影响委托人的直接合法权益，律师事务所在接受委托事项之前，都应当进行利益冲突审查并作出合理规避。若发现有利益冲突的情况存在，则承办委托事项的律师应当主动提出回避和解决方案，不得为了个人利益而对当事人隐瞒上述情况。

有下列情形之一的，律师及律师事务所不得与当事人建立或维持委托关系〔2〕：

(1) 律师在同一案件中为双方当事人担任代理人，或代理与本人或者其近亲属有利益冲突的法律事务的。

(2) 律师办理诉讼或者非诉讼业务，其近亲属是对方当事人的法定代表人或者代理人的。

(3) 曾经亲自处理或者审理过某一事项或者案件的行政机关工作人员、审判人员、检察人员、仲裁员，成为律师后又办理该事项或者案件的。

(4) 同一律师事务所的不同律师同时担任同一刑事案件的被害人的代理人和犯罪嫌疑人、被告人的辩护人，但在该县区域内只有一家律师事务所且

〔1〕 河南省律师协会《关于印发〈律师执业年度考核制度〉〈执业利益冲突审查制度〉〈业务档案管理制度〉〈收费与财务管理制度〉〈投诉查处制度〉〈执业管理制度〉(示范文本) 的通知》。

〔2〕 中华全国律师协会《关于印发加入修正案内容的〈律师执业行为规范（试行）〉的通知》第51条。

事先征得当事人同意的除外。

（5）在民事诉讼、行政诉讼、仲裁案件中，同一律师事务所的不同律师同时担任争议双方当事人的代理人，或者本所或其工作人员为一方当事人，本所其他律师担任对方当事人的代理人的。

（6）在非诉讼业务中，除各方当事人共同委托外，同一律师事务所的律师同时担任彼此有利害关系的各方当事人的代理人的。

（7）在委托关系终止后，同一律师事务所或同一律师在同一案件后续审理或者处理中又接受对方当事人委托的。

（8）其他与上述第1~7项情形相似，且依据律师执业经验和行业常识能够判断为应当主动回避且不得办理的利益冲突情形。

（四）委托代理关系的终止与解除

1. 委托代理关系的终止

（1）委托代理期限届满的。

（2）委托事项完成或终结的。

（3）委托代理过程中，委托人单方主动提出终止委托协议的。

（4）发生利益冲突情况的。

（5）继续履行委托协议违反法律、法规规定的，律所应当主动终止委托代理关系。

（6）其他可能发生终止的情况。

2. 委托代理关系的解除

（1）承办律师因自身健康状况不适合继续履行的，双方可协商解除。

（2）承办律师因违规违纪行为受到停止执行、吊销执业证书等严重影响委托协议继续履行的处罚的，双方可协商解除。

（3）委托人意图利用律师从事违法犯罪活动或者要求律师完成无法实现或者不合理的目标的，律所可提出解除。

（4）委托人未按委托协议约定向律所支付律师费或其他承办费用的，律所可提出解除。

（5）其他可能发生解除的情况。

三、参与庭审活动的行为规范

（一）律师代理原告/申请人一方的

（1）应当按照法律规定向法院递交民事起诉状/申请书、原、被告身份信息及证据材料等相关立案资料，并根据被告/被申请人人数向法院递交立案材料副本。

（2）律师及原告/申请人未按法庭通知时间到庭参与庭审审理且无其他合理理由的，法庭一般按自动撤诉处理。因此，律师应当在收到法庭通知开庭时间时做好相应记录，以免忘记开庭时间，否则一是会浪费诉讼成本及时间，二是会给自己的委托人留下非常不好的印象。

（3）律师收到法庭邮寄的《诉讼费缴费通知书》后，应当立即告知委托人并提示委托人务必在缴费通知上载明的日期之前向法院缴纳诉讼费，逾期未缴纳诉讼费的，一般按自动撤诉处理。

（二）律师代理被告/被申请人一方的

（1）应当自收到起诉材料之日起 15 内向法院提交书面答辩意见，逾期未提交的不影响开庭审理。

（2）务必于《举证通知书》上载明的举证日期前向法院提交相应的证据，逾期未提交的依法承担不利后果。

（3）律师及被告/被申请人未按法庭通知时间到庭参与庭审审理且无其他合理理由的，法庭会审查被告/被申请人方是否签收诉讼材料。若已签收诉讼材料的，则法庭会对其缺席审理；若诉讼材料被退回、无人签收或者签收人不是当事人本人且无法核实情况的，则法庭一般对其进行公告送达，公告送达期限届满后再行开庭。

（三）开庭时律师的行为规范

（1）律师作为专业的法律工作者，应当比其他诉讼参与人更加严格地遵守庭审纪律。庭审进行期间不得大声喧哗、随意走动、随意接听电话等；未经同意不得因任何原因擅自录音录像；发表代理意见或需要提问、回答问题，应当经过法庭允许。

（2）律师应当严格按照法律规定依法调查取证，不得伪造证据，亦不得帮助或者怂恿当事人伪造证据。

（3）律师在代理案件过程中，不得私下与所承办案件有关的法官、检察官、仲裁员或其他司法人员进行接触，更不得有利益输送的行为。

（4）律师出庭时，应当仪表端庄，穿戴整洁、用语规范、维护良好的律师职业形象。

四、其他行为规范

（一）与其他律师的关系

（1）律师与其他律师之间无论在何种情况下都应当相互尊重，即使是与对方当事人的律师在谈判博弈时或者庭审辩护时都应当利用自己的专业法律知识去获得案件的胜利，而不是通过采用恶意攻击、贬低的方式去侮辱对方。这样的行为不仅损害了对方的声誉，还是对自己律师身份的不尊重。

（2）律师与其他律师之间应当公平竞争，不得以诋毁其他律师事务所、律师的方式抢夺案源。

（3）律师之间不得恶意串通损害任何一方当事人的合法权益。

（二）与挂证律所的关系

（1）律师只能选择一家律师事务所挂证执业，双方在自愿、平等、协商一致的情况下签订《劳动合同》，依法缴纳社会保险并根据法律规定依法纳税。

（2）律师事务所是律师的执业机构，律师应当遵守律师事务所的各项规章制度，接受挂证律所的监督、管理和教育。

（3）律所应当与其他工作单位一样为律师提供必要的工作条件，以保障律师的合法权益。

（三）与律师协会的关系

（1）在上海取得执业律师证的律师即成为上海市律师协会的注册会员，享有律协提供的各项福利。

（2）律师和律所每年都应当按时向律协缴纳规定的会费。

（3）律师应当按照律协规定在每年年检之前完成律师业务学习，即课时培训。

（4）律协根据职责制定有关律师执业的相关行为规范等制度文件，律师应当学习并遵守。

【案例分析实训】

【案例 1.3】律师是否能与其他单位建立劳动关系？

【案情简介】

2016 年 1 月，张丽娟取得律师执业证书。

2017 年 1 月，张律师与上海饱洁实业有限公司（以下简称“饱洁公司”）签订《劳动合同》一份，约定张律师自合同签订之日起担任饱洁公司法务经理，为其提供专业的法律服务；饱洁公司每月支付张律师工资人民币 30 000 元，并为张律师购买商业保险一份，对张律师实行标准工时制；合同有效期为两年。

2018 年 1 月，饱洁公司发现张律师在其公司任职期间，竟然还私下以律师身份代理了好几起诉讼案件，后经调查发现，张律师同时也是另一家律师事务所的专职律师，故决定与其解除劳动合同。但张律师认为其行为并未违反法律强制性规定，故将饱洁公司告上了法庭，要求饱洁公司：①继续履行双方签订的《劳动合同》；②支付 2017 年 6 月至 2018 年 1 月的加班工资差额 10 000 元。

【思考问题】

1. 专职律师执业期间是否能与其他单位同时建立劳动关系？
2. 若 2017 年 6 月至 2018 年 1 月确实存在加班事实，饱洁公司是否应当支付张律师的加班工资差额？

第四节　如何成为一名优秀的律师

一、专业

（一）扎实的法律功底

律师是一项专业性非常强的工作，当事人之所以相信律师并聘请律师代理案件，是因为他们觉得律师所具有的法律知识是他们没有的，只有依靠律师的专业代理才能维护自己的合法权益。因此，律师若想成为当事人可以信赖、托付的人，专业是第一要素，只有具备扎实的法律功底，才能形成比较严谨的法律思维，才能对整个案件有比较准确的分析及判断。

其实，每一位取得律师资格证的人员都是有一定法律基础的，因为他们必须经历苦读，通过号称“中国第一难考”的国家法律职业资格考试，在律所实习一年并写好实习周记，参加律协组织的集中培训并通过培训考试，最后通过面试才能正式拿证，整个过程至少需要好几年。因此，能够拿证的律师一定是已经具备相当法学理论知识的专业人员了。

然而，理论和实务总是存在一定差异的，有了法律知识不一定具有法律思维，严密的法律思维需要通过很长一段时间及大量实践经验的积累才能慢慢锻炼出来。所以，对于刚拿证的律师来说，学习仍然是我们在今后很长一段时期内不变的主题。

（二）与时俱进的学习能力

1. 对更新的法律法规的学习

不要以为通过国家法律职业资格考试且拿到律师证就等于你掌握了所有的法律知识，相反拿证只是你真正独立学习的开始。

我们在律所中会碰到很多刚通过法考初到律所并自信满满的应届毕业生，认为自己绝对有能力可以分析一个案件、做好一个案件，但是当指导律师把案件给他们的时候，他们又突然一头雾水，根本无从着手。比如劳动纠纷类案件，它是律师处理最多的、最基础的诉讼案件之一，但是在国家法律职业资格考试中，劳动法的相关法律法规并不是考察的重点，可能仅仅占总分的3%。因此，当一个刚拿资格证的准律师到律所实习时，往往对劳动纠纷类案件都是完全摸不着方向的，他不仅不知道一个劳动纠纷案件的正常处理流程，更加不清楚一个劳动纠纷案件的争议焦点在哪里、应当参照哪部法律法规或者规章。这是由于：一是处理流程上，劳动纠纷类案件与其他民事诉讼案件不同。劳动纠纷案件采用的是劳动仲裁前置程序，只有对劳动仲裁裁决不服的当事人，才能到法院起诉或上诉，未经劳动仲裁委裁决的案件，当事人不得直接到法院行使诉权。二是劳动纠纷类案件所涉及的法条非常多。国家及相关行政部门会经常根据国家近阶段的实际情况需要，适时颁布相关实施条例或者规定，这就要求我们的准律师在实习阶段迅速掌握搜寻法条及案例的本领，从而迅速整理出案件的争议焦点以分析案情。

除了需要补充学习在国家法律职业资格考试中占比不高的法律门类之外，其他法律法规的学习亦是必不可少的。比如准律师们都非常熟悉的《中华人民共和国刑法》（以下简称《刑法》），自 1979 年第一次颁布至今，前后颁布《刑法修正案》共十部，最高人民法院、最高人民检察院发布关于执行刑法确定罪名的补充规定共六次，还有关于刑法分则中罪名的司法解释亦是在不断变化和更新，这都需要我们的准律师及时学习，及时更新自己的法律储备库，以掌握最准确的法律规定。

2. 对其他领域知识的学习

律师在执业过程中，会碰到各式各样的人和物，会接触到社会上的各行各业，特别是当我们服务企业客户的时候，我们会发现自己仅仅拥有法律知识是远远不够的。要让客户记住你，企业选择你，那么你就必须比别的律师懂得更多更全，这就需要律师对其所服务企业的企业文化、主营业务、行业地位有基础的了解，这样律师在谈法律顾问或者招投标时才会比其他律师显得更有优势。

因此，律师应当在工作之余，尽量拓宽自己的知识面，在每一次与客户交谈之前都要做好充分的准备。“机会总是留给有准备的人”，当时机到来的时候，我们要懂得争取，才不枉费我们的努力。

3. 学会利用不同工具提升学习效率

随着信息化技术的不断推进，律师也应当与时俱进，不断学会用新的技术手段。除了传统的法律书籍外，我们也应当学会利用其他学习工具，如网络、微信、微博、APP 等，利用这些手段快速准确地更新讯息，以确保自己在与客户交流时，能够随时紧跟节奏，避免故步自封、停滞不前。

（三）不断提升自己的应变能力

1. 开庭经验的总结

开庭是律师特别是诉讼律师最主要的工作之一，亦是最锻炼律师应变能力的一种方式。如何应对对方当事人及代理律师的犀利观点及答辩；如何回应法庭严谨的调查询问；如何迅速抓住开庭时的争议焦点；如何对开庭时自己未做准备的问题和观点进行应答。这是诉讼律师必不可少的一项重要技能。

这项技能的形成需要我们长期的积累，我们需要在每一次开庭结束后对本次开庭做总结：总结法庭的调查重点、案件现阶段的利弊、下一阶段应当如何部署、开庭时自己的表现等，及时与当事人进行沟通反馈。律师要学会总结为何失败，亦要总结为何胜利，只有这样的总结，才能使我们前进，才能不断提升自己的应变能力。

2. 不放过任何一次锻炼自己的机会

律师的工作是多样性的，每天都需要面对不同的挑战，解决不同的问题。刚做律师的时候，实习律师不要选择性地做案子，不要觉得这个案子我感兴趣我就做，那个案子我不感兴趣就不做，或者说就要做诉讼或非诉。笔者认为实习律师应当接触全面的法律事务，无论是什么案由、什么类型、诉讼或者非诉都应当有所涉猎和了解。因为实习期间，主要的是培养准律师们的法律思维，任何案件的处理、文书的处理、当事人的接触都是在潜移默化中去建立你的法律思维。

因此，律师不能放过任何一次锻炼自己的机会，锻炼过后一定会有收获，也一定是我们变得更优秀的必经之路。

二、责任

（一）对当事人的责任

没有责任心的律师，拿到案件后，不会分析案件的利弊，不会准备充分的诉讼材料，更不会做充分的开庭准备，他关心的只有自己可以收取多少律师费，其他一概不管，这是极其不负责任的行为。

刚执业的时候，听过这样一个案例。A 律师在收取律师费后，就将委托人的案件材料往自己办公桌的抽屉里一扔。每当委托人问起自己案件情况的时候，A 律师就会说在走法律流程，一直等到这个案子过了法律规定的诉讼时效，A 律师知道终究无法继续隐瞒了，于是他自己起草了一份判决书，并私刻了法院的公章，他将这份伪造的胜诉判决书交到委托人手中算完成任务了。但是，当委托人拿着这份判决书到法院申请执行时，法院经查询告知系统中并不存在这份判决书，这时委托人才知道这份判决书系 A 律师为掩盖自己过错而伪造的，最终 A 律师被吊销律师执业证书，并因伪造国家机关公文、印章罪被判处有期徒刑。这样惨痛的教训告诉每一位准律师，要成为一名优秀的律师，必须严格遵守律师的职业规范和行为准则，无论在何时都不得放松警惕。当事人既然选择将案件交托律师，律师就应当用自己的专业法律知识积极为当事人争取合法利益。

（二）对自己的责任

律师证是每位律师通过自己的努力好不容易才取得的。有些人可能需要考上好几年才能通过国家法律职业资格考试。正因为获取这张证的艰辛，我们更应该对得起这张证，对得起我们多年的汗水。认真、用心地办好每一个案件亦是对我们自己的付出负责。

每当完成当事人的委托，为当事人争取合法权益，每当看到当事人拿着判决书向自己道谢时，那种成就感、自豪感是对自己律师职业最好、最负责任的交代。

三、坚持

（一）对律师职业的热爱

很多实习生在第一次观摩完法庭审理的时候，往往有这样一个感觉，这完全跟我们想象的不一样，没有特别激烈的辩论、没有针锋相对的盘问、没有慷慨激昂的气势，有些失落，甚至就此放弃成为律师的梦想，这是非常可惜和幼稚的。我们要清楚，选择成为一名律师，并不只是因为我们可以在法庭上铿锵有力地陈述观点，更多更重要的是我们可以利用自己所学的专业法律知识去帮助他人、去完成别人无法完成的事情。

其实，每一份光鲜职业的背后都是默默的付出和平凡的努力。可能你现在看到的并不是华丽炫彩的舞台，但是我们可以通过自己的努力让这个舞台变得华丽，让这个庭审变得精彩。如果你在诉讼之前对案件做了充分的准备，你也可以将整个庭审展现得非常完美，可以让法庭采纳你的观点、为当事人争取更多的利益就是你的胜利。

加班的工作可能会让你失去陪伴家人的时间，案件的压力可能会让你长期失眠，应酬的需要可能会让你变得不健康，各式各样的困难和挑战会伴随着律师的成长。很多律师会迷茫、彷徨，反思律师到底是不是一份理想的职业，但是很多律师却顶着这些压力学会了变通，变得更加强大，他们没有选择逃避和放弃，反而比之前变得更加优秀。这都源于他们对律师职业的这份热爱，所以他们接受挑战、克服困难，进而走向了成功。因此，对律师职业的热爱是我们变得更加优秀的原动力。

（二）团队律师的力量

很多人认为律师都是个体户，都是各自为自己的利益而拼搏，甚至有些人认为律师之间是竞争关系，根本谈不上合作。但是，正所谓“三个臭皮匠胜过一个诸葛亮”，一个人的智慧终究是有限的，一个人的力量终究是薄弱的。无论是诉讼律师还是非诉律师，团队律师的合作模式无疑是今后律师工作的趋势。

2013 年，习近平总书记提出建设“丝绸之路经济带”和“21 世纪海上丝绸之路”的合作倡议；2018 年，上海举行首届中国国际进口博览会。这些都预示着我们律师行业之后需要更多的复合型人才，面对世界各国的挑战，团队律师的存在就是必不可少的。

因此，律师在执业过程中，不仅要提升自己的专业度，更要培养自己的团队融合能力，学会跟其他律师取长补短，以达到事半功倍的效果。

【案例分析实训】

【案例 1.4】刚执业的律师如何正确承办案件？

【案情简介】

顶顶公司是牙膏行业内的领先者，每年的销量均位列全国前三。2018 年，顶顶公司发现市面上出现了一款与其非常相似的牙膏，不仅在外形包装上、还是在成分含量上都非常的相近，但是价格上却比顶顶公司的产品要便宜 30%，导致顶顶公司的牙膏销量有所下降。因此，顶顶公司想要聘请律师维权。

【思考问题】

1. 作为一名刚执业的律师，在接洽顶顶公司之前应当做哪些准备工作？
2. 为了更好地帮助顶顶公司维权，接案律师如果觉得自己能力不足，压力非常大，他可以采取什么样的方法解决？

第五节　党建引领律师业务发展

一、律师行业党委的成立

（一）全国律师行业党委

1. 组织的成立

为了深入贯彻落实党的十九大报告精神和习近平总书记关于加强律师队伍建设的重要指示精神，进一步加强新形势下律师行业的党建工作，推动律师工作改革发展，根据中共中央办公厅《关于加强社会组织党的建设工作的意见（试行）》，报经中共中央组织部同意，司法部党组于 2017 年 10 月 26 日决定成立中国共产党全国律师行业委员会，简称“全国律师行业党委”，负责指导全国律师行业党的建设工作。

新组建的全国律师行业党委由九名同志组成：司法部党组成员、副部长熊选国同志任党委书记；全国律协会长王俊峰、司法部政治部副主任兼人事警务局局长陈俊生、司法部律师公证工作指导司司长周院生三位同志任副书记；全国律协秘书长韩秀桃，全国律协副会长吕红兵、蒋敏、张学兵、章靖忠五位同志为党委委员。

全国律师行业党委第一届书记熊选国要求，要理顺律师行业党建工作管理体制，各省（区、市）律师协会要参照全国律师行业党委的模式成立省级律师行业党委，对地市一级进行指导，力争明年上半年律师行业党委在地市全覆盖；摸清律师行业党建底数，开展一次律师党员登记，摸清律师党员底数，严格组织关系管理，理顺党员组织关系，确保将每名律师党员纳入党组织的管理，建立全国律师行业党组织及律师党员信息管理系统，用信息化手段夯实律师行业党建工作基础。

2. 基本职责〔1〕

（1）以习近平新时代中国特色社会主义思想为指导，宣传、执行党的路线方针政策，贯彻执行党中央、中组部、中央政法委和司法部党组关于律师

〔1〕 中国律师网：http://www.acla.org.cn/article/page/detailById/21613，最后访问日期：2019 年 3 月 21 日。

工作的部署和要求，落实党对律师工作的领导，确保律师行业坚持正确的政治方向。

（2）制定和组织实施律师行业党的建设工作规划，指导律师行业党的思想、组织、作风、制度和反腐倡廉建设，实现和保持党组织和党的工作有效覆盖，充分发挥党组织的政治核心作用和党员的先锋模范作用。

（3）指导律师行业党组织完善规章制度，严肃组织生活，严明政治纪律、政治规矩和组织纪律，做好党员领导干部和党员队伍教育管理工作，切实落实从严治党要求。

（4）指导律师行业思想政治建设和精神文明建设，负责律师行业统一战线工作和工青妇等群团组织工作，做好对非中共党员律师的引导，关心和维护广大律师合法权益，团结、影响和带动律师队伍积极参加中国特色社会主义法治国家建设实践。

（5）负责律师行业党的建设工作的评选表彰，承担律师行业党的工作情况综合分析和报告工作。

（6）负责中华全国律师协会党的工作，支持全国律协理事会依照法律和协会章程开展工作，督促协会健全完善管理制度和行业规范，加强行业自律管理，充分发挥行业自律组织的作用。

（7）完成司法部党组交给的其他任务。2017 年 10 月 31 日下午，全国律协召开全国律师行业党委成立新闻发布会。

可以说，2017 年全国律师行业党委的成立无疑是现阶段中国律师制度中贯彻全面推进依法治国的重大举措。至此，律师执业有了更加明确、紧密的政治引领，律师执业也将变得更加规范、透明。我们要将党建工作深深融入律师事务所的运行和发展过程中，更好地引导、团结律所的从业人员。

（二）上海市律师行业党委

1. 组织成立

经中共上海市委组织部同意，上海市司法局党委 2018 年 4 月 13 日决定成立中国共产党上海市律师行业委员会，简称“上海市律师行业党委”。2018 年 4 月 16 日下午，上海市司法局党委召开上海市律师行业党委成立大会。市委组织部副部长郑健麟、市社会工作党委书记孙甘霖出席会议并讲话，局党委书记、局长陆卫东讲话并为首批市律师行业党建特邀专家代表颁发聘书，局党委委员、副局长王协宣读有关决定和通知。会议由局党委副书记、政治部主任、市律师行业党委书记刘卫萍主持。市司法局党委委员，市纪委派驻市委政法委机关纪检组组长，市委组织部、市委政法委相关部门负责人，市律师协会主要成员，各区司法局党委书记、分管副局长、政治处（部）主任，各区律师党组织相关负责人以及律师行业党建工作示范点代表，共120余人参加了会议。

新组建的上海市律师行业党委由9名同志组成。刘卫萍任党委书记，俞卫锋、文勇任党委副书记，高时川、钱翊樑、管建军、王嵘、吕琰、忻峰为党委委员。

2. 基本职责〔1〕

上海市律师行业党委受市司法局党委领导，指导各区律师行业党组织的工作。各区律师行业党组织受区司法行政部门党委（党组、党工委）领导，接受市律师行业党委、区委组织部门的工作指导，负责各区律师行业党建具体工作。基本职责如下：

（1）宣传和执行党的路线方针政策，深入学习贯彻习近平新时代中国特色社会主义思想，坚决贯彻执行中央、市委、司法部、市委政法委和市司法局党委的决策部署，落实党对律师工作的领导，确保律师行业坚持正确的政治方向。

（2）制定和组织实施本市律师行业党的建设工作规划，指导全市律师行业党的政治、思想、组织、作风、纪律建设，巩固拓展党组织和党的工作有效覆盖，推进基层党组织设置和活动方式创新，不断提高党的建设质量，充分发挥基层党组织的战斗堡垒作用和党员的先锋模范作用。

（3）指导全市律师行业党组织落实全面从严治党要求，加强制度建设，健全工作机制，严格党的组织生活，做好发展党员和党员队伍教育管理服务工作，维护和执行党的纪律，加强党风廉政建设。

（4）指导全市律师行业思想政治建设和精神文明建设，负责律师行业统一战线工作和工青妇等群团组织工作，发现、培养和推荐律师队伍中的优秀

---

〔1〕 东方律师网：http：//www. lawyers. org. cn/hydj/lshydwjs，最后访问日期：2019年3月21日。

人才，关心和维护律师合法权益，营造积极向上的文化氛围，汇聚推进改革发展的正能量，团结带动律师队伍积极参加法治建设实践。

（5）负责全市律师行业党的建设工作的评选表彰，做好本市律师行业党的工作情况统计、分析和报告等工作。

（6）负责市律师协会党的工作，支持市律师协会理事会依照法律和协会章程开展工作，督促协会健全完善管理制度和行业规范，加强行业自律管理，充分发挥行业自律组织的作用。

（7）完成市司法局党委交给的其他任务。

（三）各区律师行业党委

自全国律师行业党委、上海市律师行业党委成立之后，根据上级党委的指示各区相继成立了区律师行业党委，并选举产生了区律师行业党委领导班子，负责全区的律师行业党建工作。

区律师行业党委成立后，应当完善工作机制，及时与基层党组织沟通党建工作动态信息，研究部署重点任务，创新工作模式。全面贯彻党中央从严治党的基本方针，教育引导党员律师做思想政治素质过硬、职业道德优良、业务能力较强、社会形象良好的优秀律师。

基层党组织要发挥律师事务所及律师的法律专业特长，积极开展专业化的公益和志愿服务。发挥基层党组织人才、信息等资源丰富的优势，主动与社区和其他领域党组织结对共建，实现资源共享、优势互补。针对律师流动性强、工作忙碌、分布广泛的特点，充分利用现代信息技术手段开展活动，增强党建活动的灵活性和有效性。有条件设立党支部的律所应当按党章规定成立独立党支部，党支部应当严格按照“三会一课”的要求定期开展组织生活、民主评议等活动，以显示党支部的堡垒作用，积极探索适合律所的党建活动模式，防止形式主义、官僚主义，增加律所的凝聚力和律师对律所的归属感。

二、律师的社会责任

习近平总书记指出：全面依法治国是中国特色社会主义的本质要求和重要保障。必须把党的领导贯彻落实到依法治国全过程和各方面，坚定不移走中国特色社会主义法治道路。在中国特色社会主义进入新时代的关键时期，律师，尤其是党员律师有着不可推卸的使命和担当。因为我们不仅是法治工作者，我们更是共产党员，我们比他人多了一份义务和责任。

何为社会责任？社会责任是指一个组织、一个自然人对社会应当承担的责任和义务。包括经济层面、法律层面、道德层面等。《律师法》第 2 条第 2 款规定："律师应当维护当事人合法权益，维护法律正确实施，维护社会公平和正义。"这一条即是律师承担社会责任的出发点。

用党建引领社会公益，积极组织律师践行法律援助和社会公益活动，以自己的实际行动践行关注弱势群体，体现律师全心全意为人民服务的宗旨。虽然社会公益不能为律师带来太多的经济利益，或许这些活动还会占用律师许多休息的时间，但是这就是律师的历史使命和社会责任。

每位律师都必须不断加深对新时代使命与责任的认识，将律师的个人理想信念与国家的进步荣辱融为一体，进一步秉承奉献之风、助力公益慈善事业的发展，为促进社会的和谐、文明、公正、友善贡献一份自己的力量，更好更多地展现律师的良好形象。党员律师必须以身作则，做好带头模范作用，用自己的专业法律知识服务社会、服务百姓，用自己的实际行动带动身边更多的律师、法治工作者、青年参与和投身于新时代中国特色社会主义法治道路的建设中！

三、法律人的公益

（一）公益服务对象

（1）企业类：如中小型企业政策扶持、纠纷化解等。

（2）妇女儿童类：如受家暴的、受虐待的、受遗弃的、受性侵的妇女儿童等。

（3）老年人类：如独孤老人、被遗弃的老人、子女不赡养的老人等。

（4）特殊群体类：如残疾人、自闭症儿童、工伤职工等。

（5）其他需要社会帮助的群体。

（二）公益服务内容

（1）法制宣传讲座/沙龙：企业政策类、合同审查类、婚姻家庭类、反诈骗类、垃圾分类等。

（2）定期的免费法律咨询，例如：在三八妇女节、三一五消费者权益保护日、五四青年节、九九重阳节等重大节日设立大型摊点提供便民服务。

(3) 多样的志愿者活动：如为独孤老人送温暖、关爱自闭症儿童等。

(4) 参与化解矛盾纠纷：如企业内部员工纠纷、街镇老百姓邻里纠纷、物业纠纷等。

(5) 资助困难群体：如传统的捐赠活动、边远山区的支教活动、法律合作促进活动等。

(6) 公益诉讼案件的代理：如撤销监护权案件、支付抚养费等。

(7) 其他可以帮助企业成长、与老百姓密切相关的法律公益服务。

2017 年 3 月始，全国首家法律服务行业垂直媒体律新社联合多家机构主办了全国首个法律公益论坛，并发布了“2016 中国律界公益榜单”。2019 年，法律公益论坛已成功举办三年，意义重大。自十九大以来，越来越多的法律人用行动践行公益，纷纷加入公益的队伍，主动承担起社会责任，这是社会法治良性化的发展趋势。

【案例分析实训】

【案例 1.5】公益诉讼案件中律师的作用

【案情简介】

花花今年 3 岁了，是一个可爱、乖巧的小女孩，但自她出生之日起，她就从来都没有见过自己的父母。公安机关花了近一年的时间终于找到了花花的母亲赵某，赵某说：“我没有结婚就生下了她，现在我男朋友已经跟我分手了，我也没钱养不起这个孩子，请国家帮我养吧。”

【思考问题】

1. 赵某的请求是否符合人伦常理或者法律规定？
2. 赵某的行为是否触犯《刑法》？
3. 赵某的行为需要承担哪些民事责任？
4. 作为律师，可以帮助花花走哪些法律程序？

【案例 1.6】尚未取得律师执业证书的人员，是否可以以律师名义从事法律业务？

【案情简介】

2017 年，张女士至上海天晴雨律师事务所（以下简称“天晴雨所”）咨询法律问题。接待张女士的是一位 40 岁左右的“王律师”。因为两人第一次见面谈得比较投机，张女士也非常相信这位“王律师”，一是看他谈吐不错；二是觉得他的年纪应当是具备一定诉讼经验的；三是经张女士查询天晴雨所官网得知“王律师”是该律所的特别顾问，认为其级别非常高。于是张女士当场就决定将自己的案件委托给“王律师”。双方随即签订了抬头为“天晴雨所”的《委托协议》。约定由“王律师”向张女士提供法律咨询和代理有关诉讼事宜，由张女士向“王律师”支付咨询费及风险代理费等经济报酬 10 万元人民币。

过了几天，张女士按照协议约定向“王律师”支付了 10 万元人民币后，“王律师”又向张女士推荐了一家咨询公司共同参与张女士的案件，并另行签订《代理合同》一份，约定由张女士向该咨询公司支付代理费用人民币 50 万元。签订后，张女士又将 50 万元转账至“王律师”的账号，后“王律师”将 60 万元全部转入咨询公司账户。

然而“王律师”及咨询公司经过长达两年的时间仍然未将张女士的案件办妥。张女士非常气愤，于是拿着当时带着“天晴雨所”抬头的《委托协议》到天晴雨所理论。天晴雨所称“王律师”早已不在律所了，且当时签订的《委托协议》只有“王律师”的签字，并没有我们天晴雨所的盖章确认，且“王律师”亦不是律所正式拿证的律师，因此律所是没有任何责任的，要求张女士直接找“王律师”追究责任。

因此，张女士在一气之下，将“王律师”及天晴雨所一起告上了法庭，要求法院判令：①解除双方的《委托协议》；②退还已支付的相关咨询费用共计 60 万元。

【思考问题】

1. 张女士与“王律师”所签订的带有“天晴雨所”抬头的《委托协议》

是否有效？

2. “王律师”是否应当退还张女士的咨询费60万元人民币？

3. 天晴雨所在本案中是否有责任？

4. 未取得律师执业证书的人员，是否可以以律师名义从事法律业务？

CHAPTER2 第二章

民事案件律师业务基本技能

【本章概要】“法律的生命在于实践”，而民事案件在实践中最为广泛。据统计，在律师执业的过程中，民事案件的承办量占到整体业务的近80%，其体量可见一斑，因此对于准律师而言，掌握民事案件的基本技能往往是其步入诉讼实战的第一步。本章从民事案件的每一个细节入手，从最初的约见到接受当事人委托，从庭前准备到法庭辩论，从案件的审理到执行等多个方面展现民事案件的知识与流程。

【学习目标】本章介绍了律师代理民事案件过程中的一些知识、流程，揭示律师代理民事诉讼的技巧、技能，希望学生以本章为起点，帮助其实现执业行为的规范与业务技能的成长，助推律师不断开始新的思考、论争，不断增加执业的技能，从而获得律师的“大智慧”。

第一节　概　述

一、民事案件的基本情况

民事案件一般是通过民事诉讼的方式展现出来。俗话说“知己知彼，方能百战百胜。”任何事情均是有迹可循的，各方诉讼参与人需要遵守一定的程序和规定，需要在一定的时间内完成整个诉讼进程，一旦某个环节出现问题都可能引发不利后果，因此我们需要先从宏观上具体把握民事案件的基本特点和基本原则。

（一）民事案件的基本特点

1. 严格的时效规定

现行法律中大量地规定了各个法律行为以及法律救济的时间期限，也就是所谓的时效。例如举证期限、答辩期限、上诉期限等。作为律师，必须重点清晰记忆相关时间数字，一方面可以给当事人恰当建议，另一方面也避免延误造成不利后果。

2. 结果与风险

律师在接案之初，需要对当事人提供的证据形成初始把握。但是我们必须要明白，这些证据也仅代表“一方之言”，对方的观点如何，会提供哪些证据以及案件的走向均不是十分明了，并且各个审判人员的自由裁量也是不同的。因此我们在接案之初，切忌大包大揽作出绝对胜诉的承诺。建议通过形成笔录的方式充分告知当事人法律风险，也避免出现无谓的投诉风险。当然律师的风险是贯穿于整个案件之中的，无论是案由的选择，诉讼方向的选择，证据的获取或者丢失都可能造成案件的败诉，同时也有可能造成执业过错。虽然可能其中的过错只是一时的或者单个方面的，但也可能对于律师职业生涯造成不利影响。

3. 实践出真知

民事案件对于经验的要求特别高，这也就说明了为什么律师越老越吃香，老意味着经验。对于准律师来说，学生时代大多通过简单记忆法条或者单靠阅读书籍来汲取他人的经验，这里重点突出的是“学”，而对于律师执业而言更多的要求是“会”。因此我们必须多听多练，了解法条规定，熟悉每个法院的思维模式，寻找关键性证据，认真总结自己实践的经验，通过举一反三，不断提高执业技能。

（二）民事诉讼中应掌握的原则

1. 尽职尽责

通常来说，我们代理案子往往会说成做案子。如何做呢，简而言之就是从法律角度来审查关于案件的一切材料，寻根问源厘清所有细节，做好案件诉讼的所有准备。具体来说，一方面必须仔细阅卷，了解案件的基本事实，查阅、调取与案件有关的材料；另一方面作为专业的法律人士，必须弄懂与案件有关的所有法律问题，多问几个为什么，可以试着从相对方的角度来看案件，从而提出对应之策。重点提出的是，无论律师工作有多忙，都必须对每个案子负责，不管案件大小，都必须同等对待。要做到这一点看似不难，但实践中仍有前车之鉴，甚至会出现上章所述根本没有做案子而伪造判决书最终受到刑事处罚的极端例子。

另外，做案子并不意味着我们可以发挥一切主观能动性，比如伪造证据。我们必须铭记律师代理是为当事人提供服务的，作为律师可以充分提出自己的意见，由当事人来作出最终判断，而不能从自己角度来考虑并影响当事人，更不能为了最终胜诉去指导当事人制造伪证。

2. 妥善保管案卷

从目前上海的审判流程来看，一个民事案件从开始到结束少则几个月，多则几年，周期均比较长，并且有的案件案情复杂，证据材料、援引的法律和案例资料都非常多，因此我们必须像图书馆管理员一样做好案卷整理，让案件材料井然有序，便于高屋建瓴，做到一览众山小。

（1）我们可以将材料简单进行一系列分类，比如可以分为原被告的身份信息、提交的材料、法院送达的材料等，材料简单的话可以用小夹子进行分类，如果数量较多的话，可以装入不同的档案袋，在封面标明内附材料名称，以便查找使用。另外，证据内容往往是案件中最多也是使用频率最高的材料，建议利用证据目录的形式进行归类。

（2）标记重点内容。案件材料一大堆，哪些是关键的或者需要反复查阅的材料呢？我们可以在阅读起诉状、答辩状时利用荧光笔根据自己的习惯做重点提示，再根据重点提示的内容列出案情概要，争议焦点等。

（3）证据原件。证据的重要性不言而喻，开庭核对原件是庭审的重要环节之一，没有证据原件，证据可能不会被采信，也就失去了胜诉的可能。因此我们在受理案子时，建议留下复印件，原件退还给当事人。在开庭前取得证据原件后，也应当妥善保管，避免丢失使得案件败诉。开庭结束后尽早将原件归还给当事人，归还时制作清单，双方核对无误后签字交还原件。

3. 保持良好的律师礼仪

律师提供的是法律服务，拆分开来看，既要有专业的法律知识，又要符合服务行业的水准，因此以礼待人是律师执业操守的重要原则，我们在案件处理过程中要做到文明执业。无论是当事人、代理人还是审判人员，都必须尊重，有可能大家的立场及见解有所不同，但是不能因此在礼貌上有欠缺，也不能用以暴制暴的方式进行回应，应当运用智慧恰当做出合理合规的回应，保持应有礼仪。

二、民事案件的主要工作

民事案件的诉讼具有程式化的特点。一般包括接案、立案、判决、执行完毕中间所有与诉讼有关的法律事务。从时间的横向轴来看，具体包括案件受理、调查取证、制作法律文书、立案、答辩、判决、执行等内容，以下各节将对主要工作做详细论述，在此仅作简述。

（一）收案

民事案件收案的主体是律师事务所，而不是律师个人。合同由律师事务所进行登记，费用统一支付给律师事务所。在收案的时候，除了办好委托事宜，需要重视的是必须要做好利益冲突排查工作。

（二）调查取证

所有案件的事实均是围绕证据展开的，它像一个无声的代理人默默诉说着自己的观点，因此在案件中，当事人往往希望律师能够帮助他们获取更有利于案件的证据，这也是考验律师基本功的一个方面。

（三）法律文书

文书是载体。我们对于案件的所有观点最终都会通过文书的形式传递给法官或者对方当事人，法律文书的固定性也使得我们必须要斟字酌句，看似简单实非易事。一般的法律文书有立案时的民事起诉状，答辩时的答辩状，上诉时的上诉状等。

（四）立案

立案是民事诉讼正式进入诉讼程序的标志，也是前期关于主体、管辖、案由的一个简单评判。目前我国实行的是立案登记制，但是某些法院还是会涉及实质的审查，因此立案之前必须要做充足的准备，提前准备好所有立案的材料，查询法院的立案时间，也可以通过电话确认某些立案的细节，避免无功而返。

（五）举证质证及辩论

庭审当中最重要的环节莫过于举证、质证及辩论。这也是一个案子拨开云雾见明月的过程，经过这一过程，案件的事实就基本比较清楚了。这个过程同样会考验律师的综合能力，需要张弛有度，抽丝剥茧，最终让法官采纳我们的观点。庭审结束后，律师会在庭审笔录上签字确认。一个案子的审理与判决一般需要间隔一两个月的时间，法官对于庭审内容的记忆可能模糊，因此裁判最重要的依据就是庭审笔录，因此签署笔录之前我们必须仔细核对，以免书记员输入时出现误差导致案件的败诉。

（六）案件执行

当事人委托诉讼的目的是实现诉讼请求，案件执行是当事人实现权利的最后步骤，律师要在充分解读判决书后，根据判决书的内容申请执行。另外要想执行到位还必须和法官保持积极沟通，提供有效的财产线索。

三、民事案件所涉及的主要法律法规

民事案件主要是以《中华人民共和国民法总则》为统领，以各类民事法律为基础，围绕程序及实体两个方面的法律展开的。

（一）《中华人民共和国民法总则》

民事法律实务所涉非常广，民法典正在进一步完善之中。总则类似于民法典的总则编，规定了民事活动的基本原则和一般规定，在民法典中起统领性作用，分则为基本规定、自然人、法人、非法人组织、民事权利、民事法律等。

（二）《中华人民共和国民事诉讼法》

该部法律主要规定了民事诉讼的基本程序和要求，是律师展开民事诉讼必须掌握的基本知识。当然关于民事诉讼的程序法律并不是仅仅在该部法律之中，它是一个大类，需要律师认真钻研。

（三）司法解释及判例

最高人民法院关于实体法所作的各种司法解释也是我们平时运用法条的

关键。颁布司法解释是对法律滞后性的补救措施。例如合同法是时代的产物，可能会存在不同的司法解释，因此我们不可以满足于个别法条，必须熟悉所有法条，否则可能导致对案件预判的失误。同样我们在实践中参考得最多的就是案例，虽然我国并不是判例法国家，但是从整体趋势而言还是肯定判例的作用的，最高人民法院会定期发布指导案例，截至 2019 年 2 月，最高人民法院已发布 21 批 112 个指导案例。最高人民法院研究室副主任郭峰也表示："凡是在审判案件的时候，发现与指导性案例在基本案情和法律适用方面相类似的案件，就要参照适用我们已经发布的指导性案例，否则会被二审、再审改判。"这进一步突出了指导案例的作用。

（四）各类基本民事法律

民事基本法律涉及人身、财产等多个方面，通常我们接触得比较多的是婚姻法、物权法、合同法、公司法等。同样和他们紧密相连的是司法解释，必须要读懂读透，保持学习的积极性。

【理论思考】

请同学搜集关于合同法的法律法规。

第二节　民事案件的咨询和接案

一、案件的法律咨询

（一）电话约见

对于准律师来说，目前我们能够获取案源的方式有限，大多都会从平台咨询和电话咨询开始。随着网络的兴起以及权利意识的增强，能够提供此类法律服务的平台十分繁多，有许多律师会在平台上进行宣传，注册个人账号回复咨询法律问题，进而再通过电话进一步沟通。总的来说，网络咨询不具有即时性，可以认真分析案情，遇到不清楚的情况也可以查阅相关法条及案例，这样的回复相对而言含金量高。

相对于网络咨询而言，电话咨询时间有限，而且没法看到案卷材料，无法排除当事人的主观性。针对此类客户我们尽量简明扼要地指出法律关系，给予初步法律建议。对于能够形成案子的咨询事项，可以要求当事人带齐相关材料进行当面咨询。

律师提供的服务是有偿的，很少有当事人会直接通过电话的方式进行委托，绝大多数人需要等到见面考察律师的专业度以后才会考虑到委托。因此约谈是律师获得案源的第一步，这样还可以剥离出一部分纯粹咨询的当事人，避免重复打扰。

如果当事人愿意来会见，建议一方面尽早安排，无论案情大小，当事人的心情总是急迫的，等待的时间过长，当事人会不耐烦从而作出别的选择。另一方面预留充足的时间，匆忙的会见会使得当事人认为你没足够重视，没有足够的精力投入到其案子中。

总之，网络咨询及电话咨询均是为约见作出的铺垫。

（二）当面咨询前的准备工作

律师需要为当面咨询做一些准备工作。一是保证会见时间，避免与其他案件的冲突；二是准备一些律师事务所的宣传资料或者个人的名片放置于醒目之处，作适当介绍；三是必须清楚当事人咨询的目的，才能有的放矢。当事人当面咨询的目的，大多是想从律师这里获取更完整的法律知识，请教起诉、应诉或者参加诉讼的策略和准备。如果是某一阶段诉讼程序已经完成的当事人，咨询的目的可能是上诉执行，我们可以根据前期已经知晓的案情去查阅一些资料从而满足当事人的需求。另外，形象上应显示专业性，男律师最好着西装，女律师应庄重得体。

（三）明确告知收费标准和计算方法

在正式咨询案情之前，律师必须向当事人明示委托收费的标准。可以通过事先打印收费标准纸质版或者由律师事务所悬挂收费的具体项目和标准，指引当事人仔细阅读。一般律师收费是根据时间长短和律师资历而有所不同的。如果当事人不能够接受这样的收费标准，建议直接终止后面的咨询。

（四）听取案情

对于案件的当事人，初次告知案情的心情是急迫的，不管是否有用的事实可能都会一股脑全部告诉你，其陈述往往是掺杂着个人情感的，具有偏向性。这在婚姻案件中最易发生，有的当事人会哭哭啼啼讲述从恋爱到婚后生活的一系列细节，就是没有案件的关键点，浪费了很多时间。其实我们可以在具体咨询开始之前，先简单浏览一下材料，在先前沟通的基础上进一步了解案情。在当事人展开陈述的时候，我们就可以将证据材料与案情联系起来。因为当事人是初次与律师见面，双方没有建立足够的信任感，所以其在讲述的时候可能会隐藏一些小秘密，但是某些证据又可以显示这样的问题，我们可以据此与当事人核实或者委婉地告诉当事人信任律师的重要性。

（五）整理咨询要点进行判断

在当事人陈述案情的时候，我们需针对案件的关键问题作一下记录。这样在当事人陈述完后，可以快速地有针对性地发问，以确定案件的要点。不同的案件具有不同的要点，例如离婚案件，主要围绕婚姻关系、财产、子女来展开。侵权案件，主要围绕侵权事实、过错、损害结果、因果关系来展开。除了上述个性外，民事案件还具有共性问题，例如当事人基本情况、管辖问题、证据材料等。对于已经进入诉讼程序的案件，还需要了解案件所处的诉讼阶段、主审法官的信息、举证期限等。

在与当事人完全接触以后，律师经过判断需要给出初步意见。如果当事人是原告，律师首先要确定这个案件是否可以提起诉讼，当事人是否有原告的资格。其次，律师要考虑是否有充足的证据证明主张。最后，律师还必须要考虑是否有法律依据。如果是被告，基于案件材料与被告提供的证据，可以为答辩策略作出建议。当然我们在作出任何建议时都必须明确告知风险，如需要在制作笔录签字确认时告知法律风险。

当事人咨询完后有可能不会立即委托，需要一段时间的考虑，此时注意记录当事人的联系电话，并向当事人提供律师名片，以便今后回访。

二、案件的受理

（一）律师收案

1. 律师事务所统一收案，办理案件登记

根据《律师法》第25条的规定，“律师承办业务，由律师事务所统一接受委托”，严禁律师个人私下接案与收费。所以接受当事人委托的并不是律师个人，而是律师事务所，律师通过律师事务所的指派参与诉讼。或律师接到案件上报律师事务所，经律师事务所负责人同意后办理委托手续。

2. 代理费用的协商

律师代理费在不同地域收费标准也不同，我们代理案件时一般是以本地司法主管机关的指导标准为基础进行协商。律师费用可以分为计件收费、按标的额收费和计时收费等方式。计件收费一般适用于不涉及财产关系的法律事务，按标的额比例收费适用涉及财产关系的法律事务，计时收费可用于全部法律事务。部分民事案件还可以适用风险代理，一般是以标的额的30%作为上限。

法律服务是一个综合的过程，并且无法通过客观标准进行测量，因此律师在与当事人协商收费时可以综合考虑耗费的工作时间、法律事务的难易程度、委托人的承受能力、案件风险、律师的经验等多方面的因素，从而确定双方均可接受的费用。

其实除了代理费，律师在承办案件的过程中，还会涉及诉讼费、保全费、鉴定费、评估费、异地差旅费等费用。这些费用均不属于律师服务费，需要委托人另行支付。

对于不了解案件流程的当事人来说，可能会认为付了费用，律师就有义务做到底。一旦某个程序结束需要重新委托时，当事人则误认为律师是多收费。所以对于一些此前从来没有打过“官司”又不清楚诉讼流程的当事人，有必要讲明分阶段收费的问题。

3. 利益冲突的排查

律师收案的利益冲突排查事关律师执业的道德规范，十分重要。本章不作具体论述，可以参照本书第一章。

(二) 委托手续的办理

当事人与律师达成委托合意，应当及时办理委托手续，便于开展下一步的诉讼工作。

1. 案件报批

虽然律师事务所大小不一，但是都会对律师及案子进行统一管理。案子的审批手续也是律师管理的一部分。案件报批其实就是将代理的案件向律师事务所汇报，负责人同意后才可以进行代理工作。案件报批的好处在于了解本所代理的全部案件，避免双重代理，同时也可对特殊案件如群体诉讼进行重点处理。

现在报批手续的方式非常多元化，许多律师事务所都会借助于办公软件完成律师的管理。例如使用钉钉进行案件的审批，获取案号进行登记。

2. 签署合同和授权委托书

案件经过律师事务所审批后，律师需要准备《聘请律师合同》《授权委托书》交由当事人签署。委托代理合同主要内容包括委托事项、指派的律师、收费情况等。当事人签署合同后由律师事务所加盖公章，合同一式两份，一份交由当事人保存，另一份我们通常会放在卷宗里保管。

《聘请律师合同》的重点事项：

（1）合同条款必须认真审查，虽然合同是律师事务所提供的格式条款，但也不可以掉以轻心，对于需要手写的部分必须签字确认，如果合同是多页的话，需要加盖骑缝章，防止出现“阴阳合同”。

（2）委托事项必须全程为当事人保密，这是律师事务所及律师的缔约过程中的先合同义务。

（3）双方协商拟定的条款应尽量细化并且具有前瞻性，以避免发生不必要的争议。

（4）根据当事人对民事诉讼的了解情况，有针对性地向当事人说明合同条款。由于是格式合同，当事人未必认真阅读，因此，律师应根据不同情况加以说明，以避免产生误解和纠纷。

《授权委托书》是委托人单方面签署的，是当事人授予律师在民事案件中从事活动的权利依据。《授权委托书》应当载明具体的委托事项和权限。委托权限应注明是一般授权还是特别授权，通常我们的代理权限是特别授权。特别授权一般包括变更、放弃、承认诉讼请求和进行和解，提起反诉和上诉，签收法律文书等。在明确授权权限时，不可使用“全权代理”这样的表述方式达到特别授权的目的。授权委托书仅写“全权代理”而无具体授权的，实际的效果是只能行使一般代理的权限，一般授权的当事人必须出庭。

3. 代理费合规收取

当事人办理好委托手续后，应当按照该合同的约定向律师事务所缴纳律师费。若是选择风险代理的，可以依照约定的时间或者判决、执行到位的结果向律师事务所支付费用。目前的收费方式比较灵活，可以根据当事人的需要提供相应的方式，财务部门确认收到款项后向其出具正规收费发票。重点提示：律师不可私自收费，也不能给当事人出具不正规的收费凭证。

（三）出具律师事务所函、调查所用介绍信

律师办理好委托手续后，应将合同的复印件、委托书上交，律师事务所收到材料后会出具一份《律师事务所函》。《律师事务所函》上需要填写案件与当事人的基本信息，经律师事务所加盖公章后交由律师转呈法院。《律师事务所函》是民事诉讼代理手续中最重要的文件之一，是律师事务所向法院发出的用以证明律师合法身份的“公函”或“介绍信”。《律师事务所函》和《授权委托书》是律师代理民事诉讼案件所必需的证明文件，二者缺一不可。

此外，律师事务所会根据律师要求出具调查专用证明用于律师调取案件材料使用。就上海地区而言该证明可以用于调取企业的工商内档与人口信息，摘抄户籍信息等。

（四）建立业务档案

民事案件均需要建立独立的案卷档案，我们可以使用档案袋将案卷材料保存起来，并且在封面填写案件名称，便于案件的查找。初始档案一般包括《目录》、《案件进程表》、《笔录》、《聘请律师合同》、《授权委托书》、收费发票复印件、当事人提供的证据及其他案件材料等。后续随着案件进程的跟进，案卷材料也会越来越多直至结案归档为止。

三、文书格式

（一）聘请律师合同

聘请律师合同

案件编号：

合同填写说明：“□”为选择框使用“√”选择；空白处请完整填写；无内容处“/”划去不留白。

甲　　方：____________________

联系方式：____________________

兹有甲方事宜，__________律师事务所（以下简称乙方）律师为其代理人并处理相关事务，经双方协商，订立下列合同各条，共同遵照履行：

一、乙方接受甲方的委托，指派____________________律师（以下简称承办律师）为甲方提供以下服务：

□ 甲方与____________________因____________________纠纷案件________________________代理人。

□ 为甲方提供______________________________非诉法律服务。

□ 其他。

二、代理权限：详见《授权委托书》。

三、承办律师必须依法维护甲方的合法权益。承办律师因故不能执行职务时，乙方应负责另行指派律师接替。

四、甲方必须如实地向承办律师陈述案情，提供与本案有关的证据或调查取证的线索。承办律师接受委托后，如发现甲方捏造事实，弄虚作假，有权终止代理，依约所收的费用不予退还。

五、如因甲方原因造成合同不能履行或终止本合同，乙方所收律师代理费不予退还；若因乙方不能提供约定的法律服务，则乙方将律师代理费退回甲方。

六、经双方协商一致，甲方同意向乙方支付如下律师费用：

1. 本合同签订之日甲方向乙方支付人民币____________元整（¥____________）；

2. 乙方因处理甲方事务发生的本地交通费、通信费由______方承担；

3. 乙方因处理甲方事务发生的查档费、调查费、异地差旅费等其他费用由______方承担；

4. 若甲方未按合同约定支付律师费，乙方有权终止委托。

七、甲、乙双方均应严格履行与本合同履行有关的保密义务，在本合同履行期间，甲、乙双方均不得以任何方式泄露其所知悉的有关保密信息，不得做任何对本合同履行有不利影响的行为。

八、本合同有效期限，自双方签订之日起至本合同约定诉讼（仲裁）阶段终结或完成非诉事务止（包括但不限于判决、调解、裁定、决定、案外和解、中止、移送及撤销诉讼以及复函等）。

九、本合同一经签字生效。

十、本合同一式两份，甲乙双方各执一份。

(以下无正文)

甲方：　　　　　　　　　　　　乙方：

代表：　　　　　　　　　　　　代表：

签订日期：　　年　月　日　　　签订日期：　　年　月　日

（二）授权委托书

委 托 书

兹委托律师事务所__________律师、__________律师为贵院受理的原告________与被告________________的__________________纠纷案件中____告的____________________代理人，并希于开庭审理前通知代理人，以便出庭。

代理权限：特别授权

1. 代为提起、承认、放弃或变更诉讼请求；2. 进行调解、和解；3. 提起反诉或上诉；4. 代为出庭；5. 签署法律文书；6. 代为调查资料。

此致

人民法院

委托人：

受托人：

地　址：

邮　编：

电　话：

日　期：

（三）律师事务所函

律师事务所　　函

（　）某所（□民；□行）字第号

________人民法院：

贵院受理的原告________与被告________的________案件，现____告________已委托本所________律师、________律师为其代理人。

特此函告。

律师事务所（章）
地　址：
邮　编：
电　话：
传　真：
律师手机：
日　期：

附：委托书一份

【理论思考】

律师办理委托手续有哪些注意事项？

【案例分析实训】

【案例 2.1】

【案情简介】

周方与施和两人因欠付工程款产生纠纷。2018 年 3 月 17 日，施和听闻周方在某地出现，于是前往该地拦截周方的车辆，周方立即报警。在民警到达后，周方才下车，施和趁其不备用手拍打周方的后脑勺，撕扯其衣服，后被民警阻止。周方于当日入院就诊，共花费医药费 695 元，因双方无法达成调解意愿，故周方委托律师进行诉讼。

【实训要求】

请同学根据当事人与案件的基本信息，整理全套委托材料。

第三节 起诉与应诉

民事案件需要经过诉讼、审理、判决一系列流程。对原告来说第一个必经的程序就是起诉，对被告来说是答辩。但是法院受理原告的起诉并不代表法院支持原告，法院其实是提供了原被告双方说理的机会与平台。在这个平台上，双方可以正确使用法律所赋予的权利，因此对原告来说如何起诉就显得十分重要。

一、案由的选择

所谓民事案件案由，就是民事诉讼案件的名称。其所代表的是案件的基础法律关系的性质，恰当选择案由十分重要，它涉及是否在民事立案及审判中准确确定案件诉讼争议焦点和法律的正确适用。案由方向选择不对就会造成败诉的风险。当然民事案件的法律关系有时候并不是单一的，会涉及两个甚至多个法律关系，这其中存在主从关系，一般我们应当以主法律关系来确定案由。在请求权竞合的情形下，律师需要分辨如何选择请求权，并根据自主选择行使的请求权及诉争的法律关系的性质确定相应的案由。一个法律事实或法律行为有时可以同时产生两个法律关系。

【案例分析实训】

【案例 2.2】王某诉甲公司等人身损害赔偿纠纷案

【案情简介】

王某在丙公司工作，丙公司安排他去乙公司维修外墙的灯。王某站在乙公司大楼的阳台上，将乙公司提供的挂梯从阳台上伸出去，准备把金属挂梯挂在外墙上，然后再爬到梯子上去维修墙上的灯。在王某把金属挂梯伸出去的时候，靠近了10千伏的高压线，发生了触电事故。医治结束后，周某被鉴定为三级伤残。之后，他准备进行诉讼，咨询了一位律师。该律师给他的咨询意见是：王某在工作中受伤，可以要求丙公司承担工伤赔偿责任。基于劳动关系的流程必须先仲裁后诉讼。当然这个案子当事人胜诉是没有问题的，但是丙公司却没有支付能力。王某转而咨询到我们这里，我们的建议是以人身损害赔偿纠纷直接进行民事诉讼，将所有侵权人都列在其中，所罗列的当事人是第一被告甲公司（电力公司）、第二被告乙公司、第三被告丙公司。法律依据就是根据规定高危作业，作业人甲公司承担无过错责任，乙公司和丙公司根据过错按比例承担责任。

二、当事人的确定

律师代理原告进行诉讼，对于当事人的身份必须进行审查，即原告是否适格以及被告和第三人的选择。起诉时原告必须是与本案有利害关系的人，而且必须是直接的，而非间接的，除法律规定外，案外人不能代替当事人诉讼。原告起诉时，应有明确的被告。此时的被告必须确定，不能是模糊的，需要提供并且列明其身份信息。如买卖合同纠纷中的买卖双方、一般侵权行为之债中的致害人与受害人。

确定被告的原则是最大限度实现诉讼目的。上述案例中便是如此，如果以工伤为案由，那被告只能是丙公司，而且丙公司没有执行能力，但是以人身损害提起的诉讼被告涉及三个人，而且均是有能力的。同样在机动车交通事故责任纠纷案件中，如果赔偿的数额较比大，并且保险的金额不足以全额赔偿时，受害人需要将肇事车辆所有人、管理人、驾驶人、保险公司、其他对交通事故负有责任的个人或单位等全部列为被告。如果保险金额足以赔偿请求数额，此时则不宜过多地罗列被告，以免造成诉讼的复杂化。

三、管辖权

一个案件的判决会受到多重因素的影响，不同区域的司法环境也大多不同，并且法官的业务水平良莠不齐，因此在哪里起诉显得特别重要。例如合同纠纷、侵权纠纷、继承纠纷等会出现多个法院均有管辖权，此时就要注意选择有利的管辖法院。目前上海各大法院的案件量都非常多，排期比较久，而许多外地的法院诉讼流程相对来说比较短比较快，在案件证据充足的情况下选择外地法院反而更加明智。此外，选择法院时还要考虑像差旅费这样的诉讼成本。

如果当事人认为案件受理法院对于案件没有管辖权，可以提出管辖权异议，对于管辖权裁定不服可以提起上诉。

四、确定诉讼请求

当事人提起诉讼，最重要就是告诉法院、被告，我要什么，法院以什么形式保护何种权利或者确认、变更何种法律关系。被告代理律师应当认真审视原告的诉讼请求是否有事实和法律的依据。

我们需要根据法律以及胜诉角度来分析当事人的要求是否恰当合理，如果当事人的诉讼请求只是意气用事没有履行的可能，我们必须规劝当事人调整诉讼请求。

以案例“女大学生被强行搜身诉商场侵犯人格权纠纷”为例，基本案情：上海一名女大学生因被商场强行搜身，遂起诉要求精神损害赔偿，诉请要求30万元，最终支持1万元。

原告的诉请是明确，但是属于漫天要价。本案的法律基础是精神损害赔偿。基于精神损害赔偿的性质，立法与司法向来都有限制的倾向。就上海地区而言，目前支持精神损失的限度基本都在10万元以下，需要根据情节来具体分析。

法院受理案件后，诉讼请求是可以变化的，但是不同于诉的增加。诉讼请求的增加应符合两个条件：①须在法院受理案件后，尚未作出判决之前提出；②增加的诉讼请求须与原诉有联系。对符合上述条件而增加的诉讼请求，法院应当将其与原诉讼请求合并审理。

五、证据

证据是案件成败的关键，因此要求律师要在庭前对证据进行收集、审查和取舍。律师如不熟悉证据收集和审查的要诀，具体可以参照《律师办理民事诉讼案件规范》第 48 条。律师对于证据进行筛选以后，需要列明证据目录，说明证据的名称及来源。如有证人需要出庭，应当提交证人身份信息，并将拟证的事实提交法院。

六、诉讼时效

审查案件是否经过诉讼时效是双方代理律师庭前准备工作之一。目前根据《中华人民共和国民法总则》第 188 条第 1 款的规定，民事案件的诉讼时效是 3 年，特殊诉讼时效适用特殊规定。诉讼时效经过的法律后果是胜诉权的消灭，但是实体权利并未丧失。即使已经过诉讼时效，原告也可以起诉，但被告一旦提出时效抗辩，原告即败诉。律师审查诉讼时效的内容可以归结为“三问”：一问诉讼时效是否开始起算？二问有无诉讼时效中断、中止或延长的事由？三问本案的诉讼时效是多久，是否超过诉讼时效期间？

七、民事起诉状或民事答辩状的起草

（一）民事起诉状

根据《中华人民共和国民事诉讼法》（以下简称《民事诉讼法》）第 120 条及第 121 条的规定，原告应当向法院提交民事起诉状，诉状中需要陈述权益被侵害的事实、阐明起诉理由、提出诉讼请求等。

起诉状应当记明下列事项：

(1) 原告的姓名、性别、年龄、民族、职业、工作单位、住所、联系方式，法人或者其他组织的名称、住所和法定代表人或者主要负责人的姓名、职务、联系方式。

(2) 被告的姓名、性别、工作单位、住所等信息，法人或者其他组织的名称、住所等信息。

（3）诉讼请求和所依据的事实与理由。

（4）证据和证据来源，证人姓名和住所。

此外，起诉状还应写明受诉法院的名称，起诉的时间。起诉状经当事人确认后在尾部署名或盖公章。

对于年轻律师来说，诉状可能会书写得很快，而对于老律师来说，诉状是最难书写的。律师在起草民事起诉状时，需要注意以下几点：

（1）突出重点，有的放矢。在陈述案情时必须要抓住案件的重点与主线，详略得当，重点地方详述，其他地方简易，清晰表达你主张的观点，让人看到后一目了然。

（2）脉络清楚，层次分明。叙述案情要注意事实本身的条理，把它分成若干层次进行叙述，划分的方式可以按照案情发展的时间顺序来划分，也可以按照问题主次来划分。

（3）以事实为依据，言之有物，切忌空谈。在诉状中尽量让事实说话，关于法条的理解在诉状中尽量少讲或者不讲。

范例：

民事起诉状

原告：

被告：

诉讼请求：

事实与理由：

此致

人民法院

具状人：

日　期：

附：1. 本状副本份

2. 证据目录及证据材料页

（二）民事答辩状

答辩状是针对原告的诉讼请求、事实与理由，陈述答辩的观点，并阐明相应的理由。在提交答辩状的同时可以提交相应的证据。律师起草答辩状时，需要注意下面几个问题：①答辩状一定要针对原告的诉状内容提出反驳的论点和论据；②答辩请求必须合情合理。答辩请求是在提出充分的事实和正确适用法律的基础上，自然得出的结论。

范例：

民事答辩状

答辩人：

原告：

答辩意见：

此致

人民法院

答辩人：

日　期：

附：1. 本答辩状副本份

2. 证据目录及证据材料页

八、立案

立案材料包括当事人的身份信息、《起诉状》、基本证据材料。当事人是自然人的话需要提供身份证复印件，没有被告身份信息的话，当事人可以委托律师调取。如果当事人是法人，应提交加盖单位公章的《营业执照》复印件和加盖单位公章的《法定代表人身份证明书》。《起诉状》和证据材料除向法院提供一份正本之外，还应根据被告人数提交相应数量的副本。证据材料通常都是提交复印件，原件待到开庭审理时核对。律师代理起诉的，还需要准备好代理手续，起诉时一并提交，代理手续包括《律师事务所函》《授权委托书》及《律师执业证》复印件。

准备好起诉材料之后，当事人及代理律师到人民法院诉讼服务中心立案窗口办理立案手续。立案工作人员审查起诉材料后一般会当场作出是否受理的决定，不予受理或需要补充材料的，立案工作人员会向当事人或律师说明不予受理的理由或需要补充的具体材料。对于材料齐全、符合受理条件的案件，立案庭会当场决定受理，目前上海法院的案件数量非常多，因此部分案件会先进入诉调程序，诉调不成再正式立案，而外地法院基本上是当场立案的。当场立案的，工作人员会向当事人开具缴费票据。我们可以提前告知当事人带好受理费，受理费用可以根据国务院《诉讼费用交纳办法》的相关规定提前计算。当事人持缴费票据到指定银行或指定收费部门缴费。收费银行或部门收到费用后会在缴费票据上加盖印章。目前上海法院诉讼费缴纳通知上会提供付款二维码，方便当事人用微信或者支付宝直接支付。当事人将缴费票据交回立案庭后，立案庭会向当事人出具《受理案件通知书》，至此起诉立案的手续就办理完毕。

立案时如果当事人不能陪同，那授权委托书中需要注明“代理起诉立案、提交和签收法律文书、代缴诉讼费用”等，否则可能会影响立案手续的办理。

九、反诉

反诉与本诉实际上是两个不同的诉，只是因为反诉在本诉的诉讼程序中提出的，具有关联性，因此可以合并审理。反诉以本诉的被告为原告，称为“反诉原告”；以本诉的原告为被告，称为“反诉被告”。由于反诉也是一个诉，所以提起反诉必须具备起诉条件。

律师在代理反诉过程中重点把握的问题：

（1）反诉是本诉被告对本诉原告提起的。

（2）在举证期限届满前提起反诉。

（3）反诉与本诉必须适用相同的诉讼程序。

（4）反诉与本诉在诉讼请求或案件事实方面存在着法律上的牵连关系。

（5）反诉只能向审理本诉人民法院提出，且不属于其他法院专属管辖。

（6）反诉不因本诉的撤回而失去效力。如果原告撤回本诉但是反诉被受理的话，需要继续审理反诉并作出裁判。

范例：

民事反诉状

反诉原告（本诉被告）：

反诉被告（本诉原告）：

反诉请求：

事实与理由：

此致

人民法院

具状人：

日　期：

附：1. 反诉状副本份

2. 证据目录及证据材料页

十、财产保全

财产保全，是指法院在利害关系人起诉前或者当事人起诉后为保证将来的生效判决能够得到执行或避免财产遭受损失，对当事人财产或者争议标的物，采取限制当事人处分的强制措施。

当事人申请财产保全时，律师必须要判断是否具备保全的条件：

1. 审查案件基本情况，确定是否提出财产保全申请

（1）分析案情，着重审查案件是否属于给付之诉。

（2）审查申请财产保全的法定的事实根据和事由。

（3）审查能否提供担保的情况。对于诉前申请保全的，申请人应当提供担保，不提供担保的，裁定驳回申请。采取诉前财产保全的申请人提供担保的，提供担保的数额应相当于请求保全的数额。诉前保全后的 30 日之内必须起诉或申请仲裁，过期不起诉或申请仲裁的，法院解除财产保全。因财产保全给被申请人造成的损失，由申请人予以赔偿。

2. 调查被申请人的财产

可供保全的财产包括房屋等不动产以及银行存款、车辆等，只要是可供保全的财产都可以申请财产保全。

3. 制作财产保全申请书

财产保全申请书的内容包括申请人的基本情况、被申请人的基本情况、请求事项、基本事实和理由。请求事项即请求保全的财产名称、数量、所在处所及要求保全的方式等；应写明要求人民法院或查封、或扣押、或冻结、或者其他适当的措施；同时表示自己是否提供以及提供何种担保。关于事实与理由，先写明为何产生纠纷，再具体写明需要采取保全措施的目的和原因，重点写明必须实施财产保全所根据的事实，即被申请人有毁损诉争标的物或正在对标的物实施处分行为、需要保全的财物遭受侵害情况、采取财产保全的重要性和紧迫性及在判决执行中的意义。

范例：

财产保全申请书

申请人：
被申请人：
事实与理由：

此致
人民法院

申请人：
日　期：

附：有关证据及材料

【案例分析实训】

【案例2.3】

【案情简介】

位于某市甲区的海王公司与乙区的熊猫公司签订合同，双方约定海王公司承建熊猫公司位于丙区的新办公楼，合同中未约定仲裁条款。办公楼施工过程中，海王公司与熊猫公司因增加工作量、进度款等问题发生争议。双方在交涉过程中通过电子邮件约定将争议提交仲裁委员会进行仲裁。其后海王公司考虑到多种因素，向法院提起了诉讼。

法院在不知道双方仲裁约定的情况下受理了本案，熊猫公司进行了答辩。一审法院经过审理，驳回原告诉请。原告不服，声称双方之前存在仲裁协议，法院没有管辖权，因此提出上诉。

【思考问题】

1. 何地法院对本案具有诉讼管辖权，依据是什么？
2. 邮件约定提交仲裁是否有效？
3. 原告关于管辖权的上诉理由是否成立？

第四节 一审法庭庭审

一、记录开庭时间，准时出庭

根据《民事诉讼法》的规定，法院应该在开庭 3 天前通知当事人，且应当用传票通知。法院会根据我们立案时所填写的送达地址将传票邮寄送达。律师收到传票后，应当做好相应的记录，以防出现传票与开庭时间间隔比较久而被遗忘的情形。曾经有开庭时对方当事人迟到半个小时，到达后法官让其对所有在场人员道歉，行法庭礼仪的情况。作为专业的律师更是不能犯如此低级的错误。如果发现传票日期和其他事项相冲突，应当立即联系法官进行沟通，再根据法官要求提交延期开庭申请书及冲突文件。部分律师代理案件多，极容易和自己代理的其他案件开庭日期冲突，律师可以主动要求法官或者书记员在正式确定开庭日期之前打个招呼，再决定开庭时间，避免排庭后再取消。

当事人的委托有时候是案件诉讼进程启动后才开始的，因此需要提前准备律师函和委托书于开庭之前及时提交。律师对案件的准备工作应该在接案就开始，准备好一切后等待开庭，切不可在确定开庭日期之后才开始准备，匆匆忙忙必然会有所缺失。如果从立案到开庭间隔时间比较久，记忆可能有缺失，我们就需要提前多次熟悉案卷，查看证据。开庭前，律师需要叮嘱当事人带上证据原件，如果当事人不出庭，需要提前与当事人交接原件，收到原件时应当场核对并做好原件的登记工作。另外，不要忘记身份证和律师执业证，特别要叮咛当事人、证人或者其他代理人带上身份证。

如果到外地开庭，建议律师应该尽量提前一天到达，以免路况不好导致延误。进入法庭后，律师应该主动关闭手机或者将手机转入静音状态。手机处于静音状态比关闭好，可以收到他人的来电、短信，但又不影响法庭的审理。同样我们要提醒当事人如此操作。

二、核对当事人

法庭审理的第一项流程是核对当事人及其诉讼代理人的身份。审判长会要求原、被告及第三人向法庭报告基本情况，并询问对各自的出庭人员有无异议。当事人出庭的，律师告知当事人按照起诉状开头念就可以。在询问完当事人的情况后，律师需要向法庭简单报告律师的姓名和事务所的名称、委托代理权限，律师这个时候应当准备好自己的律师执业证书，交由法院核查。在核对当事人的过程中，我们不能认为核对是法官的事情，与我方无关，我方只要保证我方人员出席即可。其实在此过程中，我们需要注意出庭的公民是否为本人，是否为完全行为能力人；对方当事人行为能力存在限制的话，则应当考虑法定代理人是否合法；如果是集团诉讼，要注意诉讼代表人的产生是否符合法定程序。对方当事人有委托人的，应注意有无委托书，代理权限如何。在诉讼的当事人向法庭陈述完各自的基本情况后，法官会询问同案的实际出庭人员有无异议。一般情况下，大家都会说没有异议，法庭审理继续进行。但如果律师已经发现对方的出庭人员有问题，则需要提出并向法庭阐明异议的理由。

三、回避

当事人及其诉讼代理人身份核对无误后，审判长宣布："经本庭核对，当事人符合法律规定，可以参加本案诉讼。"然后，审判长宣布案由，宣布诉状及合议庭组成人员和书记员名单，告知当事人的诉讼权利和义务，询问双方律师当事人是否申请回避。此时询问的回避对象，仅限于法官和书记员。

四、法庭调查

（一）陈述诉请与答辩

根据民事案件审理的程序，分为简易和普通程序。简易程序一般由法官一人独任审理，普通程序由三名法官或者由一名法官加两名人民陪审员组成合议庭。法官宣布开始进行法庭调查，要求原告向法庭宣读起诉状或者陈述事实并讲明具体的诉讼请求和理由，被告针对原告的起诉进行答辩。如果递交的起诉状中有错误的陈述或者有补充内容，律师应当利用这个机会向法庭说明，改正错误，补充事实。如果事实部分的细节需要向法庭陈述的，可以让当事人补充。

被告的律师在对方念起诉状的过程中要注意与法院送达给自己的起诉状进行对比，看诉讼请求是否有变化，对事实的陈述是否有变化。原告方的律师在宣读起诉状时临时增加诉讼请求，被告的律师应当特别注意，并考虑是否就增加的诉讼请求要求法官给予时间答辩和提交证据。

在原告方念完起诉状后，法官会要求被告方答辩或者宣读答辩状。对于初级律师来说建议事先向法庭提交答辩状，庭上简明扼要的说出观点，法庭时间有限，切记不要照本宣科。如果原告提出新观点或者某些观点在准备答辩状时没有考虑到，律师可以当庭进行补充。作为被告律师，应当记录原告的主要观点，从而思考应对之策。在法庭调查环节，律师对于法庭未全面调查的事实可以作补充或者要求法庭予以调查。

（二）举证和质证

原告对于自己主张的事实需要提供证据，一般要按照证据表达的内容分为几组证据。案情比较重大或者复杂的，法官可能会组织双方庭前交换证据核对原件。原告需要一组组地陈述证据的名称、来源、证明内容，并且提交原件交由对方与法院核实。原告一组证据陈述完毕后，被告需要对该组证据的真实性、关联性和合法性分别发表质证意见。如果法院认为案情比较简单，也可能让原告一次提交全部证据，被告再统一发表质证意见。

原告举证说明的具体内容有：

（1）说明证据的种类，是书证、物证、鉴定意见或者视听资料等。

（2）要说明证据的来源，是由当事人持有的，还是他人持有，或者保存在某部门由律师调取的。

（3）要说明该证据的证明对象，简要地用一句话予以概括。

（4）要说明证据的内容，证据上的内容未必全文宣读，应该拣出与本案相关的内容作简要的说明。

（5）要根据宣读的证据的内容再次说明所证明的对象，力求简洁明了但必须让法官明白律师的主张。

被告质证的内容基本上分成两部分：一部分对证据的真实性、关联性、合法性表态；另一部分对证据的证明力有无以及证明力的大小表态。同时还需要核查证据是否原件、原物，复印件、复制品与原件、原物是否相符。

在被告律师提异议的过程中，原告方律师应该做好笔记，并随即记下反驳的观点。法官在听取被告方律师的质疑后允许原告方律师予以说明，律师应该抓住机会充分阐述自己的观点。反驳应该一针见血说明被告的异议是不成立的，然后再阐述理由。

在原告方举证完后，法官会让被告方举证，形式与流程与前述一致。被告律师的举证和原告应该一样，我们不再赘述。

（三）询问证人

原告提供证人证言作为证据的，庭审时需要证人到庭接受双方的询问。律师首先应明确证据类型是证人证言，其次要明确证人的姓名，关键说明证人欲证明的事实，最后要求法庭传证人到庭。

具体可以如此表述：该证人名叫某某，是某厂的职工，双方当事人发生纠纷时他在现场，目睹了纠纷的整个过程。他的证言证明原告人对纠纷的产生没有过错。该证人已经在庭外等候，请法庭传证人到庭。

传证人到庭后，法官会首先要求证人报告基本情况并出示身份证，然后告知证人作伪证的法律后果。法官让举证方的律师先向证人发问，自己有补充发问的，可以在双方律师发问完后再问。律师应该征得法官同意后询问证人，通过有顺序的提问，引导证人讲出事情的经过。律师的提问可以是引导性的，引导证人进入话题。如果发现证人偏离了律师要证明的问题，律师应该及时制止，引导证人回到所要证明的问题上来。证人陈述时要注意证人是否将所有准备证明的问题说清楚，在开庭笔录上记下遗漏的和没有讲述清楚的问题。在证人向法庭陈述完以后，律师可以就证人遗漏的问题以及没有陈述清楚的问题，通过补充询问让证人进一步陈述。在证人陈述完毕之后，律师应该就证人的陈述向法官总结，使法官明白律师所欲证明的主张。

在举证方律师向证人发问的过程中，质证方的律师除留心记录外，还应该注意证人与双方当事人的关系，其陈述是否客观，是否为其亲身感知的事实。如果发现证人使用猜测、推断或者评论性的语言，律师应该及时提出反对意见，要求法庭予以制止。

在举证方律师发问完毕以后，法官会允许质证方律师向证人提问。在所有的证据中，证人作假的可能性最大，因此对证人的质证难度也大。律师在细心听取证人的证词之后，把证人的话放到案中已经确定的事实中去比较，看是否吻合。

在对证人的询问过程中，要注意考察证人是否能够正确表达。限制行为能力人做证人出庭作证，首先要考虑待证事实是否与他的年龄、智力状况相符。如果其行为能力与作证状况不相适应，应该建议法庭不予采纳。

法律规定了许可不予出庭的情形，律师应该向法庭陈述清楚证人不能出庭的原因，必要的话提供相应的证据。对于不能出庭的证人，法律允许提交书面证言或者视听资料或者通过双向视听传输技术手段作证。不过，这些要得到法院的许可，只有在得到法庭的许可后，律师才可以宣读证言。

（四）提问

在法庭举证完毕之后，法官会允许当事人互相提问。在开庭之前律师就应该精心准备一些问题。这些问题主要是没有证据证明，希望从对方的回答中得到有利于己方的答案。提问时不要直接提出你的重点问题，可以先从一些无关紧要的小问题出发，慢慢诱敌深入再得出答案。当然了法庭时间有限，不可能允许律师提出很多问题，尽量选择精华问题进行发问。

（五）法庭辩论

如果是比较复杂的案件，法官在法庭调查之后一般会归纳案件的争议焦点，来限定双方辩论的范围。辩论一般先从原告开始，由原告律师发表第一轮代理意见。第一轮代理意见的原则是“既立又破，以立为主”。“立”就是要首先充分阐明自己的观点，根据法庭举证的结果对自己的主张做充分的阐释。“破”就是反驳对方的观点，在阐释自己主张的同时适当反驳被告的主张。

律师的语言要有气势，不可有气无力，拖泥带水，但不能有声嘶力竭之感。律师应该始终明白一点，不要试图去说服对方当事人和律师，律师说服的对象是法官。因此，律师在陈述自己观点的过程中，应该观察法官的反应，通过法官的反应来适时调整表达方式。律师辩论开头可以直奔主题：经过刚才的法庭调查，原告认为，原告的诉讼请求是成立的，法庭应该依法支持原告的主张，理由如下。辩论意见的思路应该非常清楚，用一二三罗列清楚。每段先提出观点，然后论述。观点应该明确，论述应该细致。

第一轮辩论被告发言时律师应该尽快把握被告的基本观点，考虑与答辩状中观点的差异，与举证时观点的差异。律师应该在记录被告基本观点的同时，就设想出反驳的基本思路，并简单记在开庭笔记里。第二轮辩论重在“破中有立，以破为主”。就是要针对被告观点反驳，在反驳中再次阐述原告的观点。第二轮辩论结束之后，一般情况下双方的基本观点已经明了，准备终结辩论程序之前，律师如果认为被告第二轮的辩论中有新的观点需要反驳，此时反驳应该简洁而有力。

（六）最后陈述

法庭辩论结束之后，法官会要求当事人进行最后陈述。经过调查及法庭辩论，双方的证据和观点基本明了，法官希望在最后听取当事人的诉讼请求有没有改变。一般情况下原告的回答应该是：“希望法院支持原告的主张。”而被告的回答是：“希望驳回原告的诉请或者依法判决。”

五、法庭调解

除离婚案件由法官宣布依法进行调解外，其他案件在最后陈述时，法官询问当事人是否愿意接受调解。如果双方均不同意的话法庭则不再主持调解。如果双方同意调解，可在法官的主持下当庭调解或者休庭后调解。被告方同意调解是基本上认可原告的诉讼请求，力求减少损失。而对于原告来说，调解的好处在于：

（1）时间考虑。案件经过法院判决，被告可以提出二审，到真正实现自己的主张也许要很长时间，也许还要付出很多。

（2）判决结果是否可以全部执行到位。如果被告不具有完全的执行能力，调解可以一次性支付的话，此时调解虽然放弃了小部分利益，但是却获得了最终利益。

因此原告律师需要帮助当事人权衡利弊，审时度势，决定是否同意调解。原告同意调解后，法官会要求双方提出调解方案，原告应当在心理价位的基础上略高一些提出自己的调解方案。方案价位太高可能会吓走被告，但也不能太接近自己的目标，没有降价的空间。调解成功，如街上买卖东西一般，也需要许多技巧。最重要的是给付方式一定要明确，建议当场给付。如果被告做不到这一点，调解就失去了意义。

六、休庭之后

休庭之后，当事人和律师都要校对庭审笔录，以免书记员记录有偏差，不过现在很多法院都采取语音同步转换文字技术，这样可以翔实地记录双方的庭审陈述。核对庭审笔录时，律师主要把握对本案的事实的认定起关键作用的陈述，如果遗漏的某些陈述对事实的认定有决定意义，应该督促书记员补正。庭审笔录确认无误后由当事人及代理律师签字，每一张的庭审笔录均需要签字，最后签署名字和日期。

庭审以后，建议律师提交代理词，通过书面的方式再次传达自己的观点。如果庭审之前已经准备好代理词，可以将庭审中新的观点补充进去，修改后再提交。

在接到判决之后，如果部分支持或驳回的话，则要仔细查看判决的事实与理由，从而考虑是否建议当事人上诉。

七、庭审注意事项

（一）做好庭审笔记

律师参加庭审时建议做好庭审记录，庭审记录侧重两点：一是“简”，庭审时间有限，不可能逐字记忆，原则上是自己看懂的方式进行。二是“要”，就是重点记录庭审过程中的要点，主要是法庭审理的重点问题、对方的主要观点和辩论要点、我方的应对与反驳要点等。

庭审记录的作用有四个。其一，用于当庭质证和辩论。当对方当事人或代理人举证发言或发表辩论意见时，快速记录对方的证明要点和辩论意见，同时有针对性地组织语言并利用现有证据和其他材料进行反驳。其二，做好庭审笔记有利于庭后整理、撰写正式的书面代理词，使代理词的内容更为精确，更有针对性。其三，某些民事案件可能要经过多次庭审，而且间隔时间比较长，因此有必要记录每个庭审的内容，方便记忆。其四，庭审笔记作为律师卷宗的一项重要内容，在结案后需要入卷归档。

（二）当庭发言与提交书面发言稿

法庭的庭审时间有限。当庭发言时要注意简洁明了、重点突出、逻辑性强，发言的语速不应太快，发言的同时要注意书记员的记录速度，这样才能保证书记员的及时记录。必要时应适当停顿，书记员记录完毕后再继续发言。为了充分、详细地表达自己的举证、质证及辩论意见，让审判员更多了解我方观点和主张，庭审后应根据开庭情况整理出正式的代理词提交人民法院，律师应在 3 日至 5 日内及时提交，不可拖延。

（三）保持基本的司法礼仪

律师参加庭审过程中，首先要尊重合议庭成员、尊重对方当事人及其委托代理人。但是，尊重不等于妥协，在维护当事人合法权益方面要敢于据理力争。只是要举止文明、大方得体、不亢不卑、注意使用法言法语等。万一碰到素质较低的对方当事人或对方的旁听人员，一般不要与其直接交流，一切发言只面向法庭或对方代理人即可。对方当事人或旁听人员若有不当言行，可不予理会，必要时可直接请求法庭依法对行为人采取强制措施等。如自己一方的当事人或旁听人员有不当言行的，应予以劝阻。

【案例分析实训】

【案例 2.4】

【案情简介】

被告芙杰公司系某厂房的产权所有人。光荣公司与其签订合同，承租部分厂房，合同约定由光荣公司负责消防义务，安装符合安全标准的电器线路和设备，并按标准配置消防器材，如发生火灾，责任由光荣公司自负。2016 年光荣公司将部分厂房分别依次租赁给伟大公司和中华公司等多家商铺，中华公司用以存放颜料物品。2017 年 5 月 16 日 13 时许，被告伟大公司承租区域发生火灾，火势由西往东蔓延到中华公司等多家店铺，中华公司厂房建筑部分钢结构屋顶坍塌，内部存放的化工原料受高温、烟气、水渍影响严重。嗣后，中华公司第一时间向消防支队递交《火灾财产损失申报统计表》，合计报损 230 万元。

2017 年 6 月 15 日，上海市嘉定区公安消防支队出具火灾事故认定书，认定起火部位为伟大公司内西南侧，起火原因可以排除人为放火、物质自燃、遗留火种、使用明火不慎引发火灾的可能，不能排除电气故障引发火灾的可能。

中华公司根据库存账册核准损失后向法院提起诉讼，要求赔偿损失120万元。

【思考问题】

1. 本案的被告有哪些，理由是什么？
2. 请同学归纳案件中的争议焦点。

第五节　二审代理中的工作

一、审查一审裁判文书，确定上诉理由

（一）上诉期限

判决书的上诉期限是15日，裁定书的上诉期限是10日。这个期限自收到判决书或裁定书后的次日起算。期间届满的最后一日是法定节假日的，以法定节假日后第一个工作日为期间届满的日期。如果在法定期限内，双方当事人都没有提出上诉，那么，一审裁判即发生法律效力。如果有一方当事人或者双方当事人在上诉期间提出上诉，则进入二审程序。

（二）法律文书的可上诉性

根据法律规定，能够提起上诉的法律文书包括未发生效力的一审判决、不予受理的裁定、驳回起诉的裁定及管辖异议的裁定。调解书、二审文书都不能提起上诉。

（三）律师应全面掌握案件情况

没有参加一审诉讼的律师担任二审代理人，应及时了解和掌握案件的情况。途径有三种：

（1）对一审所有材料进行查阅核实。

（2）联系到法官，经允许后查阅案卷，并复制有关案卷资料。

（3）必要时与一审阶段的代理人取得联系，尽可能全面地了解一审情况。

（四）对于案件进行实体和程序方面的审查[1]

实体方面律师在查阅一审案卷时，可对以下几方面作重点审查：

（1）一审认定事实是否清楚、完整，有无前后矛盾。

（2）一审证据是否充分、确凿，有无未经质证的证据作为判决裁定的依据；有无不该采信的证据采信了，该采信的却没采信；证据相互之间有无矛盾。

（3）一审认定的事实与判决、裁定的结果之间是否具备必然的逻辑联系。

（4）一审适用法律是否得当，适用的法律条文与案件性质、主要事实是否一致，有无适用已经废止的行政法规、地方性法规及司法解释。

（5）一审程序有无影响案件正确判决的违法情况。

程序方面在核对一审程序时，可对以下几方面做重点审查：

（1）审理本案的审判人员、书记员应当回避未回避的。

（2）未经开庭审理而作出判决的。

（3）适用普通程序审理的案件当事人未经传票传唤而缺席判决的。

（4）其他严重违反法定程序的。此外，还应注意审判人员审理该案件时有无贪污受贿、徇私舞弊、枉法裁判等行为。无诉讼行为能力人未经法定代理人代为诉讼的；违法剥夺当事人辩论权利的。同时，还应审查一审人民法院是否存在遗漏当事人或漏判请求事项等问题。

二、整理上诉材料

（一）准备步骤

内容与一审相似，首先当事人需要办理委托手续，签署委托合同、委托书。

（二）明确地提出上诉请求

当事人提起上诉的目的，旨在要求上级法院纠正一审裁判的错误，是维护自己的合法权益。这一目的应首先在上诉请求中体现出来。因此，上诉请求的目的要明确，是要求撤销原审裁判，全部改变原审的处理决定，还是要

---

〔1〕 侯国跃、王斌：《民事诉讼业务办理规范与技能》，法律出版社2014年版，第189页。

求对原审裁判部分变更。确定上诉请求的范围时，不要超过原一审诉讼请求和一审裁判。一般而言，原一审诉讼请求和一审裁判的范围决定了上诉请求的范围，超出部分不属于二审法院受理的范围，也不属于二审法院审理的范围。

（三）梳理上诉的事实与理由

在分析整理上诉的事实与理由时，关键要围绕着对上诉的请求而展开论述，且主要是针对原一审裁判所认定的事实不当、适用法律错误或者违反诉讼程序等。律师主要可以从以下几个方面进行整理、组织证据材料：

（1）对原一审认定事实错误的论证。着重提出原审裁判所认定的事实是全部错误，还是部分错误。并列举出相应的证据来加以证实。

（2）对原一审案件性质不当的论证，这其中涉及的就是前面所说的案由问题。如果定性不准，则处理上就会存在偏差。

（3）对原判适用实体法不当的论证。这就是指原判引用有关的实体法条文与案情事实不相适应；或者是在引用有关法律条文上存在着偏重部分有关条款，忽视了另一部分有关条款或者是曲解了法律条款等问题，以致处理不当。据此举出有关法律条款，加以具体分析论证。

（4）对原审适用程序法不当，因而影响正确审判的论证。这是指原审在审理案件时，违反了程序法的规定，因此造成案件处理不当的，可予以提出，作为要求改变原审裁判的理由。当然如果一审程序中虽有违反程序法规定但处理并无不当，则不宜作为唯一的上诉理由。

（四）确定上诉人、被上诉人及其他诉讼参与人

上诉人和被上诉人均必须是一审程序中的当事人，包括原告、被告、有无独立请求权第三人。

（五）撰写上诉状

在确定了上诉请求和理由之后，接下来就应及时撰写《上诉状》。《上诉状》的撰写不同于一审时的《起诉状》。一审《起诉状》力求简洁，能够交代清楚争议原委即可，不宜过多阐述，所有“真材实料”等到法庭调查和法庭辩论时再和盘托出。二审与一审的情况有所不同。二审上诉针对的是一审裁判结果，一审裁判已经作出且无法更改，一审的法庭笔录、证据材料、诉

讼文书等案卷文档都已固定，不存在太大的变数。另外，有的上诉案件依法无需开庭，通过阅卷、询问等程序即可作出裁判。因此，《上诉状》不可像一审《起诉状》那样简洁，而是要力求详尽、突出重点。《上诉状》的“事实和理由”部分要对上诉请求进行详述和论证，像庭审发表代理意见一样毫无保留地表达在《上诉状》中，应当将最有说服力的点、事实和法律依据、最确凿的上诉事由排在最前面进行论证。在逻辑结构方面常是先事实后法律，即先论述一审裁判结果中认定事实错误的部分，后论述其适用法律错误的内容。内容排序要让二审法官阅读《上诉状》时能对各部分内容的主旨一目了然。

范例：

民事上诉状

上诉人：

被上诉人：

上诉人因　　一案，不服　　人民法院　年　月　日（　　）字第　　号判决/裁定，现提起上诉。

上诉请求：

上诉理由：

此致

人民法院

上诉人：

日　期：

附：1. 本上诉状副本份

2. 证据目录及证据材料页

三、提起上诉

当事人可通过原一审人民法院提出上诉，也可以直接向二审人民法院上诉。原一审卷宗会移送二审法院，因此一审提交过的材料不必重复提交。代理律师需要提交以下材料：

（1）《上诉状》正本一份，由上诉人签字、盖章或按手印。同时按照对方当事人的数量提交《上诉状》副本若干份。

（2）《证据目录》与证据材料。一审时已经提交过的证据无需重复提交，有新证据的，应制作《证据目录》连同证据材料一起提交人民法院，并按照对方当事人的数量提交相应的副本。此处的新证据是指：一审庭审结束后新发现的证据；当事人在一审举证期限届满前申请人民法院调查取证未获准许且二审人民法院经审查认为应当准许并依当事人申请调取的证据；法院准许延期举证，当事人因客观原因未能在准许的期限内提供的证据，且不审理该证据可能导致裁判明显不公的。新证据应当于开庭审理前提交人民法院。二审不开庭的，应在人民法院指定的举证期限内提交，人民法院指定期限不少于10日。

（3）律师代理手续。包括《律师事务所函》《授权委托书》和《律师执业资格证》复印件。

当事人提交《上诉状》材料，人民法院会向当事人开具缴费通知单，当事人应在7日内到指定银行交纳诉讼费用，双方当事人都提出上诉的，双方分别缴纳。如果交费确实有困难的，可以申请缓交或减免，未获人民法院批准的，应及时缴纳，否则人民法院会按照撤回上诉处理。

四、被上诉人答辩

一审人民法院收到上诉人的《上诉状》之后，会在5日内将上诉状副本、证据材料等送达被上诉人，被上诉人应当在15日内进行答辩。被上诉人不交《答辩状》不影响审理程序，但是若二审人民法院决定不开庭审理其就丧失了答辩的机会。二审人民法院审理不是对一审案件的全面审查。对于没有争议的部分，二审人民法院一般不再审查，只集中对于异议部分进行审查。基于上述理由，被上诉人收到《上诉状》副本之后应当认真研究上诉请求和上诉事由。针对《上诉状》载明的请求事项撰写二审《答辩状》，对上诉人的请求和理由进行逐项反驳并请求二审人民法院驳回上诉人的上诉请求，维持一审判决。如双方当事人都上诉的，则互为答辩人，若是这样，则二审《答辩状》自然不维持一审裁判，而是要求二审人民法院驳回对方上诉请求，支持自己的诉请。被上诉人有新证据的，也应当与上诉人一样，制作《证据目录》并连同证据材料、《答辩状》等在法定或指定期限内一并提交人民法院。

五、二审程序

（一）上诉的受理

二审人民法院收到一审人民法院报送的上诉材料之后，会审查是否符合受理条件。首先审查上诉人是否具备主体资格，即上诉人是否原一审案件中的原告、被告或是有独立请求权的第三人。无独立请求权的第三人，如果一审判决其承担实体义务的，也有权提起上诉。其次是审查原一审文书是否可以上诉，以及上诉是否超过法定期限等。经审查符合上诉条件的予以立案，并依法组成合议庭进行审理。对不符合上诉条件的裁定不予受理，并将裁定书送达当事人。

（二）上诉的审理

二审合议庭成员全部由审判员担任，二审人民法院应将合议庭组成情况告知当事人，当事人依法可以申请回避。合议庭经过阅卷和调查询问，在事实核对清楚后，认为不需要开庭审理的，可以径行作出判决。合议庭开庭审理的，会向各当事人送达开庭传票。二审的庭审程序与一审基本相同。

（三）上诉裁判

当事人同意调解的，二审同样可以调解结案。当然，当事人的调解意见分歧较大，调解不成的，应当及时作出判决，二审法院根据具体案情分别作出判决。

（1）驳回上诉，维持原判决、裁定。二审人民法院经过审理认为原审判决、裁定认定事实清楚且适用法律正确的，应当予以维持，即驳回上诉维持原裁判。

（2）改判、撤销或变更。二审人民法院经审理认为原判决或裁定在认定事实方面有错误或者适用法律有错误的，应当撤销错误的判决或裁定并依法改判或重新作出裁定，原判决或裁定部分错误的，则撤销错误的部分内容并依法予以变更。

（3）撤销原判，发回重审。二审人民法院经审理后认为原判决认定基本事实不清的，发现原判决遗漏当事人或存在违法缺席判决等严重违反法定程序情况的，则以裁定形式撤销原判决，发回原审人民法院重审。对于原审认定基本事实不清的，也可以查清事实后予以改判。

【案例分析实训】

【案例2.5】

【案情简介】

2017年5月7日7时57分许，于嘉定区永盛路白银路口处，被告马公平驾驶车牌号为沪BPY39X的小型轿车（后排座位上乘坐着其妻子和女儿）行驶至上述地点，将车（头北尾南）停放于路口东北角后准备送女儿上学，其欲下车时发现受害人严选青摔倒在车辆右前方，经医院抢救无效于当日死亡。本起事故发生后，为抢救受害人所需，共计支出抢救费5061.67元。2018年6月14日，上海市公安局嘉定分局交通警察支队出具道路交通事故证明：被告马公平违反规定停放车辆，属违法行为。受害人严选青驾驶电动自行车从沪BPY39X小型轿车右侧经过时，小型轿车车内人员是否有因开车门影响电动车行驶的行为，虽经多方调查，仍无法确认，事故成因无法查清。

经查，马公平分别向中国平安财产保险股份有限公司上海公司（以下简称“保险公司”）投保交强险和商业险，投保期限为2016年10月1日至2017年9月30日。

后各方就赔偿无法达成一致，受害人的权利义务继承人提起诉讼。经法院审理，一审法院于2018年1月27日作出判决，各方当事人于次日收到判决书。后保险公司不服提起上诉。

【思考问题】

1. 本案的上诉最后期限是哪一天?
2. 本案的上诉理由有哪些?

第六节 案件执行

一、审查案件是否可以执行

律师代理申请执行时，应首先分析审查判断是否符合申请执行的条件。

第一，审查据以申请执行的法律文书是否已经发生法律效力、具有给付内容。大致有三类：

(1) 发生法律效力的具有给付赡养费、扶养费、抚育费内容的法律文书。

(2) 民事制裁决定书。

(3) 刑事附带民事判决、裁定、调解书。

第二，审查申请人及被申请人是否符合申请执行的主体资格。申请执行人的法律文书确定的权利人或其继承人、权利承受人。

第三，审查是否在申请执行的法定期限内。申请执行的期间为两年。申请时效的中止、中断，适用法律有关诉讼时效中止、中断的规定。申请执行的期限从法律文书规定履行期间的最后一日起计算；法律文书规定分期履行的，从规定的每次履行期间的最后一日起计算；法律文书未规定履行期间的，从法律文书生效之日起计算；在执行中当事人间经协商达成和解协议后被执行一方不按协议履行，申请一方向法院申请恢复原法律文书执行的，申请执行期限自和解协议所定履行期限的最后一日起连续计算。

第四，确定管辖的法院。发生法律效力的民事判决、裁定，以及刑事判决、裁定中的财产部分。对符合上述条件的律师可以接受各当事人的委托，担任其执行代理人。律师作为执行阶段的委托代理人，应当向人民法院提交经委托人签字或者盖章的授权委托书，写明委托事项和权限。委托代理人代为放弃、变更执行请求，代为和解，或者代为收取执行款项的，应当有委托人的特别委托授权。

二、申请执行立案

（一）整理执行申请书

《执行申请书》应当写明下列事项：

（1）申请人、被申请人基本情况。

（2）自然人应列明姓名、性别、年龄、民族、职业、工作单位、住所地及联系方式。

（3）法人或者其他组织申请强制执行的依据及生效情况；列明申请执行的内容。

（二）执行立案

提出执行申请时，律师应向人民法院提供下列文件和证件：

（1）申请执行人的身份证明。

（2）执行申请表。

（3）执行依据、判决书、裁决书等。

（4）委托人的委托书及所在律师事务所的函。

（5）其他应当提交的文件或证件，如财产线索。

某些法院需要提供文书生效证明，通常需要联系主审法官获取。在申请执行之前建议与一审的书记员联系确认生效时间，如果需要更新系统，也提示他们在系统内填写，以免立案时系统未有信息而无法成功。

三、执行措施

（一）查询、冻结、划拨被执行人的存款

适用于被执行人在银行、信用社或其他有储蓄业务的单位开设有账户的执行，接受查询的对象一般是金融机构；查询的内容是被执行人的存款情况；获取有效账户信息后，人民法院封存被执行人在金融机构的账户，禁止任何人擅自转移一定数量的款项。同样，人民法院可以通过金融机构将被执行人的存款以转账的方式划入申请人或人民法院的账户。

（二）扣留、提取被执行人的收入

扣留、提取被执行人的收入，是执行中经常采用的一种强制措施。主要

适用于追索赡养费、扶养费、抚育费、抚恤金等案件的执行，亦可适用于其他追索债务案件的执行。

扣留由人民法院委托被执行人所在单位或有关单位代为实施，由受托单位保存被执行人的劳动收入，不准被执行人领取。同样，提取是指人民法院依法取出被执行人在其单位或有关单位的存款或劳动收入。

（三）强制被执行人加倍承担迟延履行债务利息和迟延履行金

承担迟延履行利息，是指在被执行人拖延法律文书指定的履行期限，应当支付给申请执行人拖延履行期间所应给付的利息的一种责任形式。迟延履行金，是指被执行人未按法律文书指定的履行期间履行给付金钱以外的其他义务，支付因拖延履行而必须支付一定金钱的一种责任形式。支付迟延履行金的对象是给付金钱义务以外的其他义务，如交付物品、票证、迁出房屋、退出土地、完成一定行为等。律师在申请执行表中可以依法主张相关惩罚措施。

（四）限制出境

申请执行人的代理律师，如果发现被执行人拥有护照，或者正要办理出境护照，则需要把握时机向法院申请对被执行人限制出境。有些被执行人早已将财产转移境外，做好了外逃的准备，以逃避义务。律师在接受代理后，对于一些原来家大业大突然无法支付的债务人，或者老婆、孩子早已落脚国外的裸债务人，要及早提出限制出境的申请，督促法院及早采取限制出境的措施。

（五）媒体公布失信人名单

对于一些“老赖”，明明你感觉他有能力履行义务，但他就是想方设法不去履行，而且法院也无法找到其财产所在，法律规定的招数还有在媒体上曝光。就是通过报纸、广播、电视、互联网等媒体，将被执行人不履行法律文书确定义务的信息公布出去，对被执行人的信用形成压力。目前我国的信用体系正在逐步建设，对于拒不履行的债务人可以将其纳入失信人名单，导致他在社会上无法立足，逼迫其尽快履行义务。

（六）申请限制高消费

申请执行人可以申请人民法院限制其高消费。律师在向当事人建议申请限制高消费之前，要考虑被执行人是否有消极履行、规避执行或者抗拒执行的行为以及被执行人的履行能力等因素。在法院签发限制高消费令之后，被执行人需要考虑是否存在因生活或者经营必需而进行必要的高消费活动。如果存在，需要事先向人民法院提出申请，获批准后方可进行。律师还可以建议被执行人向法院提供确实有效的担保，人民法院可以解除限制高消费令；或者律师建议被执行人和申请执行人沟通，获得申请执行人同意后，法院也可以解除限制高消费令。

四、执行结果

（一）执行和解

对于申请执行人而言，生效法律文书的全部内容都得到执行固然好，但实践中往往存在诸多困难，使执行艰难。有时候，申请执行人不妨放弃些利益，尽快把事情了结，也许对于被执行人而言，和解可以缓和些压力，争取些机会，尽可能减少损失。律师在维护双方利益的基础上，促成和解也是对社会的贡献。如果双方能达成和解，要尽可能一次性把事情全部解决，不要留下以后的麻烦。如果不能全部解决，确实需要分期履行的，律师要在和解协议中注意写明履行的期限，一旦对方不履行和解协议，则尽快提出申请，请求恢复对原生效法律文书的执行。应当注意的是，如果不履行和解协议不是请求法院执行和解协议，而是请求恢复原生效法律文书的执行。

（二）执行终结

在民事案件的执行中，律师的作用看似不像审判中那样明显，更多的当事人选择在申请法院强制执行后，就一味地督促法院，把执行完全看成是法院的事情。事实上，执行是否顺利，与申请执行人的配合有很大关系。因此律师介入执行，对于配合法院顺利执行，对于申请人理解法院执行困境有很大作用。申请执行方的律师在执行中最大的作用，在于调查被执行人的财产线索，并提供给法院。有了财产线索，律师就可以督促法院充分利用法律赋予的执行权力，来达到执行的目的。在执行中遇到各种问题，律师可以向执行法官提出解决的建议，帮助执行法官找到解决的办法。如果用尽全力也无法执行的话，可以根据法律规定履行相应的手续。

【案例分析实训】

【案例 2.6】

【案情简介】

2016 年 3 月 28 日，朱小蕾从飞跃公司购买大众高尔夫车一辆，价格 138 000 元，双方签有《汽车销售合同》。该合同第 7 条约定："……卖方保证买方所购车辆为新车，在交付之前已作了必要的检验和清洁，车辆路程表的公里数为 18 公里且符合卖方提供给买方的随车交付文件中所列的各项规格和指标……"合同签订当日，朱小蕾向飞跃公司交付了购车款 138 000 元，同时支付了车辆购置税 12 400 元、一条龙服务费 500 元、保险费 6060 元。同日，飞跃公司将高尔夫车一辆交付朱小蕾，朱小蕾为该车办理了机动车登记手续。2017 年 5 月 13 日，朱小蕾在将车辆送飞跃公司保养时，发现该车曾于 2016 年 1 月 17 日进行过维修，于是与飞跃公司进行理论。

飞跃公司承认车辆确实维修过，但是对于车辆曾进行维修之事已在销售时明确告知朱小蕾，并据此予以了较大幅度优惠。该车销售定价应为 151 900 元，经协商后该车实际销售价格为 138 000 元，还赠送了部分装饰，并提供了车辆维修记录及有朱小蕾签字的日期为 2016 年 2 月 28 日的车辆交接验收单一份，在车辆交接验收单备注一栏中注有"加 1/4 油，此车右侧有钣喷修复，按约定价格销售"。对此，朱小蕾认为飞跃公司表示该验收单系该公司保存，其手中并无此单。车辆交接验收单中的签字确系其所签，但飞跃公司在销售时并未告知车辆曾有维修，其在签字时备注一栏中没有"此车右侧有钣喷修复，按约定价格销售"字样，从笔迹来看也系不同人员书写。因飞跃公司拒绝赔偿，朱小蕾委托律师进行诉讼。

【思考问题】

1. 本案的诉请有哪些？
2. 本案的管辖法院有哪些？
3. 请同学根据案情整理民事起诉状和答辩状。

CHAPTER3 第三章

常见民事案件之婚姻家庭

【本章概要】 婚姻家庭的案件在律师实务中是一类相当常见的案件，也是律师的基本诉讼业务。随着我国离婚率不断上升，婚姻家庭类纠纷案件在法院的诉讼纠纷中所占比例也逐渐上升，几乎每名律师都会承办婚姻家庭类案件。因此本章将从婚姻关系的解除、房产争议的处理、抚养纠纷处理几方面来介绍律师在实务中如何处理婚姻家庭类案件。

【学习目标】 即通过本章学习让学生基本熟悉常见的婚姻家庭纠纷以及基本掌握在实务中处理婚姻家庭类案件的方法与技能。

第一节 概 述

一、婚姻家庭法的概念和调整对象

（一）婚姻家庭的概念

婚姻这个词的含义，在古时候的解释是男以昏时迎女，女因男而来，婿于昏时迎妻，妻因之而入夫家。在当代，婚姻则泛指适龄的男女经过国家、法律的认可，建立夫妻关系，共同生活。在法学的意义上，我们把婚姻定义为：男女的合法结合，且其双方是以永久共同生活为目的，以夫妻的权利义务为内容的。婚姻的成立也就是俗称的结婚，则是指男女双方因符合婚姻成立的法定要件而被法律认为其存在婚姻关系。

家庭，是这个社会中最小的单元细胞，是以血缘、婚姻为纽带组合而成的。家庭成员之间互负法定义务，互享法定权利。法学意义上的家庭是指因婚姻、血缘、法律拟制所产生的具有权利义务内容的亲属所组成的共同体。

婚姻家庭的和睦直接影响到整个社会的和睦发展，同时婚姻家庭关系的平等、文明是维护社会文明的基本要素。

（二）婚姻家庭法的概念

婚姻家庭法其实就是用以调整婚姻家庭关系的法律。在我国的婚姻家庭法亦是如此，其中详细规定了婚姻家庭关系的发生及其终止，主体之间以及其他近亲属之间的权利义务，等等。我国目前现行有效的有关婚姻家庭的相关法律包括《中华人民共和国婚姻法》以及三个司法解释。2001 年 4 月 28 日，第九届全国人民代表大会常务委员会第二十一次会议对《中华人民共和国婚姻法》进行了修改。修改后，使得我国的婚姻家庭法律更具科学性和可操作性，也让律师在执业过程中有了更多的实务依据。

（三）婚姻家庭法的基本原则

婚姻家庭法有以下几个基本原则：婚姻自由原则、一夫一妻原则、男女平等原则、保护妇女、儿童、老人的合法权益原则。

（1）婚姻自由原则是指婚姻双方不受任何人的干涉和强迫，在法律规定的范围内，能够遵循本人意志，完全自愿、自主地决定自己的婚姻。此处所阐述的婚姻自由不仅是指结婚的自由，也是指离婚的自由。以下相关的法律规范皆为此原则的印证：《宪法》第 49 条“禁止破坏婚姻自由”；《中华人民共和国民法通则》（以下简称《民法通则》）第 103 条“公民享有婚姻自主权，禁止买卖、包办婚姻和其他干涉婚姻自由的行为”；《中华人民共和国婚姻法》（以下简称《婚姻法》）第 2 条“实行婚姻自由、一夫一妻、男女平等的婚姻制度”。

（2）一夫一妻原则指一个男人只能娶一个妻子，并且一个女人也只能嫁一个丈夫。在一段婚姻终止前，已有配偶的人不得再行结婚，即重婚并不被法律所允许。

（3）男女平等原则是指男女双方在婚姻家庭中平等地享有权利、承担义务，禁止对女性有任何形式的歧视、虐待和压迫。其具体含义为：

①男女双方在婚姻家庭中不存在人身上的依附关系，保有独立的人格，彼此平等；②男女双方在婚姻家庭中的权利义务是对等的，不因性别不同而有所差异；③男女双方在婚姻家庭中享有的合法的权益平等地受到法律的保护；④禁止对男女双方中弱势的女性一方有任何形式的歧视、虐待和压迫。

(4) 保护妇女、儿童、老人的合法权益原则。妇女、儿童和老人是婚姻家庭关系的重要主体，由于其自身生理上的天然的弱势地位，使其在婚姻家庭关系中很容易受到伤害。所以法律在调节家庭成员关系的时候，对于这部分弱势群体给予了特殊保护，在调整家庭各成员内部关系的同时，强调对于他们的保护，以维护法律的公平与正义。

(四) 婚姻家庭法的调整对象

婚姻家庭法的调整对象顾名思义就是婚姻家庭关系。婚姻家庭法的调整对象可以从范围和性质来加以区分。从其范围来看，既包括婚姻关系也包括家庭关系。从性质来看，既有婚姻家庭方面的人身关系，也有婚姻家庭方面的财产关系。

【理论思考】

下列哪个选项属于婚姻家庭法的调整对象？[1]

A. 婚姻家庭中财产关系占主导地位，因此该法属于财产法

B. 婚姻家庭法仅调整基于婚姻家庭而产生的身份关系

C. 婚姻家庭中家庭成员的各项权利义务关系

D. 婚姻家庭法仅调整家庭关系

二、婚姻家庭类纠纷的特点

婚姻家庭纠纷主要分为三大阶段：根据婚姻的阶段来划分阶段，首先是在结婚前的纠纷，例如：婚约同居纠纷；其次是结婚纠纷；最后就是婚姻要终结时，因离婚产生的纠纷。而离婚纠纷又包括财产分割方面的纠纷以及子女抚养的纠纷，等等。在律师实务中，处理婚姻家庭类纠纷有三大特点，分别是离婚纠纷案件为主，财产分割成为纠纷处理焦点，案件调撤率较高、判决离婚率相对较低。

(一) 离婚纠纷案件为主

纵观中国传统文化，“离婚”这个词一直为人们所忌惮。离婚如同猛虎一般似乎可以吞噬一个人的生命。即便改革开放之后，离婚也被许多人认为代

---

〔1〕 答案：C

表着人生的不幸。但近几年民政部的数据显示，在中国离婚率已经呈现出大幅度上升的趋势。据民政部数据显示，仅2018年上半年就有193万对夫妻办理离婚手续，每天的离婚夫妻竟超过1万对。而这半年中结婚的新人数量也不过是540万对。据统计，2018年全年，全国离婚的夫妻中45.9%的比例是因为感情不和，27.8%的夫妻是因为家庭暴力等因素向法院申请解除婚姻关系。离婚纠纷案件也自然成为婚姻家庭类纠纷的主要纠纷。

（二）财产分割成为纠纷处理焦点

由于婚姻这种关系的特殊性，夫妻双方在一起生活居住，财产较易产生混同。并且在中国的大环境下，受到传统“人情”习俗的影响，绝大部分人不会进行财产公证，也不会在婚前有财产独立的想法。种种因素的影响，导致目前大多数离婚纠纷案件主要争议点都在于财产分割。随着社会的发展和经济的进步，争议纠纷的涉案标的额在逐步增加。在现在的一些一线城市类似于北上广深，一个离婚案件中涉及的一套房产就可能达到几百万甚至上千万，涉及上市公司股票分割的离婚案件的标的额甚至可能价值上亿。

财产分割问题的关键之处在于夫妻关系存续期间所获财产的认定，属于共同财产还是个人财产。我国采用的是共同财产制的形式。[1]《婚姻法》第17条规定了夫妻在婚姻关系存续期间所得的下列财产，归夫妻共同所有：①工资、奖金；②生产、经营的收益；③知识产权的收益；④继承或赠与所得的财产，但本法第18条第3项规定的除外；⑤其他应当归共同所有的财产。夫妻对共同所有的财产，有平等的处理权。

以下列举一些实践中遇到的财产分割纠纷。

1. 彩礼返还

根据中国的结婚习俗，虽然各个地方有所区别，但“彩礼”一般都是不可避免的重要环节。“彩礼”不仅仅代表着金钱，更多中国人将其视为对婚姻重视程度的体现。因而不仅是在一些一线大城市，即便是在二三线城市中，彩礼的金额也是不可小视的。对于一个普通家庭来说办一次婚礼所有流程的花费甚至可以是大半辈子的收入。在这样特殊的国情下，我国对于彩礼返还的法律规定也有着自己的特色，目前关于彩礼返还与否的法律规定，主要体

〔1〕 中国法学会婚姻法研究会2001年年会综述中，把我国夫妻财产制度归纳为共同财产制、约定财产制和特有财产制三种，此种分法为我国法学界普遍观点。

现在两个条文中：一是《最高人民法院关于适用〈中华人民共和国婚姻法〉若干问题的解释（二）》（以下简称《婚姻法司法解释二》）第10条〔1〕；二是《最高人民法院关于人民法院审理离婚案件处理财产分割问题的若干具体意见》第19条〔2〕。这两处条文结合了我国的现实国情，根据案件的实际情况，给了法官一定程度上的自由裁量，以更加体现出司法的公平公正，也给了律师在法律实务工作中一定的空间。

【案例分析实训】〔3〕

【案例3.1】

【案情简介】

原告张X和被告关X已经举行了婚礼但至今尚未办理结婚登记手续。二人于2010年9月16日经媒人夏某介绍认识，两人相谈甚欢，不久后便通知亲朋好友举行婚礼。举行婚礼前，张X按照当地的习俗，经过媒人给关X“下定金”2800元、“看日子”2000元、彩礼56 000元。同时原告张X还给被告关X“买三金”花费20 738.3元（其中扣除原告自己的戒指款3476.3元），总合计81 538.3元。另一方面，被告关X在出嫁时，娘家陪送家用电器包括彩电、冰箱、洗衣机、微波炉等总计款28 630元。2012年5月23日被告关X因与原告张X闹矛盾，生气回娘家至今未归，原告张X多次上门劝说想接她回家未果，原告张X遂诉讼至法院，要求被告关X返还彩礼。

一审法院认为，原告张X与被告关X在形式上举行了婚礼并邀请亲朋好友到场参加，但其实质上从未办理过结婚登记手续。此种关系应当被认定为同居关系，而非夫妻关系，不受法律的保护。张X提出的诉讼请求，请求关

〔1〕《最高人民法院关于适用〈中华人民共和国婚姻法〉若干问题的解释（二）》第10条规定：当事人请求返还按照习俗给付的彩礼的，如果查明属于以下情形，人民法院应当予以支持：①双方未办理结婚登记手续的；②双方办理结婚登记手续但确未共同生活的；③婚前给付并导致给付人生活困难的。适用前款第2、3项的规定，应当以双方离婚为条件。

〔2〕《最高人民法院关于人民法院审理离婚案件处理财产分割问题的若干具体意见》第19条规定：借婚姻关系索取的财物，离婚时，如结婚时间不长，或者因索要财物造成对方生活困难的，可酌情返还。

〔3〕案例来源：北大法宝，(2011) 信中法民终字第1168号。

X返还彩礼是正当合理的要求，彩礼应当返还给张X。但是关X带去张X家的嫁妆应当折抵掉部分彩礼。

后原、被告不服一审判决，均提起上诉。二审法院经过审理，认为一审法院判决并无不当，判决驳回上诉，维持原判。

2. 房屋分割

由于中国住房的现实原因以及人们在婚前对婚姻风险防范意识普遍不强，常常导致房屋分割成为离婚案件中首要焦点问题。“打官司就是打房子”这句流行语也印证了当下婚姻家庭纠纷的现状。对于一个普通家庭来说，房子无疑是这个家庭中价值最高的财产，人们的生活也与房子息息相关。七成以上的离婚案件的争议焦点都是“分房”。并且分房争议还涉及购房款、产权人、产权过户等复杂问题。本章中第三节房产争议的处理将对此详细叙述。

（三）案件调撤率较高、判决离婚率相对较低

婚姻家庭类纠纷的一大特点就是案件调解撤诉的概率较高，并且判决离婚的比例相对较低。调解其实在绝大部分民事案件中都被广泛应用，因为调解给予双方当事人相当高的自由裁量权，也充分发挥出了当事人的主导地位。结合离婚案件这种极具人身属性的特殊关系，离婚案件调解率是相当之高的。这种类型案件的当事人一般都具有夫妻关系或者血缘关系，一旦在法庭上相对而立，彼此针锋相对，对双方都将产生极大的心理伤害。而调解这种方式正好避免了此种场景的发生，也有利于彼此之间长期维护友好的关系。另外，用调解的方式来解决纠纷还能使程序更加简洁、方便、高效和经济，也大幅度降低了诉讼者的诉讼成本。做到了法律效果与社会效果相结合，有机统一。

【思考问题】

1. 婚姻家庭类纠纷有哪些特点？
2. 律师代理婚姻家庭类案件和普通的民事案件的区别有哪些？

第二节　婚姻关系的解除

在我国，目前离婚的方式只有两种，第一种是协议离婚，此种模式需要

通过民政局达成离婚协议进行办理。双方想要协议离婚的前提必须是对离婚的一切事项达成了共识，比如离婚的办理，夫妻共同财产的分割和子女的抚养问题。如果在任何一方面有争议都无法通过民政局进行协议离婚。此时就需要第二种方式诉讼离婚，此种模式是通过法院的诉讼，提出离婚的请求。

一、协议离婚

就协议离婚来看，充分体现了第一节所谈到的婚姻自由原则，其利在于时间短、费用低、压力小。但是，实践中协议离婚也存在许多不足之处，例如虚假离婚。协议离婚中还有一常见的不足就是离婚协议书并不当然具有强制执行力，也就是说即便双方当事人都同意并且签署离婚协议书办理离婚后，如果任何一方当事人不按照当初约定的协议书履行其相应的义务，都需要另行起诉而不能直接执行。

（一）协议离婚的条件

本节开篇已经提到协议离婚必须将离婚的相关事项都达成共识，故就协议离婚的条件而言是要求比较全面严谨的。协议离婚一般要符合三大法定条件才能够获得民政机关准予协议离婚登记。其一是双方当事人申请离婚必须是自愿的，即若仅其中一方要求离婚，而另一方不同意离婚的情况下，婚姻登记机关将不予受理。其二是双方当事人必须已经就财产和子女抚养的问题进行妥当处理和分配。若为财产、债务或子女抚养问题等未达成合意，则婚姻登记机关亦不予受理。其三是法律规定的一些其他情况，比如有一方为限制民事行为能力人或无民事行为能力人的需要监护人的代理。上述协议离婚的条件在《婚姻法》及《婚姻登记条例》中详细载明。

（二）协议离婚的办理程序

律师在与当事人沟通的过程中，若当事人有协议离婚的需求则必然离不开办理程序的告知和说明。关于协议离婚的办理程序主要明确规定在《婚姻登记条例》中。办理协议离婚的程序区分于双方当事人为大陆居民、一方为中国公民另一方为外国人以及一方为内地居民另一方为港澳台居民或华侨。第一种情况双方当事人可前往任意一方当事人户口所在地办理离婚登记；第二种及第三种情况需要双方当事人共同前往内地居民常住户口所在地进行离婚登记。

办理离婚登记所需要的材料如下：①本人的户口簿、身份证；②本人的结婚证；③夫妻双方合意共同签署的离婚协议书。

在实务进程中，作为律师可以从以下两个方面对自己当事人进行注意提醒：①婚姻登记机关的管辖问题。夫妻双方应当共同前往办理离婚登记，具体可选择任意一方的户口所在地。若户口所在地与经常居住地不一致的，则只能前往户口所在地进行离婚登记。②办理协议离婚必须当事人亲自到场，不得以任何形式委托他人代理（包括律师）。即便持经公证的委托书到场，代理人亦无法办理协议离婚手续。

【案例分析实训】

【案例 3.2】

【案情简介】

郑某与妻子张某于 1998 年结婚，现一双儿女已上了中学，但结婚后至今多年以来，老郑一直存在精神方面的问题，并且丧失了劳动能力。2012 年 7 月，妻子张某深感生活压力巨大，不堪重负，于是带着老郑到民政局，办理离婚登记。因离婚协议约定中对双方共同子女的抚养、对双方的债务、财产都做出了相应的处理，故民政局当即办理了离婚手续，双方拿到了离婚证。

2012 年 11 月，郑某的父母向法院提起诉讼，要求撤销民政局已经作出的郑某与张某的离婚登记。民政局辩称，民政局对郑某的生理情况并不知情，且郑某、张某也没有告知工作人员郑某精神方面的疾病问题。

为查明事实，法院委托的司法部门对老郑的精神状况和民事行为能力进行鉴定。结论为在离婚时及目前老郑患有精神疾病，被认定为限制民事行为能力人。

法院认为，登记离婚必须是双方当事人在自愿的情况下进行的，且在登记离婚时，双方当事人应当能够真实地表达自己的意愿。本案中，郑某为限制民事行为能力人，其在办理离婚登记时并不能真实地表达自己的意愿，应当撤销其离婚登记。

（三）协议离婚后关于子女抚养问题的处理

协议离婚中关于子女抚养问题是离婚协议中相当重要的一部分。将在本章第四节进行详细论述。

（四）如何代书离婚协议

律师在法律实务中特别是代理协议离婚的案子时，必备的一项技能就是代书离婚协议。在代书离婚协议时应当要包含的内容如下：

（1）明确表示办理离婚登记是双方当事人真实的意思表示。

（2）明确关于子女的安排，包括如何对子女承担抚养费、抚养费的金额、支付的方式和期限等。

（3）明确关于夫妻共同财产如何分割，需列明双方当事人各自享有的财物清单。

（4）明确划分共同债权、债务的享有和清偿责任。

另外，一份完整清晰的离婚协议书中还必须写明双方当事人的基本情况，包括姓名、性别、年龄、住所和双方结婚证号码。若夫妻一方生活困难，还需写明另一方如何给予经济上的帮助等。

附离婚协议书范本：

离婚协议书

男方：(姓名)，男，X族，年月日生，住址，联系电话，身份证号码：

女方：(姓名)，男，X族，年月日生，住址，联系电话，身份证号码：

男方与女方于年月认识，于年月日于（地点）登记结婚，［婚后育有(数量）名儿子/女儿，出生时间为年月日］，姓名。因（原因）致使夫妻感情破裂，已无和好可能，现经夫妻双方自愿协商达成一致意见，订立离婚协议如下：

第1条　男女双方自愿离婚。

第2条　子女抚养、子女抚养费分配及探望权

儿子/女儿由女方抚养，随同女方生活，抚养费（含托养费、教育费、医疗费）由男方全部负责，男方每月5日前应向女方支付X元作为儿子/女儿的抚养费。指定的银行账号：开户行：

在不影响孩子学习、生活的情况下，男方每星期日可探望儿子/女儿一次，一次探望时间为2小时。男方应提前通知女方，女方应保证男方每周探

望的时间不少于一次。

第3条　夫妻共同财产的处理

1. 存款：双方名下现有银行存款共X元，皆为夫妻共同财产。双方各分一半，为X元。分配方式：男方/女方应于年月日前一次性支付元给女方/男方。

2. 房屋：夫妻共同所有的位于的房地产所有权归男方/女方所有，房地产权证的变更手续自离婚后一个月内办理，男方/女方必须协助女方/男方办理变更手续，手续发生的费用应当由男方/女方自行承担。男方/女方应于X年X月X日前一次性补偿房屋差价X元给女方/男方。

3. 其他财产：关于其他的夫妻财产，婚前的部分归各自所有。双方用于私人的生活用品等亦归各自所有。本协议后已附清单列明。

第4条　债务的处理

经男女双方确认在婚姻关系存续期间已无任何共同债务。X年X月X日由男方/女方向X所借X元并无用于夫妻共同的婚姻生活，由男方/女方自行承担。

第5条　除上述列明财产外，夫妻双方皆确认不存在其他可分配财产。若存在隐瞒虚报财产或者私下转移婚内共同财产的行为，另一方有权保留其追究法律责任的权利。

第6条　（可选）考虑到女方生活困难，男方同意一次性支付补偿经济帮助金X元给女方。应于X年X月X日前支付完毕。

第7条　违约责任

本协议中任何一方不按约定期限履行支付款项义务的，按支付违约金。

第8条　生效时间

本协议一式三份，自婚姻登记机关颁发《离婚证》之日起生效，男、女双方各执一份，婚姻登记机关存档一份。

第9条　争议解决

如本协议生效后再发生争议的，双方应协商解决，协商不成，任何一方均可向人民法院起诉。

男方：　　　　　　女方：

签名：　　　　　　签名：

年 月 日　　　　　年 月 日

（五）协议离婚后常见的纠纷

离婚协议书不仅是办理协议离婚的必备材料，由于其内容明确约定了孩子抚养权的分配以及夫妻共同财产的分割等事项，也成了日后发生争议时法院处理案件的重要依据。

在实践中，律师应该注意离婚协议中记载的内容。有些当事人一味为了尽快办妥离婚手续而忽视了离婚协议书的书写。现实中，一些离婚登记机关也是形式主义，对离婚协议书的内容并不重视，甚至有些民政局还准备了离婚协议书的简易模板。但这种形式主义为日后纠纷的处理埋下了隐患。看似省时省力的做法，一旦纠纷产生，该离婚协议就无法作为法官参考的重要依据。

【案例分析实训】

【案例 3.3】

【案情简介】

王西山和陈晓晓在结婚五年后，感情破裂决定办理离婚手续。双方平和地达成了离婚协议，一同来到婚姻登记机关准备办理离婚手续。在这份离婚协议中明确约定了女儿王晓雅的抚养方式，对夫妻共同财产也进行了妥善地分割。签订离婚协议时，上方还分别补充写上“本人确认双方共同财产已经自行分割完毕，同意协议书上的安排，亦无其他不同意见”。离婚手续办理完毕之后，双方和平分手，从此过上自己新的生活。

离婚八个月之后，王西山收到了法院的传票，他觉得相当惊讶，但仔细一看，竟是前妻陈晓晓将他告到了上海市闵行区人民法院。写明要求其分割自己在闵行区一家广告公司的股份，共占该公司股份的 27%，王西山无奈应诉。

在法院审理过程中，王西山的情绪非常激动。他认为双方在办理离婚时已经明确约定了对财产的分割，为何前妻出尔反尔。然后原告陈晓晓称自己是在离婚后才知道，早在夫妻关系存续期间，王西山就私下投资了 50 万元与他人共同注册了这家广告公司，占股 27%。原告认为，前夫王西山故意隐瞒夫妻共同财产，严重侵害了原告的合法权益，故特向法院起诉要求分割被告在该广告公司的股份。

王西山反驳称，原、被告双方已经明确约定了财产分配方案，并且原告对广告公司是始终知情的，并不存在被告故意隐瞒夫妻共同财产的情况。原告在办理离婚手续时没有主张分割该股权，是因为当时公司一直负债累累。现在原告提出要进行分割的要求是无理的。

【法理分析】

本案中虽然原、被告已经在离婚协议中明确表示双方财产已经自行分割完毕，其表述也是完整清晰的。但是依据《婚姻法》及其相关司法解释中规定，夫妻离婚后财产纠纷中所包含的财产范围既包括离婚协议中已约定的财产亦包括离婚协议中未涉及的财产。故原告要求分割被告广告公司27%股权的请求，法院予以支持。

二、诉讼离婚

准备离婚的夫妻双方想要达成离婚协议并且将子女财产等事项都能清晰约定的比例相对较少。若夫妻一方要求离婚或者对子女抚养财产分割等有争议时，则可以选择诉讼离婚这种方式。诉讼离婚是通过法院来判决解除婚姻关系。《婚姻法》第32条第1款规定，男女一方要求离婚的，可由有关部门进行调解或直接向人民法院提出离婚诉讼。

在诉讼离婚的过程中，一般分为调解与判决两种形式。法院调解离婚是指一方当事人向法院起诉离婚，后经法院调解当事人达成离婚协议，法院据此制作调解书而使得当事人婚姻关系的终止。法院判决离婚是指一方当事人向法院起诉离婚，法院调解无效，同时又具备法定离婚的实质要件的，法院判决离婚，从而使得当事人婚姻关系的终止。法院调解离婚是诉讼离婚必经程序。

诉讼离婚是将公权力介入了离婚的过程，以公权力来解除双方的婚姻关系，其优势在于可以有效地排除双方当事人虚假离婚的可能性。但诉讼离婚相对于协议离婚来说其不足之处显而易见，即是耗时长、费用高且精神压力大。

（一）离婚诉讼的管辖与受理

1. 离婚诉讼的管辖

根据《民事诉讼法》规定，一般的离婚诉讼是由被告住所地人民法院管辖。但在《最高人民法院关于适用〈中华人民共和国民事诉讼法〉的解释》中还有一些特殊的地域管辖的规定：①夫妻一方离开住所地超过一年，另一方起诉离婚的案件，可以由原告住所地人民法院管辖。②在国内结婚并定居国外的华侨，如定居国法院以离婚诉讼须由婚姻缔结地法院管辖为由不予受理，当事人向人民法院提出离婚诉讼的，由婚姻缔结地或者一方在国内的最后居住地人民法院管辖。③在国外结婚并定居国外的华侨，如定居国法院以离婚诉讼须由国籍所属国法院管辖为由不予受理，当事人向人民法院提出离婚诉讼的，由一方原住所地或者在国内的最后居住地人民法院管辖。④中国公民一方居住在国外，一方居住在国内，不论哪一方向人民法院提起离婚诉讼，国内一方住所地人民法院都有权管辖。

另外，中国公民双方在国外但未定居，一方向人民法院起诉离婚的，由原告或者被告原住所地的人民法院管辖。

2. 离婚诉讼的受理

诉讼离婚分为三个阶段：起诉、审理、判决。

（1）起诉。当婚姻关系中的一方向人民法院提出诉请，请求人民法院解除婚姻关系，则起诉一方当事人就是原告，被诉的一方当事人就是被告。诉讼程序也随之启动。

（2）审理。在诉讼程序启动之后，人民法院依程序作出调查。审理分为审理前的准备、调解、开庭审理三个阶段。

（3）判决。根据庭审情况，法庭一般先进行调解，若调解不成，则进行宣判。人民法院宣判一律公开进行。当庭宣判的，应当10日内送达判决书；定期宣判的，宣判后即发放判决书。

离婚案件的一审程序结束，如果当事人对判决不服，可向上一级人民法院提起上诉，进行二审诉讼程序。

（二）实践中如何认定夫妻感情确已破裂

《婚姻法》第32条规定：男女一方要求离婚的，可由有关部门进行调解或直接向人民法院提出离婚诉讼。人民法院审理离婚案件，应当进行调解；

如感情确已破裂，调解无效，应准予离婚。有下列情形之一，调解无效的，应准予离婚：

（1）重婚或有配偶者与他人同居的。

（2）实施家庭暴力或虐待、遗弃家庭成员的。

（3）有赌博、吸毒等恶习屡教不改的。

（4）因感情不和分居满二年的。

（5）其他导致夫妻感情破裂的情形。

一方被宣告失踪，另一方提出离婚诉讼的，应准予离婚。

《最高人民法院关于适用〈中华人民共和国婚姻法〉若干问题的解释（三）》（以下简称《婚姻法司法解释三》）第9条规定：夫以妻擅自中止妊娠侵犯其生育权为由请求损害赔偿的，人民法院不予支持；夫妻双方因是否生育发生纠纷，致使感情确已破裂，一方请求离婚的，人民法院经调解无效，应依照《婚姻法》第32条第3款第5项的规定处理。

以上条款的规定依旧给了法官较大的自由裁量权。《最高人民法院关于人民法院审理离婚案件如何认定夫妻感情确已破裂的若干具体意见》（1989年12月13日最高人民法院颁布，法［民］发［1989］38号）中规定人民法院审理离婚案件，准予或不准离婚应以夫妻感情是否确已破裂作为区分的界限。判断夫妻感情是否确已破裂，应当从婚姻基础、婚后感情、离婚原因、夫妻关系的现状和有无和好的可能等方面综合分析。根据《婚姻法》的有关规定和审判实践经验，凡属下列情形之一的，视为夫妻感情确已破裂。一方坚决要求离婚，经调解无效，可依法判决准予离婚：

（1）一方患有法定禁止结婚的疾病，或一方有生理缺陷及其他原因不能发生性行为，且难以治愈的。

（2）婚前缺乏了解，草率结婚，婚后未建立起夫妻感情，难以共同生活的。

（3）婚前隐瞒了精神病，婚后经治不愈，或者婚前知道对方患有精神病而与其结婚，或一方在夫妻共同生活期间患精神病，久治不愈的。

（4）一方欺骗对方，或者在结婚登记时弄虚作假，骗取《结婚证》的。

（5）双方办理结婚登记后，未同居生活，无和好可能的。

（6）包办、买卖婚姻，婚后一方随即提出离婚，或者虽共同生活多年，但确未建立起夫妻感情的。

（7）因感情不和分居已满三年，确无和好可能的，或者经人民法院判决不准离婚后又分居满一年，互不履行夫妻义务的。

（8）一方与他人通奸、非法同居，经教育仍无悔改表现，无过错一方起诉离婚，或者过错方起诉离婚，对方不同意离婚，经批评教育、处分，或在人民法院判决不准离婚后，过错方又起诉离婚，确无和好可能的。

（9）一方重婚，对方提出离婚的。

（10）一方好逸恶劳、有赌博等恶习，不履行家庭义务，屡教不改，夫妻难以共同生活的。

（11）一方被依法判处长期徒刑，或其违法，犯罪行为严重伤害夫妻感情的。

（12）一方下落不明满二年，对方起诉离婚，经公告查找确无下落的。

（13）受对方的虐待、遗弃，或者受对方亲属虐待，或虐待对方亲属，经教育不改，另一方不谅解的。

（14）因其他原因导致夫妻感情确已破裂的。

【案例分析实训】〔1〕

【案例3.4】

【案情简介】

岳某和曹某经人介绍认识，两人认识不久之后于2000年登记结婚，婚后生有两个儿子。结婚后，二人经常争吵，主要是因为一些家庭琐事。岳某认为二人夫妻感情破裂，要求与曹某离婚。曹某对此表示认可，同意离婚。双方就子女抚养和部分共同财产的分配也已达成了一致意见。

经法院调查，曹某系家庭主妇，生活在农村，平时在地里干活，照顾一家人的生活，没有工作也没有固定的经济收入。上海市浦东新区人民法院审理认为，岳某和曹某确已感情破裂，应准予离婚。曹某作为家庭妇女，对家庭付出较多，没有固定收入来源。离婚后将导致其生活困难，根据婚姻法第42条的规定，判决岳某给付曹某经济帮助费共两万元。

〔1〕 2015年最高人民法院通报30起婚姻家庭纠纷典型案例。

【法理分析】

考虑到中国社会的整体大环境，一般在婚姻关系中，女性往往处于弱势地位。女性一般承担着照顾家庭的重任，往往都要牺牲自己的事业作为代价。另一方面，在出现婚姻纠纷时，女方往往由于没有为家庭带来直接经济收入导致其合法权益得不到保障。在审理此类案件时，要充分查明案件事实，对于确实对家庭付出较多义务的女方应判决给予一定的经济帮助，使其合法权益能够得到保障。

本案中，考虑到林某在夫妻关系存续期间，抚育子女，照顾老人，付出较多，对家庭做出了较大的贡献；离婚后没有固定的经济收入，还要抚养孩子，经济压力比较大，因此判决岳某给付曹某经济帮助两万元。

（三）离婚纠纷中证据的应用

《民事诉讼法》第63条规定的证据种类包括：①当事人的陈述；②书证；③物证；④视听资料；⑤电子数据；⑥证人证言；⑦鉴定意见；⑧勘验笔录。在离婚诉讼中，特别是举证对方过错上，这几类证据都被广泛运用。法院在处理离婚案件中的一个基本原则是照顾无过错方，因此，律师在实务中收集对方过错的证据是必不可少的。从实践看，过错的证据一般包括有婚外情、家庭暴力、不良恶习、婚外同居、恶意转移隐匿夫妻共同财产等。

【思考问题】

1. 哪些婚姻家庭案件可以到原告所在地人民法院去立案？
2. 法院如何认定“因感情不和分居满两年”的事实？

第三节　房产争议的处理

夫妻离婚时一般都必须处理好三个问题：夫妻感情是否破破裂？子女抚养权归谁？夫妻共同财产如何分割？但绝大多数离婚案件的主要争议其实不是夫妻感情破裂与否，也不是孩子归谁抚养的问题，而是对夫妻财产如何进行分割的问题。因而房产在夫妻财产中所占价值比例又远远高于其他财产，所以在进行夫妻财产分割时，房产分割往往是双方争议最为激烈的问题。

一、夫妻共同财产的认定及分割原则

（一）约定夫妻共同财产

我国《婚姻法》第19条规定，[1]夫妻双方可以根据自身婚姻的特点及需求，对夫妻双方的财产权属进行约定，可以约定婚前对夫妻财产进行约定，也可以在婚姻关系存续期间进行财产约定。但是需要注意的是，婚前财产约定只有在婚姻关系正式成立之后才能发生夫妻财产约定的效力。

（二）法定夫妻共同财产

如果夫妻双方在婚前或者婚姻关系存续期间没有对其财产的归属、管理以及处理等问题进行约定时，那么就适用于法定财产制，即婚后所得共同制。婚姻关系存续中夫妻因劳动所得财产及原有财产的孳息，除法律另有规定者外，为夫妻共同财产。对于夫妻共同财产，夫妻双方均有平等的处理权。《婚姻法》第17条规定了夫妻在婚姻关系存续期间哪些财产归夫妻共同所有。[2]

（三）财产分割的一般原则

处理离婚时夫妻财产的分割，一般处理原则为婚前财产归个人所有，婚后的财产如果没有特别约定的话，则视为夫妻共同财产进行等额分割处理。律师代理离婚纠纷案件时，不仅要了解掌握夫妻共同财产的范围及财产分割的一般原则，还应当要把握按照同等条件下照顾女方、照顾无过错方、照顾抚养子女的一方、方便生活等原则对夫妻共同财产进行分割。实践中对于房屋的分割，多数情况下是将房屋产权判给夫妻一方名下，由另一方支付相应的价款作为经济补偿，当然也不排除夫妻双方均不想要房产，将房屋进行变卖分割价款的情形。

---

〔1〕《婚姻法》第19条：夫妻可以约定婚姻关系存续期间所得的财产以及婚前财产归各自所有、共同所有或部分各自所有、部分共同所有。

〔2〕《婚姻法》第17条：夫妻在婚姻关系存续期间所得的下列财产，归夫妻共同所有：①工资、奖金；②生产、经营的收益；③知识产权的收益；④继承或赠与所得的财产，但本法第18条第3项规定的除外；⑤其他应当归共同所有的财产。夫妻对共同所有的财产，有平等的处理权。

二、房产的分割与处理

实践中父母帮助子女购房或夫妻一方婚前支付首付款，婚后夫妻共同还贷等情况十分普遍，这些情况看似复杂难以判定，但仍有迹可循。一般在认定夫妻共同房产时，主要考虑因素有以下几点：买房的钱是谁的？什么时候出资购买的？是否需要贷款？贷款由谁偿还？房产证是谁的名字？下文将结合这几点就离婚时房产分割问题进行阐述。

（一）婚前购买房产问题

1. 婚前购买，一方出资

一方婚前以个人财产购房，婚前已还清全部贷款。无论是结婚前还是结婚后取得房产证并登记在自己名下的，这种情况都应认定为夫妻一方的个人财产，另一方无权要求分割。

A 和 B 相恋多年，二人于 2010 年登记结婚。结婚前，A 用个人存款在北京市全款买了一套期房，三年后交房，所以买房后 A 一直没能入住。婚后两年，开发商才交房并办理产证，不久后因 A、B 两人感情失和，双方同意离婚，但是对房子的归属产生争议，遂诉至法院。最终法院判决房子为 A 个人财产。《最高人民法院关于适用〈中华人民共和国婚姻法〉若干问题的解释（一）》（以下简称《婚姻法司法解释一》）规定，夫妻一方的个人财产不因婚姻关系的延续而转化为夫妻共同财产，所以无论 AB 结婚多久，该套房子仍然归 A 所有。

2. 婚前购买，婚后共同还贷

《婚姻法司法解释三》第 10 条规定，夫妻一方婚前签订不动产买卖合同，以个人财产支付首付款并在银行贷款，婚后用夫妻共同财产还贷，不动产登记于首付款支付方名下的，离婚时该不动产由双方协议处理。依前款规定不能达成协议的，人民法院可以判决该不动产归产权登记一方，尚未归还的贷款为产权登记一方的个人债务。双方婚后共同还贷支付的款项及其相对应财产增值部分，离婚时应根据《婚姻法》第 39 条第 1 款规定的原则，由产权登记一方对另一方进行补偿。

简单来说，A 如果婚前以自己名义按揭买房，那么离婚时若法院判决房子仍然是属于 A 的，首付款系 A 的婚前财产，婚后夫妻还贷部分（无论夫妻一方或双方共同还贷）及其相对应的增值部分应对其配偶进行补偿。婚后共同还贷部分比较好理解，但是增值部分争议比较大。

如杭小男 2005 年购买一套房子，当时价格 100 万元，杭小男支付了首付款 20 万元，从银行贷款 80 万元，支付了契税等其他费用 5 万元。第二年杭小男与张小颖结婚。夫妻关系存续期间双方共同还贷 60 万元（利息 5 万+55 万本金）。2018 年，房屋现值 250 万元，此时二人离婚（贷款已清偿完毕），房子归谁所有？又需要向另一方支付多少补偿款？

正常情况下，若双方协商不成，则法院一般会将房子判给产权登记方，由产权登记方继续还贷，另一方获得增值和共同还贷部分。关于房产增值部分的计算，最高人民法院民一庭于 2016 年 7 月出台的《不动产婚内共同还贷及增值的计算》有详细的说明。不动产增值一般是先计算不动产升值率，不动产升值率等于不动产现价格除以不动产成本，不动产的成本等于购买时不动产价格+共同已还利息加上其他费用。其次再计算非产权登记一方所得补偿款，即共同还贷部分乘以不动产升值率，计算所得数额的一半即为应补偿的数额。目前可能关于补偿款的具体算法各地区有所不同，本文仅就此种计算方法予以解释说明。在本案中为不动产升值率为 250/(100+5+5)= 2. 27，补偿款=2. 27＊60 万/2=68. 1 万。再加上二人一起还贷的 30 万，则离婚时男方需要支付女方 68. 1+30=98. 1 万元。

（二）婚后购买房产问题

（1）婚后使用共同财产买房的，无论是登记在一方名下还是双方名下，房产都属于夫妻共同财产，贷款也属于双方共同债务。首先，购房所得的资金来源于夫妻共同财产，属于夫妻双方共同购房。其次，购房合同的签订、房产登记的办理，即物权行为的取得也在婚姻存续期间。此种情形为典型的夫妻共同财产。

（2）婚后一方用婚前的个人财产全额出资购买的房产，在夫妻双方离婚时该房产仍然属于“个人财产的替代物”，如并非投资经营行为应认定为个人财产，其自然增值也属于个人财产；但一方个人所有的房产婚后用于出租，其租金收入属于经营性收入，则应认定为夫妻共同财产。

《婚姻法司法解释一》明确一方的婚前财产并不因婚姻的缔结而转化为夫妻共有财产，双方另有约定的除外。换句话说，夫妻一方的婚前财产，不管以何种形式存在，均属于婚前财产。因此，即使夫妻一方的婚前财产在婚后以交易形式或者其他方式转换了存在形式，转变后的财产形态仍然是婚前财产。

如A卖了婚前购买的一套房子，并用卖房取得的资金，重新购买房产，那么该房屋依旧属于A个人财产。但如果A将该房屋用于出租，则出租的租金是经营性收入，租金收入部分则属于夫妻共同财产。

(3) 婚后一方使用婚前个人财产全额购买房产，登记于双方名下，房产属于夫妻共同财产。

A与B于2012年12月12日登记结婚了，A婚前全款购买一套房屋，登记在自己名下。结婚以后，2013年3月7日，两个人向土地房屋权属登记中心申请夫妻加名，将这个房子作为夫妻共同财产以夫妻双方名义登记，双方共同共有该房屋。后二人感情破裂，诉至法院要求离婚。

“婚后加名”属于赠与行为，婚后A在房产证上加上B的名字其实是将个人所有的房产部分赠与B，加名以后，房子便成了夫妻共同财产。在房屋产权变更登记之后，财产权属已经发生转移，除符合法定撤销的条件之外，赠与人不得随意撤销。但要说明的是，共同共有的房产的分割并非就是简单的两人各占二分之一。在实际处理离婚房产纠纷案件时，法院会以夫妻双方的协商结果为准，协商不成才会根据等分原则处理，并且考虑共有人对共有财产的贡献大小，购房交易时间、结婚登记时间的先后顺序、出资情况、产权登记情况等综合因素判定。

(三) 父母出资购买房产问题

在实践中处理父母出资购房问题时，首先需要确认该出资是给子女的借款还是对子女的赠与。若该笔出资系借款则应按债权债务关系予以处理。通常认为，子女购房父母进行出资时，在父母未做明确的意思表示的情形下，从社会常理来看，一般应推定该笔出资为对子女的赠与。若当事人有证据能够证明该笔出资系借款，则不能推定为赠与。[1]下文就实践中常见的几种父母出资购房类型进行阐述。

---

〔1〕 上海市高级人民法院关于适用最高人民法院婚姻法司法解释②若干问题的解答①沪高法民一［2004］25号

1. 父母为子女婚前购房全额出资

《婚姻法司法解释二》规定，当事人结婚前，父母为双方购置房屋出资的，该出资应当认定为对自己子女的个人赠与，但父母明确表示赠与双方的除外。所以除非父母明确表示系赠与双方的，一般推定为系对其子女个人的赠与。一般可区别如下情况分别处理：

（1）子女结婚前购房一方父母全额出资，产权登记于出资子女一人名下的，该父母的出资应认定为系赠与自己子女个人所有。

（2）子女结婚前购房一方父母全额出资，产权登记于对方或者双方名下的，该父母出资应认定为对夫妻双方的赠与为宜。

如张小伟的父母在张小伟和黄丹结婚前全款为张小伟购买了婚房，登记在张小伟的名下，那么这套房子就是张小伟的个人婚前财产。父母的出资视为张小伟的父母对张小伟个人的赠与，该房产属于张小伟的个人财产。张小伟结婚后，这套房子也不会因为结婚而转化为夫妻共同财产。

如华二的父母在华二和王沙登记结婚前全款买了婚房，登记在华二和王沙名下，该房产系夫妻二人共同共有。此时华二父母的出资是对华二夫妻双方共同的赠与，所购房产应属于夫妻共同财产。

2. 父母为子女婚前购房部分出资

一方或双方父母婚前部分出资，产权登记于一方或双方名下，分情况进行处理：

（1）婚前一方父母出首付，产权登记在出资方子女名下，出资部分视为对出资方子女的赠与。剩余房款以夫妻共同财产进行偿还。实践中这种情况一般是将房屋判给登记方所有，并由产权登记方继续支付剩余贷款。对于夫妻共同还贷部分的资金及其因房价上涨等情况所产生的增值，由产权登记方对另一方进行相应的补偿。另外婚前父母赠与出资首付款的部分资金，在夫妻二人离婚分割时应予以扣除。

（2）婚前双方或一方父母出首付，产权登记在双方子女名下，房屋产权属于夫妻二人共同共有，而出资部分则视为对二人的赠与，离婚时房屋产权协商处理，协商不成的考虑出资比例、还贷资金、照顾女方等综合因素判定。

3. 婚后父母全额出资购房

《婚姻法司法解释三》的规定，婚后由一方父母出资为子女购买的不动产，产权只登记在自己子女名下，父母出资视为对自己子女一方的赠与，不动产也应认定为夫妻一方的个人财产。[1]婚后，父母为双方出资购买房屋的，该出资应当认定为对夫妻双方的赠与，但父母明确表示赠与一方的除外。对于父母出资的情形，一般我们可以分以下两种情况进行处理：

(1) 婚后一方父母全额出资购房，只登记于出资人子女名下，该笔出资视为只对自己子女的赠与，房产属于子女的个人财产。

(2) 婚后一方父母或双方父母共同出资全额购买，登记于夫妻共同名下，该房产属于夫妻共同财产，父母出资视为对夫妻双方的赠与。这种情形属于《婚姻法司法解释二》规定的应当推定为对夫妻双方的赠与的典型。夫妻二人离婚时，对于房产的处理应参考夫妻共同财产分割的原则来进行分割处理。

4. 婚后父母出资支付首付款

由父母支付首付款后，剩余房贷由夫妻双方继续以夫妻共同财产进行还贷，且房屋登记在一方或者双方名下。此种情形在生活中也非常普遍，对于此种情形我们可以进行如下分析。

首先，需要明确的是父母首付款的出资性质，如果父母明确意思表示是对夫妻二人的借款，并且当事人能够提供充分的证据予以证明，那么父母的出资视为对夫妻的借款，而不是赠与。

其次，在排除借款性质以后，我们再继续分析该笔出资到底是赠与夫妻一方还是赠与双方？一般实践中通常认为，房屋登记在夫妻双方名下，父母的出资视为对二人共同的赠与，除非父母有明确的意思表示，该笔出资只是对自己子女一方的赠与。否则根据该笔房产登记在夫妻共同名下这一公示信息，一般可以合理推定父母的出资是对夫妻双方共同的赠与。

最后，由于房屋是在夫妻结婚以后购买，并且登记在夫妻共同名下，故房屋属于夫妻共同财产。对于父母的出资部分，视具体的出资情况而有所不同，若该笔出资有明确的证据表明是父母对自己子女的赠与，则在离婚时对于该笔出资予以扣除。

如王远与陈若水结婚后购买了一套位于云南省呈贡区的房子，登记在夫妻共同名下。王远的父母支付了房屋首付款 100 万元，剩余房贷由王远和陈

---

[1] 《婚姻法司法解释三》第 7 条规定了婚后由一方父母出资为子女购买的不动产，产权登记在出资人子女名下的，可按照《婚姻法》第 18 条第 3 项的规定，视为只对自己子女一方的赠与，该不动产应认定为夫妻一方的个人财产。

若水以夫妻共同财产继续偿还。后王远诉讼离婚，对房产分割产生争议。庭审中王远表示，首付款系其父母赠与其个人，签订了一份《赠与协议》，明确该首付款只赠与王远一人。

王远辩称房屋的首付款系其父母赠与给自己个人的，并且提供了协议书为证据。但法院认为，基于王远与父母的特殊关系，该协议书上只有王远与父母的签名，也没有提供其他证据予以辅助证明，亦没有第三人知晓该协议书的存在，故该协议书完全可以由王远与其母事后补签，所以该协议书不能对第三人陈若水发生效力。此外，由于该协议书签订在房屋登记之前，事实上房屋登记在夫妻二人共同名下，该登记的行为对协议书的内容进行了实质变更。基于以上原因，法院最终认为王远辩称父母出资只是对其个人的赠与的说法不予采信。

【思考问题】

1. 夫妻共同财产有哪些？
2. 夫妻共同财产的分割原则有哪些？

【案例分析实训】

【案例 3.5】

【案情简介】

张华 2008 年与小佳登记结婚，为了支持孩子买房，2013 年张华父母拿出所有的积蓄 50 万元帮小夫妻支付了首付款，按揭了一套两居室商品房。所有的购房事宜由张华一人操作办理，购房合同亦由张华签署，剩余房贷也是由张华自己的公积金进行还贷，房子也登记在张华一人名下。2018 年二人因感情不和离婚，对购买的商品房分割无法达成协议，诉至法院。小佳认为房屋是婚后购买，应当作为夫妻共同财产进行分割。张华却认为这房子是自己公积金还贷，登记在自己名下，并且首付款也是自己父母出资，房子是属于自己的。

【思考问题】

1. 该商品房是否属于夫妻共同财产？

2. 张华的父母拿出的100万元首付款究竟是对张华个人的赠与还是对夫妻二人共同的赠与？应如何分割该套房产？

【法理分析】

张华的父母只支付了房屋首付款，房子登记在张华自己名下，父母的出资部分应该是对张华的赠与。但因为房子是在夫妻婚后购买，且婚后还贷金额为婚后住房公积金，还贷部分仍然是夫妻共同财产，所以该套房屋仍然属于夫妻共同财产。但是在具体进行房屋分割时，基于公平合理原则，房子可以判归张华所有，但是张华需要向小佳支付相应的折价款，如共同还贷部分因房价上涨等情况所产生的增值、夫妻共同还贷部分的价款，并考虑照顾女方利益原则进行房产分割。

【案例3.6】

【案情简介】

陈小佳和张亮于2010年结婚，因二人长期感情不和，陈小佳欲与其丈夫离婚，两人对财产分割产生争议。二人有两套房子，第一套房产是丈夫张亮个人于婚前购买（支付首付及部分房贷），房产证上也仅有张亮的名字，婚后张亮母亲借给张亮20万元（有借条）偿还房贷余款，但男方至今未还；第二套房产二人婚后购买，首付各付一半，共同公积金还贷数年后，陈小佳婚前所有的一套房产动迁，陈小佳用动迁补偿款一次性还完该房剩余贷款。

【思考问题】

1. 张亮在婚前买房并支付首付，产权证上也仅有张亮的名字，虽然婚后由夫妻双方共同还贷，这样的房产是否属于共同财产呢？

2. 张亮母亲借给张亮的20万元该如何定性，是借款还是对当事人一人的赠予？或者是对夫妻双方的赠予？

【法理分析】

《婚姻法》明确规定一方婚前的财产属于个人财产。[1]婚前购买的房产，

---

〔1〕《婚姻法》第18条规定了一方婚前的财产属于个人财产。

婚后用夫妻共同财产还贷，房产登记于首付款人名下的，离婚时一般由夫妻先行协商处理该房产，无法达成一致的，法院原则上将房子判给产权登记方，由取得房产一方向另一方支付房屋补偿款。[1]夫妻结婚后以共同财产购买，一般在原则上应认定为夫妻共同财产。在离婚分割时如果双方协商不成，法院就可能根据出资等因素按比例分配财产。需要明确陈小佳用于支付剩余房款的性质。虽然动迁补偿款是婚后取得，但该笔款项来源是婚前个人财产，故该笔款项仍然属于其婚前个人财产。分割夫妻共同房产时亦需要考虑在内。

父母出资为夫妻双方购买房屋的，一般视为对出资人子女个人的赠与，但父母明确表示赠与双方的除外。而该案的借贷关系出现在婚后，又存在当事人父母与其丈夫签字的借条，如果尚有其他证据充分印证，则应属于借款而非赠予。

第四节　抚养纠纷

一、抚养纠纷

（一）子女抚养权的归属

1. 直接抚养权归属的判定标准

父母子女之间的抚养和赡养关系不因父母离婚而改变，也不因父母离婚而消除。夫妻离婚以后，子女无论由哪一方进行抚养，仍是父母双方的子女。我国采取的是父母必须无条件抚养未成年子女，有条件抚养成年子女的原则。

《婚姻法》规定离婚后，尚在哺乳期内的子女，原则上由母亲抚养。哺乳期结束后的子女，如双方不能就子女抚养问题达成协议，则由法院视具体情况予以判决，综合考虑孩子随哪一方生活更有利于子女成长。具体可以参考子女与哪一方相处时间比较长，子女对其是否已经形成了依赖，随其生活是否有利于孩子以后的生活和健康成长，当事人是否有较为充足的时间、是否有足够的经济能力照顾小孩、是否有婚外情等道德问题等方面综合考虑。对

〔1〕《婚姻法司法解释三》第10条：即夫妻一方婚前签订不动产买卖合同，以个人财产支付首付款并在银行贷款，婚后用夫妻共同财产还贷，不动产登记于首付款支付方名下的，离婚时该不动产由双方协议处理。依前述不能达成协议的，人民法院可以判决该不动产归产权登记一方，尚未归还的贷款为产权登记一方的个人债务，离婚时由产权登记一方对另一方进行补偿。

子女抚养权归属的判定，可以参照1993年11月3日《最高人民法院关于审理离婚案件处理子女抚养问题的若干具体意见》（以下简称《若干意见》）进行处理。

2. 抚养权的变更

子女抚养权确定以后，如果抚养方的条件发生了巨大变化，或子女自己主动要求更改抚养关系，父母双方当事人可以协议变更抚养关系；若协议不成，法院可根据保护子女利益原则，并结合双方综合条件进行判决。若一方符合一定的法定情由，可以要求变更子女抚养关系。[1]

（二）抚养费的相关问题

抚养费主要是根据抚养权利人的需求和抚养义务人的经济能力综合予以考量。[2]“抚养义务之有无，依权利人之抚养需要与义务人之抚养能力而定。”[3]所谓抚养权利人的需要，必须是正当的并且要以生活必须的需求为前提，如果被抚养人要求过高的抚养费，即使是抚养方有能力负担，一般也不太可能会被法院支持。在通常遇到的抚养纠纷案件中，争议焦点主要在抚养权归属及抚养费的数额上。

1. 抚养费的确定

抚养费一般包括了生活费、教育费和医疗费。在夫妻双方离婚以后，未取得子女抚养权的一方必须负担一部分子女生活所必要费用。至于到底负担多少及如何支付抚养费用，由双方当事人进行协商，协商不成的，由法院予以判决。

抚养费数额怎么确定比较合适？《若干意见》中也有具体的指导，如果未取得抚养权的一方当事人有固定工作及稳定收入的，抚养费可按其月总收入的20%～30%给付。负担两个以上子女抚养费，支付抚养费的比例可适当提高，但一般不得超过月总收入50%。若无稳定收入，抚养费数额可依据当年总收入或同行业平均收入，参照上述比例确定。

---

〔1〕《若干意见》第16条：一方要求变更子女抚养关系有下列情形之一的，应予支持：①与子女共同生活的一方因患严重疾病或因伤残无力继续抚养子女的；②与子女共同生活的一方不尽抚养义务或有虐待子女行为，或其与子女共同生活对子女身心健康确有不利影响的；③10周岁以上未成年子女，愿随另一方生活，该方又有抚养能力的；④有其他正当理由需要变更的。

〔2〕沈志先主编：《婚姻家庭案件审判精要》，法律出版社2013年版，第223页。

〔3〕史尚宽：《亲属法论》，中国政法大学出版社2000年版，第769页。

2. 抚养费的变更

（1）减少或免除抚养费情形：未取得抚养权一方失去经济来源，患病或者丧失了劳动能力，已经无法按照约定或者判决向孩子支付抚养费用，而取得抚养权的当事人一人就能够负担孩子的生活；未取得抚养权一方被收监改造，丧失经济能力，无法负担，但在其恢复人身自由以后，仍须继续支付抚养费。抚养一方当事人再婚，并且继父或继母愿意承担子女抚养费一部分或全部的，未取得抚养权的一方所承担的抚养费数额可以相对减少，但如继父继母不愿抚养的则不得减少。

（2）增加抚养费情形：由于物价上涨等因素导致以前协商确定的抚养费数额无法维持子女的生活水平；或者因子女患病、上学等现实需要，所需抚养费数额超过了原来约定的具体抚养费金额；有其他正当理由应当增加的情况。

二、抚养纠纷中证据的应用

（一）抚养权纠纷中的证据要点

在处理离婚案件时，如果需要帮助当事人争取子女的抚养权，律师可以从哪些方面进行证据收集才有助于当事人得到抚养权？一般我们可以从以下几个方面予以考虑：

（1）双方基本条件的取证。比如收集双方当事人的工资收入、教育程度等，这些在争取孩子抚养权时非常重要。如果其中一方有不良嗜好、疾病、酗酒等问题，在争取抚养权时会非常不利。

（2）双方当事人家庭包括父母基本条件的取证。孩子的抚养不是当事人一个人能够完成的，通常情况下当事人的家庭状况、父母情况也有重大的影响。现在多数孩子都是由当事人的父母帮忙进行照顾，因此对双方当事人家庭及当事人父母的意见、身体状况等情况进行调查了解，往往会取得意想不到的效果。

（3）生活环境的取证。在处理未成年子女问题时，法院的基本原则是保护未成年人的利益。因此孩子以后的生活环境是法院考虑的主要因素，孩子在什么生活状态成长有利于孩子以后的发展及身心健康是法院判决的重要考量。因此律师需要取得当事人一方抚养孩子将会对孩子生活、入学等有利的证据。

（4）有表达能力的子女的意见也非常重要。法院在处理子女抚养权时，一般都会听取10周岁以上孩子自己的意见。所以要想争取抚养权，可以做孩子的思想工作。[1]

（二）抚养费支付实践中证据应用

前文已经提到，抚养费数额一般是抚养费支付当事人月收入的20%至30%，但是也必须同时综合考虑孩子的实际需要以及当地的生活水平。在实践中，一般是以支付抚养费当事人的工资条上的工资数额为根据来计算其需要支付的抚养费，但是我们也无法排除对方当事人出具虚假的工资条或者工资证明来减少抚养费的数额。所以律师在收集证据时，最好调取对方当事人上一年度的工资明细为依据。除此之外，还必须收集孩子的生活实际需要费用。如学费的数额，年度花费多少等。这些费用的计算需要提供学校出具的收费证明或收据，律师在提交材料的时候也可以用列表的形式列出花销明细，通过这些表格清晰的罗列出主张抚养费多少的依据。

【案例分析实训】

【案例3.7】父母离婚，孩子的抚养权归谁？

【案情简介】

A男与B女于2010年恋爱结婚，2013年育有一子，但二人婚后经常吵架，2015年二人向法院提起诉讼离婚。二人虽然同意离婚，但是对儿子的抚养权的归属产生了争议，两人都想要抚养孩子。B女认为A男经常出差，无暇顾及儿子。A男则认为，B女在婚姻关系存续期间经常赌博，夜不归宿，不适合照顾孩子，且A男工资比B女高，可以为孩子提供一个良好的生活环境。经法院判决，A男取得孩子抚养权，B女每月支付抚养费用1200元。[2]

【思考问题】

1. 抚养权纠纷中，可以从哪些方面收集有利的证据以最大可能争取孩子

---

〔1〕 贾明军主编：《婚姻家庭纠纷案件律师业务》（最新修订版），法律出版社2013年版，第294页。

〔2〕 陈玮编著：《婚姻家庭纠纷案例与实务》，清华大学出版社2015年版，第113页。

的抚养权？

2. 确定抚养费数额时，可以从哪些方面进行举证？

【法理分析】

抚养权争夺案件中，一般如果双方离婚时育有不满两周岁的子女，法院一般会将孩子判给女方抚养，待孩子长大以后可以决定跟谁生活。本案中，明显存在女方对家庭和孩子的不负责任，即使孩子哺乳期，作为条件更好、更有责任心的男方，还是占据比较优势。所以法院最终还是将孩子的抚养权给了男方。确立抚养权的最终归属，还是要以有利于子女的成长为原则，综合子女的年龄、与父母的感情、父母双方的经济情况等各方面的因素加以考虑。

【案例 3. 8】被抚养人的重大疾病医疗费应如何负担？

【案情简介】

陈乙与陈甲系父子关系。陈甲的母亲周某与父亲陈乙于 2005 年经法院调解离婚。离婚协议中约定陈甲（2002 年 9 月 4 日出生）由母亲抚养，父亲陈乙每月付陈甲抚养费 300 元。2006 年陈甲起诉要求陈乙增加抚养费，经法院判决陈乙自 2006 年 10 月给付陈甲抚养费 600 元。2011 年陈甲再次起诉要求增加抚养费，经法院调解陈乙同意每月增加至 1200 元。2012 年，陈甲经中国中医科学院诊断为：抽动障碍。长期于该院进行治疗，共花费相关费用 22 233. 21元，现陈甲以生活开销增大，物价上涨为由，诉至法院要求其父陈乙增加抚养费至每月 3000 元，并承担自 2012 年以来所有花费的医治费用的 50%。另查明，周某、陈乙离婚后均未再婚，陈乙的工资收入月平均为 11 927. 14元，且患有疾病，每月均有医疗费用支出。

【思考问题】

陈乙在给付比较高的生活费（包含必要的医疗费和教育费）的情况下，是否还应当负担原告的医疗费？

【法理分析】

未成年人利益最大化原则是法院在处理抚养权争议时的基本原则。实践中抚养费是否支持以及支持多少，最先考虑的是未成年人的生活利益。本案中，陈甲因实际生活需要，原有的抚养费已经不能够维持陈甲的生活水平，并且陈甲也提交了证据予以证明，但是法院认为每月 3000 元的抚养费偏高，故法院最后判决陈乙支付陈甲每月 2000 元的抚养费，直到陈甲满 18 周岁止。又因陈甲患病需要住院医治，医疗费用显著增加，陈甲增加的医疗费用具有合理性。因该笔费用数额巨大且已经超出了陈甲生活的正常开支，故法院最后是支持陈甲的诉请的。

第五节　思考与实训

【案例 3.9】

【案情简介】

夏杉和张杨于 2008 年 6 月登记结婚，二人均属于再婚。婚后初期二人相处不错，但也经常因生活琐事发生口角，逐渐矛盾积累，最终爆发。夏杉、张杨于 2012 年 5 月分居。夏杉决定终止这段婚姻关系，遂于 2013 年 3 月起诉要求与张杨离婚。法院驳回了夏杉的诉讼请求，但是此后夫妻二人的感情未见好转。2014 年 6 月，夏杉再次诉至法院要求离婚，并要求依法分割夫妻共同财产。张杨则坚决反对离婚，认为夫妻二人仍然还有感情基础，也不同意分割夫妻共同财产。

夏杉提供了如下证据：①张杨的存取款凭单、转账凭证，证明张杨上海银行名下有共同存款 40 万。②夏杉个人农业银行名下账户自 2014 年全年的交易明细，证明该账户明下存款为 300 元。

张杨提供如下证据：①张杨名下账户记录、判决书、案款收据等证据，证明 40 万元的存款是张杨个人婚前房屋拆迁补偿款及养老金。还剩下 20 万元左右（含养老金 10 万元）。②张杨称夏杉名下银行账户有夫妻共同存款 30 万元，申请法院予以调查。

应张杨申请，法院调取了夏杉农业银行账户自 2012 年 6 月开户后所有的交易明细记录，显示夏杉于2013年8月1日通过网上银行转账的方式转账20万至案外人张青名下。

张杨认为20万元是其婚后出租房屋所得收入，属于夫妻共同财产。夏杉未经其本人同意擅自在分居后离婚前进行转给他人，系转移隐藏夫妻共同财产的行为。夏杉辩称，该20万元是自己经营超市所得收入，又称出租房屋所得收入早就用于夫妻共同生活开销，后又称该笔收入是偿还借款所用。对于这些说法，夏杉均未提供相应的证据予以佐证。

【思考问题】

1. 法院如何认定夫妻感情已经破裂？
2. 本案中夫妻共同财产有哪些？
3. 如果你作为原告的代理律师，负责处理本案，你需要准备哪些材料和证据？

【法理分析】

婚姻关系以夫妻感情为基础。张杨、夏杉二人自2012年分居至起诉之日起已满两年。因感情不和分居已满两年的，经法院调解不能和好，法院一般会判决离婚。关于本案中涉及的夫妻共同财产的分割与处理，结合二人提供的证据可以看出，张杨婚前房屋拆迁款转化的存款，应归张杨个人所有。而张杨婚后所得养老保险金，应属夫妻共同财产。夏杉中国农业银行账户内的存款为夫妻关系存续期间的收入，应作为夫妻共同财产予以分割。夏杉转账20万至案外人张青名下的行为，由于夏杉没有提供证据证明合理性，也没有对该笔款项的去向作出合理的解释和说明。故法院最终是认定夏杉存在转移、隐藏夫妻共同财产的情节。

根据《婚姻法》第47条的规定，离婚时夫妻一方隐藏、转移夫妻共同财产的，在分割夫妻共同财产时可以少分或者不分。因此在分割夏杉和张杨夫妻共同财产时，法院可以以此作为参考因素，对夏杉酌情少分财产。

【案例3.10】

【案情简介】

李菁菁与张帅帅于2000年1月登记结婚，婚后因家庭琐事经常发生争吵，二人感情逐渐破裂。李菁菁因最终无法忍受婚姻生活，曾多次提出要与张帅帅离婚，但张帅帅认为二人系自由恋爱，仍然有感情基础，坚持不同意离婚。无奈李菁菁多次吵闹要挟，张帅帅没办法只能同意离婚。此时李菁菁已经怀孕，二人还达成协议，李菁菁做流产，张帅帅承担费用。2003 年 3 月，二人到民政局办理了离婚手续。但是此后李菁菁反悔不愿意流产，瞒着张帅帅一个人生下了孩子。孩子出生以后，李菁菁因照顾孩子，无法安心工作，也没有独自抚养孩子成长的能力。为了给孩子更好的生存环境，李菁菁要求张帅帅承担抚养义务，支付抚养费每月 600 元。另查明，张帅帅每月的工资收入 2600 元。但是此时张帅帅不愿意承担该笔费用，辩称李菁菁已经同意流产了，但是离婚后李菁菁又未经同意自作主张将孩子生下，孩子也不是随自己姓张，故张帅帅坚持不愿意支付抚养费。为此李菁菁遂向法院以其子的名义提起给付抚养费的请求。

【思考问题】

1. 李菁菁主张抚养费是否有法律依据？抚养费数额是否合理正当？

2. 若你作为李菁菁的代理律师，你会如何书写起诉状？又需要向法庭准备哪些证据？

【法理分析】

虽然夫妻双方在离婚中明确约定同意做流产手术，不生孩子。但离婚后女方反悔并生下孩子，这是女方行使生育权的表现。离婚协议中约定的同意流产手术的约定不具有法律效力。另据《婚姻法》第 21 条的规定“父母对子女有抚养教育的义务”，而这种抚养教育义务是法定的义务，不因父母离婚，也不因子女随母姓或随父姓而免除。依据《若干意见》第 7 条的规定，李菁菁所要求的 600 元生活教育费在其所要求的 20%到 30%之间，符合法律的相关规定。故李菁菁的诉讼请求，法院予以支持。

CHAPTER4 第四章

常见民事案件之民间借贷

【本章概要】 随着社会经济的快速发展，民间借贷已是人们经常接触并参与的经济活动，也是新律师执业初期会经常遇到的案件类型。在本章中，通过介绍民间借贷的产生背景、概念特点、律师实务中会遇到的最常见问题以及关于民间借贷案件的文书写作等几方面，运用理论与案例结合的方式，向新律师呈现一个民间借贷案件的基本雏形。

【学习目标】 通过本章学习要让学生能基本掌握民间借贷的基本特点，灵活运用相关的法律法规，并且掌握相关的法律文书的写作及相关办案技能。

第一节　概　述

一、民间借贷产生的背景

民间借贷是社会发展中较早出现的一种以个人信用为保证进行借贷的形式。这种借贷形式的产生主要是由于商品经济的需要，所以其发展也是随着商品经济的发展而发展。从时间的纵向轴来看，我国的民间借贷在计划经济时期以前比较活跃，普遍存在于我国各个地区和社会的各个领域。但在计划经济时期，规模和范围都变得非常小，几乎快到了消失的程度。随着邓小平同志打开国门，建设中国特色社会主义市场经济，创设改革开放的政策以后，我国的民间借贷又逐渐发展了起来。从社会的横向轴来看，民间借贷之所以在我国社会经济中长期存在，主要还是因为经济的发展，必然需要大量资金的推动，在社会的经济活动中对于资金的需求也是具有一定的普遍性的。加上中国五千年的历史传统文化的影响，人们对于家族的血缘观念都是根深蒂固的，亲朋好友之间互相了解，具有一定信用基础，交易成本低廉，操作简便易行，资金到位及时，各种优势相结合，很自然地为民间借贷的产生和发展提供了得天独厚的条件。

二、民间借贷的概念及特点

民间借贷简单来说，就是指自然人、法人、其他组织，这三个主体之间，在经济活动中进行资金融通的一种行为，这种资金融通的行为是不同于一般金融机构贷款业务的借贷的。只要借贷行为的双方主体意思表示是真实的，那么这种借贷就可以认定是有效的行为了，同时由于这个借贷的行为而产生的抵押行为也变得相应有效了。不过值得注意的是，借贷的利率不得超过法律规定的上限标准。

在市场经济不断发展的过程中，民间借贷作为一种资源极为丰富，操作极其灵活的融资方法，与银行的信贷业务中的资金到位不足、对象要求严格以及手续材料繁琐的特点形成了鲜明的对比，弥补了银行信贷的不足，促进了经济的发展。那么，下面我们就归纳下民间借贷的几个主要特征：

第一，借贷手续简单，资金到账快捷。民间借贷的主体一般是包括亲朋好友等在内的，具有一定来往亲密关系的群体。由于他们相互之间来往密切，彼此了解，相互间存在一定的信用基础，所以借贷手续很简便。通常只需要写一份借条或者欠条，注明借款期限以及是否收取利率或者利率的多少等信息，也有的会找一个中间人做担保或者注明后签字即可。通过民间借贷可以迅速地解决燃眉之急。

第二，借贷用途广泛，基本没有界限。民间借贷的用途可以说是非常广泛的。可以用在日常生活的需求，例如购置住房，装修房屋，教育费用，医疗费用等各项费用。也可以用在企业的开办，弥补日常流动资金的不足，扩大生产等企业经营中的各种支出。只要不是用于非法行为，有的时候甚至不用详细的说明具体用途，出借人就会同意借款给借款人。

第三，借贷利率和期限的高度合意。是否收取利息以及利率的多少，一般都看借贷双方主体之间的关系远近，只要双方达成合意，在法定范围内都是允许的。借贷期限也是很自由的，主要根据借款人的需求，出借人同意即可，借款期限没有任何标准，这体现了民间借贷的高度合意性。

第四，借贷风险大，纠纷率高。由于民间借贷主要依托的是人与人之间的亲密关系和信用基础，因此一旦出现借款人拖延还款期限或者不还钱的情况，由于很大一部分的民间借贷中都没有担保，增大了借贷风险，导致出借人很难追回借款，出借人的权利保护就处在很被动的位置。所以，最后一般都只能通过民事诉讼的方式来解决纠纷，使出借人的债权得以实现。

由此可见，在民间借贷中，这些特点都是相对的：对于借款人来说，这些特点都是优势，操作简单，到账快捷，利率期限自由，可以及时解决借款人的资金压力，即使期限内还不出，还能协商延后。但是对于出借人而言，这些特点都变成了劣势，让其处于了被动的位置，借贷风险很高，有些关系紧密的双方甚至都不用写借条或者欠条，这就很难拥有足够的证据在诉讼时证明借贷关系的事实，从而导致出借人的债权无法得到实现。

三、民间借贷的目前社会现状

随着社会经济的快速发展，社会矛盾不断向多元化延伸，当前民间借贷纠纷案件也呈现出了很多新的情况，其主要表现在：①因民间借贷而引起的纠纷数量增多，范围扩大；②借贷行为过程中操作不规范，无担保意识，导致债权实现困难；③利息抬高产生暴利，出现职业放贷现象。综合以上的情况来看，现在比较普遍的是当事人在借贷中约定的利息有偏高的情况，也有一些虽然借据上没有写清楚约定的利息多少，但是在交付借款的时候已经先行把利息扣除了，通俗地说就是存在先给利息后借款的情形。特别要注意的是，近年很多的民间借贷案件中，职业放贷的人数日益增多，甚至有不少是有组织地向他人发放高利贷，造成了社会矛盾的恶化，扰乱了社会经济秩序。

那么这些民间借贷纠纷产生的原因是什么呢？主要集中在以下几个方面的原因：

第一，最主要的原因是社会诚信的缺失。有的借款人明明知道自己没有偿还的能力，但是为了满足自己的某些需求，仍然向出借人借款；还有的借款人根本没有按照约定的用途使用借款；甚至还有的借款人一开始就用高额利息作为诱饵，骗取出借人的借款。虽然这些民间借贷也都立了借据或者欠条，但是借款人一开始就是没有还款的打算，抛弃了诚信，导致出借人最后不得已只能通过诉讼来进行追偿，维护自己的债权。

第二，最根本的原因是通过银行进行融资和贷款比较困难，导致了民间借贷的增多。近年来，国家实行稳健型货币政策，银行等金融机构在发放贷款的时候对客户有严格的限制条件，并且需要经过繁琐的审批程序，很多不满足银行贷款条件，但是有借款需求的人就无法向银行贷款。而民间借贷就没有这些限制和程序，其门槛低，手续简单，资金到账快捷，正好弥补了银行贷款的缺点，使得很多市场主体或个人在急需资金时，很容易就转向了民间借贷，这样一来，民间借贷的数量就迅速增加了。

第三，最普遍的原因是出借人和担保人的法律保障和风险防范意识非常薄弱。在很多案件中，很多出借人对于借款人的经济状况，收入情况，资产价值，以及个人诚信情况都不会进行全面的审查，借贷的手续大多很简洁，存在很多瑕疵，也很少会有抵押和担保。有些即使有担保了，担保人也根本不了解相关的风险和责任，特别是有一些专业放贷的中介，他们为了促成借贷，完成业绩，故意隐瞒担保的风险和责任，侵害了担保人的权益，也使得债权人的债权难以实现，从而引起了很多的借贷纠纷。此外，还有一些所谓的担保人进行恶意担保，即重复担保、虚假担保、无履行能力的担保等，这些乱象使民间借贷的风险直线上升。

【理论思考】

1. 名词解释：民间借贷。
2. 请同学讲述自己身边遇到的民间借贷事例，并提出他们所遇到的问题。

第二节　民间借贷案件中的常见问题

一、合同效力认定

【案例分析实训】

【案例 4.1】

【案情简介】

2015 年 5 月，张某因需要用钱，向赵某提出要借款 10 万元。赵某同意，但说要等其一个月存款到期后才能拿出给张某，且希望张某写一张借条。当日，张某写了借条，并且约定了还款日期、利息等。在一个月后，赵某将 10 万元钱给了张某。

【思考问题】

请问，张某与赵某的借款合同何时生效？利息该从哪一天开始计算？

（一）自然人间的借款合同

自然人之间的借款，是自然人之间根据自愿互助、诚实信用原则，通过自愿协商的方式，由贷款人向借款人提供资金，借款人在约定或者法定的期限内归还借款的法律行为。自然人之间的借款通常是基于亲情、友情这种亲密关系。由于我国传统文化的传承，造就了家族关系较为紧密的社会现状，家族中具有十分强大的亲属关系、血缘关系的意识。因此，亲戚之间互相都非常了解，互相借款也相对更容易实现。同时，又因为我国是礼仪之邦，讲究人情，提倡互帮互助，因此朋友之间的借贷也经常发生。基于这样的关系，自然人之间的民间借贷便飞速发展。自然人之间的借贷是民间借贷中最常见的。

关于自然人之间的借款合同生效问题，首先我们要了解什么时候自然人之间的借款合同生效了。

《中华人民共和国合同法》（以下简称《合同法》）第210条规定：“自然人之间的借款合同，自贷款人提供借款时生效。”自然人之间的借款合同是实践合同，合同的生效时间是在贷款人向借款人实际提供借款时。在没有提供借款前，如果只是签订借款协议或口头约定，双方只是达成了借款的合意，合同仅仅是成立，但是还没有生效。此时，借款人不能以成立的借款合同强制要求借款人提供资金，该合同是没有强制履行效力的。

从上述法条可知，“提供借款”是判断自然人借款合同是否生效的重要标志，那怎样的情形才是“提供借款”的形式呢。《最高人民法院关于审理民间借贷案件适用法律若干问题的规定》（以下简称《民间借贷司法解释》）第9条列举了五种提供借款的情形。

《民间借贷司法解释》第9条规定：具有下列情形之一，可以视为具备《合同法》第210条关于自然人之间借款合同的生效要件：①以现金支付的，自借款人收到借款时；②以银行转账、网上电子汇款或者通过网络贷款平台等形式支付的，自资金到达借款人账户时；③以票据交付的，自借款人依法取得票据权利时；④出借人将特定资金账户支配权授权给借款人的，自借款人取得对该账户实际支配权时；⑤出借人以与借款人约定的其他方式提供借款并实际履行完成时。

（二）企业与自然人间的借款合同

自然人与非金融企业（本章节内以下简称“企业”）之间的借贷属于民间借贷，自然人与企业之间的借款原因较多，相对来说金额也较大，如果在借款环节中出现了差错或者有程序等不严谨之处，将来可能会有很大的问题。其中，合同效力的问题也是当事人最关心的问题之一。

《最高人民法院关于如何确认公民与企业之间借贷行为效力问题的批复》列举了几种无效的情形：①企业以借贷名义向职工非法集资；②企业以借贷名义非法向社会集资；③企业以借贷名义向社会公众发放贷款；④其他违反法律、行政法规的行为。除了以上列举的四种情形，其他的只要自然人与企业之间的借款是出于双方真实的意思表示的，并且符合国家法律、行政法规的规定的，即认定为有效的借贷行为。

（三）企业间借款合同

在几十年之前，民间借贷的主体多以自然人与自然人、自然人与企业之间为主。在之前很长一段时间，我国对于企业之间的借款的态度都是以该行为违反国家金融的监管而认定属于无效行为，但以目前我国的经济现状来看，这样的规定已显然无法适用。由于目前市场经济中，中小型企业占据了很大的比例，对于他们来说，内部资金不足无法周转也是常有的事情，在内部资金不足的情况下，为了满足经营需求，外部融资成了他们的唯一选择。但由于金融机构对于放贷的苛刻要求，使得中小型企业较难获得银行的贷款，因此它们会倾向于向其他的非金融机构借款。

目前，《民间借贷司法解释》中规定，“民间借贷，是指自然人、法人、其他组织之间及其相互之间进行资金融通的行为。”由此我们便可知，民间借贷的定义已经包括了企业之间的借贷行为。但是，《民间借贷司法解释》在放开民间借贷的范围的同时，对借款的目的也作了一定的限制。《民间借贷司法解释》第 11 条规定，法人之间、其他组织之间以及它们相互之间为了生产、经营需要订立的民间借贷合同，除存在《合同法》第 52 条〔1〕、本规定第 14 条〔2〕规定的情形外，当事人主张民间借贷合同有效的，人民法院应予支持。这一规定不仅有效缓解了企业融资困难的问题，同时又有效地规范了民间借贷的市场秩序，能够让中小型企业稳固发展，也更加规范了企业间的拆借行为。

二、民间借贷合同的形式和内容

（一）诺成合同与实践合同

诺成合同，又称不要物合同，指仅以当事人意思表示一致为成立要件的合同，即自双方当事人意思表示一致时合同即可成立，合同的成立要件不要求当事人一方将标的物交付给另一方，当事人交付标的物的行为并不是为了

---

〔1〕《合同法》第 52 条有下列情形之一的，合同无效：①一方以欺诈、胁迫的手段订立合同，损害国家利益；②恶意串通，损害国家、集体或者第三人利益；③以合法形式掩盖非法目的；④损害社会公共利益；⑤违反法律、行政法规的强制性规定。

〔2〕《民间借贷司法解释》第 14 条具有下列情形之一，人民法院应当认定民间借贷合同无效：①套取金融机构信贷资金又高利转贷给借款人，且借款人事先知道或者应当知道的；②以向其他企业借贷或者向本单位职工集资取得的资金又转贷给借款人牟利，且借款人事先知道或者应当知道的；③出借人事先知道或者应当知道借款人借款用于违法犯罪活动仍然提供借款的；④违背社会公序良俗的；⑤其他违反法律、行政法规效力性强制性规定的。

使合同生效，这个行为的性质属于履行合同。在民间借贷中，非自然人之间的合同即诺成合同，双方当事人签订借款合同时合同即刻生效。

实践合同，又称要物合同，是指除了双方当事人意思表示一致这个要件以外，合同的生效还须交付标的物或完成其他给付才能成立。双方意思表示一直仅仅是合同成立的要件，并不是合同生效的要件。典型的借款合同就是自然人之间的借款合同，双方当事人签订借款合同是借款合同成立，只有当出借人提供借款时，该借款合同才生效。

（二）书面合同与口头约定

我国《合同法》第197条规定，借款合同采用书面形式，但自然人之间借款另有约定的除外。这表明自然人之间的借款合同，当事人可以选择采用书面合同的形式，也可以采用口头约定或其他形式。现实生活中，自然人之间的借款还是占大多数，并且正如前文所述，双方当事人之间大多为亲朋好友这样的亲密关系，因此出于对彼此的信任，在形式、程序上往往会比较随意，不会特别注意这些。并且由于中国大部分人都讲究面子，不好意思让借款人出具借条等书面形式的文书，仅仅是双方口头约定借款金额、利息等内容。口头约定的方式最大的不利之处就在于，在日后发生纠纷之时，无法举证，难以拿出强有力的证据来支撑自己的诉请。例如作为出借人，没有借款合同就难以证明借贷关系的存在，除非对方当事人承认借贷事实或者有其他可以证明事实的证据，但是这在实务中都是十分困难的。没有拿出应当由自己提供的证据时，就要承担败诉的风险，这时候再懊悔当初没有签订书面文书则为时已晚。因此在是否签订借款合同的问题上，作为律师，是可以提醒当事人注意的地方。

因此，在实践中，签订书面形式的借款合同仍旧是民间借贷中保护双方当事人最好的方式。借款合同是指借款人向贷款人借款，到期返还借款并支付利息的合同。借款合同的内容主要包括借款种类、币种、用途、金额、利率、期限和还款方式等条款。在民间借贷中，很多情况下，当事人都不会签订一个具体的借款合同，而是以“借条”“欠条”“收据”等形式来简化借款合同。但这些形式的文书，大多都过于简单，当事人自己起草的文书往往只有一两句话而已，会遗漏相当多的重要信息，并且因为当事人对文书应当如何写不熟悉，很容易产生错误，这样今后万一产生纠纷，则极其容易因为遗漏的信息而使得自己遭遇损失。因此，为了保护当事人双方，为了避免今后纠纷的产生，应尽量签订内容详细的借款合同，尤其是在涉及借款数额很大的情况下，更应当签订协议来以防后患。如何起草“借条”，在后文中会具体阐述。

三、关于利息计算的相关问题

【案例分析实训】

【案例 4.2】

【案情简介】

2012 年，王某因家中要装修，向李某借钱，王某向李某出具了借条，在借条中约定借款金额 15 万元，月利率为 2.5%。当日，李某以银行转账的方式将钱款打到王某的账户上，之后，每月按时向李某支付利息 3750 元，总共支付 37 500 元，之后王某却未支付过利息。因此李某将王某诉至法院，要求王某偿还本金及未支付的利息。而王某则辩称月利率 2.5%过高，拒绝支付。

【思考问题】

这样约定的利息是否受法律保护呢？

（如何约定利息以及在各种情况下的利息是否符合规定，《民间借贷司法解释》中有明确的规定。）

（一）双方未明确约定利息的

借贷双方当事人在借款合同中没有明确约定利息的，在通常理解中，即表明出借人无偿将钱款借给借款人使用，因此，在借款期限届满之前或者出借人要求借款人还款之后合理期限内，借款人将所借款项的本金还给出借人即可，无需再支付利息。

（二）双方明确约定利息的

（1）如果借贷双方约定的利率没有超过年利率的 24%，该利率为合法有效的利率，出借人可以要求借款人支付利息。

（2）如果借贷双方约定的利率大于年利率的24%但小于年利率36%的，24%以下部分的利息是受法律完全保护的，但在24%至36%这个区间内的利息，是受法律有限保护的，即借款人可以选择不支付，但如果借款人已经将该区间内的利息支付给了出借人，那么借款人则无权主张出借人退回利息。

（3）如果借贷双方约定的利率大于年利率36%的部分，超过36%部分的利息，是不受法律保护的，出借人无权主张这部分利息，如果借款人已将超出36%部分的利息支付给了出借人，借款人也可要求出借人将该部分利息退回。

（三）双方约定利息不明的

约定利息不明的情况较为复杂，此处以案例加以说明。

【案例分析实训】

【案例4.3】

【案情简介】

薛某和武某是亲戚，薛某因资金无法周转向武某借款20 000元，并向武某出具了借条。在借条中，薛某表示借期一年，到期偿还本金并支付利息。但并没有约定利息为多少。

【法理分析】

1. 如果是自然人之间借贷如果有约定利息但没有明确约定利息为多少的，则视为无需不支付利息，出借人无权要求借款人支付利息。

2. 如果借贷双方为自然人与非金融机构法人或其他组织，或者双方均未非金融机构法人或其他组织的，在约定利息但没有明确约定利息为多少时，如果出借人要求借款人支付利息的，那么利息的金额可有借款合同的内容、当时当地的交易方式、习惯以及市场一般利率等各个方面来考量。因此，这与自然人之间的借款有着非常大的区别。

（四）复利

复利，又叫“利滚利”，是指借贷关系中，出借人将借款人到期应付而未付的利息计入本金再计算利息。

【案例分析实训】

【案例4.4】

【案情简介】

2016年，范某向陈某借款30 000元，双方约定年利率为20%，借期为两年，按复利的方式计算利息，复利的周期为一年，那么第一年结束时，所产生的利息按照本金30 000元为基数计算，计算公式为：30 000 * 10% = 3000元，第二年产生的利息则要按照本金加上第一年的利息之和为基数，计算公式为：（30 000+3000）* 10% = 3300元，因此两年的借款期限届满后，范某应当支付的利息为两期利息之和，计算公式为：3000+3300 = 6300元。

【法理分析】

根据《民间借贷司法解释》第28条规定，双方如果分期计算利息，并将前一期的利息计入下一期的本金，这样的计算方式是被法律允许的，但也是有所限制，即只能计入前期不超过年利率24%的利息，超过的部分是不允许计入下一期本金的。并且，整个借款期限届满后，借款人所支付的本金及利息之和，是不可以超过以最初本金为基数，按年利率24%来计算的本息之和。因此，在设定复利时，也要计算最终的本息之和是否符合法律规定。

（五）利息预先在本金中扣除的情况

【案例分析实训】

【案例4.5】

【案情简介】

冯某因要开店，资金不足，便向李某借款70万元，借款合同中约定，借款金额为70万元，借款期限为两年。合同签订后，李某说要预先扣除两年利息，只将扣除两年利息后的金额给冯某。

【思考问题】

李某是否可以这样做呢？

【法理分析】

根据《合同法》第200条规定，借款的利息不得在本金中预先扣除。如果利息已预先在本金中扣除了，那么就应当按照实际给到借款人的数额作为本金并且以该数额为基数来计算利息。需要注意的是，在民间借贷合同中，如果有事先将利息在本金中扣除的，并不会当然导致该借贷合同无效。该合同仍然有效，但是应当以扣除后的金额为本金计息。

四、逾期还款中违约金、逾期利息的约定问题

【案例分析实训】

【案例4.6】

【案情简介】

2013年10月，王某看中一套房，首付需要10万，当时王某并没有那么多钱，因此向同学李某借了10万元。王某写了借条，注明了借款金额、还款时间。按照约定，2014年10月，王某应当还款，但王某此时并没有能力还钱，并希望李某宽限半年。此时，李某提出，如果现在无法还钱，超过的半年应当支付利息。

【思考问题】

李某这样的提议是否合理呢？

【法理分析】

如果双方当事人在借贷合同中有约定逾期利息的，则按照双方约定为准，

但是约定的逾期利息也是有所限制的，即不得超过年利率24%的最高利率。

第一，双方未约定利率或约定不明的。

如果双方当事人没有约定借期内利率，也没有约定借期后的逾期利率，出借人可以主张自逾期还款之日起按照年利率的6%支付资金占用期间的利息。

如果双方当事人已经约定了借期内的利率但没有约定逾期利率，那么出借人可以主张借款人自逾期还款之日起按照借期内的利率支付资金占用期间的利息。

第二，违约金与逾期利率。

如果双方当事人不仅约定了逾期利率，同时又约定违约金的，出借人有多种主张方式，即选择违约金或者利息中的一种进行主张，也可以同时主张违约金和逾期利息，但是需要注意的是，违约金和逾期利息之和，不得超过年利率24%的利息。

如果双方当事人仅仅约定了违约金，但没有约定逾期利率的，这个当事人该如何主张在理论和实践上是存在争议的。

如果双方当事人仅仅约定了逾期利率，但没有约定违约金的，那么此时，出借人则不得主张违约金，仅能主张逾期利息。

五、关于借款人死亡，债务承担相关问题

【案例分析实训】

【案例4.7】

【案情简介】

2015年5月，李某因资金周转困难，向朋友张某借款，张某借给李某150万。双方签订了借款合同，约定借款期限为4年，利息每年支付一次。非常不幸的是，在2018年2月，李某开车出门发生车祸当场身亡。借款人死亡，但还款期限还未到。

【思考问题】

该笔债务该由谁来还款呢？

【法理分析】

根据《中华人民共和国继承法》第33条规定，继承遗产应当清偿被继承人依法应当缴纳的税款和债务，缴纳税款和清偿债务以继承的遗产实际价值为限。超过遗产实际价值部分，继承人自愿偿还的不在此限。继承人放弃继承的，对被继承人依法应当缴纳的税款和债务可以不负偿还责任。继承人应当首先以遗产价值为限偿还被继承人需要交纳的税款和债务。如果该笔债务超过了继承人所继承的遗产，那么继承人对超出部分无需负责。但是，如果继承人愿意偿还的，则不受限制。如果继承人放弃了遗产，那么也无需对债务负责。因此，在处理该问题时，首先应当明确该债务人是否有遗产。如果有遗产，再要明确是否有继承人继承该笔遗产，如果有继承人继承遗产，那么债权人就可以在遗产继承的范围内要求继承人承担该笔债务。

六、关于债权转让、债务承担的相关问题

【案例分析实训】

【案例4.8】

【案情简介】

2017年12月，因资金无法周转，钱某急需6万元钱，于是他向王某借了6万元钱，双方签订了借款合同，约定借款期限为三年，利息按银行同期利率计算。半年后，王某因做生意失败，向陈某借了6万元钱，于是王某将对钱某的债权转让给了陈某，双方签订债权转让协议。之后，陈某要求钱某将6万元还给他，钱某表示不愿意。

【思考问题】

请问王某是否可以将自己的债权转让给第三人陈某呢？

（一）债权转让

债权转让，是指一个合同的债权人将他的债权权利全部或者部分转让给第三人的行为。债权在全部转让给第三人后，原债权人在原合同关系中的地位就被第三人取代，第三人即成为原合同中新的债权人，原合同的债权人则因为债权的转让而丧失原有的权利。债权部分转让给第三人的情况，原合同关系中则加入了第三人，第三人成了一个新的债权人。

首先，存在一个真实有效的合同是债权转让有效的前提条件，如果原合同并不是真实有效的，那么则没有必要讨论转让行为是否有效。如果是一个无效的债权，“债权人”转让给第三人，这种情况是转让的标的不能，无法发生有效的债权转让。因此，在民间借贷案件中，该借贷合同必须是有效的，这样债权人才可以转让该债权。

其次，转让的债权必须有可让与性。是否是具有可让与性合同法已经有了明确规定，《合同法》中规定了不可转让的合同权利有：第一类是根据债权性质不得转让的，其中包括基于个人信任关系而发生的债权、以特定身份关系为基础的债权；第二类是属于从权利的债权，从权利依主权利的移转而移转，若将从权利和主权利分开单独转让，则为性质上所不允许；第三类是依合同当事人约定而不得转让的债权；第四类是依法律规定不得转让的债权。由于债权自身的特殊性，法律规定不得转让。由此我们可知，在民间借贷的案件中，一般除了合同当事人约定不得转让以外，大部分情形均为可转让的。

再次，债权人与受让人必须达成真实有效的债权转让协议。什么是有效的债权转让协议？这就要符合民事法律行为生效的要件，只有在主体适格，当事人的意思表示真实有效的时候，该转让协议才是真实、有效的，这样转让行为才能有效。

最后，在程序上，债权人必须将债权转让的事实通知债务人。这里又存在一个问题，债权的转让，是否必须征得债务人的同意呢？《合同法》第 80 条第 1 款规定：“债权人转让权利的，应当通知债务人，未经通知，该转让对债务人不发生效力。”因此，我们可以得知，债权的转让并不是以债务人同意为要件的，债权人只要做到通知到债务人即可。

综上所述，在民间借贷的债权转让中，最关键的是要关注借贷合同中是否有效，并且在合同中是否有明确表示该合同不得转让的条款，以及在转让的过程中，债权人是否已经履行了通知债务人的义务。

（二）债务承担

债务承担，是指在债的内容不改变的前提条件下，债权人、债务人、第三人三方通过签订转让债务的协议，将债务全部或部分移转给第三人承担的法律行为。

《合同法》第 84 条规定："债务人将合同的义务全部或者部分转移给第三人的，应当经债权人同意。"在这我们可以发现，债务承担与债权转让不同的一点在于，债务承担必须经过债权人的同意，否则不发生债务的让与。毕竟债务承担是让一个无关的第三人来承担该笔债务，对债权人来说有非常大的风险，因此必须要债权人同意才能转移债务，该规定合情合理。

按照债务承担后，原债务人的责任还可以将债务承担分为两种类型，一种是免责的债务承担，另一种是并存的债务承担。

第一，免责的债务承担，是经过债权人的同意，债务被债权人全部或部分移转给第三人承担。在免责的债务承担中，它的特点是，原来的债务人完全退出债的关系，无需再对所移转给新债务人的债务承担责任（免责）。此时，新加入的第三人则成为新的债务人，他需要承担该笔债务。除非是专属于原债务人的债务，其他的与主债务有关的债务，就一并转移到了新债务人身上。同时，新债务人可以提起原债务人对债权人享有的抗辩权。

第二，并存的债务承担，是指债务人并不退出债的关系，而是新的债务人加入该笔债的关系，该笔债务由原债务人和第三人共同来承担。

七、民间借贷的管辖权问题

民间借贷纠纷案件属于合同纠纷的范畴，因此，根据《民事诉讼法》的相关规定，原告对于诉讼地有选择权。《民事诉讼法》第 23 条规定，"因合同纠纷提起的诉讼，由被告住所地或者合同履行地人民法院管辖"。因此，原告是具有选择权的，可以选择在被告住所地法院起诉，也可以在合同履行地法院起诉。

什么是合同履行地，双方如果有约定的，那么就按照约定，如果借贷双方没有约定合同履行地或者对合同履行地约定不明的，同时按照合同中的有关条款或者交易习惯还是无法确定的情况下，那么接受货币一方所在地就可以视为合同履行地。

那么，在民间借贷的案件中，如何确定“接受货币所在地”呢？可以分为两种情况讨论。首先，如果是诺成性借款合同签订后，借款并没有由出借人给付给借款人，此时借款人将出借人诉至法院，要求出借人履行合同义务给付金钱，那么借款人这一方就可视为接受货币所在地；其次，如果是借款人收到了借款，但未按时还款，出借人向法院起诉借款人要求其还款的，这时我们就可将出借人一方视为接受货币所在地。

第三节　民间借贷中的担保

一、担保的分类

《中华人民共和国担保法》（以下简称《担保法》）上的担保主要是指债权中的担保，这里的担保是一种法律手段，其作用主要是督促债务人履行债务和保障债权的实现。具体来说，债权担保是由当事人双方遵循平等、自愿、公平、诚实信用的原则，根据法律的规定或者相互之间的约定，订立担保合同，促使债务人能够履行自己的债务，最终实现债权人合法权利的一种法律制度。通过法律的规定和现实实际的情况分析，我们常见的担保方式主要有以下几类：

（一）抵押担保

抵押担保是指债务人或者第三人用某一特定物作为债权的担保，无需转移对该财产的占有，仅仅用该财产作为债权实现的担保。当债务人不履行债务的情况发生时，债权人可以依照担保法的规定，要求以该抵押财产折价或者拍卖、变卖该财产，对于得到的价款可以进行优先受偿。

那么哪些财产可以作为抵押担保的财产呢？根据我国《担保法》第34条的规定，可以作为抵押担保的财产主要有：抵押人自己所有的或者依法有权处分的国有的房屋和其他地上的定着物、机器、交通运输工具和其他财产，以及抵押人依法有权处分的国有土地使用权也可以作为抵押担保的财产。另外，还有抵押人依法承包并且经过发包方的同意作为抵押的荒山、荒沟、荒丘、荒滩等荒地的土地使用权。

另外，也规定了以下财产不可抵押：土地的所有权，集体所有的土地使用权，以公益为目的的事业单位、社会团体的教育设施、医疗卫生设施和其他社会公益设施，以及所有权、使用权不明的或者有争议的财产，依法被查封、扣押、监管的财产等。

（二）保证担保

保证担保主要是指借款人在借款时找个愿意作为保证人的第三人，与其约定，在自己到期无法履行债务的情况下，由该保证人按照约定，代替借款人履行债务或者承担责任的担保方式。民间借贷中的保证又分为一般保证和连带责任保证两种方式。

那么哪些人可以作为保证人呢？在民间借贷中，对于保证人有以下几个方面的要求：

第一，保证人要具备代替借款人清偿债务的能力。《担保法》第 7 条中就有明确的规定，作为保证人的法人、其他组织或者公民需要具备代为清偿债务的能力。保证人是为债务人向债权人保证，保证债权人的债权能够实现，即债权人的债务能够得到清偿。所以，保证人的基本条件就是要具有代替债务人清偿的能力。不过，《最高人民法院关于适用〈中华人民共和国担保法〉若干问题的解释》第 14 条中又规定了，法人、其他组织或者自然人以保证人的身份订立了保证合同的，即使不具有完全代为清偿能力的，最后也不能以自己没有代偿能力而要求免除自己的保证责任。也就是说，保证合同是否具有法律的效力，不能因为保证人不具有代为清偿的能力，而认定该保证合同就无效。

第二，提供保证的主体要适格。我国《担保法》中规定，只要法人、其他组织或者自然人具有代为清偿债务的能力，就都可以作为保证人，除非法律另有规定。那么其中的“其他组织”是指哪些呢？我国担保法的司法解释中，规定了有以下几种类型：依照法律的规定进行登记，并且领取了营业执照的独资企业、合伙企业、联营企业、中外合作经营企业，还有经过民政部门核准并登记了的社会团体，以及经过核准登记了的并且领取了营业执照的乡镇、街道、村办的企业。

第三，就是法律明确规定了禁止提供保证的主体。我国担保法及其司法解释规定了，未经国务院批准的国家机关，以公益为目的的事业单位、社会团体，还有企业法人的分支机构、职能部门，这三类主体不得作为保证人。

（三）质押担保

质押担保是指，债务人或者第三人将其享有所有权的动产或者合法的权利凭证，为了保证债务的履行，而作为质物交给债权人占有，当债务人无法履行到期债务或者当事人约定的实现质权的情形出现时，债权人就有权对该质押的动产进行优先受偿。

在适用质押担保的时候，我们应该特别要注意以下几个点：

第一，用来质押的财物是否符合法律的规定，是否属于法律允许流通并且可以进行强制执行的财物。并且质押以后，质权人如果因为保管不善导致质物灭失或者损毁的，质权人要承担民事责任，因为质权人具有妥善保管质物的义务。

第二，选择质押担保方式的时候，必须签订书面的质押合同。质押合同的内容主要包括了以下方面：被担保的主债权的种类是什么以及数额的多少，债务人履行债务的期限是哪段时间，作为质押的财物的名称、数量、质量以及状况如何，质押担保的范围（例如主债权以及利息、违约金、损害赔偿、保管费用等），还有约定何时移交质押的财物以及其他认为有需要进行约定的事项。

第三，质权的实现主要通过折价，拍卖以及变卖这三种途径。作为质押的财物在通过折价，拍卖或者变卖以后，如果所得价款超过了债权的数额，那么超出的部分就要归还给出质人；如果所得价款不足以清偿债务，那么不足的部分就要由债务人来清偿了，其实也就是多退少补的意思。

二、保证人的责任

保证人是指，通过双方的约定，当出现债务人到期无法履行债务的情形时，由保证人来代替债务人承担还款义务的责任人。而保证人根据承担保证责任方式，又分为了一般保证人和连带保证人两种。下面我们就分别来看看这两种保证人在承担保证责任上有哪些不同：

（一）一般保证人

如果保证合同只是约定了在债务人不能履行债务时，由保证人来承担保证责任的，这种情况就是一般保证了。在一般保证的情况下，债务人到期没有履行债务的，债权人只能对债务人进行催款，并且通过诉讼时也只能要求债务人承担责任，只有经过强制执行以后，债务人依然无法清偿债务的时候，才能要求保证人承担责任。

（二）连带保证人

如果保证合同里约定的是债务人不能履行债务时，保证人要承担连带责任的，这就是我们所说的连带保证了。连带保证的情况下，债务人到期没有履行债务的，债权人就可以任意地选择了，既可以选择债务人来还款，也可以选择连带保证人还款，甚至还可以要求债务人和连带保证人一起承担还款责任。

很明显，对于债权人来说，连带保证优于一般保证，采用连带保证方式进行保证的债权人，其债权的实现更有保障。另外，需要注意的是，如果在借款合同里只约定了某个人承担保证责任，但是却没有明确约定保证的方式是一般保证还是连带保证的，根据法律的规定，这种情况下的保证人应该承担的是连带保证责任。

三、保证期间的相关规定

保证期间是指，根据法律的规定或者是依据当事人的约定，保证人要承担保证责任的时间期限。当事人有约定保证期限的，那么就按照约定来，如果没有约定的，那么就要按照是一般保证还是连带保证的方式分别来看了。

（一）一般保证

根据《担保法》第25条的规定，作为一般保证的保证人如果与债权人没有约定保证期间的话，那么就认定保证期间是主债务的履行期限届满之日起的6个月。如果在前款规定的保证期间或者合同约定的保证期间内，债权人没有对债务人提起诉讼或者申请仲裁要求履行债务的，那么保证人就可以免除保证的责任了。如果债权人提起了诉讼或者申请仲裁要求履行债务的，那么保证期间就要使用诉讼时效中断的相关规定。

（二）连带保证

根据《担保法》第26条的规定，作为连带责任保证的保证人如果与债权人没有约定保证期间的话，那么债权人就有权自主债务履行期届满之日起6

个月内要求保证人承担履行债务的保证责任。如果在前款规定的保证期间或者合同约定的保证期间内，债权人没有要求保证人承担保证责任的，那么保证人就可以免除保证的责任。另外，根据《担保法》第 27 条的规定，保证人如果依照《担保法》第 14 条的规定为连续发生的债权作了保证的，但是没有约定保证期间的，那么保证人就可以随时以书面通知的形式通知债权人终止保证合同，但是要注意的是，保证人对于通知到债权人之前所发生的债权，依然要承担保证的责任。

最后，要特别留意的是，如果在保证期间内，在一般保证的情形下债权人向主债务人提起了诉讼或者仲裁，或者在连带保证的情形下债权人向保证人主张保证债权的，那么保证期间就会因此而早于约定的期间提早结束了，但是保证人的保证责任不会因此而结束。因为即使超过了保证的期间，保证人仍然有可能要承担保证的责任。例如一般保证合同中，如果当事人约定了保证期间是主债务履行期届满后的一年，债务人在超过主合同履行期 10 个月仍然没有还钱，债权人于是就向法院起诉了债务人和一般保证人，那么这个时候，保证期间就终止了。如果债权人只起诉一般保证人，法院一般会让债权人添加债务人作为共同被告，最后债权人胜诉了，法院强制执行了债务人，依然无法清偿债务的，那么就可以要求一般保证人来承担保证责任了，也就是申请强制履行。

四、以物抵债、约定留抵条款无效的情形等

以物抵债是指银行为了降低自己信贷资产的风险，保证自己债权的实现，在无法以货币资金收回贷款的时候，以收回借款人的相应实物资产来抵偿债务的行为。

根据《担保法》第 33 条的规定，债务人到期不履行债务，债权人就有权按照本法的规定，以该抵押财产进行折价，或者以拍卖、变卖该财产的价款进行优先受偿。这条规定里的债务人或者第三人就是抵押人，债权人是抵押权人，作为担保的财产是抵押物。另外，《担保法》第 40 条规定还指出，在订立抵押合同的时候，抵押权人和抵押人是不能互相约定在债务履行期届满，抵押权人还未受清偿的时候，抵押物的所有权直接转移为债权人所有的。

从以上的法律规定来看，留抵条款其实是无效的。不过，《民法通则》第

89条中又规定了，依照法律规定或者当事人的约定，合同约定了一方占有对方的财产的，如果对方不按照合同给付应付的款项，并且超过了原来约定的期限的，那么占有人就有权留置该财产，并且依照法律的规定以留置的财产进行折价，或者以变卖该财产的价款进行优先受偿。

乍看一下，上述《民法通则》的规定貌似与《担保法》中的规定有所冲突，其实不然。《民法通则》中规定的是，占有人对于有权留置的财产，依据法律的规定可以以留置财产折价或者以变卖留置财产的价款进行优先受偿，这必须要等到债务到期，债权人的债权依然不能得到实现时，需要通过协商或者诉讼的方式，才能以留置财产折价或者以变卖留置财产的价款进行优先受偿。该条规定同样是不可以在订立合同的时候，就约定在债务履行期届满的时候，只要债权人未受清偿，留置财产的所有权就直接转移给债权人所有。所以，《担保法》和《民法通则》里的相关规定是不冲突的，留抵条款依然是无效的。

五、涉及保证人的相关诉讼问题

保证人进行了担保，那么在债务纠纷发生后，也会参与到诉讼之中。可能作为原告，也可能是被告。那么在诉讼中，保证人的诉讼地位和要求又是怎样的呢？

第一，担保人作为原告，想要起诉债务人的情形。这种情形下担保人要具备以下条件：担保人要提供自己的身份信息证明材料，提供当初签订的担保合同，并且需要证明自己已经履行了作为担保人的保证责任，已经为债务人承担了应该承担的到期债务。还有就是在起诉的时候，需要提供自己的身份证，起诉状，缴纳诉讼费，和前面提到的上诉证据内容就可以了。

第二，担保人作为被告，当债务人无法履行到期债务时，债权人是否可以起诉担保人，这就要看具体的情况了。因为前面我们说过，担保人分为一般保证和连带保证两种。一般保证的保证人，根据我国《担保法》第17条规定的内容来看，当事人如果在保证合同中约定了，债务人不能履行到期债务时，由保证人来承担保证责任的是一般保证。一般保证的保证人在主合同纠纷未经过诉讼或者仲裁，并且对债务人的财产依法进行强制执行后，债务仍然不能获得清偿之前，担保人可以拒绝承担保证的责任。但是，有几种情况下，保证人是不能行使前面规定的权利的：债务人住所变更了，导致债权人债务的清偿遇到了重大的困难；人民法院已经受理了债务人的破产案件，从而中止了执行程序；保证人自己通过书面的形式表示放弃了前面规定中的权利的。连带保证的保证人，根据《担保法》第 18 条规定来看，只要当事人在保证合同中约定了保证人与债务人对债务承担的是连带责任的，就是连带责任保证。连带责任的保证人在债务人的债务到期不能履行的时候，债权人既可以要求债务人履行债务，也可以要求保证人在保证的范围内承担保证的责任。

综合以上内容，简单来说就是，如果当时签订的是一般保证的担保合同，那就必须先起诉债务人；如果当时签订的是连带责任保证的担保合同，就可以直接起诉担保人了。

【案例分析实训】

【案例 4.9】

【案情简介】

新筹建的宏宏酒店要定制一批家具，于是找到律律家具厂，双方签订了家具购销合同。合同中约定，由于宏宏酒店筹建资金的需求巨大，资金紧张，所以先行支付 50%货款，剩余的 50%货款等酒店正式经营起算家具的 2 年质保期，等质保期届满之日起 30 天内支付。并且宏宏酒店老板赵某还请来法老电脑公司董事长段某和熊猫网络公司董事长张某做担保，两个人都口头答应了，但是并没有签订担保合同。之后宏宏酒店顺利开张，直到家具的质保期届满之日起半年，赵某都一直没有支付剩余的 50%家具货款。于是律律家具厂找到段某和张某，要求他们承担担保责任，两人均称没有签订保证合同，所以他们不承担保证义务。

【思考问题】

段某和张某的主张能够成立吗？为什么？

【法理分析】

根据我国《担保法》第 13 条规定，保证人提供保证担保的，应当与债权人以书面的形式签订保证合同。法老电脑公司董事长段某和熊猫网络公司董事长张某只是口头表示愿意提供保证担保，但是他们并没有和律律家具厂以书面的形式签订保证合同，其口头表示是没有任何法律效力的。所以，在家具购销合同没有实际履行的情况下，律律家具厂只能要求宏宏酒店承担责任。

在现实中，保证合同其实是一种从属性、补充性的合同，其内容应当包括要被保证的主债权的种类和数额，债务人履行债务的期限，还有保证的方式，担保的范围和保证的期间，以及当事人双方认为有需要进行约定的其他的事项等内容。所以，要确保债权人的合法权益，就要按照以上内容与保证人签订合法有效的担保合同，千万记得口头的保证承诺是没有任何法律效力的。

第四节　民间借贷案件实务要点

一、民间借贷案件收案阶段律师应注意的点及风险防范

在律师实务操作中，除了要有为当事人处理法律问题的头脑，还要有自我风险防范、自我保护意识。在其中，双方当事人以民间借贷纠纷的名义提起诉讼，其实，他们之间并不存在民间借贷的关系，只是为了诉讼来获得一份生效的判决书来固定他们之间的“债权”，这是典型的虚假诉讼，也是最常见的一种。“虚假诉讼”早已被纳入《刑法》，根据《刑法》规定，虚假诉讼指的是自然人或单位以捏造的虚假事实而提起的民事诉讼，该行为会严重妨害司法秩序，他人的合法利益也会因为虚假诉讼而受损。说得通俗易懂点，即双方当事人为了自身的利益，并且是非法利益，去欺骗法院、欺骗法官使他们得到法院生效判决的行为。

首先，民间借贷纠纷的基数本身就很大，并且和当事人的经济利益有非常密切的关系，因此，在虚假诉讼中，民间借贷纠纷占了很大一部分比例，是高频率发生的案件。虽然民间借贷是新律师最容易接触的一类案件之一，其主要原因是该类案件较为简单，法律关系也较容易理清，因此也给当事人有了空子可钻，利用不复杂的法律关系来虚构事实，伪造证据，进行虚假诉讼。作为没有丰富经验的年轻律师，可能就会被当事人描述的事情、伪造的证据所蒙蔽，用一腔热情去处理案件，最终却是一场虚假诉讼，作为代理人的律师，代理这样的虚假诉讼案件风险是极大的，要尤为注意。

其次，律师要做到的是不主动参与谋划虚假诉讼，并且在得知双方当事

人是虚假诉讼的情况下，坚决拒绝代理。然而，实践中，主动谋划虚假诉讼的律师还是占小部分的。绝大多数情况下，律师都是在不知情的情况下，被当事人欺骗、蒙蔽，而“帮助”了当事人的不诚信行为。在不知情的情况下，虽然从法律上来讲，不能将律师认定为虚假诉讼的共犯，但是一旦这个案子被认定为虚假诉讼了之后，律师作为代理人来说，不管是在专业上、名誉上都是有非常不利的负面影响的。所以，在前期处理案件时，提高警觉、做好保护自己的防范措施是非常有必要的。律师在收案时，也要通过已有的证据材料、当事人提供案情的细节来判断双方是否是虚假诉讼，这些都是需要实战经验来慢慢培养的能力。

再次，我们可以根据《民间借贷司法解释》第 19 条的规定，来做一些基础的判断。我们可以参考里面所列举的情形，来判断是否可能是虚假诉讼，从而来考虑是否接收这个案件。该条规定中指出，在遇到怀疑是虚假诉讼的情况时，可以严格审查借贷发生的原因、时间、地点、款项来源、交付方式、款项流向以及借贷双方的关系、经济状况等事实，来综合判断手头的案件是否属于虚假民事诉讼。以下几种情形是司法解释中列举出来特别需要注意的：①出借人明显不具备出借能力；②出借人起诉所陈述的事实和理由是明显不符合常理的；③出借人无法提供相关的债权凭证或者债权凭证明显可能是伪造的；④双方当事人在一段时间内频繁参与民间借贷纠纷的诉讼的；⑤当事人没有正当理由拒不到庭参加诉讼的，以及代理人对借贷事实陈述不清或者陈述前后矛盾；⑥双方当事人并没有什么争议的；⑦借款人以外有其他人提出异议的；⑧当事人在其他纠纷中存在低价转让财产的；⑨当事人不正当放弃权利；⑩其他可能存在虚假民间借贷诉讼的情形。

最后，除了根据相关规定来判断，我们还可以在收案时做好接案笔录，对案件情况进行认真核实；在与当事人谈话中，要学会留下保护自己的“痕迹”，即每次谈话之后做好“谈话笔录”，由当事人签字确认，如果有必要，录音也是一种保护自己的方式；律师在提出自己的代理意见时，要基于手头存在确保为真实的证据，要认真对每一项证据的真实性进行审核。特别要注意的是，如果有一方当事人帮另一方当事人聘请律师的，这就是特别不正常的行为，要尤其注意。以及双方当事人对事实没有什么争议，在诉讼的整个过程中都非常和谐，这些都是不寻常的表现，作为律师的我们要非常注意！

除了在收案时律师能够发现是虚假诉讼，又有很多情况下，律师是在已经接收了案件以后，在整理证据或是诉讼过程中慢慢发现双方当事人是虚假诉讼的情况，那么，在此时，律师还可以做到的是：①请当事人保证其提供的证据是真实的、合法的；②向当事人解释虚假诉讼行为所要承担的刑事责任以及相应的法律后果；③如果当事人完全不听律师的劝告，极力坚持要继续诉讼，那么此时律师能够做的，就是以自己的法律职业道德，辞去委托。

【案例分析实训】

【案例 4.10】

【案情简介】

2016 年，范某向法院提起诉讼，称胡某、陈某在 2012 年向其借了 50 万元，至今未还，因此请求法院依法判决胡某、陈某向其归还 50 万元欠款。胡某、陈某在庭审上，虽然承认了借款事实，但是他们称，出借人并不是范某，而是王某。当时的借条上，并没有明确写出出借人是谁，并表示他们已经向王某归还了 10 万元。范某为王某的员工，王某收到 10 万元本金后，由范某持 50 万的借条要求其还款，这属于虚假诉讼。胡某、陈某在诉讼中提交了向王某借款的证据。人民法院在检索相关关联案件时，发现范某在这段时间内有过多起民间借贷纠纷，且案情与本案都十分相似。

因此，结合事实及相关资料，法院认为胡某、陈某的抗辩是有理有据的，而范某的行为，已构成虚假诉讼，因此判决驳回范某的诉讼请求，并对范某处以 5 万元罚款。

二、民间借贷文书写作

（一）借条

借条，是在借款过程中借款人向出借人出具的文书，文书内容体现了借款人应到期还款付息的义务，反映的是当事人双方的借贷关系，是日常生活民间借贷中最常用的债权凭证之一。那么我们在为当事人起草借条的时候，或者是指导当事人起草借条时应当注意一些什么呢？

1. 凭证名称：借条

首先，千万不能写成“欠条”，因为欠条是债务人向债权人出具的，是为了证明债务人欠债权人金钱的一种凭证，是表明欠款。但形成欠款的原因有很多情况，并不只是因为借款这一种，因此“欠条”并不是能够证明借贷关系的一种文书。

其次，也千万不能写成“收条”。因为收条往往是债权人收到了债务人的钱款之后，出具给债务人的，为了证明债权人已收到钱款，并不能证明借贷关系的存在。

2. 借款事由

写明借款事由的原因是，可以防止借款人将借款用于其他的事由，而让借款人钻空子称当时借款时并没有表明该借款用于何目的。而对于借款人已婚的情况，最高人民法院发布了《关于审理涉及夫妻债务纠纷案件适用法律有关问题的解释》，该解释规定“夫妻一方在婚姻关系存续期间以个人名义为家庭日常生活需要所负的债务，债权人以属于夫妻共同债务为由主张权利的，人民法院应予支持。”“夫妻一方在婚姻关系存续期间以个人名义超出家庭日常生活需要所负的债务，债权人以属于夫妻共同债务为由主张权利的，人民法院不予支持，但债权人能够证明该债务用于夫妻共同生活、共同生产经营或者基于夫妻双方共同意思表示的除外。”因此，如果借款数额很大时，为了保护出借人，应将借款的用途在借条中明确，如果明确是“用于夫妻共同生活、共同生产经营”的，日后发生纠纷，要求夫妻双方共同承担还款义务是有利的证据。

3. 交付方式

既然已经选择要求借款人出具借条，那么最好在借条上明确付款方式，而付款方式最好是通过银行转账的方式，因为银行转账会有银行流水记录，日后可以当作证据来使用。同时，在明确银行转账方式的时候，必要的时候，在借条中写明借款人的银行账号，这样在事前留好证据，那么日后发生纠纷，也不会缺少证据。

需要注意的是，涉及金额大的情况，尽量不要选择现金支付，因为现金支付是“无痕”的，日后难以拿出证据来证明给付过金钱。

4. 借款金额

在写借款金额时应当书写清晰、容易辨认，并且标明币种。同时，数字的大小写都要书写规范，在中文大写数字到“元”，在“元”之后写“整”。大小写应当保持一致，而万一出现大小写不一致的情况，则以大写金额来认定。

5. 利息

利息的约定，在前文中已经详细说明了在各个情况下的利率约定，是否符合标准。因此在这不再赘述。

6. 借款期限

根据《中华人民共和国民法总则》第 188 条规定，注明了还款期限的借条，诉讼时效是还款期限届满之日起 3 年。约定好借款期限，可以明确知道诉讼时效从哪一天开始计算，双方对此则不会存在争议。

7. 借款人

虽然借条上出借人签字与否并不是很重要，但借款人必须签名。但是签名也不要随便签，最好再前面写明“借款人”：以明确身份，签名要写全名，并附上身份证号来加以印证。同时，为了保护出借人的权益，最好将借款人的签字捺印的身份证复印件留下，作为借条的附件，作为证据留好

范例：

借　条

为购买房屋，现收到钱多多（身份证号：123456789012345678）借款 500 000 元（人民币伍拾万元整），借期一年，年利率 16%，到期本息一并还清。如到期未还清，按月利率 2%计付逾期利息。

付款方式：银行转账

出借人银行卡号：XXXXXXXX

借款人银行卡号：XXXXXXXX

借款人：钱少少

身份证号：987654321098765432

日期：2019 年 3 月 1 日

（二）担保文书

在民间借贷中，担保文书有两种形式。一种是在借贷合同中列明保证条

款，另一种是与主合同分离的担保文书。虽然两种文书在形式上有所区别，但是其本质是相同的。不管是简易的保证条款，还是复杂的担保文书，在实践中，都要尽可能列明以下几点内容：

（1）明确保证的形式。首先明确是抵押担保、质押担保或是保证人担保。其次明确是一般保证还是连带保证。一般保证的语句为：保证人在债务人不能履行债务时承担保证责任。连带保证的语句为：保证人在债务人不履行债务时承担保证责任。一字之差对保证人的责任要求是完全不同的。

（2）明确保证的范围。依照我国《担保法》的规定，保证担保的当事人对保证担保的范围没有约定或者虽有约定但约定不明确的，保证人应当对全部债务承担责任。也就是说，保证人应该对主债权的全部及其利息、违约金、违约对债权人损害的损害赔偿金以及债权人实现债权的所有费用承担保证责任。

（3）明确保证责任期间。如果未明确，那么保证期间就从法律规定。

（4）明确在本担保文书生效后，主合同的任何条款的更改或补充，包括同意债务人延期履行，在相应的条件下（如保证人同意），保证人继续承担保证责任或不承担保证责任。

（三）起诉状

（1）文头。一般写“民事起诉状”。

（2）列明诉讼主体。原告和被告是基本的诉讼主体。有第三人的，还要列明第三人。自然人诉讼主体的，要按照“姓名、性别、民族、出生年月日、职业、住址、身份证号、联系方式”的顺序写明。单位诉讼主体的，要写明“单位名称、法定代表人、住址（住所地）、联系方式”等内容。

（3）诉讼请求。诉讼请求要用序号分开，每条按照“请求依法判令XXXXX”的格式来写。其中写明本金的金额、利息的金额、逾期利息的金额（写明暂计至几月几日及计算方法）

（4）事实与理由。即先说明事实，再说明要求赔偿的理由和提起诉讼的理由。具体写明借款实际金额、期限、利率等。

（5）文尾。文尾要写清递交诉状的法院、具状人（原告）、起诉时间。向人民法院递交的诉状中，是要当事人亲笔签名的原件。

范例：

民事起诉状

原告：欧XX，男，汉族，19XX年XX月XX日出生，XX县XX镇XX村XX组村民，身份证号码XX，联系电话：XX。

被告：欧XX，男，汉族，19XX年XX月XX日出生，XX县XX镇XX村XX组村民，身份证号码XX，联系电话：XX。

诉讼请求：

1、依法判令被告立即偿还原告借款本金X万元及利息（注：利息计算至债务全部清偿日止。现暂从20XX年X月计算至起诉之日即20XX年X月、按月一分五计息、共XXXX元整）；

2、由被告承担本案的诉讼费用。

事实与理由：

原、被告双方系同村村民。20XX年XX月XX日，被告因需资金周转，向原告提出借款。原告出于帮忙之心，拿出自己全部的积蓄X万元和向他人借的X万元共X万元整一起借给被告，被告出具了借条一张。借条载明：借现金X万元，借期X个月，月利息一分五，逾期利息八分。后被告共支付给了原告X个月的利息。截止同年X月份，被告分三次偿还了原告借款本金X万元。此后被告既未向原告支付利息，也未偿还借款本金。原告多次要求被告清偿借款本金及利息，但均未果，被告现在还躲避原告。

原告认为，合法的借贷关系应受法律保护，债务应当清偿。被告躲避原告、拒不偿还借款的行为不仅违背诚信、构成违约，也侵犯了原告的合法权益。

综上，为维护原告的合法权益，特具状诉至贵院，诚望判如所请。

此致

XXX人民法院

具状人（签字）：XXX

20XX年XX月XX日

（四）答辩状

答辩状是被告针对起诉状的内容，在法定期限内根据事实和法律进行回答和辩驳的文书。写答辩状的目的是回答、反驳对方民事起诉状上的诉讼请求。因此，在起草答辩状时，首先要做的是找出原告提出的诉讼请求，以及所依据的事实依据、法律依据，并对其一一分析。其次是核查诉状中所体现的事实是否与原告所提供证据一一对应，找出没有证据支持的地方。最后，再根据我方已经掌握的证据，来起草我方的答辩状。

三、证据收集和组织

（一）举证责任

所谓民间借贷的法律关系，其实就是民事范围中的合同关系，所以在分配举证责任的时候，也是适用民事诉讼中的举证责任分配的一般规则。根据这个规则，我们就能更清楚方便地知道在民间借贷纠纷中进行举证的责任分配问题了。详细的来说，就是原告或者债权人起诉时必须对债权的事实，以及债权已经到期仍然未得到清偿的事实进行举证。而被告或债务人则需要对否认债权的真实性或者其他的抗辩事由进行举证。负有举证责任的那方，如果无法证明，那么就要承担举证不能的不利后果。

1. 债权人的举证责任

前面我们说到，民间借贷的举证责任分配是适用民事诉讼的举证责任分配，那么按照这个举证责任分配的通常标准，债权人作为原告要主张债权的话，他的举证责任就是要证明债权是真实存在的，并且债务人不能履行到期债务。而债权的真实存在，需要两个条件，一个是双方的借贷合同关系已经成立并且已经生效了，还有一个就是贷款已经交付并给到了债务人，也就是债权人已经完全履行了借贷合同中约定的义务了。

具体地说就是，在最理想的情况下，原告即债权人只要能够证明双方签订了贷款的合同，以及债权人已经向债务人交付了贷款的凭证等，就基本完成了他的举证责任了。但是，现实通常不是那么完美的，在很多民间借贷的案件中，贷款人和借款人很少会以合同书的形式签订民间借款合同，一般都只是借款人写个收据就可以了。这个时候，债权人就不能像前面说的在理想的情况下提供借贷合同以及付款凭证这两份证据了，而只能提供出一份借据，有的案件甚至都没有借据，只有付款时候在场的证人证言。所以，就是因为民间的习惯问题，导致大部分的民间借贷，特别是一些小额的借贷行为在形式上并不能做到理想状态下的举证，使得民间借贷纠纷最终在审判的实践中经常会出现很多的争议，而这些争议很难有直接的证据来证明。

2. 债务人的举证责任

分析完债权人的举证责任，下面我们来说说债务人的举证责任。还是要根据民事诉讼举证责任分配的通常标准来看，在民间借贷合同的关系中，作为被告的债务人，其主要目的是对于原告的主张进行抗辩，所以其主要就是对自己的抗辩主张进行举证。但是债务人的抗辩主张会因为个案的不同而存在差异，其种类繁多，形式也是多种多样的。例如针对债权人所提供的证据，可以主张该证据本身有瑕疵，文字意思的表示不是真实的，证据中的签名并不属实，或者是自己已经清偿了债务等。还有，如果债务人是主张债权人的权利受到妨害、制约又或者是已经消灭了，那么债务人的抗辩就应该针对权利妨害的法律要件、制约的法律要件又或者是权利消灭的法律要件，也可以证明债权人所主张的事实是根本不存在的。

3. 举证责任的转移

一套完整的举证责任的概念是由主观举证责任和客观举证责任两个部分组成。主观举证责任是指在诉讼的过程中，当事人为了避免败诉而向法院提出一定证据的责任。而客观举证责任则是指当案件的事实存在真假不明的时候，由举证不能的一方当事人来承担的不利后果。客观举证责任是由实体法明确规定好的，所以其通常都是固定的，而主观举证责任却会在当事人之间随着案情的发展变化而发生转移。

如果在应当承担证明责任的一方当事人提供了已经基本能够证明其主张的事实的证据时，另外一方当事人如果对该事实表示否认的，那么就要承担举证事实否定的证明责任。如果其无法提供足以推翻该事实的证据的，那么就可以认定该事实成立了。相反，如果其提供了足以推翻该事实的证据的，这个时候，证明责任就发生了转移，转而由提出主张的当事人来承担举证责任了，这就是前面所说的举证责任转移的情形了。其实，举证责任在主张肯定事实和主张否定事实的当事人之间互相转移，都是当事人根据举证责任分配的标准来进行要求的，都是对自己的主张进行证明，这依然是“谁主张、谁举证”原则的体现，所以并不难理解。

综合以上，其实就是在民间借贷案件中，当原告提供了借贷合同、给付贷款的凭证等证据，就算完成初步举证责任了。这个时候，如果被告对借款的成立并生效持否认态度，又或者主张原告其实并没有履行贷款的义务，那么被告就需要对这些来进行举证，相应的举证责任也就转移由被告来承担了。

（二）各类证据

1. 当事人诉讼主体适格的证据

当事人诉讼主体适格的证据，根据主体的不同，以及主体情况的改变，所要提供的证据也不同，分别如下：①当事人是自然人的，应当提交如身份证或者户口簿等其身份证明的资料，所以在借款时保留好借款人的身份证复印件是很有必要的。②当事人是法人或者其他组织的，应当提交工商营业执照正副本或者由工商登记机关出具的工商登记清单、工商登记档案，社团法人的登记证；组织机构代码证；法定代表人或者主要负责人的身份证明等当事人主体的登记资料。③如果当事人的名称在争诉的法律关系发生后曾经有所变更的，应该及时地提交变更以后的登记资料。④如果列夫妻关系中的另一方为共同被告，那就要提交夫妻婚姻关系的证明，例如结婚证等。⑤如果合同中有约定担保人的，就应当提供担保人的身份证明材料，担保人是法人的，就应当提供法人的注册登记资料、单位名称、法定代表人及其住址等资料。

2. 证明借贷关系存在的证据

证明借贷关系存在的证据主要有以下几项：①借款合同、收据、还款计划书、还款承诺书等债权的凭证。②银行转账记录、微信转账、支付宝转账等交付借款的凭证。③如果没有借款合同等书证的，那么就要提供形成债权债务关系的时间、地点、金额等其他证据，并且要提供无利害关系的证人证言或者是证据线索。④如果有担保人的，应当提供担保合同等证明担保事实存在的证据。⑤有抵押的，应当提供抵押合同或者抵押登记手续以及相关的权利凭证等。

3. 诉讼保全所需的证据

诉讼保全所需要的证据主要是：①诉讼保全申请书。②被申请人名下财产线索信息，如银行账号，房产信息查册表、车辆信息查册表等。③申请人应当提供等额财产为诉讼保全提供担保，如果申请人没有相应的财产可以提供担保的，也可以花一些钱请本地保险公司或者担保公司出具保函。

4. 诉讼时效的证明

对于诉讼时效的证明主要有：①还款催收的通知书、短信或者电话录音等。②债务人出具的还款计划书或还款承诺书等。

【案例分析实训】

【案例4.11】

【实训要求】

请修改以下借条：

借　条

今借陈亮50万元整，借期一年，年利率40%。

张　亮

第五节　思考与实训

【案例分析实训】

【案例4.12】

【案情简介】

陈甸甸自从失恋后，渐渐得了抑郁症，完全无心工作，便辞了职，隔三岔五出国旅行，并且疯狂购物来麻痹自己。渐渐的，存款用完了，便求助于闺蜜秦飘飘，秦飘飘见其可怜，于是从2012年11月21日至2013年8月19日，秦飘飘先后五次借款给陈甸甸用于旅行和购物，共计140万元。这140万都是秦飘飘以现金方式借出的，由于她们认识了十几年，情如姐妹，因此并没有写下收据等任何凭证。2013年8月30日，陈甸甸再次向秦飘飘借款40

万元，秦飘飘表示之前的都没还，自己已经没有多少钱了。于是陈甸甸自愿以自有的坐落在珠宝市钻石路88号房产作为借款抵押，与秦飘飘签订抵押借款合同。合同中约定陈甸甸向秦飘飘借款180万元，借款月利率为2%，借款期限自2013年9月1日起至2014年6月30日止。秦飘飘在签订当日支付给陈甸甸40万元借款，陈甸甸出具了一张收到借款40万元的收据。之后两人于2013年9月2日一起到珠宝市房产管理部门办理了该房产的抵押登记手续。其后，陈甸甸未偿还借款本息。2014年7月16日，秦飘飘向陈甸甸要求还钱，陈甸甸没钱还，于是秦飘飘一气之下，当天便向法院提起诉讼，要求陈甸甸返还借款180万元，并且支付约定的利息。

【思考问题】

1. 陈甸甸与秦飘飘的抵押借款合同是否有效？为什么？

2. 法院应当支持秦飘飘要求陈甸甸返还180万借款的诉讼请求吗？为什么？

3. 如果陈甸甸无法履行债务，秦飘飘如何拿回借款本金和约定利息？

【法理分析】

1. 陈甸甸与秦飘飘签订的抵押借款合同是出于双方的真实意思表示，而且该合同的内容也不违背法律强制性的规定，所以依照法律规定是有效的，理应按照合同的约定来履行各自的义务。另外，双方约定以月利率2%支付利息，并没有超过中国人民银行同期同类贷款利率的四倍，所以该利息的约定也合法有效，陈甸甸应当按照此约定向秦飘飘支付利息。

2. 根据《合同法》第210条的规定，陈甸甸与秦飘飘之间的抵押借款合同属于实践性合同，借款实际交付即生效。如果只有借款合同，并没有实际交付借款，那么合同就并没有生效。所以，按照《最高人民法院关于民事诉讼证据的若干规定》第5条的规定，主张合同关系成立并且生效的秦飘飘，对合同订立和生效的事实负有举证的责任。借款合同或者借条只是借款合同成立的要件，其生效要以借款实际支付来作为依据。所以，秦飘飘要对借款的实际支付进行举证，如果她只能提供40万元借款的收据，而不能提供之前已经实际支付的140万元借款的证据，那么她就要承担举证不能的不利后果了。因此，只能对于秦飘飘提供有据可查的借款本金40万元予以确认，而不能对抵押借款合同中的180万元予以确认。

3. 陈甸甸自愿将其所有的房产为借款提供抵押担保，明确约定抵押担保的范围，并到房管部门办理了抵押登记手续，所以该抵押房产的行为是合法有效的。依据该房产抵押合同，秦飘飘对该抵押房产享有优先受偿权。因此，秦飘飘要收回借款本金和约定利息，可以要求法院对陈甸甸用来抵押的房产进行折价，也可以以拍卖或者变卖的价款进行优先受偿。

【案例4.13】

【案情简介】

2012年2月13日，毛豆豆想开个时尚糖水铺，由于资金紧缺，所以开口向肖番薯借60万元。肖番薯觉得毛豆豆没什么家底，不愿意借。于是毛豆豆找来了共同好友吕悠悠做担保人，肖番薯才同意。然后毛豆豆立刻写了张借条给肖番薯，借条中约定：借款期限从2012年2月14日到2013年2月13日，毛豆豆支付月息三分，逾期的利息则按照年息6%来计算，吕悠悠为该笔借款提供连带责任的担保。

2012年5月1日，虹彤彤因欠毛豆豆65万元到期无法偿还，因此毛豆豆与虹彤彤商议：由虹彤彤还给毛豆豆5万元现金，毛豆豆将自己欠肖番薯的60万元债务转移给虹彤彤承担。于是，虹彤彤与毛豆豆签署了债务转移的协议。并且电话通知了肖番薯，肖番薯当时在洗澡，电话系肖番薯7岁的儿子接的，因此肖番薯并未知道此事。之后虹彤彤也没有再打电话通知肖番薯。

2013年3月1日，肖番薯找到毛豆豆，要求毛豆豆偿还60万元本金和月息三分的利息，以及逾期还款的利息。毛豆豆拿出与虹彤彤的债务转让协议，告知肖番薯找虹彤彤履行债务。于是肖番薯找虹彤彤要钱，虹彤彤由于股市跳水，短时内无能力履行债务。于是肖番薯于2013年4月6日向法院起诉毛豆豆、虹彤彤、吕悠悠共同承担债务责任。

【思考问题】

1. 毛豆豆与肖番薯之间是合法有效的借贷关系吗，为什么？

2. 毛豆豆与肖番薯约定月息三分，是否有效？是否应按照该标准支付利息？

3. 毛豆豆是将欠肖番薯的债务转移给虹彤彤是否有效？毛豆豆是否履行了转移债务的法定程序？

4. 若毛豆豆按法定程序转移了债权给吕悠悠是否仍然承担保证责任？

5. 请你为肖番薯提供维权方案。

【法理分析】

1. 毛豆豆与肖番薯之间的借贷行为中约定的内容并没有违反我国的法律法规的强制性规定，所以他们的借贷关系是合法有效的，合法的借贷关系受法律保护。

2. 毛豆豆与肖番薯约定月息三分，即年息36%，毛豆豆可以不支付超过24%的部分。但是，如果毛豆豆已经支付了36%的利息，那么毛豆豆就没有权利要求退回利息了。

3. 根据法律规定，债务是可以转移的，但是要债权人同意。本案中，虽然毛豆豆打了电话给肖番薯，但是接电话的是其7岁的儿子，属于无民事行为能力人，之后毛豆豆也没有再行通知肖番薯。因此该通知并没有发生效力，所以毛豆豆没有将债务合法转移给虹彤彤。

4. 如果在吕悠悠提供保证时，明确他只为毛豆豆提供保证责任，那么吕悠悠则不必继续承担保证责任。

5. 学生自由发挥（略）。

CHAPTER5 第五章

刑事案件律师业务基本技能

【本章概要】 作为一名执业律师，刑事诉讼辩护是律师基本职业技能之一，占据了律师工作非常重要的一部分。其中可以细分为刑事侦查阶段、审查起诉阶段、审判阶段、死刑辩护、被害人代理、自诉代理、刑事附带民事诉讼代理等众多环节。本章将围绕最常见的刑事侦查阶段、审查起诉阶段、审判阶段这三个方面来讲述律师在刑事案件不同环节中所要掌握的基本技能。

【学习目标】 通过本章学习要让学生能基本掌握刑事侦查阶段、审查起诉阶段、审判阶段律师基本执业技能，能为当事人提供相关法律服务，体现律师的法律价值。

第一节 概 述

一、刑事诉讼基本概况

（一）基本概念

刑事诉讼是指国家专门机关在当事人以及其他诉讼参与人的参加之下，依照法律规定的程序，追诉犯罪，解决被追诉人刑事责任的活动。[1]

（二）诉讼特征

1. 刑事诉讼是由国家专门机关主持的司法活动

国家专门机关是指依法设立的公安机关、人民检察院以及人民法院，依

〔1〕 陈光中主编：《刑事诉讼法》，北京大学出版社、高等教育出版社 2009 年版，第 1 页。

据刑事诉讼法的相关规定，就自身的不同职权行使相应的职能。以上国家专门机关在法律规定的范围内行使权力，进行司法活动。

2. 刑事诉讼是司法机关行使刑罚权的活动

刑事诉讼的内容是国家机关查明犯罪事实是否存在，确定犯罪行为的实施者是谁，是否应当承担相应的刑事责任，解决犯罪嫌疑人、被告人刑事责任的问题。

3. 刑事诉讼是根据国家法律规定的程序进行的活动

因为犯罪活动涉及公民的生命、财产和自由的权利，因此司法机关在追究犯罪活动的时候必须根据法律规定的规则和程序进行，防止权力的滥用侵害公民的正当权益。同时，当事人和其他诉讼参与人也必须根据法律规定，维护自己的正当权益。

4. 刑事诉讼是在当事人和其他诉讼参与人的参加下进行的活动

刑事案件解决的是犯罪嫌疑人、被告人的刑事责任问题，除此之外，还有被害人、辩护人、刑事附带民事诉讼的原告人、被告人、诉讼代理人以及相关的证人和鉴定人。在其他人员的参与下才能解决刑事诉讼所涉及的相关问题，这也是衡量刑事诉讼是否公正的标志。

（三）诉讼范围

根据我国刑事诉讼的规定以及从律师参与辩护和代理的角度，刑事诉讼的范围有侦查、审查起诉、一审/二审审判、死刑复核、审判监督、自诉、刑事附带民事诉讼等。

二、律师在刑事诉讼中的角色态度

刑事辩护制度是确保刑事诉讼顺利进行，实现刑事司法公正的重要保证，它是刑事诉讼制度的重要组成部分。刑事辩护律师在执业过程中应当端正自己的执业理念，提高自身的执业技能，维护当事人的合法权益，维护法律法规的正确实施，维护社会的公平正义。

（一）维护犯罪嫌疑人、被告人的诉讼权利和合法权益

1. 维护犯罪嫌疑人、被告人的合法权益及诉讼权利

根据《中华人民共和国刑事诉讼法》（以下简称《刑诉法》）第37条规

定："辩护人的责任是根据事实和法律，提出犯罪嫌疑人、被告人无罪、罪轻或者减轻、免除其刑事责任的材料和意见，维护犯罪嫌疑人、被告人的诉讼权利和其他合法权益。"

作为被国家司法机关追诉的犯罪嫌疑人、被告人，大多数在司法实践中被证明是有罪的，他们享有的"合法权益和诉讼权利"到底有哪些？

根据《刑诉法》以及相关的司法解释，我国刑事诉讼中的犯罪嫌疑人、被告人享有下列权利：对自己被侦查、审查起诉和审判等事项具有知情权，委托律师并与其沟通联系协商的权利，自行辩护或者通过律师替自己辩护的权利，不被强迫自证其罪的权利，庭审中对证据进行质证的权利，申诉控告权，人身安全及人格尊严获得保障的权利，正当财产获得保护的权利，以自己通晓的语言接受询问和审判的权利等。

其中，根据《宪法》第130条规定："人民法院审理案件，除法律规定的特别情况外，一律公开进行。被告人有权获得辩护。"因此无论犯罪嫌疑人、被告人最终是否有罪，都有自行辩护或者通过辩护人进行无罪或罪轻辩护的权利。辩护权也是刑辩律师最为重要的权利之一。

以上这些充分体现了《宪法》及《刑诉法》中"国家尊重和保障人权"的原则。也是律师在刑事辩护中要维护的犯罪嫌疑人、被告人的"合法权益"。

2. 维护法律的正确实施和社会的公平正义

在大多数的刑事案件中，犯罪嫌疑人、被告人通过审判，最终被证实有罪，国家立法又要保障其"诉讼权利和合法权益"得以维护。因此允许具有专业知识的刑辩律师帮助其进行无罪或罪轻辩护，是维护法律正确实施，维护社会公平正义的体现。

犯罪嫌疑人、被告人并不是绝对的犯罪分子，在通过审判最终被证明有罪之前，究竟是罪犯还是无辜者，是不能得到确定的。为了解决这些人的地位问题，现代刑事诉讼制度中有两大基本假设，"无辜者假设"和"涉讼人假设"。[1]

（1）无辜者假设。刑事诉讼制度的建立，除了要侦查和惩罚犯罪之人，

---

〔1〕关于"无辜者假设"和"涉讼人假设"，详见张建伟：《刑事司法：多元价值与制度配置》，人民法院出版社2003年版，第59~62页。

同样要防止无辜者受到错误的惩罚，甚至处决。因此，现代刑事诉讼制度为保证人权，普遍采用无罪推定原则，即“凡受刑事控告者，在未依法证实有罪之前，应有权被视为无罪”。[1]我国《刑诉法》第12条规定的“未经人民法院依法判决，对任何人都不得确定有罪”，便是无罪推定原则在我国刑事诉讼制度中的体现。

（2）涉讼人假设。司法活动作为人类认知活动的一种，同样具有局限性，会产生冤假错案，我国刑事诉讼中的审判监督程序，就是考虑到这点而设立的。

社会上的所有人都有可能会被怀疑有罪，从而身不由己地牵扯到刑事诉讼中去，这就是“涉讼人假设”。因此，维护已经成为涉讼人的犯罪嫌疑人、被告人的合法权益，是为整个社会提供了法律保障。

因此，刑辩律师通过维护犯罪嫌疑人、被告人的合法权益及诉讼权利，来保障整个社会法律的正确实施，维护社会的公平正义。实现了《刑诉法》“尊重和保障人权”的立法目的。

（二）维护犯罪嫌疑人、被告人的合法权益和诉讼权利的方式

犯罪嫌疑人、被告人是否有罪，若有罪将接受怎样的刑罚，最终将通过刑事诉讼程序，经过侦查、审查起诉和审判作出裁决。因此，刑辩律师维护当事人合法权益的方式主要有以下几种：为当事人提供法律咨询，在当事人合法权益受到侵害时，代理其申诉控告，申请变更强制措施，收集当事人无罪或罪轻的证据，协助当事人在刑事审判中对抗检察院的犯罪指控，否定其指控或削弱指控的程度。

另外，基于无罪推定原则，辩护人一旦确定了为当事人做无罪辩护或罪轻辩护，就要竭尽所能，利用一切合法合理的方式实现这一诉讼目标。具体方式主要有：要求法院和法官依法获得审判权，排除干扰独立审判，贯彻无罪推定原则，提出管辖异议或回避申请；反驳公诉方提出的证据不能排除合理怀疑，不能充分证明指控；反驳公诉方证据的不合法，要求法庭排除非法证据；提出证明被告人没有犯罪或不可能实施犯罪的证据；提供证明其他人实施了被指控的犯罪行为，或能够证明是他人实施犯罪的证据或线索；被告

---

[1] 联合国《公民权利和政治权利国际公约》第14条第2项。

人虽有罪，但存在从轻、减轻或免除刑事责任的情形等。

在公诉、辩护、审判的三方相互制衡又分工合作的三角模式下，刑辩律师以事实为依据，以法律为准绳，依法诚信辩护，维护犯罪嫌疑人、被告人的合法权益，使得法律、政治和社会三方面的效果取得有机统一。

三、律师在刑事诉讼中的职业要求

刑辩律师是法治社会最前沿的权利战斗者，往往承受着社会的偏见，但他们忠诚、理性、正派、守法且具有专业的法律知识，通过有效卓越的辩护工作向社会传递信息，逐渐改变社会的偏见。

（一）刑辩律师要忠于自己的委托人

刑辩律师可以在接案前结合自身因素或其他原因拒绝接受委托，但是一旦接受委托必须忠于自己的委托人，这是辩护制度的基础。同时刑辩律师还必须保守委托人的秘密，除委托人或其他人正在实施危害国家安全、公共安全以及严重危害他人人身安全的信息外，对于委托人告知的秘密，未经其本人授权，律师不得披露。其法律依据来源于《刑诉法》第 48 条规定的“辩护律师对在执业活动中知悉的委托人的有关情况和信息，有权予以保密”。《律师法》第 38 条第 2 款规定：“律师对在执业活动中知悉的委托人和其他人不愿泄露的有关情况和信息，应当予以保密。但是，委托人或者其他人准备或者正在实施危害国家安全、公共安全以及严重危害他人人身安全的犯罪事实和信息除外”。因此保密既是律师执业的一项权利，同时也是律师执业的一项义务。

（二）坚守程序正义

基于执业要求和特征的不同，刑辩律师要坚守程序正义，就是要求国家公权力机关严格依法办事，对于司法机关未能做到程序公正的，律师有权代表委托人提出申诉控告，有权要求法院就侵犯当事人诉讼权利、非法取证、非法审判等原因宣告有关侦查行为无效，或裁判无效。

坚持程序正义，才能保证当事人以公开、公平、合理、合法的方式收到公正的审判。才能保障《刑诉法》关于“尊重和保证人权”理念的实施。

（三）诚实坦率面对法庭

律师在执业过程中，为了保守委托人的秘密，对部分信息及证据可以选择避而不谈，但不能对法庭进行虚假陈述，提供虚假或伪造的证据。律师作为法律的信仰者，要遵守法院的裁判规则，遵守法庭的秩序，遵守法官的指示，坦诚面对法庭。

（四）理性辩护

刑辩律师在庭审中，应当积极主动地和公诉人进行抗辩，维护委托人的合法利益。应当不卑不亢，不骄不躁，在法庭上追求理性的胜利。在庭审中勇于对公诉方的证据提出合理的质疑，通过有理有据的证据说服法官，为被告人获得一个无罪或罪轻的判决。让受害人家属及社会公众了解到，律师并非在帮助罪犯逃脱制裁，律师理性的辩护也是维护法治社会的基础。

辩护制度作为刑事诉讼制度的重要组成部分，刑辩律师作为刑事诉讼中的重要参与者，要熟练掌握法学知识，正确面对社会偏见，维护法律的正确实施，从而维护社会的公平正义。

【理论思考】

1. 简答题：简要陈述刑事诉讼的基本概念及其特点。
2. 简答题：律师在刑事辩护中应当做到哪些要求?

第二节　刑事侦查阶段律师的介入

一、了解罪名及基本案情

涉嫌刑事犯罪时，侦查机关采取的第一行为就是刑事拘留，此时犯罪嫌疑人便可以开始行使自己的诉讼权利。其家属可以委托律师提供法律服务，刑辩律师便在此时开始侦查阶段的工作。

（一）了解案件基本情况

清楚犯罪嫌疑人涉嫌的罪名及相关案件情况是刑辩律师工作的基石。一般会先通过犯罪嫌疑人的家属了解其涉及的基本罪名，但还应跟承办的侦查机关联系，确认罪名，同时了解是否还有其他罪名。

根据《刑诉法》第38条的规定："辩护律师在侦查期间可以为犯罪嫌疑人提供法律帮助；代理申诉、控告；申请变更强制措施；向侦查机关了解犯罪嫌疑人涉嫌的罪名和案件有关情况，提出意见。"因此，刑辩律师此时还可以通过联系侦查机关了解案件目前可以告知的基本情况。

（二）整理罪名相关法律法规

《刑法》涉及了500多个罪名，数百条条文，有些条文还是涉及多款多个罪名，要求每一位律师掌握所有的罪名内容，以及相关的程序及实体法律内容，实在过于苛刻。但是作为刑辩律师，必须完全掌握、彻底理解正在办理的案件相关的法律规定，这是对刑辩律师的执业要求和基本素养。

因此，在确认犯罪嫌疑人涉嫌的罪名后，刑辩律师应当首先围绕该罪名收集、准备所有的程序性及实体性的法律法规，以及《刑法》总则对于犯罪定义和构成及各种处罚原则的规定，分则对于该罪名的表述和刑罚标准，与罪名有关的司法解释、司法政策，公安和检察院的立案标准，以及相关的能够维护当事人诉讼权利，能够减轻或从轻处罚的相关规定，适用于案发地区的相关法律法规。同时刑辩律师也应当关注最高人民法院发布的指导性案例等。我国虽然不是判例法国家，但通过相关的横向、纵向研究，也可以对律师的办案过程起到关键的作用。

（三）准备委托材料

刑辩律师在进一步了解案情，会见犯罪嫌疑人之前，应当确认犯罪嫌疑人被羁押的情况及具体的羁押地点，准备相关的委托材料为会见犯罪嫌疑人做准备。

一般包含的常规材料有：委托人签字的授权委托书或法律援助公函；律师会见犯罪嫌疑人或被告人的专用介绍信；律师本人的律师执业证；委托人的身份信息以及其与犯罪嫌疑人的亲属关系证明；属于"危害国家安全犯罪、恐怖活动犯罪、特别重大贿赂犯罪案件"的，必须同时持有侦查机关批准会见犯罪嫌疑人的《许可会见决定书》。

（四）会见犯罪嫌疑人及制作会见笔录

会见犯罪嫌疑人是刑辩律师第一次接近案件真相，也是开展和代理辩护工作最重要的环节之一。通过会见犯罪嫌疑人，向其转达亲属的问候、提供法律咨询、了解案情。通过会见宣传法律知识，正确维护犯罪嫌疑人的合法权益，稳定犯罪嫌疑人及其亲属的情绪，同时促使侦查机关公正执法。

律师会见犯罪嫌疑人的同时，应当制作相关会见笔录，这也是律师工作中重要的法律文书。会见笔录既是记录律师工作的文件，同时也是律师保护自己的重要材料。

会见笔录一般分为首部、正文、尾部三部分。

其中首部包含：标题、会见时间、地点、犯罪嫌疑人身份、案由（涉嫌罪名）、承办律师及律师事务所基本信息。

正文主要包括：

(1) 向犯罪嫌疑人介绍律师身份，征询其是否愿意接受委托。若其同意接受委托，应当让其在《授权委托书》上签字确认，若其不同意接受委托，也应当在笔录中记录，并要求其签字确认。

(2) 向犯罪嫌疑人了解案件情况。了解其身份信息；到案情况；是否参与以及怎样参与涉诉的案件；是否认罪，陈述相关案情及理由；被采取强制措施的手续是否完善，程序是否合法；被采取强制措施后的人身权利及诉讼权利是否得到保障等。

(3) 向犯罪嫌疑人提供法律咨询服务。告知刑辩律师的工作内容和法律责任；告知其犯罪嫌疑人应当享有的权利和应当遵守的义务；告知犯罪嫌疑人有关强制措施的条件、期限、适用程序的法律规定；告知犯罪嫌疑人案件侦查管辖的相关法律法规；告知犯罪嫌疑人可能涉及的罪名和相应的刑事责任；同时告知其有关自首、坦白、立功的相关法律规定。

(4) 其他。会见笔录中同时应当记录犯罪嫌疑人有无自首、坦白等可以从轻、减轻处罚的情节；是否需要生活用品、钱等；以及需要告知家属的话等。

尾部一般包含：日期，及犯罪嫌疑人的签字。

二、申请变更强制措施

由于刑事案件的特殊性，犯罪嫌疑人在被羁押的特定状态下，无论是家属还是其本人，在与刑辩律师沟通案件时，一般都会提出希望律师帮助申请变更强制措施。变更强制措施一般是指将被羁押的犯罪嫌疑人的强制措施变更为取保候审或者监视居住。

（一）取保候审

1. 概念

取保候审是指已经被司法机关采取拘留、监视居住、逮捕等强制措施的犯罪嫌疑人、被告人本人、家属，对符合条件的人，向公安机关、检察机关、法援提出变更强制措施的请求。

2. 申请条件

根据《刑诉法》第67条的规定："人民法院、人民检察院和公安机关对有下列情形之一的犯罪嫌疑人、被告人，可以取保候审：①可能判处管制、拘役或者独立适用附加刑的；②可能判处有期徒刑以上刑罚，采取取保候审不致发生社会危险性的；③患有严重疾病、生活不能自理，怀孕或者正在哺乳自己婴儿的妇女，采取取保候审不致发生社会危险性的；④羁押期限届满，案件尚未办结，需要采取取保候审的。取保候审由公安机关执行。"

3. 申请取保候审的方式

律师应当要求犯罪嫌疑人家属来律所，告知其取保候审相关规定，同时制作谈话笔录。律师以自己的名义代被羁押的犯罪嫌疑人申请取保候审是需要提交以下法律文书：

（1）取保候审申请书。

（2）保证人与犯罪嫌疑人的亲属关系证明文件。

（3）保证人提供保证或交纳保证金的相关材料。

（二）羁押必要性审查

《刑诉法》规定了人民检察院批准逮捕时应当听取辩护律师的意见；犯罪嫌疑人被逮捕后，人民检察院仍应当对羁押的必要性进行审查。基于此，犯罪嫌疑人及其辩护律师有权就逮捕的羁押必要性进行申辩。

1. 逮捕的必要性

《刑诉法》第81条规定了对有证据证明有犯罪事实，可能判处徒刑以上刑罚的犯罪嫌疑人、被告人，采取取保候审尚不足以防止发生下列社会危险性的，应当予以逮捕：

（1）可能实施新的犯罪的。

（2）有危害国家安全、公共安全或者社会秩序的现实危险的。

（3）可能毁灭、伪造证据，干扰证人作证或者串供的。

（4）可能对被害人、举报人、控告人实施打击报复的。

（5）企图自杀或者逃跑的。

2. 羁押必要性的申辩

律师在为犯罪嫌疑人申辩没有羁押必要性时需要全面论述犯罪嫌疑人不存在法律规定的任何一种社会危害性。同时还可以论述犯罪嫌疑人符合取保候审或者监视居住的条件。

三、调查取证权的使用

刑辩律师在办案过程中，需要通过行使调查取证权来发现控方的证据漏洞，以此提出对犯罪嫌疑人、被告人有利的材料，为辩护工作做好充分的准备。

律师调查取证主要是收集新的辩护证据；对控方的证据进行调查核实；收集程序违法的证据。

（一）调查取证的类型

《刑诉法》第43条第1款规定："辩护律师经证人或者其他有关单位和个人同意，可以向他们收集与本案有关的材料，也可以申请人民检察院、人民法院收集、调取证据，或者申请人民法院通知证人出庭作证。"因此调查取证主要有以下三类：

（1）向人民检察院申请收集证据、调查取证。

（2）向有关单位和个人调查取证。

（3）申请人民法院收集调查证据，通知证人、鉴证人出庭作证。

（二）调查取证的方式

律师在办案过程中可以通过以下几种方式调查取证：调取书证、物证、视听资料及电子数据；申请人民检察院、人民法院收集、调查取证，申请证人出庭作证；询问证人或者被害人；通过阅卷，在卷宗里寻找证据。

（三）调查取证的侧重点

由于刑事案件每个阶段的特殊性，在侦查阶段律师对于证据调查取证的侧重点主要在于寻找犯罪嫌疑人的不在犯罪现场的证据；犯罪嫌疑人未达刑事责任年龄的证据以及犯罪嫌疑人依法属于不负刑事责任的精神病人的证据。

（四）调查取证过程中的法律风险防控

刑事案件在侦查阶段，由于律师对于案件的了解具有相当大的局限性，而犯罪嫌疑人及家属的心情往往非常急迫，会提出超出上述三种证据种类以外的要求，因此在这种情况下的调查取证，存在一定的风险，作为刑辩律师需要非常谨慎。

在这种情况下，律师的调查取证可以采取以下风险防控措施：

（1）刑辩律师在调查取证时应当持有律师事务所的介绍信，调查取证时一般应由 2 名以上律师进行 .

（2）询问证人时，需要征求其意愿，询问其是否愿意向司法机关作证，若其同意作证，再询问其是否接受过司法机关调查，如其已经接受过司法机关调查，应当要求其先陈述先前的证词，如没有则要求其如实陈述。如其对司法机关和律师的陈述不一致，应当要求其陈述理由，同时制作调查笔录，要求其签字确认。

（3）调查笔录应当载明律师的基本信息，调查的时间地点，并且要求证人如实陈述，告知其作伪证或隐匿罪证的法律后果。

（4）制作调查笔录时建议同时录音录像。

（5）切勿向证人许诺或给付报酬。

（6）涉及多个证人时，应当分别进行调查取证。

（7）刑辩律师在调查取证时应当参考侦查机关提取同类证据的程序，尽量做到合法合规。

刑辩律师在办理案件过程中，做好调查取证的风险防范措施，既是对犯罪嫌疑人的负责，也是对自己的保护。

四、申诉与控告的代理

根据《宪法》第 41 条第 1 款规定：“中华人民共和国公民对于任何国家

机关和国家工作人员，有提出批评和建议的权利；对于任何国家机关和国家工作人员的违法失职行为，有向有关国家机关提出申诉、控告或者检举的权利，但是不得捏造或者歪曲事实进行诬告陷害。”犯罪嫌疑人虽然被国家公权力追究刑事责任，但当其认为其合法权益受到不法侵害时，仍有权利对这种不法侵害行为提出申诉或控告。

但由于犯罪嫌疑人正处于被追诉的特殊情况，其申诉权及控告权受到了一定的限制，且其往往缺乏必要的法律知识，因此需要通过刑辩律师为其提供申诉与控告的代理。

（一）申诉代理

申诉代理是指刑辩律师在会见犯罪嫌疑人，联系承办机关，了解涉嫌罪名及案件基本情况后，如果认为犯罪嫌疑人的行为不构成犯罪，或者属于《刑诉法》第16条规定的不追究刑事责任，已经追究的，应当撤销案件，或者不起诉，或者终止审理，或者宣告无罪的情形的，或者认为侦查机关确定的罪名不适当的，律师可以代理犯罪嫌疑人向有关机关申诉，要求更正。

一般需要提交写明申诉人身份信息、申诉请求、事实与理由、申诉受理单位等内容的申诉状。

（二）控告代理

控告代理是指刑辩律师在会见犯罪嫌疑人，查阅相关证据材料后，认为侦查人员在办案过程或者羁押场所的管理人员在管理犯罪嫌疑人时违反法律规定，侵犯了犯罪嫌疑人的合法权益，可以代理犯罪嫌疑人向有关机关提出控告，要求追究相关人员的法律责任。

犯罪嫌疑人的合法权益受到侵害的情况有以下几种：对犯罪嫌疑人刑讯逼供，以威胁、强迫等手段强迫其自证其罪，对与案件无关的财产进行扣押查封等，强制措施期限届满不予释放或变更强制措施，私分、调换等违规使用查封、扣押、冻结的财务，不退还应当退还的保证金，侦查机关管辖不当，侦查人员未按规定回避等。

一般控告需要向有关机关提交载明控告人身份信息、控告请求、事实与理由、控告受理单位等内容的控告状。

五、提交辩护意见

（一）侦查阶段辩护意见书的侧重点

律师在结束整个案件侦查阶段的代理前，根据了解案件基本情况，会见犯罪嫌疑人的情况，调查取证情况等，制作该阶段的辩护意见书，就本案的事实认定，证据采纳，法律适用以及对犯罪嫌疑人有利的情节等方面提出辩护意见，供侦查机关参考。

由于侦查阶段，律师对于侦查机关所掌握的证据不了解，无法通过分析证据材料来寻找为犯罪嫌疑人做无罪或罪轻辩护的论点，因此该阶段律师的辩护侧重点一般在以下两点：

（1）提出对犯罪嫌疑人有利的事实，促使侦查机关终止对本案的侦查。

（2）通过法律论证阐述犯罪嫌疑人所犯的是较轻的罪名或者不构成犯罪。

（二）辩护意见书的内容

辩护意见书一般有首部、正文、尾部组成。

其中正文一般包含：律师所了解的事实、证据、法律适用等情况，以及律师对于这三方面的辩护意见。尾部注有律师的签字及提交日期。

【理论思考】

1. 律师在侦查阶段会见犯罪嫌疑人的会见笔录有哪几个组成部分？
2. 侦查阶段的调查取证如何防范法律风险？

【案例分析实训】

【案例5. 1】

【案情简介】

王某与李某均未有过刑事犯罪，2019年1月1日因邻里纠纷双方发生争执，过程中导致王某肋骨骨折，经邻居报警后，双方被带至派出所进行调查。后王某经鉴定机构鉴定为轻伤二级，李某于2019年2月1日因故意伤害罪被公安机关刑事拘留。

后李某家属委托XX律师事务所XX律师代理该案件，在律师的协助下，李某家属对王某进行了经济赔偿，并且取得了被害人王某的谅解，出具了谅解书。

【思考问题】

结合本案相关罪名并结合实际情况，整理相关法律条文。

第三节　审查起诉阶段律师的参与

一、了解案情进展情况

审查起诉是指人民检察院对侦查部门侦查终结移送审查起诉的案件受理后，依法对侦查部门认定的犯罪事实、犯罪证据、犯罪性质以及法律适用问题等进行核实，做出处理决定的诉讼活动。它是检察机关在审判程序中实现公诉职能的基础，也是保障公民合法权益的第二扇门，可以有效减少诉讼资源的浪费。

（一）准备委托手续材料

辩护律师针对审查起诉阶段的工作流程，一般需要准备检察机关阅卷以及会见犯罪嫌疑人两种情况下的委托材料。

1. 检察机关阅卷所需材料

在办理的案件被侦查机关移送人民检察院审查起诉时，律师需要及时与承办检察人员取得联系，向其提交犯罪嫌疑人或其家属要求律师在案件审查起诉阶段为犯罪嫌疑人提供辩护的授权委托书，律师事务所指派律师参与本次案件诉讼的函件，以及律师本人的执业证复印件，同时出示执业证原件供核对确认。告知承办的检察院，刑辩律师正式参与该案件审查起诉阶段的诉讼，并要求查阅卷宗材料。

2. 会见犯罪嫌疑人所需材料

上述证明律师参与该案件审查起诉阶段的授权委托书，律师会见在押犯罪嫌疑人、被告人专用介绍信，律师本人的执业证，起诉意见书副本。

（二）联系承办机关查阅案卷材料

当案件进入审查起诉阶段时，律师在准备好委托材料后，应当及时跟承办检察人员联系，要求查阅卷宗。

1. 查阅范围

案件经侦查机关侦查终结后，移送公诉机关时，已经形成了一系列的证据，此时律师应当全面仔细地查阅卷宗，可以从实体和程序两方面对卷宗进行查阅，做好摘抄、复制等记录，为后续的诉讼做准备。

（1）实体性证据包括：犯罪嫌疑人身份信息；前科劣迹；到案经过；物证，书证，电子数据和视听资料；证人证言及被害人陈述；犯罪嫌疑人的供述和辩解；勘验、检查、辨认、侦查实验笔录，扣押收缴及退还清单等证据材料。

（2）程序性证据包括：报案记录，立案审批表，破案报告书，呈请拘留、逮捕报告书，刑事拘留、逮捕通知书，鉴定通知书等材料。

2. 阅卷的目的

律师查阅卷宗应当带着对案件事实认定是否真实全面、对于案件定性是否符合法律规定的质疑进行。最根本的目的是了解侦查机关指控犯罪嫌疑人所依据的犯罪事实和证据，发现问题，为后续调查取证及辩护打好基础。

3. 阅卷的方法

通过制作阅卷笔录，律师可以在短时间内，有效的筛选案件信息，提炼案件的关键材料，寻找辩护点。若卷宗较少，可以不做阅卷笔录。卷宗材料较多的，必须制作阅卷笔录。制作阅卷笔录的方法根据律师个人工作习惯及具体案件情况而定，主要有：摘录、列表、制图法等。尽量通过可视化、易理解的方式，详细的记录案件的重要信息，包括案发时间、地点、涉及人物、案件经过及事发原因等内容。

（三）会见犯罪嫌疑人并制作笔录

审查起诉阶段律师会见犯罪嫌疑人就程序方面与侦查阶段基本一致，实体方面除了侦查阶段的为犯罪嫌疑人提供法律咨询、代为申诉控告等工作，还需要进一步的询问案件情况，核实证据，了解对案件有利的事实，出示起诉意见书并征求犯罪嫌疑人的意见，同时制作会见笔录。

会见犯罪嫌疑人的目的一般来说案件进入审查起诉阶段时，犯罪嫌疑人大多已经羁押较长时间，经历了侦查人员及检察人员的多次讯问，无论其是否认为自己犯罪，从身心上来说已经相对适应了当时的羁押现状。在这种状态下，犯罪嫌疑人往往能比较有条理的表述案情，以及陈述自己的辩解。但经过多次的讯问，其思维也相对固化，较难突破。

此时律师会见犯罪嫌疑人需要通过与其沟通交流找到辩护的理由和证据，因此需要律师改变侦查阶段的谈话方式，更深入地去开拓谈话的角度，发掘对犯罪嫌疑人有利或不利的点，将有利的部分发展成辩护点和依据，不利的部分通过合理的解释弱化，来对抗指控的严峻性。

律师需要通过简短，开放性的提问让犯罪嫌疑人尽可能多地回忆案发情况，同时也要通过有指示性的提问，帮助犯罪嫌疑人记起能够减轻或摆脱其刑事责任的细节。例如可以通过选择性的“有没有，是不是”等问题要求其确切回答。甚至还可以通过引导性反问式的提问方式，激发犯罪嫌疑人的思维，让其尽可能地回忆起对案件有帮助的情节。

会见笔录可以分为首部、正文、尾部，首尾部分与侦查阶段一致，正文部分相较侦查阶段的常规信息外，还应记录犯罪嫌疑人对于起诉意见书和现有证据的质证意见，律师在审查起诉阶段的工作内容，犯罪嫌疑人在审查起诉阶段的权利义务等。

二、调查取证权的使用

相对侦查阶段来说，移送审查起诉的案件事实已经基本清楚，证据确实充分。而此时律师通过阅卷掌握了侦查阶段的证据，除了应当对卷宗材料中的证据进行整理，发现对犯罪嫌疑人有利的证据外，还应当通过适当的调查取证，探寻对犯罪嫌疑人有利的事实和线索。这也是律师在审查起诉阶段调查取证的主要目的。

（一）自行调查取证的方法

律师在审查起诉阶段，调查取证的方法主要有：访问证人及被害人，收集物证书证、电子证据及视听资料，就相关鉴定结论访问专家证人，实地勘查现场等。一般律师调查收集与案件有关的材料，应持律师事务所介绍信，并由两名律师共同进行。

如调查的证据对案件具有重大影响，建议请相关公证机构对证据进行全程公证，及时锁定证据，提高证据的法律效力。

（二）申请由检察院调查取证的情况

在刑事诉讼案件中，由于案件的特殊性，律师往往不能直接掌握证据，而是由被害人、证人等提供或陈述证词，这些证据的所有者往往出于自身原因或者同情受害人，而拒绝向刑辩律师提供证据，也由于这些证据的特定性，律师无法自行收集，此时可以根据《刑诉法》第 41 条规定：“辩护人认为在侦查、审查起诉期间公安机关、人民检察院收集的证明犯罪嫌疑人、被告人无罪或者罪轻的证据材料未提交的，有权申请人民检察院、人民法院调取。”

三、提交辩护意见

刑辩律师在审查起诉阶段查阅了起诉意见书和案件卷宗，会见了犯罪嫌疑人，进行了相关的调查取证后，相较于侦查阶段来说，对整个案件应当有了较为深入的了解，可以说是实质的变化，此时可以更好地针对犯罪嫌疑人有利的事实和证据，确定好辩护重点，向公诉机关提交该阶段的辩护意见书。

（一）审查起诉阶段辩护意见书的辩护特证

刑事诉讼中，律师的身份不再是代理人，而是辩护人。根据《刑诉法》第 37 条赋予律师的职责：“辩护人的责任是根据事实和法律，提出犯罪嫌疑人、被告人无罪、罪轻或者减轻、免除其刑事责任的材料和意见，维护犯罪嫌疑人、被告人的诉讼权利和其他合法权益。”因此向公诉机关提出辩护意见是刑辩律师应尽的义务。

该阶段中，律师辩护意见的侧重点在于，提出对犯罪嫌疑人有利的事实情节，同时提出证明该事实情节的证据或线索，或者提供寻找证据的途径，或者通过法理来论证犯罪嫌疑人被指控的行为是较轻的罪名，甚至不构成犯罪。而不是将侧重点放在对控方提供的证据进行否定。

审查起诉阶段的辩护意见另一方面特征在于，不直接追求无罪或罪轻的司法裁判（要求公诉机关作出不起诉决定的除外），而是在于促使公诉机关以轻于起诉意见书的罪名和对犯罪情节和性质不那么严重的指控，向审判机关提起公诉。其目的在于削弱指控的严峻性。

（二）审查起诉阶段辩护意见书的方向性

审查起诉阶段的辩护意见书，刑辩律师应当围绕已经掌握的事实和证据，首先考虑能否为犯罪嫌疑人做无罪辩护，其次在考虑是否应当做罪轻辩护，同时考虑减轻、从轻、免除处罚的情节。

起草辩护意见书的时候，也要思考该案件目前是否证据不足，适用法律是否恰当，罪名是否成立。确定了辩护方向后，有条理，有逻辑，在法理和证据的支持下，撰写辩护意见书。

（三）争取公诉机关作出不起诉决定

不起诉是指人民检察院对侦查机关侦查终结移送审查起诉的案件，在依法进行审查后，对犯罪嫌疑人作出的不向人民法院提起公诉，交付法院审判处理的决定。

根据我国《刑诉法》第 16 条规定的法定不起诉情节有：

（1）情节显著轻微、危害不大，不认为是犯罪的。

（2）犯罪已过追诉时效期限的。

（3）经特赦令免除刑罚的。

（4）依照刑法告诉才处理的犯罪，没有告诉或者撤回告诉的。

（5）犯罪嫌疑人、被告人死亡的。

（6）其他法律规定免予追究刑事责任的。

根据我国《刑诉法》第 177 条第 2 款规定："对于犯罪情节轻微，依照刑法规定不需要判处刑罚或者免除刑罚的，人民检察院可以作出不起诉决定。"即酌定不起诉情节。

根据《人民检察院刑事诉讼规则（试行）》第 404 条规定，具有下列情形之一，不能确定犯罪嫌疑人构成犯罪和需要追究刑事责任的，属于证据不足，不符合起诉条件：

（1）犯罪构成要件事实缺乏必要的证据予以证明的。

（2）据以定罪的证据存在疑问，无法查证属实的。

（3）据以定罪的证据之间、证据与案件事实之间的矛盾不能合理排除的。

（4）根据证据得出的结论具有其他可能性，不能排除合理怀疑的。

（5）根据证据认定案件事实不符合逻辑和经验法则，得出的结论明显不符合常理的。

不起诉的决定，由人民检察院公开宣布。公开宣布不起诉决定应当记录在案。不起诉决定书自公开宣布之日起生效。被不起诉人在押的，应当立即释放；被采取其他强制措施的，应当通知执行机关解除。

刑辩律师能否在审查起诉阶段提请公诉机关作出不起诉决定，需要看案件是否符合上述三种不起诉的情节。在司法实务操作中，律师经常要分析的是第三种情况，即“证据不足、不符合起诉条件”的情况。而这种分析往往需要会见犯罪嫌疑人了解案情，调查取证以及申请人民检察院调取证据，从而发现与公诉机关提交的证据相矛盾的地方，使得指向犯罪嫌疑人有罪和无罪的证据形成一种对抗，使公诉机关可以将两组证据进行比对，权衡轻重，从而做出是否有罪“证据不足、不符合起诉条件”的判断。

【理论思考】

1. 律师在审查起诉阶段查阅卷宗的范围有哪些？
2. 律师可以向犯罪嫌疑人核实的客观证据包括哪几项？

【案例分析实训】

【案例 5.2】

【案情简介】

李某无犯罪记录，系中学教师。2018 年 3 月 5 日，同顾某、张某等共同在燕子坞餐厅用餐，期间因顾某与邻桌的方某、陈某和苏某因琐事发生肢体冲突，期间场面一度混乱，多人扭打成一团，后由于陈某将酒瓶扔到顾某一行人的桌上，导致醉酒的李某上前推了一把陈某，后陈某和方某亦对李某追打，在此过程中，造成顾某、李某、方某、陈某和苏某均构成轻微伤。

后李某向公安机关投案自首，并由公安机关以寻衅滋事罪执行刑事拘留。后经检察院批准逮捕。批捕后李某和顾某通过家属向方某、陈某和苏某支付了 100 万元的赔偿款，同时取得了被害人谅解。

【思考问题】

就本案情况，简单列明申请羁押必要性审查的事实及理由。

第四节　法院一审阶段律师的辩护

一、了解案情目前的走向

法院审判阶段具体可以分为一审、二审、再审等多个阶段，本节主要针对较为常见的一审审判阶段进行阐述。

一审程序是由公诉机关即人民检察院向一审人民法院提起公诉或自诉人提起自诉。

（一）准备委托手续材料

辩护律师在法院一审阶段的工作流程，与审查起诉阶段相似，一般需要准备审判机关阅卷以及会见犯罪嫌疑人、被告人两种情况下的委托材料。

1. 审判机关阅卷所需材料

在案件由公诉机关提起公诉，进入审判阶段时，律师同样需要及时与承办法官取得联系，向其提交犯罪嫌疑人、被告人或其家属要求律师在案件审判阶段为犯罪嫌疑人、被告人提供辩护的授权委托书，律师事务所指派律师参与本次案件诉讼的函件，以及律师本人的执业证复印件，同时出示执业证原件供核对确认。以此告知承办的法院，刑辩律师正式参与该案件审判阶段的诉讼，并要求查阅卷宗材料。

2. 会见犯罪嫌疑人、被告人所需材料

上述证明律师参与该案件审判阶段的授权委托书，律师会见在押犯罪嫌疑人、被告人专用介绍信，律师本人的执业证，起诉书副本。

（二）联系承办机关查阅案卷材料

案件转入审判程序后，刑辩律师可以通过预约查阅卷宗，了解案件在审查起诉阶段的相关进展，可以查阅起诉书，知道公诉机关对于犯罪嫌疑人、被告人在案件中的犯罪事实、犯罪情节的认定，以及对犯罪性质和涉嫌罪名的认定，同时查阅证明犯罪嫌疑人、被告人涉嫌犯罪的主要证据等。

阅卷的目的。在法院审判阶段，案件材料基本已经趋于完善，证据链也相对较为闭合，此时的刑辩律师需要通过阅卷，全面掌握下列的情况，为出庭辩护做准备：

(1) 被告人的基本情况。

(2) 对于被告人被指控犯罪的时间、地点、目的、手段、动机及后果等。

(3) 被告人有无可能影响定罪量刑的法定、酌定情节等。

(4) 被告人无罪或罪轻的事实及证据。

(5) 被害人的基本情况。

(6) 勘验检查笔录制作人、鉴定人员、证人的基本情况。

(7) 证据材料的来源，各阶段的法律手续是否合法，诉讼文书是否齐全。

(8) 同案犯的相关情况。

(9) 技术性鉴定材料来源是否合法，鉴定人（机构）是否具有相关资质。

(10) 证据是否存在矛盾或疑点。

(11) 公诉方提供的证据能否证明起诉书所指控的被告人的犯罪事实。

(12) 其他相关材料。

(三) 会见被告人并确定辩护方向

1. 会见被告人

刑辩律师在法院审判阶段会见被告人时，与之前两个阶段最大的差别在于，此时律师及被告人均已明确知晓检察机关对于被告人指控的罪名以及犯罪事实，如果在之前阶段已经代理该案件，已经了解了案情，该阶段则应将重点放在对案件事实及证据的核实和澄清方面，同时尽可能地发现案件的矛盾和疑点，听取被告人自己对于案件的辩解理由，确定辩护方向，告知被告人庭审的程序。

2. 确定辩护方向

进入审判阶段时，律师本身已经详细阅读过卷宗，对案件的情况基本掌握，对于认为自己无罪或者罪轻的被告人，在收到起诉书时，若发现没有按照他们的思路对他们进行不起诉或罪轻指控时，情绪往往会再一次受到冲击，律师此时是他们最后的救命稻草。

因此在审理阶段律师会见被告人，首先要学会倾听，让他们能够排解焦虑的情绪，稳定下来，冷静地跟律师沟通案情。其次律师要客观地分析案件的情况，并且告知被告人目前的难点和不利因素，听取被告人对于现状的意见。最后，律师应当告知被告人庭审程序，确定辩护方向，为开庭做好充分的准备。

实务操作中，律师在审判阶段会见被告人，需要注意以下几点：

（1）出示起诉书，与被告人核实起诉书中的内容，并征求被告人对于起诉书的意见。

（2）与被告人核实相关证据。

（3）告知法庭程序，可以进行模拟实训。

3. 被告人翻供时律师应对的诉讼技能

在审判阶段，被告人在明确看到公诉机关对于其行为的指控后，不免会发生翻供的情况。此时对律师的业务能力也是一种考验，律师在会见时应当如何面对被告人的翻供。

根据《刑诉法》第52条的规定："审判人员、检察人员、侦查人员必须依照法定程序，收集能够证实犯罪嫌疑人、被告人有罪或者无罪、犯罪情节轻重的各种证据。严禁刑讯逼供和以威胁、引诱、欺骗以及其他非法方法收集证据，不得强迫任何人证实自己有罪。必须保证一切与案件有关或者了解案情的公民，有客观地充分地提供证据的条件，除特殊情况外，可以吸收他们协助调查。"因此，律师应当确认被告人是否受到了刑讯逼供，但在司法实践中，上述情况往往很难证实。这种情况下，为了维护被告人的合法权益，律师往往主张犯罪嫌疑人在被审问时的有罪供述和庭审时被告人的无罪供述系矛盾的，有理由怀疑在侦查或审查起诉阶段受到了刑讯逼供，而其庭审时的供述在控辩审三方均在场的情况下，系自愿表述，根据《刑诉法》对于法定证据的要求，当庭的供述效力应高于侦查和审查起诉阶段的供述。但该辩护理由往往没有有利的证据证明，司法实践中，法庭一般会支持公诉方的主张。因此在被告人翻供时，律师需要寻找案件中是否有能够印证其有罪供述的证据，如果认可被告人的翻供，则应在这些印证其有罪供述的证据中寻找矛盾点和疑点，切断这些证据与本案的表面联系，使被告人的供述成为"孤证"，从而争取有利于被告人的判决。

如果被告人只是为了保命，律师则要十分谨慎，不要劝说、诱导被告人翻供，一定要在法律允许的范围内沟通和操作。

二、审判阶段的调查取证工作

进入法庭审理阶段，辩护律师调查取证的方式基本与审查起诉阶段一致，但应集中在更直接地寻找对被告人有利的证据和寻找对抗控方的证据上。

（一）对被告人有利的直接证据

什么是对被告人有利的直接证据，顾名思义就是指能够证明犯罪构成方面不完备的证据。即犯罪主体，如被告人年龄、精神等方面系限制行为能力者，不具备某些犯罪的特定主体要求。犯罪主观方面不具备条件，某些犯罪不存在犯罪目的等。犯罪客观方面有不在场证据或者不具备作案时间等客观情况，亦或者系紧急避险、意外事件或正当防卫等，有减轻或从轻处罚的情节的证据。

（二）与控方提交的证据形成对抗的证据

该类证据可以从否定控方证据效力、削弱控方证据证明力两个方向着手。

1. 否定控方证据效力

首先要明白对被告人的指控系由一系列证据组成的证据链来完成的。如果律师能够找到证据的三性不符合，即真实性、关联性和合法性，则就有可能将这些证据从控方提供的证据中排除，导致指控被告人的罪名因证据不足而不能成立。

证据内容不真实，在司法实践中一般表现为书证非原始文件，甚至涉嫌伪造，视听资料经过剪辑合成处理，证人提供虚假证词等。

证据不具备关联性，则是指证据同案件事实没有关系，没有证明案件情况的现实意义。一般是体现在证人证言与本案无关，物证与备案指控的事实不吻合等。

最后一个便是证据的来源不合法，例如通过刑讯逼供、诱供等侵害公民身体或财产权利、侵害公民民主权利的方式取得的证据。另一种则是证据取得的程序不合法，存在瑕疵，例如鉴定人员没有相关鉴定资质等情况。

2. 削弱控方证据的证明力

在司法实践中，刑辩律师受到局限性的影响，通常很难找到直接否定控方证据效力的证据，此时可以换个角度，考虑如何寻找削弱控方证据证明力的证据，让该证据在证明事项上与控方提供的证据形成对立，从而实现抗辩的目的，维护被告人的合法权益。

公诉机关承担了指控被告人犯罪的举证义务，只要控方的证据不能否定辩护方提出的证据，不具备高度盖然性的优势，那么案件事实就可以说是没有达到证据确实充分的境界，就有可能导致控方因证据不足或者事实不清而使其指控被告人犯罪的目的不能实现。

三、庭前准备工作

律师在查阅卷宗、会见被告人之后，应当在开庭前确定辩护思路，撰写辩护词，同时还应就案件庭审时，需要向被告人发问的问题进行准备。

（一）确定辩护思路，撰写辩护词

公诉机关向审判机关提起公诉时，其对被告人的指控包括两个方面，一个是对于犯罪事实的认定，另一个是对于法律适用的问题。律师应当在庭审前，结合阅卷和会见情况，对抗辩的大方向进行确认。即是对事实认定的抗辩，还是对法律适用的抗辩，或者是对两者同时进行抗辩。

1. 对案件事实认定的抗辩

在对事实认定进行抗辩时，律师可以通过正面论述证明被告人的具体行为与公诉机关对案件事实的认定不同；也可以通过论述和证明公诉机关对于案件事实的认定没有充分的证据。通过辩护来减轻甚至消除控方对被告人的指控。

（1）不符合犯罪构成要件。对于将犯罪构成要件作为辩护切入点的律师来说，实务中一般会采取证明被告人不具备法定犯罪主体要件，主观上不具备犯罪故意或犯罪目的，客观上没有实施犯罪行为，不具备某些犯罪构成所要求的犯罪目的和后果。刑辩律师需要通过分析证据中是否具有证明这些要件成立的证据，如没有这方面的证据，或者证据不充分，则可以做犯罪构成不具备的无罪辩护。

（2）阻却违法性事由的辩护。被告人虽然做出了起诉书指控的具体行为，但是由于其未达到法定刑事责任年龄，或者系正当防卫、紧急避险、意外事件等，或者其有不具备刑事责任能力的其他原因（例如：精神疾病等），导致被告人的行为丧失违法性，从而无需承担刑事责任。

（3）量刑辩护。根据案件的实际情况及被告人自身的情况，辩护律师可以从是否初犯、偶犯、自首、立功、坦白、取得被害人谅解、犯罪未遂、犯罪中止、从犯等有利于从轻、减轻刑事处罚的事实和情节做辩护。

2. 证据不充分的辩护

公诉案件中，公诉机关承担着充分证明被告人有罪的举证责任，如果公诉机关无法做到这一点，就将承担举证不利的诉讼后果。因此刑辩律师除了可以通过正面陈述或证明案件事实来为被告人辩护之外，还可以通过反驳公诉机关提出的证据，证明该证据不充分，无法确切地证明被告人的犯罪事实。

对证据不充分进行辩护时，应当要把所有的证据一一罗列，逐个分析，弄清每个证据与案件的关系，证明的内容，在整个证据链里的作用，所有的证据能否形成闭合的证据链，起到唯一指向被告人犯罪的作用，分析证据链是否存在瑕疵，个别证据能否剥离证据链。

首先，“孤证”不能定案，不合法、不真实、与案件无关联性的证据需要排除；其次，证据间不能形成闭合的证据链也无法证明被告人犯罪；最后，控辩双方提供的证据相互冲突，控方证据不能否定辩方证据，或者控方证据不能排除合理怀疑的情况下，视为证据不充分，亦不能定案。

3. 法律适用的辩护

法律适用辩护可以从犯罪的定性，量刑方面进行抗辩。有非罪辩护、彼罪辩护和定罪量刑辩护。

在确定辩护思路后，律师应当在庭审前撰写辩护词，以便在庭审中做足充分的准备，也能给被告人信心。

（二）准备需要向被告人发问的问题

根据我国目前的法律规定和司法实务，在公诉人宣读起诉书之后，法庭调查阶段从询问被告人开始，该环节依次分为：公诉人询问被告人，辩护人向被告人发问，审判人员询问被告人。因此，辩护律师在庭前应纵观整个案件情况，提前准备好需要向被告人发问的问题。

1. 向被告人发问的目的

辩护人在庭审时，向被告人发问，是为了让法官通过问答的形式全面了解案件情况，扭转法官对被告人的不良印象，为辩护人后期发表辩护意见预热。

2. 发问的方式

庭审中的发问方式通常有开放式、引导式、诱导式发问。可以三种方式结合使用，避免当事人漫无目的的回答，同时也可防止完全的诱导式发问被公诉人及法庭制止，丧失发问的机会。

3. 发问的内容

辩护人可以围绕定罪量刑和辩护观点进行发问，发问的内容是为被告人辩护无罪、罪轻，减轻或免除刑事处罚的信息，以及对案件疑点的解释。

4. 发问注意事项

（1）辩护人的发问是为了把对案件有利的事实呈现出来，把虚假的事实在法庭上揭露出来，所以律师要有针对性的发问，明知故问，加强法官对此的印象。

（2）司法实践中，大多数的被告人文化程度较低，有些长期羁押产生了一定的沟通障碍，加之庭审的氛围会让其惶恐不安，会产生较大的心理压力，此时辩护人当庭发问，要采取简单易懂，简明扼要的表达方式。

（3）由于公诉人在庭审过程中一般较为严肃，公诉人先行讯问使得被告人精神高度紧张，心理防线逐渐崩溃，此时辩护人应当语气温婉，态度随和的发问，帮助被告人恢复情绪，能够回归到正常的思考模式，能够讲清楚案件的事实以及对自己有利的情节。

（三）准备向证人、鉴定人发问的问题

发问证人可以围绕：

（1）与被告人、被害人的关系。

（2）证人所感知的事发时的环境、条件和精神状态。

（3）证人的年龄、记忆力和表达能力等。

发问鉴定人可以围绕：

（1）鉴定人及鉴定机构是否具备相关资质。

（2）鉴定人是否存在回避情形。

（3）鉴定程序是否合法。

（4）鉴定过程和方法是否符合相关专业要求。

（5）鉴定意见是否依法及时告知被告人。

（6）鉴定材料的来源是否符合规定，是否充足可靠等。

四、参与庭审最主要的工作内容

审判阶段最重要的一个环节就是法庭审理。辩护律师应当根据传票的时

间，按时出席庭审，为被告人进行辩护，这是刑辩律师最重要的工作。

法庭审理最重要的两部分就是：法庭调查和法庭辩论。

（一）法庭调查

审判人员宣布开庭后，需要核对身份、案由、宣布法庭组成人员名单、告知诉讼参与人的诉讼权利、申请回避事项，同时告知诉讼参与人有权申请通知新的证人到庭，调取新的物证，申请重新鉴定或者勘验等。

法庭调查中包含了发问环节和举证质证环节，发问环节这里就不再赘述，针对举证质证环节做一下阐述。

1. 刑辩律师对控方证据质证

律师在庭审中对于控方的举证，包括书证、物证、证人证言、视听资料等都需要发表质证意见。律师需要对证据的真实性、合法性、关联性进行质证，提出证据不符合这三性的疑点，削弱控方证据的证明力。

2. 刑辩律师举证

（1）举证目的。律师举证的目的是为了维护被告人的合法权益，削弱公诉方对被告人的指控。

（2）举证内容。律师举证的内容可以分为：犯罪主体、犯罪行为、犯罪客观、犯罪主观、刑事责任和量刑六个方面。

（3）举证方式。律师举证的方式可以分为：提交物证书证、证人证言和申请证人出庭作证等方式。

（二）法庭辩论

法庭辩论是庭审的第二个阶段，在法庭的主持下，有控辩双方就本案的犯罪事实、证据是否确实充分以及法律适用方面进行辩论。目的是让控辩双方能够有机会充分阐述自己的观点，表达理由和依据，从程序上保证被告人和诉讼参与人的合法权益，促使法庭作出公正的裁决。

1. 法庭辩论的要求

需要律师在庭前做好充分的准备，阐述时简明扼要，抓住重点，明确自己的辩论目的是说服法官接受自己的辩护观点，同时通过举证和阐述理由，印证提出的辩护观点，力争被法庭采纳。发言时要口齿清楚，干劲利落，用词准确，不要反复重复，模棱两可，要让法庭能够清晰的明白辩护观点，找到核心观点，接受律师的辩护意见。

2. 法庭辩护的内容

司法实践中，一般法庭都会组织两轮辩论，刑辩律师在第一轮辩护中，可以从以下几个方面来进行辩论：对指控的犯罪事实，证据体系，法律适用的辩论。第一轮辩论，律师应在做好充分准备的情况下，根据庭审的实际情况，全面充分的表达自己的辩护观点，不要隐藏自己的观点，否则在第二轮中可能会错失表达的最佳时机。要在第一轮辩论中让法庭充分了解辩护人的观点。

经过一轮辩护后，控辩双方的观点基本清晰，法庭会总结各方的论点，让控辩双方就争议焦点展开新一轮的辩论。在第二轮辩论时，切记不要重复第一轮的观点，使法官觉得啰唆厌烦，导致真正的辩论意见无法正确表达。其次，将辩论的观点层层递进，延伸到深层次，引起法庭的注意。最后，要紧紧围绕法庭总结的争议焦点，不要偏题。

五、庭审后律师的工作

庭审虽然结束了，但是律师的工作并没有终结，律师应当对案件负责到底，做好庭后的收尾工作。

（一）提交书面辩护词

律师通过对庭审的全面分析，应当在庭后对案件事实、证据、法律适用和量刑建议等进行详细的描述，通过书面的形式提交法庭，加深法庭对辩护意见的印象。

（二）参与法庭宣判

如果是择期宣判的案件，宣判前法庭会通知刑辩律师，此时律师应当通知被告人家属，并按时参与宣判。获取判决书后，应当就一审判决书认定事实是否正确，适用法律是否正确，证据是否充分，量刑是否恰当等进行审查。

（三）会见被告人

判决后，律师应当在一审判决尚未生效的10日内，再次会见被告人，询问其对一审判决的意见，是否需要提出上诉？如被告人需要上诉，同时二审仍委托律师办理，则应当为其撰写上诉状，由被告人签字后，提交一审法院，并制作会见笔录。再将被告人关于上诉的意愿传达给家属。

本节介绍了整个一审案件的相关流程及律师具体的工作内容和注意事项，律师通过参与一审审判工作，提出辩护意见，来维护被告人的合法权益。

【理论思考】

庭审结束后，律师还需要做哪些工作？

【案例分析实训】

【案例5.3】

【案情简介】

2018年5月至10月间，被告人张某、周某及陆某在本市及外省市多个区县通过骑行自行车的过程中，伺机佯装被对方车辆碰擦后倒地受伤，造成对方车辆事故的假象，骗取对方车辆驾驶员的赔偿费用，共15起。后因被害人报案而被刑事拘留后又被批捕。后经过侦查和审查起诉阶段后移交人民法院审理。李律师收到了该案件的起诉书并查阅了相关案卷卷宗后会见犯罪嫌疑人张某。李律师从侦查阶段便代理了张某该案件。

【思考问题】

该阶段会见时，律师有哪些方面需要跟犯罪嫌疑人确认。

第五节　刑事案件基本法律文书

刑事案件整个过程中有较多的法律文书需要律师撰写，本节主要介绍刑事司法实务中比较常用的几个法律文书的书写。

一、取保候审申请书

范例：

取保候审申请书

案　号：

申请人：X，XX律师事务所律师（犯罪嫌疑人辩护人）

申请事项：对犯罪嫌疑人申请取保候审

联系方式：

事实与理由：

犯罪嫌疑人因涉嫌一案，于年月日经批准逮捕羁押。

（简要陈述取保候审的原因）

综上所述，申请人（辩护人）认为对犯罪嫌疑人采取取保候审强制措施不具有社会危险性。故申请人认为犯罪嫌疑人不需要继续羁押，现根据《中华人民共和国刑事诉讼法》的规定，特向人民检察院申请对犯罪嫌疑人变更强制措施为取保候审，并由犯罪嫌疑人家属提供适当保证人或者缴纳相应的保证金。

此致

XX律师事务所

申请人：

日　期：

二、申诉状及控告状

（一）申诉状

范例：

申诉状

申诉人：姓名，年龄，性别，民族，住址，职业等
申诉事项：
事实与理由：
(陈述案件事实)
申诉自身行为不构成犯罪或不应追究刑事责任等。

此致
XX 人民检察院或法院

申诉人：(签名)
代理人：XX 律师事务所（盖章） XX 律师（签名）
日 期：

（二）控告状

范例：

控告状

控告人：姓名，年龄，性别，民族，住址，职业等
控告事项：侦查人员或管教人员 xxx 对控告人刑讯逼供等

事实与理由：

（陈述案件事实），并控告侦查人员或管教人员xxx对控告人刑讯逼供等，（提供相关证据），要求追究该人员的法律责任。

此致

XX人民检察院或法院

控告人：（签名）

代理人：XX律师事务所（盖章）　　　　XX律师（签名）

日　期：

三、羁押必要性审查申请书

范例：

羁押必要性审查申请书

XX人民检察院：

XX涉嫌XX罪一案，申请人现作为犯罪嫌疑人XX的辩护人向贵院申请对其进行逮捕必要性审查，理由如下：

（简述申请事实和理由）

综上所述，申请人认为犯罪嫌疑人的情况符合《人民检察院办理羁押必要性审查案件规定（试行）》第17条第4款以及第18条第5款的规定，依据我国《刑事诉讼法》第93条的规定，请求贵院对其进行捕后羁押必要性审查，并及时予以变更强制措施。

此致

XX人民检察院

申请人：XX律师事务所（盖章）

XX律师（签字）

日　期：

附相关证据。

四、审查起诉阶段调查取证申请书

范例：

调查取证申请书

申请人：XXX，XX律师事务所律师
联系方式：
申请事项：请求就XX涉嫌XX罪一案向调查取证
申请理由：
(简要陈述案件情况)

现因案情需要，申请人拟向调查收集与本案有关的材料。根据《刑事诉讼法》相关规定，特此申请，望贵院予以许可。

此致
XX人民检察院

申请人：XX律师事务所（盖章）
XX律师（签名）
日　期：

五、审查起诉阶段询问证人调查笔录

范例：

访问证人调查笔录

时　间：
地　点：
调查人：XXX，XX律师事务所律师
记录人：XXX，XX律师事务所律师

被访人：姓名，年龄，性别，民族，住址，职业等

在场人员：公证人，见证人，参与人员

谈话内容：

律　师：我们是XX律师事务所律师（同时出示律师调查介绍信和执业证），现依法向您调查一案的相关情况。根据法律规定，证人有如实作证的义务，故意捏造事实、作伪证或者隐匿证据是要承担相应法律责任的，是否清楚？

受访人：

（后续记录访谈内容）

被调查人和调查人应在每页签字，最后一页签字并写上日期。

六、侦查阶段辩护意见书

范例：

法律意见书（侦查阶段）

上海市XX公安分局：

XX律师事务所XX律师接受XX委托，担任犯罪嫌疑人XXX案侦查阶段的辩护人，接受委托后，辩护人会见了犯罪嫌疑人。对本案有了初步的了解，特提出以下辩护意见，望贵局参考采纳：

（简述辩护观点和事实）

综上所述，犯罪嫌疑人XXX无前科劣迹，系初犯、偶犯，在本案中系从犯，社会危害性小，其到案后如实供述（以实际案件情况为准）。希望贵局秉着法律对犯罪嫌疑人实行教育、感化、挽救的方针，坚持教育为主、惩罚为辅的原则，能够查明案件事实，从轻处罚。

以上意见，请参考采纳。

此致

XX公安局XX分局

申请人：XX 律师事务所（盖章）
XX 律师（签名）
日　期：

七、审查起诉阶段辩护意见书

范例：

辩护意见书

XX 人民检察院：

XX 律师事务所 XX 律师接受 XX 委托，担任犯罪嫌疑人 XXX 案审查起诉阶段的辩护人，接受委托后，辩护人会见了犯罪嫌疑人。对本案有了初步的了解，特提出以下辩护意见，望贵院参考采纳：

(结合案件真实情况简要描述案件事实与辩护观点)

综上所述，犯罪嫌疑人 XXX 无前科劣迹，系初犯、偶犯，在本案中系从犯，社会危害性小，其到案后如实供述（以实际案件情况为准）。希望贵院秉着法律对犯罪嫌疑人实行教育、感化、挽救的方针，坚持教育为主、惩罚为辅的原则，能够查明案件事实，从轻处罚。

以上意见，请参考采纳。

此致

XX 人民检察院

申请人：XX 律师事务所（盖章）
XX 律师（签名）
日　期：

八、审判阶段辩护意见书

范例：

辩护意见书

——被告人 XXX 涉嫌罪

尊敬的审判长、审判员、人民陪审员：

XX 律师事务所 XX 律师接受 XX 委托担任被告人 XX 罪审判阶段的辩护人。本辩护律师本着“以事实为依据，以法律为准绳”的原则，依法出庭为本案被告人 XX 进行辩护。在此之前，本着对法律和当事人高度负责的态度，为彻底弄清案情，辩护人查阅了涉及该案的全部卷宗资料和证据材料，多次会见了被告人，听取了被告人的辩解，清楚了本案案情，辩护人对起诉书指控被告人 XX 的行为构成罪没有异议，现结合本案起诉书内容、证据、事实及适用法律发表如下辩护意见，供法庭合议时参考：

(辩护观点和事实依据)

综上所述，被告人 XX 其主观恶性和社会危害性较小，自愿认罪，到案后如实供述了自己的罪行，认罪态度好，且取得了被害人的谅解。(结合案件本身情况)。纵观本案犯罪事实与证据，以贯彻惩罚与教育相结合的刑法政策，辩护人恳请法院依法对被告人 XX 以从轻处罚，给被告人一个重新做人的机会！

以上辩护意见，提供合议庭予以参考，谢谢！

辩护人：XX 律师事务所（盖章）

XX 律师（签字）

日　期：

侦查阶段、审查起诉阶段及审判阶段的辩护意见书在格式上没有太大的区别，刑辩律师应当针对每个办案阶段的侧重点，辩护目的进行撰写。

【案例分析实训】

【案例 5.4】

【案情简介】

何某，无犯罪前科记录，于2018年7月13日在本市某酒店内因消费结账问题与酒店工作人员发生肢体冲突，后酒店其他工作人员报警。辖区民警王某和胡某接到指令后赶到案发现场，经了解情况后，将何某依法带回派出所进行调查。途中何某由于醉酒，拒不配合民警，拉扯方向盘，抓打民警王某等人，造成王某和胡某多处受伤，均构成轻微伤，后被民警制服。

到案后何某表示醉酒无法记清具体情况，但其表示自愿认罪，其家属代为赔偿了被害人损失，取得了被害人谅解。

(1) 该案件有被害人王某的陈述及辨认笔录，证明了其接警后出警，后在警车上何某对其进行抓打的过程，致使多次停车，后经部分路段，其无奈下车呼叫增援，将何某制服。在此过程中何某抓伤了胡某，后何某被带回派出所醒酒。

(2) 被害人胡某的陈述及辨认笔录，描述了其跟王某一同出警，何某对王某进行抓打的过程，以及后续将其抓伤，被制服后带回派出所醒酒的过程。

(3) 酒店工作人员等多名证人的陈述及辨认笔录，均描述了在酒店发生的冲突，以及民警王某与胡某出警后到达现场的情况，何某并未配合民警的过程。

(4) 本市公安局物证鉴定中心的鉴定书，验伤通知书及相关伤势照片证实被害人的伤势情况。

(5) 被害人的警官证，证明被害人王某和胡某系本市某公安分局民警。

(6) 公安机关接警处警单，工作情况，证实本案案发过程及被告人何某的到案经过。

(7) 被告人的户籍信息，证实被告人何某的基本身份信息。

(8) 和解协议书，收条和谅解书等，证明被告人何某家属已代为赔偿被害人经济损失并取得了被害人谅解。

(9) 悔过书，证实被告人何某对自己醉酒伤害民警的行为表示后悔，并对被害人进行了道歉。

（10）被告人何某的多次供述，印证了上述事实。

后被告人因以暴力方法阻碍国家机关工作人员依法执行职务，以妨害公务罪对被告人何某提起公诉，要求追究其刑事责任。

【实训要求】

组成简易的法庭，公诉方和辩护方（含被告人）进行简单的模拟法庭实训。

【参考文献】

上海市律师协会律师学院组编、高明著：《刑事诉讼律师实务》，法律出版社2014年版，第四至六章。

CHAPTER6 第六章

常见刑事案件之侵犯公民人身权利罪、侵犯财产罪

【本章概要】 本章通过对侵犯公民人身权利罪、侵犯财产罪的类型、典型罪名、实务操作中存在的问题等方面概述，确定侵犯公民人身权利罪、侵犯财产罪案件适用标准的政策依据和法律原则，对故意伤害罪、抢劫罪、强奸罪、绑架罪、诈骗罪、盗窃罪等典型性的犯罪法律适用问题进行概述和探讨，从刑事法律关于犯罪适用之实体与程序的相关规定出发，结合案例讲解总结司法实务中实际操作情况及辩护技巧。

【学习目标】 即通过本章学习，让学生了解什么是侵犯公民人身权利罪、侵犯财产罪，对侵犯公民人身权利罪、侵犯财产罪的理论知识和实务如何分析有清晰的认识，初步掌握常见侵犯公民人身权利罪、侵犯财产罪案件的概念，帮助新律师在日后的职业生涯中从容应对相关的罪名。

第一节 侵犯公民人身权利罪概述

一、侵犯公民人身权利罪概念

侵犯公民人身权利的犯罪是目前实践中最常见、高发的犯罪，属于我国刑事司法中的重点犯罪。

侵犯公民人身权利罪，是指侵犯公民人身、与人身有关的权利，非法剥夺或者妨害公民自由行使依法享有的管理国家事务和参加社会政治活动权利的行为。在侵犯公民人身权利的犯罪中，以故意伤害罪、故意杀人罪、强奸罪这几种犯罪率高且社会危害性较大。

二、侵犯公民人身权利罪的类型

根据犯罪的直接客体及其特点，侵犯公民人身权利罪可分为以下几类：

（1）侵犯生命、健康权利的犯罪：故意杀人罪，过失致人死亡罪，故意伤害罪，过失致人重伤罪。

（2）侵犯妇女、儿童身心健康权利的犯罪：强奸罪，强制猥亵、侮辱妇女罪，猥亵儿童罪。

（3）侵犯人身自由的犯罪：非法拘禁罪，绑架罪，拐卖妇女、儿童罪，收买被拐卖的妇女、儿童罪，拐骗儿童罪，聚众阻碍解救被收买的妇女、儿童罪，强迫职工劳动罪，雇用童工从事危重劳动罪，非法搜查罪，非法侵入他人住宅罪。

（4）侵犯人格、名誉的犯罪：侮辱罪，诽谤罪。

（5）侵犯民主权利的犯罪：非法剥夺公民宗教信仰自由罪，侵犯少数民族风俗习惯罪，侵犯通信自由罪，私自开拆、隐匿、毁弃邮件、电报罪，报复陷害罪，破坏选举罪。

（6）妨害婚姻家庭权利的犯罪：暴力干涉婚姻自由罪，重婚罪，破坏军婚罪，虐待罪，遗弃罪。

（7）侵犯其他权利的犯罪：诬告陷害罪，刑讯逼供罪，暴力取证罪，虐待被监管人罪，煽动民族仇恨、民族歧视罪，出版歧视、侮辱少数民族作品罪，打击报复会计、统计人员罪。

第二节　常见侵犯公民人身权利的罪名

一、故意杀人罪

故意杀人罪是一种严重侵犯公民人身权利的犯罪，也是目前实践中发生最频繁、最常见的刑事犯罪之一。

（一）故意杀人罪的客体

根据我国刑法的规定，故意杀人罪是指采用各种手段故意非法剥夺他人生命的行为。本罪侵犯的客体是他人的生命权，简单来说就是已经出生并且能够独立呼吸的个体生命。只要是具有生命的人，年龄、性别、职业、财产状况、身体状况、社会地位等因素都不影响本罪的成立，均可称为本罪的对象。相对来说，未出生的胎儿、已经死亡的尸体则不能成为本罪的对象。因此，实践中如果是杀死未出生的胎儿，则行为人不构成故意杀人罪，但是如果杀害胎儿而导致母亲死亡，行为人可能会成立故意杀人罪，但在这种情况下，故意杀人罪的对象就是母亲而非胎儿。简而言之，无论这个人是普通百姓还是国家领导人，或是身体健康的人还是濒临死亡的患者，即便是刚刚出生的胎儿，从他出生的那一刻起，只要行为人非法加以杀害，就构成故意杀人罪。值得注意的是，一些国家对于杀害与本人有特定亲属关系的人专门制定了法条规定，并且该法条一般都轻于普通人的刑罚。例如，父母杀害自己刚出生的胎儿，考虑到父母与胎儿之间存在特殊的关系，对于这类情况，一般在量刑上都较普通的故意杀人罪较轻。另外还有一种情况，被害人平时恶贯满盈，存在家暴、虐待老人、虐待妻儿等不好的行为，其妻儿在忍无可忍的情况下将被害人杀死，这种情况无疑也是符合故意杀人罪的要件，但是实际上需要考虑到了行为人的主观恶性，考虑到了被害人的明显过错，在处理时也相比普通的故意杀人罪量刑时较轻。

（二）故意杀人罪的主观方面

故意杀人罪的主观方面是故意。需要注意的是，在认定故意杀人罪时，需要区分故意杀人罪与危害公共安全罪。两个罪名的不同之处在于故意杀人罪针对的对象是特定的，可以是一个人，也可以是一群人，而危害公共安全罪针对的主体则是不特定的多数人。因此，在区分两个罪名的时候，需要衡量行为人的违法行为是否危及公共安全。

刑法把故意划分成直接故意和间接故意。直接故意是指行为人明知自己的行为一定会发生社会危害的后果，并且希望结果发生。而间接故意指行为人明知自己的行为可能发生危害后果，而放任结果发生的心理。两者区别首先在于在认识程度上有所不同。例如，将被害人从三十楼的高层推下去，这种行为必然会导致被害人死亡，行为人对这种行为会发生死亡的结果是知晓并且肯定的。除了认识程度上有所不同外，在对被害人死亡结果发生的心理态度也不同，直接故意杀人中，行为人是积极主动地追求被害人死亡结果的发生，并且朝着这个目标不断创造机会。而间接故意杀人中，行为人是持放任态度，也就是对结果听之任之。要认定是直接故意杀人或间接故意杀人，关键是行为人的意志。

在司法实践中，曾出现过间接故意没有发生死亡结果但最后被认定故意杀人罪的情况。案情大致是这样的，某高校两名在校学生谈恋爱同居期间，女学生怀孕。某天，女学生在出租的房屋内生下一孩子，因害怕被其他同学们笑话，生完孩子后该女学生将婴儿扔进了楼道内的垃圾桶。男友回来后，得知情况后也没有采取积极的措施救助婴儿。后婴儿被路人发现后送进医院后获救。最终法院认定两学生构成（间接）故意杀人罪。在这起案件中，两学生明知自己的行为可能会导致婴儿死亡，但是放任死亡的结果，属于间接故意的心理状况。

上述这个案件表明，我们在实践中还有些问题需要注意，例如，间接故意是否存在未遂的问题？目前，司法实践中的观点认为间接故意犯罪是不存在犯罪的未完成的状态。根据《刑法》第 23 条的规定，犯罪未遂是指“已经着手实行犯罪，由于犯罪分子意志以外的原因而未得逞”的犯罪形态。因此犯罪未遂只能存在于直接故意中，间接故意中是不存在未遂的问题。如前所述，无论从认识程度还是意志来看，直接故意杀人的主观恶性在绝大多数情况下，要大于间接故意杀人。因此，直接故意杀人的客观社会危害性也要大于间接故意杀人。但是在某些案件中，间接故意的行为更加卑劣，手段更加残忍，造成的后果更加严重的，仍然可以判处死刑立即执行。

（三）故意杀人罪的侵犯对象

故意杀人罪侵犯的是他人的生命权，而这里指的“人”可以是本国人也可以是外国人，但是不包括本人。因此，需要注意的一点是，自杀行为并不构成犯罪，但是教唆他人自杀的行为，如果被教唆者真的自杀了，则被教唆者构成故意杀人罪。关于这个例子，出现了另外一个问题，教唆者自己是否构成故意杀人罪的共同犯罪？教唆他人杀害自己的行为，只有杀害自己的故意，而没有剥夺他人生命权的故意，因此，教唆者是不可能构成故意伤人罪的。

结束自己的生命的行为，我国刑法中并不认为是犯罪，但是实践中，引起自杀的原因可能各有不同。比如相约自杀、教唆他人自杀、胁迫他人自杀等。这些情形是否构成故意杀人罪值得探讨。例如相约自杀，如果一方死亡，另一方自杀未遂，那么未遂的一方不构成故意伤害罪，而这种情况的前提是一方没有教唆、帮助另一方（死亡一方）的情况。再比如，在相约共同自杀时，被教唆者或者被帮助者自杀了并且身亡了，而教唆者和帮助者也自杀了但是未遂，在这种情况下，虽然是共同相约自杀，但是就教唆者而言，正是因为他的教唆行为才使得被教唆者产生了自杀的意识，从而实施了自杀行为，如果没有唆使，相约自杀的行为也不会发生，因此符合故意杀人的要件。除此之外，还有一种相约自杀，应一方要求，行为人杀死对方后自杀，行为人的行为也应当以故意杀人罪论处，只是在量刑情节上可以从轻或减轻处罚。举个例子，夫妻俩因生活压力，相约自杀，女方觉得喝农药太痛苦，要求男方将自己勒死后，男方再喝农药自杀，男方应女方的要求用绳子结束了女方的生命后，在准备喝农药的时候，邻居冲了进来，男方自杀未遂。如果是相约自杀的，那么在其中一人实施自杀行为后，另一人反悔决定不自杀的，目前实践中还是存在不同的审理意见的，一种认为是不作为的故意杀人罪，另一种是认为不构成故意杀人罪，对于这种情况，应该分为不同情况对待。如果未自杀的一方在整个过程中起到了主导的作用，在自己不准备实施自杀行为时，应当劝导另一方放弃自杀，若没有做到劝阻的义务而导致对方自杀身亡的，对于没自杀的人，应当以故意杀人罪定罪。在司法实践中，有过这样的案例，男女相爱，但是父母反对，不允许他们在一起，随后他们相约一起殉情，其中一人未得逞的案例；也有夫妻遇到困难，生存不下去，双双相约自杀，一方得救的案例。对于这种案件中，若有一方未死亡的，都要区分不同情况来判定是否构成故意杀人罪。

故意杀人罪必须有杀人的行为，也就是剥夺他人生命的行为。具体表现为间接或直接行为。直接行为包括亲自动手拳打脚踢，也可以是持械、利用工具等。而间接行为也就是利用他人实施，包括威逼利诱他人自杀。而杀人行为一般是以作为的形式表现，比如拿刀砍、枪杀等，当然也有以不作为形式实施的，例如，妻子看到丈夫跳楼自杀，妻子不劝阻任其自杀；或是医院的值班医生拒绝给危重的患者治疗导致患者死亡，这些都是实践中可能会出现的不作为杀人的类型。

剥夺他人生命的行为必须是非法的才能构成故意杀人罪。合法剥夺他人生命的行为目前实践中主要是两类，执行死刑和正当防卫。执行死刑也就是经过人民法院判决给予被告人判处死刑并立即执行的行为。这种杀害他人的方式是符合刑法规定的罪行规范，严格按照法律规定的程序进行的，因此是合法有效的。而正当防卫的定义是指不得已采取的制止不法侵犯的行为，但正当防卫需要符合刑法所规定的条件。以上两种情况虽然客观上都是剥夺了他人生命的行为，但是具有合法性，因此是不构成故意伤害罪的。

我们都知道，杀害尸体并不构成故意杀人罪，但是如果符合侮辱尸体罪的构成要件，则构成侮辱尸体罪。但是若行为人误把尸体当作有生命的人加以杀害，实践中应当按照故意杀人罪来处理，这种情况属于对象不能犯的未遂。

（四）不作为故意杀人罪的认定

犯罪行为在具体表现形式上多种多样，从行为的基本形式来说，分为作为和不作为两种。作为是行为人以积极的实施行为作出刑法所禁止的行为。故意杀人罪的行为一般表现为作为，如刀砍、斧劈、拳击、枪杀、投毒等剥夺他人生命的行为，作为行为比较容易认定。不作为是消极地不实施有义务实施的行为。故意杀人罪也可以以不作为的方式实施。

【案例分析实训】

【案例 6.1】不作为的故意杀人罪

【案情简介】

某日，家住某省的宋某喝醉酒回家，与妻子发生争吵。妻子怒骂说：“三天两头吵，还不如去死。”宋某说：“那你死去吧。”随后妻子在准备自杀工具时，宋某喊来朋友对妻子劝导。随后待朋友走后，两人又发生了激烈的争吵。在妻子再次寻找自杀工具时，丈夫不闻不问并且不加以劝阻。直到丈夫意识到妻子在自杀后，才起身过去看望妻子，但仍未采取有效措施，而是离开案发现场后，去父母家告知父母这件事，待其家人赶到时，妻子已经断气死亡。

案发后，公诉机关检察院以“故意杀人罪”的罪名对丈夫提起了公诉。

人民法院审理后认为，丈夫看着妻子寻找工具准备自杀，那么丈夫应当会推测到妻子可能自杀并死亡的后果但却放任这种结果的发生。在家中这种只有丈夫和妻子的特定环境下，丈夫对妻子是负有特定的救助义务，丈夫放任妻子自杀身亡，其行为已经构成了故意杀人罪（不作为）。因此，人民法院判决被告人宋某犯故意杀人罪，判处有期徒刑四年。

在一审判决后，被告人宋某不服，向中级人民法院提出上诉称：认为自己并没有放任妻子的死亡，根本想不到她这次真的会自杀，一审判决认定事实错误，处理不当，请求依法改判无罪。在该案的二审中，中级人民法院认定的事实与一审法院之认定相同，并进而认为，被告人宋某与其妻关系不和，在争吵厮打中用语言刺激妻子，致使其产生自杀轻生的决心。被告人宋某是负有特定救助义务的人，却对妻子的自杀采取放任的态度，致使妻子在家中这种特定环境下自杀身亡，其行为已构成故意杀人罪（不作为）。原一审法院的判决定罪正确、量刑适当、审判程序合法，被告人宋某的上诉理由不能成立，不予采纳。中级人民法院作出“驳回上诉，维持原判”的裁定。[1]

该案件的起因是由夫妻之间争吵所引发的，在特定的环境下，丈夫对妻子的自杀行为都是有救助义务的，本可以阻止，但丈夫的见死不救导致妻子最后死亡的结果。“扶养”是一种相互的扶助，它不以没有劳动或者生活能力为条件，而且扶养是以生命的存在为前提。丈夫（或妻子）对妻子（丈夫）在日常生活中有扶养的义务，“一方不履行扶养义务时，需要扶养的一方，有要求对方给付扶养费的权利”（《婚姻法》第20条第2款）。那么在一方遇到生命危险时，另一方自然有救助的义务。刑法认可了夫妻间的扶养义务，自然也认可了夫妻间的救助义务。同理，《婚姻法》规定，母亲对婴儿有抚养的义务，在婴儿生命面临危险的情况下，自然有救助义务。刑法认可了抚养义务，自然认可救助义务。母亲故意不给刚生下的婴儿喂奶以致婴儿饿死，违反了救助的义务，不予救助，构成故意杀人罪。

二、故意伤害罪

故意伤害罪是指故意地非法损害他人身体健康的行为，实践中，故意伤害罪也是发案率较高的犯罪之一。

（一）故意伤害罪的客体

本罪的犯罪客体是他人的身体健康。故意伤害自己身体的，实践中一般

---

[1] 高铭暄、单长宗主编：《中国审判案例要览》（1996年刑事审判卷），中国人民大学出版社1997年版，第34~37页。

不认为构成本罪。犯罪客观方面一般是指行为人实施了非法损害他人身体健康的行为。损害他人的身体健康是指损害或者迫害了他人的人体器官正常运作功能。在实践中，伤害的行为有很多种，但是不论行为人使用哪种手段伤害或损害他人的身体，其行为均是属于伤害行为。

那么什么是身体健康？身体健康是指人体组织的完整性或人体器官的正常机能，而完整性则是指人体的任何器官都不可缺少，正常机能是指器官具备本应当具备的功能，因此故意伤害罪的根源就是对人体器官功能的损害。比如强行减去别人的头发或是指甲，谈不上对人体组织完整性的破坏，对人体器官的正常运作也没有影响，因此是不成立本罪的。随着科学技术的进步，现在安装组织的替代品来维持人体的机能也相当多，那么损害这些替代品是否构成损害身体健康呢？比如破坏假肢等，目前实践操作中是不认为构成故意伤害罪的。关于这点需要提醒大家注意，理由是损害这些替代品没有破坏人体其他器官的正常功能运作。当然，极端而言，故意伤害可能会造成被害人的死亡，这当然也属于对他人身体健康造成了损害，但是行为人是出于故意伤害的主观故意，被害人死亡的结果不是行为人故意为之，因此仍然属于故意伤害罪的范畴。因此故意伤害罪的犯罪客体就是侵犯他人身体健康，有无造成他人死亡的结果并不影响犯罪的成立。

（二）故意伤害罪的对象

故意伤害罪的对象是有生命的自然人。若行为人明知是尸体而加以伤害并不构成故意伤害罪，根据具体犯罪情节可能会构成侮辱尸体罪。

根据《刑法》第 234 条："故意伤害他人身体的，处 3 年以下有期徒刑、拘役或者管制。犯前款罪，致人重伤的，处 3 年以上 10 年以下有期徒刑；致人死亡或者以特别残忍手段致人重伤造成严重残疾的，处 10 年以上有期徒刑、无期徒刑或者死刑。本法另有规定的，依照规定。"因此，故意伤害自己的身体并不构成故意伤害罪。但是，刑法对此规定了特殊的条款规定，例如，《刑法》第 434 条"战时自伤身体，逃避军事义务的，处 3 年以下有期徒刑；情节严重的，处 3 年以上 7 年以下有期徒刑。"

故意伤害罪需要出于非法的目的伤害他人身体，若是正当防卫或是医疗行为当然不构成本罪。

（三）故意伤害罪的客观方面

故意伤害罪在客观方面必须有损害他人身体健康的行为，包括作为和不作为。作为的伤害是故意伤害罪最为常见的方式。例如持刀砍人，或是利用他人或是动物伤害他人。不作为的方式在司法实践中较少。

犯罪手段的不同，只是量刑的情节之一，不是本罪构成的要件。伤害的结果，可能是轻伤或重伤，也可能是致人死亡。

从广义而言，身体健康应该包括生理健康和心理健康两个方面。如果根据该定义，心理健康也应该成为故意伤害罪所侵犯的法益。但是，在司法实践中，心理健康是不能够成为故意伤害罪的法益。司法实践中认为心理健康是不能够成为故意伤害罪的法益的原因是，不能把一个人的行为导致另一个人改变了其性格、气质或理想、信念、兴趣等的行为就构成故意伤害罪；也不能把一个人的行为导致另一个人出现感情上的痛苦、脾气急躁、焦虑等状况的行为就认定构成故意伤害罪。通俗来讲，精神伤害不构成故意伤害罪。

（四）故意伤害罪的主观方面

故意伤害罪行为人主观上必须有伤害的故意，通俗来说就是行为人明知自己的行为会造成他人身体伤害的结果，并且希望或放任这种结果发生。根据被害人伤情的轻重，故意伤害的结果分为三种：轻伤、重伤、死亡。根据《刑法》第234条规定：“故意伤害他人身体的，处3年以下有期徒刑、拘役或者管制。犯前款罪，致人重伤的，处3年以上10年以下有期徒刑；致人死亡或者以特别残忍手段致人重伤造成严重残疾的，处10年以上有期徒刑、无期徒刑或者死刑。本法另有规定的，依照规定。”根据该法条可以看出，故意伤害罪是以结果的轻重作为量刑轻重的标准。而根据不同的结果，行为人的刑事责任也是不同的，在司法实践中，对于法院如何判决，也是以结果作为定罪量刑的标准。

三、强奸罪

（一）强奸罪的概念

强奸罪，是指行为人在违背妇女意志的情况下，使用暴力、胁迫或者其他手段，强行与妇女发生性交的行为，或者故意与不满14周岁的幼女发生性关系的行为。根据《刑法》第236条第1款："以暴力、胁迫或者其他手段强奸妇女的，处3年以上10年以下有期徒刑。奸淫不满14周岁的幼女的，以强奸论，从重处罚。"

（二）强奸罪的犯罪对象

强奸罪的犯罪对象是女性，其中包括14周岁以上的"妇女"和不满14周岁的"幼女"。强奸罪侵犯的主体是女性的性权利。根据刑法规定，已满14周岁的女性未经本人同意，任何人不得和其发生性交；而对于不满14周岁的幼女，任何人不得和她发生性交，无论幼女是否同意，否则就是侵犯了她的性权利。当然，如果已满14周岁，但是精神异常，是精神病患者的话，她们也是有性权利的，她们的性权利也是要受到法律的保护的。

强奸罪的客体就应该界定为女性的性权利，其中既包括妇女的性自主权，也包括幼女及精神病患者与生俱来的性权利。只要是侵害了女性的性权利，就是对女性的性权利造成了侵犯，行为人未征得女性的同意（但是对于不满十四周岁的女性或精神病患者来讲，无论其是否同意的情况下使用暴力、胁迫或其他手段强行发生性关系，故意与之发生性交），这种理所当然是构成强奸罪的。

而比较有争议的是属于第二种情况，行为人威胁女性发生性交，而威胁又分为两种情况，一种是在犯罪的预备或着手实行阶段，行为人由于意志以外的原因未能着手实施犯罪或未能得逞，或者自动放弃犯罪；第二种是在实行阶段，尽管女性是同意的，但行为人的行为有侵害女性的性权利的可能性，在这种情况下，也构成侵害女性的性权利。例如：李某冒充王某的丈夫，半夜潜进王某家与其发生性关系，王某一直以为和自己发生性关系的是自己的丈夫，因此是在自愿的情况下发生性交。可能有人说，李某的行为没有违反王某的意志，并不构成强奸罪，这种说法显然是错误的。只要是行为人有强行奸淫的主观故意，并且实际在客观方面也实施了强奸行为，一旦侵犯了妇女性的权利，行为人就符合了强奸罪的构成要件。

（三）强奸罪的客观方面

1. 性交手段

强奸罪的客观方面，指强奸的客观外在表现，具体包括性交的方式、行为的手段。目前司法实践中，也存在肛交、口交等非自然性交的方式，当然现实中也发生过“鸡奸”的案件。例如某个真实案件情况，某男晚上送女朋友回家后，独自一人返回，在经过一个小巷时，突然有人从背后将他迷晕。等他醒来后，感觉下身疼痛，后来发现自己被“鸡奸”了，报案后，由于我国刑法没有规定“鸡奸”犯罪，所以无法立案。总结来说，在目前的司法实践中，强奸罪中性交的方式自然指的是阴道性交（自然性交）而不包括肛交、口交等，强奸只能是男子对女子的一种侵害行为。

2. 强奸罪的手段

强奸罪的手段一般都包括暴力、威胁（暴力威胁）、欺骗、利用被害人所处的特定状态等。暴力手段例如殴打、捆绑、按倒、勒脖子等，使女性不能反抗。胁迫手段，即行为人对被害女性施以威胁、恐吓，对其在精神上强制，使女性不敢反抗等手段，例如包括以揭发隐私相要挟、利用迷信邪说对被害人进行恐吓、利用教养关系或从属关系以及利用被害人孤立无援的状态等，使被害人不敢反抗。其他手段包括例如下迷幻药、乘被害人喝醉后，使其处于昏迷不清醒状态而迷奸等。

在实践中，相对难以判定的情况是区分胁迫与引诱，尤其是行为人利用职务、从属关系等关系与女性进行性行为是否可以认定为胁迫。从字面意思来看，胁迫是指行为人对女性在精神上的强迫，胁迫的目的在于引起心理和精神方面的恐惧，从而达到女性不敢抗拒的目的；如果女性不听从安排，将会发生对她不利的结果。而引诱是指男方以施恩为诱导，勾引女方与之发生性行为，例如发生性关系后，女员工可以升职。如果女员工顶得住诱惑，最后结果只不过是没有得到她本不该得到的利益。引诱其实是一种利益与性的交换，引诱手段不能达到对妇女精神上的强制。在认定用职务、从属关系等方式进行性行为时，主要是要看行为人和女性是否真实存在这些关系。如果有，则存在行为人对女性精神强迫的可能性；其次需要注意行为人是否利用上述关系加以威胁。如果行为人与被害人既有教养关系或从属关系或利用职权，同时又利用这些关系相威胁，则可以认定为胁迫。如果他们之间没有这些关系或虽有这些关系但没有利用这些关系相威胁，就说明行为人的行为不是胁迫而是引诱。例如：女员工由于身体原因想要换岗，向领导提出调换岗位，领导就想乘机占女员工的便宜，但女员工不从，领导就借机报复，安排女员工更为辛苦的工作，后领导再提出发生性关系，女员工无奈答应。在这种情况下，领导和女员工是上下级关系，同时又利用这种关系对女员工进行了精神上的强制，女员工如不同意，她的健康人身权利又将受到伤害。领导的行为显然属于胁迫，女员工属于不敢反抗，符合强奸罪的构成要件。

3. 与智障妇女发生性行为是否构成强奸罪

实践中，行为人与智障妇女发生性关系后被司法机关追究刑事责任的新闻屡见不鲜。关于行为人与智障妇女发生性关系是否构成强奸罪的问题值得深思。强奸罪的本质特征是违背妇女意志、侵犯妇女的性权利，那么与智障妇女发生性行为是否构成强奸罪，在理论与司法实践中一直存在不同的观点。

从人权角度讲，性权利是与生俱来的，每个人都有决定自己性的权利，智障妇女不应受到差别对待，任何法律都不能剥夺其性权利，且智障妇女在与他人发生性行为时，其内心完全可能是自愿的，智障妇女并非都没有对性行为的认识能力和控制能力，智障妇女也完全可能作出愿意发生性关系的真实意思表示，甚至完全可能基于性需求，主动、本能地向异性发出发生性关系的要求。如果实践中将行为人与智障妇女发生性关系的行为一律以强奸论，不仅是对公民正常生活的干预，且明显有违尊重和保障人权的原则。行为人是否构成强奸罪都应以是否违背智障妇女的意志为标准，都应以该妇女的内心真意为准，应该在审查案件事实的基础上，以强奸罪的构成要件的标准，具体案件具体分析，严格遵守罪刑法定原则，而不应该由法律加以推定或拟制。

（四）强奸罪的主体

强奸罪的主体一般是男性，那么丈夫和妻子能否构成强奸罪的主体呢？

合法的婚姻关系里，并非一律不存在强奸事件，而结婚证也并非丈夫婚内强奸妻子的通行证。司法实践中判决婚内强奸构成犯罪的案例有多起，大体可以分两种情况。一种情况是合法夫妻关系存续期间强行发生性行为，另一种情况是没有履行法律手续，但举行了婚礼后强行发生性行为。婚内强奸被判强奸罪的首例是由上海法院判决的。

【案例分析实训】

【案例 6.2】

【案情简介】

被告人李某经人介绍与被害人钱某认识后坠入爱河，于 1993 年登记结婚，后双方生有一子。婚后，李某与钱某因感情不和，双方分居后同时向法院起诉离婚。同年10月，人民法院认为双方感情尚未破裂，判决不准离婚。此后双方也未同居，一年后，李某再次向法院提起诉讼要求离婚，后人民法院判决准予双方离婚，并将判决书送达双方。双方对判决离婚并无任何争议，虽然李某表示对判决涉及的子女抚养有意见，保留上诉权利，但李某一直未提起上诉。在离婚判决尚未生效时，李某回到原来的住处，见钱某在房内整理东西，随即抱住钱某，想要强行与其发生性行为，但却遭到钱某的拒绝。钱某挣脱后想要离开，李某用暴力手段强行与钱某发生了性关系。并且在性侵的时候，因用力过猛导致钱某受伤。钱某随即于当天晚上向公安机关报案。

人民检察院随后以被告人李某构成强奸罪，向人民法院提起公诉。

被告人李某辩称，发生性关系对方自愿，不是犯罪。其辩护人提出，离婚判决尚未生效，夫妻关系尚未真正地解除，婚内发生性行为不构成强奸罪，因此李某的行为不构成强奸罪。

人民法院认为：被告人李某主动请求人民法院判决解除与被害人的婚姻关系，法院判决准予离婚后，双方对此均无任何异议。虽然判决尚未生效，但显然被告人李某与被害人已不具备正常的夫妻关系。在此情况下，被告人李某违背被害人的意志，采用暴力手段，强行与钱某发生性关系，其行为已构成强奸罪，应依法惩处。公诉机关指控被告人李某的犯强奸罪罪名成立。被告人关于发生性行为系对方自愿及其辩护人认为认定被告人采用暴力证据不足的辩解、辩护意见，与庭审质证的证据不符，不予采纳。依照《刑法》第236条第1款、第72条第1款的规定，于1999年12月21日判决如下：被告人李某犯强奸罪，判处有期徒刑3年，缓刑3年。一审宣判后，被告人李某服判，未上诉。

这是司法实践中对类似案件的常见判决结果。一般情况下，婚姻关系存续期间，丈夫是不构成强奸罪主体的。但是，夫妻同居义务是根据双方自愿结为夫妇的行为推定出来的伦理道德，也是以存在正常的夫妻关系作为前提条件的。有些时候，尽管存在着合法的婚姻关系，但实际的夫妻关系已不正常，感情确已经破裂，那么即是婚内强行发生性行为，也应当构成强奸罪。

【思考问题】

妇女能否成为强奸罪的犯罪主体？

第三节　侵犯财产罪概述

一、侵犯财产罪的概念

侵犯财产罪指以非法占有为目的的谋取公私财物，或者故意毁坏公私财物的犯罪行为。

财产关系的表现是财物。其中，无主物不属于侵犯财产罪的对象。有形物中，比较特殊的财物包括贪污的赃款赃物，走私的财物，赌场上的赌资，等等。虽是犯罪分子非法所得的财物，但这些财物是有合法的所有人或应当由国家机关予以没收的，因而是可以认定为侵犯财产罪的犯罪对象。

构成本章罪的犯罪主体，除了贪污罪是特殊主体之外，其余都是一般主体。主观方面只能是出于故意，除了故意毁坏财物罪外，其他罪名都需要行为人具有非法占有的目的。客观方面体现为侵犯公、私财产的行为。

侵犯财产罪是指将公共财产或公民私有财产非法占为己有，或故意毁坏公私财物的行为。其中包括：抢劫罪、盗窃罪、抢夺罪、诈骗罪、聚众哄抢公私财物罪、侵占罪、职务侵占罪、挪用资金罪、挪用公款罪、挪用特定款物罪、敲诈勒索罪、故意毁坏财物罪、破坏生产经营罪等。

二、侵犯财产罪的类型

侵犯财产罪的类型包括 13 个具体罪名。依照犯罪故意内容的不同，我们可以将侵犯公民财产罪分为以下三种类型：

第一，占有型，即以非法占有为目的的侵犯财产罪。其中又可以按照犯罪的方式分为以下四种具体类型：

（1）公然强取型犯罪，其中包括抢劫罪、抢夺罪、敲诈勒索罪等罪名。

（2）秘密窃取型犯罪，即盗窃罪。

（3）骗取型犯罪，即诈骗罪。

（4）侵占型犯罪，包括侵占罪、职务侵占罪等。

第二，挪用型，即以挪用为目的的侵犯财产罪，包括挪用资金罪、挪用特定款物罪。

第三，毁损型，即以毁损财物为故意内容的侵犯财产罪，包括故意毁坏财物罪、破坏生产经营罪。

第四节　常见侵犯财产权的罪名

一、抢劫罪

抢劫罪是一种暴力犯罪。在刑法理论界和司法实践中，对于抢劫罪的认定存在着不同的说法。在一般情况下，但凡行为人是以非法占有为目的，当场使用暴力、胁迫或者其他方法强行劫取公私财物的行为，就可以构成抢劫罪。

（一）犯罪主体

抢劫罪的主体为一般主体。依《刑法》第 17 条规定，年满 14 周岁并具有刑事责任能力的自然人，均能构成该罪的主体。

（二）暴力手段

抢劫罪的暴力手段需要当场实施。这种暴力行为指向的对象是特定的，一般就是财物权利人或者受所有人委托的保管人。在很多情况下，行为人只有是向这些特定的人施加了暴力行为，才可能最终非法获得财物；而在某些特殊的情况中，暴力行为也可以是向与财物所有人或保管人有着某种特别密切关系的人施加的。

（三）抢劫罪的量刑标准

量刑基准不同于法定刑起点，来源于几十年来刑事法官的实践经验，是从若干案例中总结出来的，对具体罪名处刑罚量的平均值。抢劫罪的量刑基准主要分为三个情况：3 年以上 10 年以下有期徒刑的量刑基准；10 年以上有期徒刑、无期徒刑的量刑基准以及无期徒刑的基准；抢劫 1 次，基准刑为有期徒刑 4 年；抢劫 2 次，基准刑为有期徒刑 6 年。

抢劫取得财物，数额超过 2000 元，基准刑增加 6 个月；每增加数额 1500 元，基准刑增加 6 个月。根据《刑法》第 263 条，有下列情形之一的，基准刑为有期徒刑 11 年：①入户抢劫的；②在公共交通工具上抢劫的；③抢劫银行或者其他金融机构的；④多次抢劫或者抢劫数额巨大的；⑤抢劫致人重伤、死亡的；⑥冒充军警人员抢劫的；⑦持枪抢劫的；⑧抢劫军用物资或者抢险、救灾、救济物资的。多次抢劫并且数额巨大的，基准刑为有期徒刑12年。入户抢劫并且数额巨大的，基准刑为有期徒刑12年。

除上述情形外，同时具有两种以上《刑法》第263条规定的情形的，基准刑为有期徒刑13年。

抢劫取得财物数额巨大，超过1万元以上的，每增加5万元，基准刑增加1年。

抢劫多次，次数超过6次的，基准刑增加1年；次数超过10次的，基准刑增加1年半。

而具有以下情节的，基准刑为无期徒刑：①抢劫致人重伤，且造成被害人6级以上（含6级）严重伤残的；②抢劫致2人以上重伤的；③同时具有两种以上《刑法》第263条规定的情形的，并造成恶劣社会影响的；④同时具有三种以上《刑法》第263条规定的情形的；⑤抢劫数额达20万元以上，且同时具有新《刑法》第263条规定的其他情形之一（不含多次）或造成恶劣社会影响的。

【案例分析实训】

【案例6.3】

【案情简介】

陈某借给王某10万元用于资金周转，双方约定借款期限为2个月。借款到期后，陈某向王某多次追讨欠款，王某均以各种理由拒不偿还。随后某日，陈某看见王某进了银行，便偷偷尾随，待王某在银行办完手续后，立即向王某催要欠款。王某称他是替弟弟取2万元钱用于看病，并保证欠陈某的款项一周后一定会归还。陈某让其先还2万元，王某不同意，陈某便向王某打了一拳，将其推倒在银行，并且强行抢走王某刚取出的2万元，并写下一张“收到王某还款贰万元”的收条。在场的银行员工看到后随即打电话报警，后公安机关将陈某当场抓获。经事后核实，王某的确是用其弟弟银行卡取款2万元。

在这个案例中，陈某的行为已构成抢劫罪。理由如下：

陈某对王某当场使用了暴力的行为，并强行将王某身上的2万元现金抢走，陈某的行为在客体和客观方面都符合抢劫罪的构成要件。而在主观方面，陈某抢王某身上的钱并不是偶然发生的，而是潜意识支配着陈某。陈某的主要目的在于让王某还款。故在其向王某催要欠款无果的情况下，陈某在主观上就希望用其他方式从王某身上拿到钱，在这种潜意识下，刘某就有了“抢夺”的想法。也就是说刘某具有了以“抢夺”这种方式要钱的想法后，有了将王某身上的2万块钱控制在自己支配之下的意识，所以最后就有了陈某实施“抢夺”的行为。可以看出陈某在主观方面是具有非法占有之目的。只是在抢夺王某身上的钱以后，该笔钱用于偿还了双方之间的部分欠款，这说明陈某在达到非法占有他人财物的目的之后，按照自己意志来支配了这笔钱。虽然实际上是用于抵扣双方之间的欠款，但这一行为并不能否定陈某在抢夺时候是不具有非法占有之目的。例如某慈善家承诺给希望小学捐款5万元，但由于后期资金发生困难而不能兑现捐款的承诺，但慈善家怕对自己名声不好，于是抢劫了其他人5万元，随后全部捐给了希望小学。在这个例子中慈善家的行为显然已经构成了抢劫罪。

回到之前的例子，陈某与王某之间是合法的民间借贷关系，陈某完全可以通过向法院提起诉讼的方式来实现自己的债权，但是陈某却采用了暴力、不合法的方式来实现自己的权利。综上所述，刘某的行为显然构成了抢劫罪。

司法实践中，对于一些未成年人，例如刚满14周岁的学生，如果他们打了其他同学几个耳光，或是向其他同学索要一点点钱财的行为，一律要以抢劫罪刑拘、逮捕、起诉是不合理的。虽然从犯罪构成角度看，这种行为无疑是符合法律上抢劫罪的构成要件，但是从社会危害性的角度来看，犯罪构成是一个抽象的概念。实际上在目前的司法实践中，执法人员不仅仅要区分这种特殊情况是否符合抢劫罪的犯罪构成要件，还要根据一般的社会和公众心理，分析这一行为的社会危害程度是否已经或者可能达到抢劫罪的严重社会危害性，不能根据法条字面的意思一概而论认定犯罪。

二、盗窃罪

盗窃罪是指以非法占有为目的，盗窃公私财物数额较大或者多次盗窃、入户盗窃、携带凶器盗窃、扒窃公私财物的行为。

（一）盗窃罪的犯罪客体

本罪侵犯的客体是公私财物的所有权。侵犯的对象是国家、集体或个人的财物，一般是指动产，但不动产上之附着物，可与不动产分离的，例如，田地上的农作物，山上的树木、建筑物上之门窗等，也可以成为本罪的对象。从盗窃的形态来说，主要是有形物，但是也可以是无形物，例如能源如电力、煤气也可成为本罪的对象。作为盗窃罪犯罪客体的所有权是抽象概念，必须通过载体表现出来，而这一载体则是盗窃罪的对象。盗窃的财物也必须具有以下几个特征：

1. 财物必须具有可支配性

盗窃行为的本质特征在于通过自己的非法占有而排除他人的占有，进而影响到他人对特定财物所有权的行使。我们都知道动产应该可以支配，所以可以被认定为盗窃对象，那么不动产可否列为盗窃对象？因不动产不可移，所以不能采用“窃取”的手段占有，所以行为人是不可能秘密窃取到不动产的。

2. 财物必须具有一定的经济价值

数额是认定盗窃罪定罪量刑的依据。从司法实践中来看，盗窃的财物必须具有一定的经济价值。

3. 必须是他人的财物

如果是自己的财物，那不可能成为盗窃罪的犯罪对象。如果财物不被任何人控制支配，也是不可能成为盗窃罪的犯罪对象的。有时候，即是自己的财物，但已经由他人合法占有使用时，也视为是“他人的财物”，比如行为人将自己的物品寄售、托运、租借给他人等行为。当然也会出现这种情况，例如行为人自己合法拥有、使用的物品，也认定为是他人的物品，比如仓库管理员保管他人的仓库物品。

4. 如果盗窃家里人或者近亲的财物，一般不按照犯罪处理

近亲属一般是指父母、子女、配偶等，但是如果行为人勾结外人盗窃家里人或者近亲属的财物，属于盗窃罪，是共同犯罪。

（二）盗窃罪的客观方面

盗窃罪的客观方面主要表现为两种行为，第一种是秘密窃取数额较大的公私财物，第二种是多次窃取公私财物。而“多次盗窃”主要是打击扒窃分子，由于扒窃分子的流动性比较大，不易被抓获，同时又具备一定的反侦查

能力，一旦抓获，公安机关往往只能认定当场抓获的数额，对之前的作案数额难以查证认定，而有了这条的规定后，不论数额大小，只要行为人多次盗窃，都可以构成犯罪。

（三）盗窃罪的主观方面

在主观方面，必须是在以非法占有为目的的情况下，并且在这意识的支配下，行为人对明知是他人所持有的财物，实施了窃取的行为。当然，如果是错误地将他人的财物误认为是自己的而拿走，因在本质上行为人是陷入了认识错误，不具有非法占有他人财物的目的，则不构成盗窃罪。

（四）盗窃的行为

行为人必须实施了秘密窃取的违法行为。所谓秘密窃取，就是行为人采用不被他人发现的方式，非法地将公私财物占为己有的行为。例如秘密潜入室内盗窃、在公共汽车上偷他人钱包等，如果取财时没有被发觉，随后逃跑则是属于秘密窃取，应当以盗窃罪论处。秘密窃取是盗窃罪区分其他侵犯财产罪的重要标识，如果正在取财的过程，就被发现阻止，却仍用暴力手段拿走的，这种行为就是抢夺、抢劫的行为。实际控制的意思是行为人将所窃取的财物处于自己支配下的状态。行为人支配财物的手段也是多种多样的，这就导致了行为人对盗窃的财物控制也是有区别的。因盗窃犯的盗窃能力、手段、对象、环境等的不同，所以对盗窃财物的控制牢固程度也是不同的。

（五）盗窃罪的量刑

盗窃罪的量刑幅度很大，刑期包括从管制、拘役至无期徒刑，具体来说：

（1）个人盗窃公私财物“数额较大”，以一千元至三千元为起点。

（2）个人盗窃公私财物“数额巨大”，以三万元至十万元为起点。

（3）个人盗窃公私财物“数额特别巨大”，以三十万元至五十万元为起点。

（六）盗窃罪的认定

在司法实践中，要准确认定盗窃犯罪的构成，关键主要是区分盗窃罪与一般盗窃行为的区别，以及法定作为和不作为犯罪处理的不同情况。

1. 盗窃数额没有达到较大数额的，一般不作为犯罪处理

因此，在区分盗窃罪和一般盗窃行为时，可以把金额多少作为区分盗窃罪的主要衡量依据。但是因为我国各地经济发展或多或少存在差异，所以不同地方在认定盗窃罪罪名的金额也稍有不同。

2. 我国刑法关于盗窃行为没有达到“数额较大”的特殊处理

（1）盗窃公私财物接近“数额较大”的起点标准，并具有下列情况之一，可以追究刑事责任：

第一，以破坏手段盗窃造成公私财物损失的。

第二，盗窃残疾军人、孤寡老人或者丧失劳动能力的人的财务的。

第三，造成严重后果或者具有其他恶劣情况的。

（2）盗窃公私财物虽已达到“数额较大”的起点标准，但情节轻微，并具有下列情况之一的，可以不作为犯罪处理：

第一，已满16岁不满18岁未成年作案的。

第二，全部退赃、退赔的。

第三，主动投案的。

第四，被胁迫参与盗窃活动，没有分赃或者获得赃款较少的。

第五，其他情节轻微，危害不大的。

在司法实践中，影响盗窃罪定罪的因素是多方面的，应当从盗窃数额、次数、行为等其他因素方面进行考查。

三、诈骗罪

诈骗罪是指以非法占有为目的，用虚构事实或者隐瞒真相的方式，骗取数额较大的公私财物的行为。

（一）客体要件

本罪侵犯的客体是公私财物的所有权。有些犯罪活动，虽然也使用某些诈骗手段，但是侵犯的客体不是公私财物的所有权，那么就不构成诈骗罪，比如：拐卖妇女儿童罪等，属于侵犯人身权利罪。

本罪的侵犯对象仅限于国家、集体或个人的财物。

（二）客观方面

本罪的客观方面表现为使用欺诈方式骗取数额较大的公私财物。行为人

必须实施欺诈行为，包括虚构事实和隐藏真相两类。从本质上来说，是让被害人陷入错误认识的行为，并且被害人处分了自己的财产。欺诈的行为必须达到使一般人能够产生错误认识的程度，如果是行为人对自己的产品夸大其词，但只要是没有超过一般人的常识认知能力，在商业惯例中是被许可或者能够被广大群众容忍的前提下，对产品的功能或是性能做出了夸张性的介绍，也不算是真正意义上的欺诈行为，例如商贩卖瓜，说瓜比蜜还甜，这并不算是欺诈行为。欺诈行为可以是作为方式的，也可以是不作为方式的。欺诈的手段和方法并没有限制，可以是语言上的欺诈，也可以是动作上的欺诈。不作为的欺诈可以是告知某种事实的义务，但是行为人不告知，使被害人陷入错误认识，因而行为人利用这种不作为的行为取得财物，这种也算是一种欺诈行为。

但是，如果行为人在明知被害人容易被骗的情况下还对被害人进行了诈骗的行为，若换了别人，在正常情况下是不可能被欺骗的，但因为被害人贪小便宜，最后被骗处分了自己的财产，这种情况下，只要是行为人用欺骗的方式导致被害人陷入了错误的认识，从而处分了财物的，就应当认定行为人是具有欺诈的意思。

（三）处分行为

处分行为是指被害人基于错误的认识后，心甘情愿地交付了财物，或者处分了财产上的权利。简要来说，处分行为具体表现为被害人直接交付财物或承诺让行为人取得财物，当然包括被害人承诺未来转移财物给行为人和承诺免除行为人的部分或全部债务的行为。而行为人获得财产的方式主要分为两种：第一种是行为人自身的财产的增加，比如将被害人的财物转移到行为人拥有；第二种则是被害人自身财产的减少，比如使被害人免除或者减少行为人对被害人的债务。举个案例，某人为少缴纳铁道运输的费用，编造了某地“XX 货物运输公司”的工厂，并使用伪造的公章和销售合同，以运输货物的名义，通过铁路运输货物 XX 吨，因此行为人可以少交铁道运输费 10 万元。那么行为人这种做法显然是构成（合同）诈骗罪的。

处分行为包括处分的意思。处分的意思是指对转移财产占有或财物及其所引起的结果有认识，如果说行为人是对完全没有处分能力的婴儿或是精神病患者实施欺诈行为，而取得被害人的财物的，该种情形行为人构成的是盗窃罪。

(四) 诈骗罪在司法实践中部分观点及裁判要点

(1) 以伪造的学历应聘并骗取钱财，数额巨大，应以诈骗罪论处。[1]

(2) 关于诈骗数额的认定。在认定诈骗犯罪数额时，应把被害人在案发前已被追讨回来的数额予以扣除，需要按照实际诈骗到手所得的数额予以计算。虽然数额可以扣除，但是在最后判处时，对于这种情况应当考虑从重处罚的量刑。

(3) 在诈骗案件中，如果被害人存在一定的过错，也不能作为被告人从轻、减轻处罚的酌定情节。因为被害人的过错不是行为人实施诈骗的原因，而是被告人实施犯罪时“乘人之危”。[2]

(4) 被告人以借用财物为名，骗取财物后乘人不备公然携财物逃跑的，不构成诈骗罪，应以抢夺罪论处。[3]

第五节 侵犯公民权利犯罪案件的辩护技巧

一、刑事辩护中应当注意的问题

(一) 仔细阅读案件材料

公检法的案卷材料中，并非都是毫无瑕疵的完整证据链。在实践中，时常会遇到证据材料中比如计算方式不对、计算结果不对、证人证言之间相互出现矛盾等情况。这时候，就需要律师从这些证据材料中认真发现并利用这些诉讼材料中的瑕疵部分，在开庭时或开庭前询问被告人，也许可以影响法庭对被告人的审理结果。发现其中的瑕疵并非一件容易的事，需要律师耐心地阅读所有的诉讼材料，分析材料中计算方法是否正确、被告人或证人的口供是否一致等，计算方式是否正确对于在诈骗罪、受贿罪、开设赌场罪等刑事案件中尤为重要，因为涉案的数字可以直接决定被告人刑期的长短。

---

〔1〕 陈兴良、张军、胡云腾主编：《人民法院刑事指导案例裁判要旨通纂》（下卷），北京大学出版社2013年版，第773页。

〔2〕 陈兴良、张军、胡云腾主编：《人民法院刑事指导案例裁判要旨通纂》（下卷），北京大学出版社2013年版，第768页。

〔3〕 陈兴良、张军、胡云腾主编：《人民法院刑事指导案例裁判要旨通纂》（下卷），北京大学出版社2013年版，第775页。

（二）及时高效地与承办人沟通

律师在刑事案件中，与承办人的沟通是必不可少的，通过相互的交流，也许能揣测出公诉人或法官对于整个案件的思路，同时也可以把自己对案件的想法或见解表达给承办人，通过交流也许能在一定程度上影响或是改变其原有的见解和看法。

交流的方式有很多，律师和法官、检察官的沟通要讲求方式，其中电话、面对面、书面交流都是可取的。当然了，能当面交流的要当面交流，不能当面交流也一定要以书面形式把自己的想法表达给他们。

（三）庭前做好充分的准备

在开庭前，律师要想好庭上需要发问什么，主观方面的发问十分重要，问题问得好可以使之对被辩护人没有反感，甚至影响庭审人员的潜在看法。而发问的问题重点应放在被辩护人有无犯罪动机、是否真心悔过等主观方面上。

（四）不可忽略对被告人有利的从轻、减轻的情节

（1）性质上的酌定情节。从法理上讲，间接故意或是消极不作为的情节，都是目前司法实践中法官经常考量的从轻、减轻处罚的情节。

（2）主观恶性程度的酌定情节。一起由民事纠纷引发的刑事案件相对于偶发的刑事案件，或出于打抱不平的案件相对于毫无理由的案件，在最后量刑处罚中都有区别。

（3）犯罪后因积极交代了犯罪行为或积极向被害人退赃、达成和解而形成的从轻、减轻处罚情节。例如，在故意伤害罪中，被害人获得赔偿并出具谅解书。

（4）犯罪次数上的酌定情节。相对于累犯，初犯也是从轻、减轻处罚的量刑情节。

（5）实得利益方面的酌定情节。例如贩卖毒品罪，被告人为了凑够路费，贩卖毒品获利仅仅100元。

（五）尊重委托人或被告人的意见

违背被告意志辩护常见的情况有：被告要求律师作无罪辩护，而辩护人

查阅了案卷等相关材料、听取了被告人的意见，最后坚持作有罪但罪轻的辩护。律师为被告辩护，首先应当先征求被告意见，在开庭前将辩护思路和被告人沟通，以便达成最后的共识。律师在正式开庭前，应当出具辩护词询问被告的辩护意见，若在法庭调查质证后律师会对辩护词的内容有较大的改动时，律师应当再次向被告确认意见后才可交至法官。

二、有罪辩护与无罪辩护的策略

（一）有罪辩护与无罪辩护的关系

所谓无罪辩护，就是认为控方所质控的罪名不成立，只要实体上不存在构成犯罪的因素，不符合犯罪构成条件的案件，就应当进行无罪辩护。在司法实践中，律师作无罪辩护是相对比较难的，根本原因在于我国传统意义上重“追诉犯罪”轻“保障人权”，除此之外，无罪辩护的风险大，公诉机关在刑事案件中具有天然强势的地位，但是只要有可能是无罪的，就坚决不做罪轻的辩护，因此律师在刑事辩护活动中，对于被告人坚决不认罪、定罪证据不足的案件，还是要敢于作无罪辩护。

律师为被告人做无罪辩护应当从以下几个方面进行：

（1）证据不足，不能认定被告人有罪。

（2）提供的证据证明被告人行为情节显著轻微，危害不大，不认为是犯罪的或被告人的行为是合法行为。

（3）需要确认被告人是不认罪还是不认事，有些被告人承认事实，但是坚决不认为是犯罪，可能认为自己的行为属于正当防卫或是紧急避险，对于此类情况，律师需要运用自己所学的法律知识给案子定性。

无罪判决是刑事案件中最理想的情况，当事人及家属委托律师时，都对律师抱有希望，希望能做无罪辩护，但是律师如果脱离现实，盲目地作无罪辩护，更容易损害当事人的合法利益。

所以往往刑事案件中，律师要根据案件事实、相关的证据材料把重罪辩护成轻罪，或是在犯罪数额、指控罪名予以减少的情况下作出罪轻辩护，是有效的辩护方式。有的人可能认为，律师作出无罪辩护后就不能再就量刑发表意见，这个观点是错误的。“两段式辩护”是将辩护意见分为两阶段：第一个阶段作无罪辩护，向法院出示被告人无罪的证据、事实与法律依据，坚持认为被告人无罪。第二个阶段是提出有利于被告人的量刑情节，但千万不要说这样的话："即使法院认为被告人的行为是构成犯罪，但是被告人也是有一些从轻、减轻处罚的情节，希望法院予以考虑"，而是应当这么说："辩护人仍然坚持认为被告人是无罪的，如果法院最终不采纳辩护人无罪辩护的意见，也烦请法院注意被告人是具有如下从宽处罚情节"。"两段式辩护"坚持的仍是无罪辩护，至于罪轻的理由是站在法官的角度，适当地提醒法官需要注意如果不接受无罪辩护的意见也应当考虑从宽的量刑情节，而不是辩护人最终改变了无罪辩护的立场。

（二）两段式辩护词模板

范例：

辩护词

某某人民法院：

某某事务所某某律师接受被告人张某某及其家属的委托，担任其开设赌场罪审判阶段的辩护人，辩护人查阅了涉及该案的全部卷宗资料和证据材料，清楚了本案案情，现发表如下辩护意见：

一、本案中张某的行为不符合开设赌场罪的客观构成要件

1. 根据《最高人民法院、最高人民检察院、公安部〈关于办理网络赌博犯罪案件适用法律若干问题的意见〉》，利用互联网、移动通讯终端等传输赌博视频、数据，组织赌博活动，具有下列情形之一的，属于《刑法》第303条第2款规定的"开设赌场"行为：①建立赌博网站并接受投注的；②建立赌博网站并提供给他人组织赌博的；③为赌博网站担任代理并接受投注的；④参与赌博网站利润分成的。

2. 本案中没有关于"某某"APP是否为赌博网站的相关证据材料，即将该APP定性为赌博网站。

3. "某某"APP早在被告人张某开始游戏之前已开发完毕，而非张某建立的网站，张某没有接受投注或者为赌博网站担任代理并接受投注的行为，也没有参与赌博网站的利润分成。

4. “某某”APP内用于用户打麻将的房间本来就存在且向公众开放的，任何人需要进入特定的模式房间进行麻将游戏，不论是进行赌博还是不赌博，都需要购买并消耗房卡，且该房卡也是在APP上公开售卖的，即游戏者在APP上同样可以购买；而麻将游戏的规则也是该APP本来就设定好的，并非被告人张某设定的。因而，被告人张某本人并没有开设赌场的行为。

二、被告人张某主观上并没有开设赌场的犯罪故意

张某作为一名普通“玩家”，抱着消遣娱乐的心态进入“某某”APP进行游戏。后因为结识了能够提供较为廉价的房卡的人员，遂萌生通过倒卖房卡从中获利的想法。其以低价购入，加价出售（但不低于APP上的最低售价）的方式赚取其中差价的行为，实质上是一种经营行为，而不宜认定为开设赌场的犯罪行为。其实施建立微信群转卖房卡等行为的真正目的，实际上是为了更好地推销房卡，而不是开设赌场。

另外，玩家进入APP进行游戏究竟是否进行赌博，实际上并非张某所关心的问题。对于张某来说，其只要收到房卡的费用即可。

三、张某所获得钱款性质并非渔利或者赌资，而是经营所得

如上所述，“某某”APP本身设置该模式需购买房卡方可入座进行游戏，故不论玩家是从APP购买房卡还是从张某处购买房卡，都是需要支付费用才能进行游戏的。而张某的行为仅仅是通过低价购买房卡后提高价格卖出赚取差价的经营行为。即使玩家间会对游戏结果自行结算钱款，张某亦未从玩家赌资中收取或抽取过任何点数费用。其收取的仅仅只有“房卡费的差价”而已，因此并非属于抽头渔利。

四、本案的证据不足以证明张某实施了开设赌场的行为

（一）本案中，公安机关对X名涉赌人员进行了行政处罚。但是，该种涉赌，到底是否能够构成刑法意义上的赌博行为，值得商榷。《最高人民法院、最高人民检察院关于办理赌博刑事案件具体应用法律若干问题的解释》第9条规定：不以营利为目的，进行带有少量财物输赢的娱乐活动，以及提供棋牌室等娱乐场所只收取正常的场所和服务费用的经营行为等，不以赌博论处。从当前的家庭或者经济收入条件来看，八名涉赌人员的输赢情况来看，金额均不大，且均是不以营利为目的的娱乐活动不应当以赌博论处。同时，这X名人员到底支付给张某多少房卡费亦未查清，当然这些房卡费肯定不是抽头渔利的性质。

张某抱着转卖房卡盈利的主观心态售卖房卡，玩家购买房卡后在APP的房间内进行麻将游戏，在不明确玩家在游戏房间内到底是否进行了所谓的赌博行为的前提下，张某的行为是符合该司法解释中“提供棋牌室等娱乐场所只收取正常的场所和服务费用的经营行为”的表述，同样不应当以赌博论处。

（二）本案中，公安机关认定了张某手机里所显示的X万元均系售卖房卡的收入，进而根据张某的供述认定其获利X万余元，显然是缺乏其他证据的支撑的。张某明确供述，这其中有部分是朋友之间互发的红包，也有其从事微商的收入，在未找到其他所谓涉赌人员的情况下，作这样的认定，显然有违刑事案件证据客观性的要求。因为这样笼统地认定，根本无法区分这些红包收入到底是否为售卖房卡所得，也无法区分其售卖房卡后，其他玩家在APP的游戏房间内到底是否实施了赌博的行为。在这种情况下，仅有张某对于收到的其他红包的性质的自认，而没有其他证据的作证，是不能作为定案依据的。

综上，辩护人认为：被告人张某以盈利为目的实施转售“某某”APP房卡的行为，是一种经营行为，而非开设赌场的犯罪行为。

辩护人仍然坚定地认为被告人无罪，如果法庭不采纳辩护人的无罪辩护意见，那么辩护人亦认为，法院应当充分考虑以下几点因素予以判决量刑：

1. 被告人张某具有自首情节，且到案后亦能如实供述其行为，根据相关法律规定，可以对其从轻减轻处罚，减少基准刑的40%以下的量刑。

2. 被告人张某初犯、偶犯、主观恶性较小。

张某平时并无犯罪违法记录，系初犯。而平日里有正当工作，张某拥有固定的、合法的收入，并非以贩卖房卡为生。此次建立微信群亦仅仅是为了在生活之余赚取一些房卡差价“外快”而已，其从未强制群内成员在进行麻将之余以金钱进行结算。其自身亦并不知晓该行为系违反了相关刑法规定，主观并无恶意开设赌场组织他人进行赌博的意图。由此可见，被告人张某自身主观恶性较小。

3. 被告人张某此次违法行为对社会危害性较小。从证据笔录中可以看出，被行政处罚的八位玩家其个人所谓的输赢总计亦仅在人民币150元左右。以当今的社会消费水平及这些玩家的身份而言，该金额极为低廉。朋友间一次正常麻将娱乐的输赢或一顿小型聚餐基本亦是这个程度，对受害人而言，在某某上的输赢并未对其产生任何生活上或者经济上的影响，他们仅将其作为正常普通娱乐而已。张某的行为并未对个人、社会产生多大的危害性。

4. 被告人育有一个6岁的婚生女。这个年龄阶段的孩子正处于成长的关键时期，正需母亲关爱照顾之际。被告人张某作为孩子的母亲，在孩子的成长阶段是其他人无法代替的。如张某被长期羁押则必定会对孩子的成长之路造成无法弥补的影响。

综上所述，罪刑相适应原则是刑法的原则，如张某的行为构成犯罪，辩护人亦认为被告人张某在此次犯罪中的主观恶性、社会危害性、犯罪情节均较轻，其本人也充分意识到了自身行为的错误，在侦查期间积极配合警方工作，如实供述。因此恳请法院能充分考虑以上实际因素予以从轻判决。

另法院认为张某构成犯罪，被告人张某亦愿意就其非法所得进行主动退赔，并愿意主动缴纳相应罚金。

某某律师事务所

XX 律师

XX 年 X 月 X 日

【思考问题】

刑事辩护技巧中被告人可以从轻、减轻或免除处罚辩护的法定理由有哪些?

【实训要求】

请学生自己就侵犯公民人身权利或财产权利的罪名编写一个简单案情并起草一份辩护词。

CHAPTER7 第七章

常见刑事案件之经济犯罪

【本章概要】 社会主义市场经济运行机制在建立的过程中，经济犯罪呈现不断增长的趋势。随着经济的发展，经济犯罪将呈现长期化、国际化和手段现代化等特点。并且经济犯罪相对于其他传统种类的刑事犯罪，更为复杂，作案手段也更为专业。从辩护律师的角度出发，只有对经济犯罪案件有深入的了解和认知，才能更好地维护当事人的合法权益。本章主要从实务的角度出发，讲述经济犯罪的概念和特征，结合案例介绍常见的经济犯罪罪名及其常用的辩护技巧，并将介绍经济犯罪案件中常见的法律文书。

【学习目标】 通过本章的学习，让学生掌握什么是经济犯罪，了解常见的经济犯罪的构成要件、追诉标准及其与普通类刑事犯罪的区别，初步掌握常见经济犯罪案件的法律文书及辩护技巧，达到学以致用的目的。

第一节　经济犯罪概述

一、经济犯罪的概念

经济犯罪一词最早是由英国学者希尔提出的。1872 年希尔在英国伦敦进行的预防与抗制犯罪的国际会议上，以“犯罪的资本家”为题作了演讲，在演讲中首次使用了经济犯罪一词。当前，中国以及西方国家的学者对经济犯罪存在多种不同的认识，对于经济犯罪的概念，有着多种不同的观点。

西方经济犯罪概念概括起来，有如下几种观点：

第一，以犯罪所侵害的客体为基点来确定。认为经济犯罪是滥用经济交易的信誉关系，违反经济规律，危害整体经济秩序的非法获利行为。

第二，从经济犯罪行为所违反的法律规范出发，认为经济犯罪所违反的是国家调控经济活动的一切法律规范及保护个人财产权利的刑法规范。

第三，根据经济犯罪的主体来定义经济犯罪。例如，《牛津法律指南》将白领犯罪定义为“有良好地位，从事经营管理或其他专门职业的人所实施的与其职业有关的犯罪”。

第四，把经济犯罪的行为方式作为定义的基础。如藤木秀雄指出：“经济犯罪是正常的经济往来场合上活动的人们，在履行职务时，为图自己或第三人的利益所犯的触犯刑法或其他罚则的行为。”

上述观点对经济犯罪行为的认识有两个方面是可取的，一是经济犯罪是触犯调整社会经济活动各种规范的应受惩罚的行为；二是经济犯罪是危害整体经济利益的行为。但是，每一种观点又都存在各自的不足。

从当前的研究及司法实践看，我国关于“经济犯罪”尚没有形成比较完整的内涵式概念。

1982 年 3 月 8 日，第五届全国人民代表大会常务委员会第二十二次会议通过的《全国人民代表大会常务委员会关于严惩严重破坏经济的罪犯的决定》（以下简称《决定》），对经济犯罪进行了阐述。但是，《决定》是从外延方面加以阐述。《决定》列举了经济犯罪的种类有：走私、套汇、投机倒把、盗窃公共财物、盗卖珍贵文物和索贿受贿等。这是我国立法机关首次对经济犯罪加以限定。从所列举的经济犯罪的种类看，立法机关对经济犯罪的认定有两方面根据：其一，行为本身的目的在于获取非法的经济利益；其二，行为违反了国家关于经济及其他活动的法律法规。但是，《决定》把盗窃公共财产等笼统地列入经济犯罪的范畴，虽然在实践中是必要的，但从理论上看是不妥的。

从当前社会及今后的发展趋势来看，我国经济犯罪的种类和特点表明，自党的十四大作出建立社会主义市场经济体制的决定以后，1982 年《决定》所列明的经济犯罪的种类及范围已经不能适应现今的司法实践工作了，这就需要我们在结合今后社会经济犯罪趋势的基础上，从经济犯罪概念涵义方面着手对经济犯罪加以进一步研究，尽早提出一个较为完整的经济犯罪概念，为今后的司法实践工作提供切实可行的理论导向。

至今为止，我们认为就经济犯罪而言，这样的定义较为贴合现今社会实际和司法实践。即经济犯罪是指社会主义市场经济体制下的商品在流通运行过程中，各商业主体为谋取不法利益，违反现行国家法律规定，侵犯或破坏国家各项管理制度、扰乱社会经济秩序，依照刑法规定应受到刑罚处罚的各类行为。

二、经济犯罪认定的概括性依据及管辖

经济犯罪的罪名主要集中在我国刑法分则的第三章“破坏社会主义市场经济秩序罪”、第五章“侵犯财产罪”和第八章“贪污贿赂罪”中，而每一章又分别规定了相应具体的罪名。立法机关对经济犯罪的认定有两方面根据：其一，行为本身的目的在于获取非法的经济利益；其二，行为违反了国家关于经济及其他活动的法律法规。刑法分则第三章、第五章所涉及的经济犯罪，主要由公安部门侦办。刑法分则第八章所规定的经济犯罪，之前由检察机关的反贪污贿赂部门侦办。

三、经济犯罪的一般特征

（一）法定性

一般的自然犯罪，如杀人、伤害、强奸、抢劫、盗窃等传统犯罪，具有明显的反社会性，人们凭借社会常识和伦理道德规范就可轻易地加以判定，法律之所以将其规定为犯罪，是因为古往今来人们都认为其是犯罪。

而经济犯罪多数都是法定犯罪，即行为人的行为是否构成犯罪是由法律明确规定的，这一点是有别于上述一般的自然犯罪的。例如《刑法》第 176 条规定的非法吸收公众存款罪，其通常的表现形式为民间借贷或者债权受让，但刑法规定在满足一定的条件之后，该种行为就上升为由刑法调整的犯罪行为；又如逃税罪，对于税收问题，我们通常的理解都应该是由税务部门进行监管和处罚的，但刑法同样专门针对逃税行为，作出了作为刑事犯罪进行处罚的规定，即只要逃税行为达到了一定的程度，就可以处以相应的刑罚，并且从《刑法修正案（七）》对于原先刑法对偷税罪的规定，做了较为重大的改变，同时也体现了刑法与行政法规、行政处罚的衔接。因而，经济犯罪通常又称之为“拟制犯罪”。

（二）双重违法性

经济犯罪是社会主义市场经济活动中的犯罪，一般情况下，它既违反国

家有关经济管理的法律法规，又触犯刑事法律；既侵害国家、集体和公民的经济利益，又危害社会主义市场经济秩序，而传统犯罪通常只触犯刑律。例如，《刑法》第192条规定的集资诈骗罪，既破坏了社会主义市场经济秩序，又侵犯了被害人的财产权；又如，《刑法》第144条规定的生产、销售有毒、有害食品罪，不但侵害了国家对食品的监管制度，而且可能对有毒有害食品的消费者造成无法估量的后果。“三鹿奶粉”案件，就是这类案件的典型案例，其除了严重违反了国家对于婴幼儿奶粉的监管制度，又对大量食用“三鹿奶粉”的婴幼儿的身心健康造成了极大的损害。与之相类似的，还有《刑法》第141条规定的生产、销售假药罪，《刑法》第142条规定的生产、销售劣药罪，《刑法》第143条规定的生产、销售不符合安全标准的食品罪，等等。“福喜公司”过期鸡翅案，也属于该类案件的典型。而国家对于这类具有双重违法性的经济案件，也必将予以严惩。

（三）复杂性

经济犯罪由于发生在市场经济运行领域，因而相对于其他类型的犯罪，其犯罪结构十分复杂。市场经济运行领域是一个极其庞大的动态领域，其中围绕商品的生产、交换、分配和消费形成的纷繁复杂的经济关系相互交织在一起，几乎囊括了国民经济的各个行业和部门。而近几年来随着中国劳动力市场、金融市场、证券期货市场、房地产市场及科技市场等各种专业市场的建立，市场主体的经济活动变得更加多样化。在这样一种复杂的经济环境下，形形色色的经济犯罪大量滋生、蔓延，呈现出前所未有的特点。

（四）智能性

经济犯罪的行为人一般具有较高的文化程度，很多人甚至具有丰富的经济、财税、贸易、会计或者法律方面的专门知识，具有长期从事经济活动的经验，在犯罪手段上，一般不直接使用暴力、不明火执仗、不具有攻击性，犯罪人往往以其专业知识或利用其职务便利，深思熟虑、精心策划，通过钻法律空子达到牟取非法经济利益之目的，因而经济犯罪在西方被称为“白领犯罪”。

例如，当前甚为猖獗的P2P非法集资类的经济犯罪，首要的犯罪分子通常都对于金融财税知识有相当的熟悉度，甚至很专业，他们会精心策划其犯罪的每一个环节，每一个部分，除了设计看似合理合法的所谓理财产品之外，还会编制用于“洗脑”的专门话术，用于吸引投资者，让被害人十分“自愿”地掏钱购买所谓的产品；同时这些犯罪分子，对于资金的流转、转移等环节同样也会精心设计，以达到疯狂敛财的非法目的。有大量的P2P平台，会将赃款通过层层流转，最终转移至境外，并在境外实现对赃款的实际控制。而这类犯罪在资金链断裂或者“暴雷”之前，很多的投资者往往很难察觉其背后的真实状况。

（五）隐蔽性

经济犯罪并不像传统犯罪那样赤裸裸地违反社会公德和人们所熟知的行为规则。其行为人往往又是经济关系的一方当事人，使用的犯罪手段具有经济活动的性质，因而其犯罪行为不容易被公众所知晓，其社会危害性也不易被人们所认识。

以《刑法》第272条规定的挪用资金罪中常见的公司业务员或者业务经理挪用公司应收款项的犯罪行为为例：通常情况下，公司在运营过程中，都会给客户一定的账期，而在经济大环境不好的情况下，客户拖欠货款的情况又时有发生，而大多数的私营企业为了维护客户，一般不太会反复催促客户，又或者仅仅是让负责接洽该客户的业务员或者业务经理去催促；并且，较多的公司会授予业务员或者业务经理代为收取货款的权利，而这种模式，就让业务员或者业务经理有机可乘。业务员或者业务经理将收取的公司货款挪归己用的犯罪行为由此滋生。对于公司的一些长期客户，该种挪用资金的行为就更为隐蔽，因为基于长期合作的关系，供货和货款的支付一直处于滚动状态，短期内是很难被察觉的。

（六）贪利性

所谓经济犯罪，顾名思义，就是与经济、金钱有关，绝大部分的经济犯罪都具有非法牟取经济利益的目的。犯罪分子为了自己的经济利益，采取不正当的手段侵吞、骗取国家、集体和公民个人的财产，损害合法经营者的利益，同时也严重破坏了社会主义市场经济的正常运行秩序。

【理论思考】

1. 名词解释：经济犯罪。
2. 简答题：经济犯罪有哪些一般特征？

3. 论述题：经济犯罪与传统的刑事犯罪的区别。

【案例分析实训】

【案例 7.1】

【案情简介】

某退休阿姨刘某在家中接到电话，对方称刘某涉嫌洗钱，要求刘某将所有存款转至所谓公安机关在银行设立的“安全账户”内，遂被骗人民币 25 万余元。

【思考问题】

上述案例涉及的是传统刑事犯罪还是经济犯罪，理由是什么？

第二节　常见经济犯罪（一）

由于经济犯罪涉及经济领域的各个方面，因而其罪名纷繁复杂。根据现行刑法及相关立法、司法解释的规定，目前可以纳入经济犯罪范畴的罪名共有 89 种，本节及之后的两节将着重介绍较为常见的经济犯罪。

一、职务侵占罪

职务侵占和挪用资金，是经济犯罪中最为常见的罪名。中国的私营企业数量众多，而企业中的绝大多数岗位的职员都被赋予了一定的职权，或者具有职务便利。

（一）罪名的刑法规定

《刑法》第 271 条规定：公司、企业或者其他单位的人员，利用职务上的便利，将本单位财物非法占为己有，数额较大的，处 5 年以下有期徒刑或者拘役；数额巨大的，处 5 年以上有期徒刑，可以并处没收财产。

国有公司、企业或者其他国有单位中从事公务的人员和国有公司、企业或者其他国有单位委派到非国有公司、企业以及其他单位从事公务的人员有前款行为的，依照《刑法》第382条、第383条的规定定罪处罚。

《刑法》第183条规定：保险公司的工作人员利用职务上的便利，故意编造未曾发生的保险事故进行虚假理赔，骗取保险金归自己所有的，依照《刑法》第271条的规定定罪处罚。

国有保险公司工作人员和国有保险公司委派到非国有保险公司从事公务的人员有前款行为的，依照《刑法》第382条、第383条的规定定罪处罚。

（二）犯罪构成要件

1. 犯罪主体

犯罪主体，是指实施犯罪行为、依法应当负刑事责任的自然人和单位。职务侵占罪的犯罪主体是特殊主体，一般包括公司、企业或者其他单位的人员。公司、企业或者其他单位的绝大部分岗位的人员，均有可能成为职务侵占罪的犯罪主体。例如：公司的财务人员，可能利用其经手、保管公司资金的职务便利，侵占公司资金；公司的仓库保管员，可能利用其保管公司仓库内财物的职务便利，侵占公司财物；公司的销售人员，可能利用其为公司收取货款的职务便利，侵占公司货款；公司的采购人员，同样可能利用其经手所采购的货物的职务便利，侵占公司财物，等等。而这些可能成为本罪的犯罪主体的人员，基本都是与利用其主管、管理、经手单位财物的职责范围内的便利有着密切的联系。

2. 犯罪客体

本罪的犯罪客体是公司、企业或者其他单位的财产所有权。职务侵占罪侵犯的对象是公司、企业或者其他单位的财物，包括动产和不动产。所谓“动产”，不仅指已在公司、企业、其他单位占有、管理之下的钱财（包括人民币、外币、有价证券等），而且也包括本单位有权占有而未占有的财物，如公司、企业或其他单位拥有的债权。就财物的形态而言，犯罪对象包括有形物和无形物，如厂房、电力、煤气、天然气、工业产权，等等。

3. 主观要件

职务类经济犯罪的主观方面，只能是故意，即犯罪分子具有利用职务便利非法侵占公司财物的主观故意。这类犯罪的主观状态不可能是出于过失。

4. 客观要件

必须是利用了其所在单位的职务或职权上的便利，侵占了公司的财物。

利用自己管理、保管、经手或处理公司财物等的权力或便利侵占公司财物，是较为常见利用职务便利犯罪的客观表现。如果不是利用职务上的便利，而仅是利用工作上的便利，则不能认定为职务侵占罪。所谓工作上的便利，一般是指对现场或者环境的熟悉，对单位作息时间的熟知等。

例如，某公司的采购人员李某，由于经常出入公司财务部，而对财务部的上下班时间非常了解，并且对于财务部办公室的布局、环境十分熟悉。其由于沉迷赌博手头拮据，便萌生了从公司财务部弄点钱的想法。其平时注意到公司出纳丁某经常将大量的现金随手放在自己的办公桌抽屉内，又经常将抽屉钥匙随手放在自己办公桌上的文具盒内，而公司中午吃饭时间（11：30~12：30），财务室的门又经常不锁，便觉得有机可乘。于是，其在某日中午，趁财务室人员前往食堂用餐的间隙，偷偷进入财务室，用出纳放在办公桌上文具盒内的钥匙，打开了出纳办公桌抽屉，拿走了现金人民币 8 万元。后又将抽屉锁上，把钥匙放回文具盒内。后因出纳发现少了现金向公司报警，警方通过调取相关的监控录像，确定李某就是犯罪嫌疑人，并将其抓获。

这个案件中，李某虽然是公司的员工，但其利用的就不是职务便利，而是工作上的便利。因为其不具有管理、保管、经手或处理公司财物等的便利。因而，李某实施的是一种秘密窃取的行为，构成的是盗窃罪，而非职务侵占罪。

（三）量刑标准

《最高人民法院、最高人民检察院关于办理贪污贿赂刑事案件适用法律若干问题的解释》第 11 条对于职务侵占等犯罪的入刑标准作了新的规定：《刑法》第 163 条规定的非国家工作人员受贿罪、第 271 条规定的职务侵占罪中的“数额较大”“数额巨大”的数额起点，按照该解释关于受贿罪、贪污罪相对应的数额标准规定的 2 倍、5 倍执行。

《刑法》第 272 条规定的挪用资金罪中的“数额较大”“数额巨大”以及“进行非法活动”情形的数额起点，按照该解释关于挪用公款罪“数额较大”“情节严重”以及“进行非法活动”的数额标准规定的 2 倍执行。

《刑法》第 164 条第 1 款规定的对非国家工作人员行贿罪中的“数额较大”“数额巨大”的数额起点，按照该解释第 7 条、第 8 条第 1 款关于行贿罪的数额标准规定的 2 倍执行。

根据上述司法解释的规定，职务侵占罪中的“数额较大”“数额巨大”的数额起点，按照该解释关于受贿罪、贪污罪相对应的数额标准规定的2倍、5倍执行。

而该解释第1条规定，贪污或者受贿数额在3万元以上不满20万元的，应当认定为刑法第383条第1款规定的“数额较大”，依法判处3年以下有期徒刑或者拘役，并处罚金。

因此，通过计算我们可以得出：职务侵占罪的入刑起点金额为6万元，6万元以上100万元以下的，应当判处5年以下有期徒刑；金额在100万元以上的，应当判处5年以上有期徒刑。

二、挪用资金罪

（一）罪名的刑法规定

《刑法》第272条：公司、企业或者其他单位的工作人员，利用职务上的便利，挪用本单位资金归个人使用或者借贷给他人，数额较大、超过3个月未还的，或者虽未超过3个月，但数额较大、进行营利活动的，或者进行非法活动的，处3年以下有期徒刑或者拘役；挪用本单位资金数额巨大的，或者数额较大不退还的，处3年以上10年以下有期徒刑。

国有公司、企业或者其他国有单位中从事公务的人员和国有公司、企业或者其他国有单位委派到非国有公司、企业以及其他单位从事公务的人员有前款行为的，依照《刑法》第384条的规定定罪处罚。

《刑法》第185条：商业银行、证券交易所、期货交易所、证券公司、期货经纪公司、保险公司或者其他金融机构的工作人员利用职务上的便利，挪用本单位或者客户资金的，依照《刑法》第272条的规定定罪处罚。

国有商业银行、证券交易所、期货交易所、证券公司、期货经纪公司、保险公司或者其他国有金融机构的工作人员和国有商业银行、证券交易所、期货交易所、证券公司、期货经纪公司、保险公司或者其他国有金融机构委派到前款规定中的非国有机构从事公务的人员有前款行为的，依照《刑法》第384条的规定定罪处罚。

商业银行、证券交易所、期货交易所、证券公司、期货经纪公司、保险公司或者其他金融机构，违背受托义务，擅自运用客户资金或者其他委托、信托的财产，情节严重的，对单位判处罚金，并对其直接负责的主管人员和其他直接责任人员，处3年以下有期徒刑或者拘役，并处3万元以上30万元以下罚金；情节特别严重的，处3年以上10年以下有期徒刑，并处5万元以上50万元以下罚金。

社会保障基金管理机构、住房公积金管理机构等公众资金管理机构，以及保险公司、保险资产管理公司、证券投资基金管理公司，违反国家规定运用资金的，对其直接负责的主管人员和其他直接责任人员，依照前款的规定处罚。

通过上述刑法规定，我们可以大致了解，挪用资金犯罪，是特指非国有公司、企业、机构的员工利用职务上的便利所实施的犯罪，而国有公司、企业、机构的特定人员利用职务便利所实施的类似行为，则应当适用我国刑法的其他条文的特殊规定。

（二）犯罪构成要件

1. 犯罪主体

本罪的主体同样为特殊主体，即非国有的公司、企业或者其他单位的工作人员。具有国家工作人员身份的人，按照刑法的规定包括国有公司、企业或者其他国有单位委派到非国有公司、企业以及其他单位从事公务的人员，不能成为本罪的主体，只能成为挪用公款罪的主体。

2. 犯罪客体

本罪所侵害的客体是非国有的公司、企业或者其他单位资金的使用收益权，对象则是本单位的货币资金。需要注意的是，除了货币资金之外的“物”，不能成为挪用资金罪的犯罪对象。

例如，某机械制造公司为了增强产品设计部门的硬件配置，为设计部新购买了最新款、最高端的手提电脑数台，其中价格最贵功能也最强大的一台发放给了设计部主管张某，张某觉得这台电脑非常好用。于是在下班时将这台偷偷带回家自己用，但没有非法占有的想法，想用一段时间之后再还回公司。张某挪用的是公司的物品，其行为不能构成挪用资金罪。

而对于“物”的挪用，我国《刑法》第273条作了特别的规定：挪用用于救灾、抢险、防汛、优抚、扶贫、移民、救济款物，情节严重，致使国家和人民群众利益遭受重大损害的，对直接责任人员，处3年以下有期徒刑或者拘役；情节特别严重的，处 3 年以上 7 年以下有期徒刑。此即挪用特定款物罪。

3. 主观要件

同样，挪用资金罪的主观方面，只能是直接故意，即明知是公司的资金，仍故意实施了挪用的行为。

4. 客观要件

本罪在客观方面着重表现为以下几个方面：

（1）行为人利用了职务上的便利，即行为人利用职务上主管、经手本单位资金的便利条件。

（2）挪用了本单位资金归个人使用或者借贷给他人，即行为人挪用的资金，主要用途是归个人使用或者借贷给他人使用。

（3）数额较大、超过 3 个月未还的。数额较大的标准，会在以下的量刑标准中具体介绍，这里需要特别注意的是挪归己用或者借贷给他人之后，3 个月的期限问题。

（4）虽未超过 3 个月，但数额较大，进行营利活动的，例如用于自己的公司经营，炒股，购买基金债权，等等。

（5）挪用本单位资金进行非法活动的。所谓“非法活动”，常见的就是将挪用来的资金用于走私、赌博、非法经营等活动。在这种情况下，资金没有挪用时间是否超过 3 个月拒不退还的限制，也没有数额较大的限制。

需要注意的事，上述情况中，只要满足其中的任何一种情况，就可以构成职务侵占罪，而不需要同时具备。

（三）量刑标准

根据《最高人民法院、最高人民检察院关于办理贪污贿赂刑事案件适用法律若干问题的解释》第 11 条的规定，挪用资金罪中的“数额较大”“数额巨大”以及“进行非法活动”情形的数额起点，按照该解释关于挪用公款罪“数额较大”“情节严重”以及“进行非法活动”的数额标准规定的 2 倍执行。

而上述司法解释对于挪用公款罪的量刑标准作了如下的规定：

第 5 条：挪用公款归个人使用，进行非法活动，数额在 3 万元以上的，应当依照《刑法》第 384 条的规定以挪用公款罪追究刑事责任；数额在 300

万元以上的，应当认定为《刑法》第384条第1款规定的“数额巨大”。具有下列情形之一的，应当认定为《刑法》第384条第1款规定的“情节严重”：

（1）挪用公款数额在100万元以上的。

（2）挪用救灾、抢险、防汛、优抚、扶贫、移民、救济特定款物，数额在50万元以上不满100万元的。

（3）挪用公款不退还，数额在50万元以上不满100万元的。

（4）其他严重的情节。

第6条：挪用公款归个人使用，进行营利活动或者超过3个月未还，数额在5万元以上的，应当认定为《刑法》第384条第1款规定的“数额较大”；数额在500万元以上的，应当认定为《刑法》第384条第1款规定的“数额巨大”。具有下列情形之一的，应当认定为《刑法》第384条第1款规定的“情节严重”：

（1）挪用公款数额在200万元以上的。

（2）挪用救灾、抢险、防汛、优抚、扶贫、移民、救济特定款物，数额在100万元以上不满200万元的。

（3）挪用公款不退还，数额在100万元以上不满200万元的。

（4）其他严重的情节。

通过计算，我们可以得出：挪用资金数额较大、用于经营或者超过3个月未归还的认定标准为人民币10万元；挪用资金用于非法活动的认定标准为人民币6万元，达到该金额的，就可以追究刑事责任。

当挪用资金的金额达到400万元以上，用于经营或者超过3个月未归还的，则应当判处3年以上10年以下有期徒刑；挪用资金用于非法活动，金额超过200万元以上的，同样也应当判处3年以上10年以下有期徒刑。

三、非国家工作人员受贿罪

（一）罪名的刑法规定

《刑法》第163条：公司、企业或者其他单位的工作人员利用职务上的便利，索取他人财物或者非法收受他人财物，为他人谋取利益，数额较大的，处5年以下有期徒刑或者拘役；数额巨大的，处5年以上有期徒刑，可以并处没收财产。

公司、企业或者其他单位的工作人员在经济往来中，利用职务上的便利，违反国家规定，收受各种名义的回扣、手续费，归个人所有的，依照前款的规定处罚。

国有公司、企业或者其他国有单位中从事公务的人员和国有公司、企业或者其他国有单位委派到非国有公司、企业以及其他单位从事公务的人员有前两款行为的，依照《刑法》第385条、第386条的规定定罪处罚。

《刑法》第184条：银行或者其他金融机构的工作人员在金融业务活动中索取他人财物或者非法收受他人财物，为他人谋取利益的，或者违反国家规定，收受各种名义的回扣、手续费，归个人所有的，依照《刑法》第163条的规定定罪处罚。

国有金融机构工作人员和国有金融机构委派到非国有金融机构从事公务的人员有前款行为的，依照《刑法》第385条、第386条的规定定罪处罚。

（二）犯罪构成要件

1. 犯罪主体

本罪的犯罪主体同样也是特殊主体，即非国有的公司、企业或者其他单位的工作人员。本罪的多发人群主要集中在公司企业的采购部门，包括主管人员和采购员，而与之相对应的对非国家工作人员行贿罪的犯罪主体，常见于采购行为的相对方，即所采购物品的供应商。在国有公司、企业、国有其他单位中从事公务的人员和国有公司、企业、国有其他单位委派到非国有公司、企业以及其他单位从事公务的人员利用职务上的便利受贿的，不成立公司、企业、其他单位人员受贿罪，而应依照《刑法》第385条、第386条的受贿罪处罚。

2. 犯罪客体

本罪侵犯的客体是国家对公司、企业以及非国有事业单位、其他组织的工作人员职务活动的廉洁制度。简单地说，非国家工作人员受贿，是在商业领域的一种腐败现象，其直接侵害了公司的根本利益，很大程度上破坏了正常的社会主义市场公平竞争的交易秩序。

3. 客观方面

本罪客观方面表现为利用职务上的便利，非法收受他人财物，或者向他人索取财物，为他人谋取利益，并且数额达到刑法和相关司法解释规定的标准。利用职务上的便利是本罪在客观方面的重要因素，是指公司、企业以及事业单位、其他组织，利用本人组织、领导、监督、管理等职权以及利用与上述职权有关的便利条件。索取他人财物是指主动向有求于行为人职务行为的请托人索要财物。非法收受他人财物是指利用组织、领导、监督、管理等职务上的便利，为请托人办事，接受请托人主动送出的财物。为他人谋取利益是指行为人索要或收受他人财物，利用职务之便为他人或允诺为他人实现某种利益。该利益是合法还是非法，该利益是否已谋取到，均不影响本罪的成立。数额较大是指接受贿赂即财物的数额较大。接受了数额较大的贿赂，则构成该罪的既遂。《刑法修正案（六）》第 7 条修改了《刑法》第 163 条第 2 款的规定，公司、企业或者其他单位的工作人员在经济往来中，利用职务上的便利，违反国家规定，收受各种名义的回扣、手续费，归个人所有的，以公司、企业、其他单位人员受贿罪处罚。

4. 主观方面

本罪的主观方面表现为故意，即公司、企业、其他单位人员故意利用其职务之便接受或索取贿赂，为他人谋取利益。

（三）量刑标准

根据《最高人民法院、最高人民检察院关于办理贪污贿赂刑事案件适用法律若干问题的解释》第 11 条的规定，非国家工作人员受贿罪的“数额较大”“数额巨大”的数额起点，按照该解释关于受贿罪、贪污罪相对应的数额标准规定的 2 倍、5 倍执行。

参照该司法解释第 1 条的规定，通过计算我们可以得出：非国家工作人员受贿罪的入刑起点金额为 6 万元，6 万元以上 100 万元以下的，应当判处 5 年以下有期徒刑；金额在 100 万元以上的，应当判处 5 年以上有期徒刑。

四、受贿罪

（一）罪名的刑法规定

《刑法》第 385 条：国家工作人员利用职务上的便利，索取他人财物的，或者非法收受他人财物，为他人谋取利益的，是受贿罪。

国家工作人员在经济往来中，违反国家规定，收受各种名义的回扣、手续费，归个人所有的，以受贿论处。

《刑法》第 386 条：对犯受贿罪的，根据受贿所得数额及情节，依照《刑法》第 383 条的规定处罚。索贿的从重处罚。

《刑法》第 387 条：国家机关、国有公司、企业、事业单位、人民团体，索取、非法收受他人财物，为他人谋取利益，情节严重的，对单位判处罚金，并对其直接负责的主管人员和其他直接责任人员，处 5 年以下有期徒刑或者拘役。

前款所列单位，在经济往来中，在帐外暗中收受各种名义的回扣、手续费的，以受贿论，依照前款的规定处罚。

《刑法》第 388 条：国家工作人员利用本人职权或者地位形成的便利条件，通过其他国家工作人员职务上的行为，为请托人谋取不正当利益，索取请托人财物或者收受请托人财物的，以受贿论处。

国家工作人员的近亲属或者其他与该国家工作人员关系密切的人，通过该国家工作人员职务上的行为，或者利用该国家工作人员职权或者地位形成的便利条件，通过其他国家工作人员职务上的行为，为请托人谋取不正当利益，索取请托人财物或者收受请托人财物，数额较大或者有其他较重情节的，处 3 年以下有期徒刑或者拘役，并处罚金；数额巨大或者有其他严重情节的，处 3 年以上 7 年以下有期徒刑，并处罚金；数额特别巨大或者有其他特别严重情节的，处 7 年以上有期徒刑，并处罚金或者没收财产。

离职的国家工作人员或者其近亲属以及其他与其关系密切的人，利用该离职的国家工作人员原职权或者地位形成的便利条件实施前款行为的，依照前款的规定定罪处罚。

《刑法》第 383 条规定的是贪污罪的相关标准，也就是说，受贿罪的刑罚的标准，是参照贪污罪的。刑法规定的受贿罪的情形较多，本章节仅就典型的受贿犯罪即《刑法》第 385 条第 1 款规定的受贿犯罪为基准作相应的阐述。

（二）犯罪构成要件

1. 犯罪主体

本罪的主体是特殊主体，即国家工作人员，包括在国家机关中从事公务的人员，国有公司、企事业单位、人民团体中从事公务的人员，国家机关、国有公司、企事业单位委派到非国有公司、企事业单位、社会团体从事公务的人员，以及其他依照法律从事公务的人员。

2. 犯罪客体

本罪侵犯的客体，是国家机关、国有公司、企事业单位、人民团体的正常管理活动以及国家工作人员职务行为的廉洁性。本罪的犯罪对象包括了所有具有物质性利益的财物，可以是货币，也可以是物品、股权、有价证券，等等。《最高人民法院、最高人民检察院关于办理受贿刑事案件适用法律若干问题的意见》对于收受干股、以开办公司等合作投资名义收受贿赂、以委托请托人投资证券、期货或者其他委托理财的名义收受贿赂等问题，作出了明确的规定。

3. 主观方面

本罪在主观方面只能是直接故意，过失行为不构成本罪。

4. 客观方面

本罪在客观方面表现为行为人具有利用职务上的便利，向他人索取财物，或者收受他人财物并为他人谋取利益的行为。利用职务之便是受贿罪客观方面的一个重要构成要件，包括利用职务便利的作为，也包括利用职务便利的不作为。而索取财物、收受他人财物，可以是在事前、事中，也可以是在事后。

（1）行为人利用职务上的便利，向他人索取财物。索贿是行为人以明示或暗示的方法，主动向行贿人索要财物。有的甚至是以公然要挟的方式，迫使当事人给予财物。因被要挟或者勒索而不得不给予国家工作人员财物，且没有获得不正当利益的，不以行贿论。行为人以上述方法索取他人财物的，不论是否为他人谋取利益，均以受贿罪论处。

（2）行为人利用职务上的便利，非法收受他人财物，为他人谋取利益，而不论该种利益是合法还是非法。所谓收受他人财物，一般是行贿人主动以各种形式给受贿人财物，而受贿人一般是被动接受他人财物，并为行贿人谋取利益或者允诺为行为人谋取利益。

（三）量刑标准

《最高人民法院、最高人民检察院关于办理贪污贿赂刑事案件适用法律若干问题的解释》第 1~4 条，对贪污受贿犯罪的入刑标准作了明确的规定：

第 1 条：贪污或者受贿数额在 3 万元以上不满 20 万元的，应当认定为《刑法》第 383 条第 1 款规定的“数额较大”，依法判处 3 年以下有期徒刑或者拘役，并处罚金。

贪污数额在 1 万元以上不满 3 万元，具有下列情形之一的，应当认定为《刑法》第 383 条第 1 款规定的“其他较重情节”，依法判处 3 年以下有期徒刑或者拘役，并处罚金：

（1）贪污救灾、抢险、防汛、优抚、扶贫、移民、救济、防疫、社会捐助等特定款物的。

（2）曾因贪污、受贿、挪用公款受过党纪、行政处分的。

（3）曾因故意犯罪受过刑事追究的。

（4）赃款赃物用于非法活动的。

（5）拒不交待赃款赃物去向或者拒不配合追缴工作，致使无法追缴的。

（6）造成恶劣影响或者其他严重后果的。

受贿数额在 1 万元以上不满 3 万元，具有前款第 2 项至第 6 项规定的情形之一，或者具有下列情形之一的，应当认定为《刑法》第 383 条第 1 款规定的“其他较重情节”，依法判处 3 年以下有期徒刑或者拘役，并处罚金：

（1）多次索贿的。

（2）为他人谋取不正当利益，致使公共财产、国家和人民利益遭受损失的。

（3）为他人谋取职务提拔、调整的。

第 2 条：贪污或者受贿数额在 20 万元以上不满 300 万元的，应当认定为《刑法》第 383 条第 1 款规定的“数额巨大”，依法判处 3 年以上 10 年以下有期徒刑，并处罚金或者没收财产。

贪污数额在 10 万元以上不满 20 万元，具有本解释第 1 条第 2 款规定的情形之一的，应当认定为《刑法》第 383 条第 1 款规定的“其他严重情节”，依法判处 3 年以上 10 年以下有期徒刑，并处罚金或者没收财产。

受贿数额在 10 万元以上不满 20 万元，具有本解释第 1 条第 3 款规定的情形之一的，应当认定为《刑法》第 383 条第 1 款规定的“其他严重情节”，依法判处 3 年以上 10 年以下有期徒刑，并处罚金或者没收财产。

第 3 条：贪污或者受贿数额在 300 万元以上的，应当认定为《刑法》第 383 条第 1 款规定的“数额特别巨大”，依法判处 10 年以上有期徒刑、无期徒刑或者死刑，并处罚金或者没收财产。

贪污数额在 150 万元以上不满 300 万元，具有本解释第 1 条第 2 款规定的情形之一的，应当认定为《刑法》第383条第1款规定的“其他特别严重情节”，依法判处10年以上有期徒刑、无期徒刑或者死刑，并处罚金或者没收财产。

受贿数额在150万元以上不满300万元，具有本解释第1条第3款规定的情形之一的，应当认定为《刑法》第383条第1款规定的“其他特别严重情节”，依法判处10年以上有期徒刑、无期徒刑或者死刑，并处罚金或者没收财产。

第4条：贪污、受贿数额特别巨大，犯罪情节特别严重、社会影响特别恶劣、给国家和人民利益造成特别重大损失的，可以判处死刑。

符合前款规定的情形，但具有自首，立功，如实供述自己罪行、真诚悔罪、积极退赃，或者避免、减少损害结果的发生等情节，不是必须立即执行的，可以判处死刑缓期2年执行。

符合第1款规定情形的，根据犯罪情节等情况可以判处死刑缓期2年执行，同时裁判决定在其死刑缓期执行2年期满依法减为无期徒刑后，终身监禁，不得减刑、假释。

【案例分析实训】

【案例7.2】

【案情简介】

陈某，于2005年至2008年间担任某村村委会主任，期间为某物流公司老板孙某租赁村委会集体土地用于物流业务的经营提供了便利条件，以较低的价格租赁给该物流公司集体建设用地5亩，三年间收受孙某给与的好处费15万元。2009年起，陈某转任某镇集体资产管理办公室主任。2009年至2013年间，又为某化工厂老板王某租赁某村下属的一集体企业的厂房，以向村委会打招呼的方式，让王某又以较为低廉的价格租赁到了厂房6000平方米，为此王某给与陈某好处费人民币20万元。

【思考问题】

陈某的行为构成何种罪名？为什么？

第三节　常见经济犯罪（二）

一、逃税罪

（一）罪名的刑法规定

逃税罪是危害税收征管犯罪的一种，对于学生而言，对于这类犯罪可能较为生疏，也鲜有耳闻，对涉税类犯罪的了解，可能也仅限于演艺圈内刘晓庆、范冰冰涉嫌偷漏税的媒体热传事件。我国《刑法》原先的第201条规定的罪名是偷税罪，2009年颁布的《刑法修正案（七）》将《刑法》201条原先规定的偷税罪修改为逃税罪，而且法条的表述也作了重大的修改：

《刑法》第201条：纳税人采取欺骗、隐瞒手段进行虚假纳税申报或者不申报，逃避缴纳税款数额较大并且占应纳税额10%以上的，处3年以下有期徒刑或者拘役，并处罚金；数额巨大并且占应纳税额30%以上的，处3年以上7年以下有期徒刑，并处罚金。

扣缴义务人采取前款所列手段，不缴或者少缴已扣、已收税款，数额较大的，依照前款的规定处罚。

对多次实施前两款行为，未经处理的，按照累计数额计算。

有第1款行为，经税务机关依法下达追缴通知后，补缴应纳税款，缴纳滞纳金，已受行政处罚的，不予追究刑事责任；但是，5年内因逃避缴纳税款受过刑事处罚或者被税务机关给予2次以上行政处罚的除外。

（二）犯罪构成要件

1. 犯罪主体

本罪的犯罪主体是指负有纳税义务人和扣缴义务人。既可以是自然人，也可以是单位，但前提都必须是负有纳税义务或者代扣代缴义务的自然人或者单位。

2. 犯罪客体

逃税罪侵害的客体是我国的税收征收管理秩序。通俗地说，所谓逃税，就是逃避缴纳税款，即负有纳税义务或者扣缴义务的个人或单位，本应当按照法律法规的规定交给国家税款，但却没有缴纳或者没有全部缴纳，这种行为严重侵害了国家的税收征管制度，也直接导致了国家税款的损失。

3. 主观方面

实施本罪的主观心理状态，是直接故意。所谓逃税，就是有逃避缴纳税款的主观意识状态，因而进行虚假纳税申报或者不进行纳税申报，主观上肯定是出于直接的故意。

4. 客观方面

对于纳税义务人来说，采取欺骗、隐瞒手段，进行虚假纳税申报或者不申报，以达到逃避缴纳税款的目的，是本罪最直接的客观表现；而采取欺骗、隐瞒手段不缴或者少缴已扣、已收税款，对于扣缴义务人来说也是犯本罪最直接的客观表现；当然，在数额方面，一定要达到刑法规定的“较大”且占应纳税额10%以上的，才能构成本罪。

（三）量刑标准

《刑法修正案（七）》对逃税金额达到多少是“数额较大”才构成逃税罪，多少金额才达到“数额巨大”的标准，并没有作出明确的规定，而仅仅是对相应的逃税比例作了明确的规定。

《最高人民检察院、公安部关于公安机关管辖的刑事案件立案追诉标准的规定（二）》第57条作了如下规定：

逃避缴纳税款，涉嫌下列情形之一的，应予立案追诉：

（1）纳税人采取欺骗、隐瞒手段进行虚假纳税申报或者不申报，逃避缴纳税款，数额在5万元以上并且占各税种应纳税总额10%以上，经税务机关依法下达追缴通知后，不补缴应纳税款、不缴纳滞纳金或者不接受行政处罚的。

（2）纳税人5年内因逃避缴纳税款受过刑事处罚或者被税务机关给予2次以上行政处罚，又逃避缴纳税款，数额在5万元以上并且占各税种应纳税总额10%以上的。

（3）扣缴义务人采取欺骗、隐瞒手段，不缴或者少缴已扣、已收税款，数额在5万元以上的。

纳税人在公安机关立案后再补缴应纳税款、缴纳滞纳金或者接受行政处罚的，不影响刑事责任的追究。

2010年6月，最高人民法院发布了《关于在经济犯罪审判中参照适用

〈最高人民检察院、公安部关于公安机关管辖的刑事案件立案追诉标准的规定（二）〉的通知》，因此，司法实践中通常把“数额较大”的标准确定为5万元，而有些法院对于“数额巨大”的标准确定为“数额较大”情形的5倍，即25万元。

需要特别注意的是，《刑法》第201条第4款特别规定了豁免刑事责任的情形：有《刑法》第201条第1款行为，经税务机关依法下达追缴通知后，补缴应纳税款，缴纳滞纳金，已受行政处罚的，不予追究刑事责任；但是，5年内因逃避缴纳税款受过刑事处罚或者被税务机关给予2次以上行政处罚的除外。

这也是范冰冰逃税案件为什么目前尚未追究其刑事责任的直接原因。如果按照《刑法修正案（七）》颁布之前老的《刑法》第201条的规定，范冰冰的行为会直接面临牢狱之灾，但按照《刑法修正案（七）》修改后的法条，税务机关对范冰冰开出了巨额的罚单，只要范冰冰能够在指定的期限内补缴税款、滞纳金以及行政处罚的罚款，则依法不应当追究刑事责任。

二、非法吸收公众存款罪

（一）罪名的刑法规定

《刑法》第176条：非法吸收公众存款或者变相吸收公众存款，扰乱金融秩序的，处3年以下有期徒刑或者拘役，并处或者单处2万元以上20万元以下罚金；数额巨大或者有其他严重情节的，处3年以上10年以下有期徒刑，并处5万元以上50万元以下罚金。

单位犯前款罪的，对单位判处罚金，并对其直接负责的主管人员和其他直接责任人员，依照前款的规定处罚。

（二）犯罪构成要件

1. 犯罪主体

本罪的主体为一般主体，即按照刑法规定具有刑事责任能力的自然人、单位均可以构成本罪。非法吸收公众存款案件，就是我们现在俗称的P2P案件。吸收公众存款，是国家法律法规规定的金融机构特有的职能，即是需要经过行政许可的。在目前的经济大形势下，非法吸收公众存款案件的犯罪主体，多见于公司形式。但这些公司，往往因为其成立的目的就是为了实施非法吸收公众存款犯罪，因而最终通常都被否定了法人人格，而是认定为自然人犯罪。《最高人民法院关于审理单位犯罪案件具体应用法律有关问题的解释》（法释［1999］14号）第2条规定：个人为进行违法犯罪活动而设立的公司、企业、事业单位实施犯罪的，或者公司、企业、事业单位设立后，以实施犯罪为主要活动的，不以单位犯罪论处。

2. 犯罪客体

非法吸收公众存款罪侵害的客体，是国家的金融管理秩序中的金融信贷秩序，该罪被纳入了刑法破坏金融管理秩序罪的章节。

3. 主观方面

本罪的主观方面表现为不以非法占有所吸收的资金为目的的直接故意。在非法吸收公众存款案件偶发的早期，行为人大多是因为经营的需要而吸收资金，而吸收的资金亦多用于公司的正常经营，且有经营盈利之后到期还本付息的意愿。随着市场经济的发展，当下的非法吸收公众存款案件行为人吸收的资金，多用于所谓的投资。如果其主观上确实是用于正常的投资，且有到期后还本付息的意愿或行为的，则一般认定为非法吸收公众存款罪。若行为人是抱着非法占有资金的主观故意的，则其吸收资金的行为将被定性为集资诈骗罪，而非非法吸收公众存款罪。

4. 客观方面

《最高人民法院关于审理非法集资刑事案件具体应用法律若干问题的解释》（法释［2010］18号），对于本罪的客观表现已经作了较为详细的规定：

第1条：违反国家金融管理法律规定，向社会公众（包括单位和个人）吸收资金的行为，同时具备下列四个条件的，除刑法另有规定的以外，应当认定为《刑法》第176条规定的“非法吸收公众存款或者变相吸收公众存款”：

（1）未经有关部门依法批准或者借用合法经营的形式吸收资金。

（2）通过媒体、推介会、传单、手机短信等途径向社会公开宣传。

（3）承诺在一定期限内以货币、实物、股权等方式还本付息或者给付回报。

（4）向社会公众即社会不特定对象吸收资金。

未向社会公开宣传，在亲友或者单位内部针对特定对象吸收资金的，不属于非法吸收或者变相吸收公众存款。

第2条：实施下列行为之一，符合本解释第1条第1款规定的条件的，应当依照《刑法》第176条的规定，以非法吸收公众存款罪定罪处罚：

（1）不具有房产销售的真实内容或者不以房产销售为主要目的，以返本销售、售后包租、约定回购、销售房产份额等方式非法吸收资金的。

（2）以转让林权并代为管护等方式非法吸收资金的。

（3）以代种植（养殖）、租种植（养殖）、联合种植（养殖）等方式非法吸收资金的。

（4）不具有销售商品、提供服务的真实内容或者不以销售商品、提供服务为主要目的，以商品回购、寄存代售等方式非法吸收资金的。

（5）不具有发行股票、债券的真实内容，以虚假转让股权、发售虚构债券等方式非法吸收资金的。

（6）不具有募集基金的真实内容，以假借境外基金、发售虚构基金等方式非法吸收资金的。

（7）不具有销售保险的真实内容，以假冒保险公司、伪造保险单据等方式非法吸收资金的。

（8）以投资入股的方式非法吸收资金的。

（9）以委托理财的方式非法吸收资金的。

（10）利用民间"会""社"等组织非法吸收资金的。

（11）其他非法吸收资金的行为。

（三）量刑标准

同样，《最高人民法院关于审理非法集资刑事案件具体应用法律若干问题的解释》对于本罪的量刑标准也作了较为详细的规定：

第3条：非法吸收或者变相吸收公众存款，具有下列情形之一的，应当依法追究刑事责任：

（1）个人非法吸收或者变相吸收公众存款，数额在20万元以上的，单位非法吸收或者变相吸收公众存款，数额在100万元以上的。

（2）个人非法吸收或者变相吸收公众存款对象30人以上的，单位非法吸收或者变相吸收公众存款对象150人以上的。

（3）个人非法吸收或者变相吸收公众存款，给存款人造成直接经济损失数额在10万元以上的，单位非法吸收或者变相吸收公众存款，给存款人造成直接经济损失数额在50万元以上的。

（4）造成恶劣社会影响或者其他严重后果的。

具有下列情形之一的，属于《刑法》第176条规定的“数额巨大或者有其他严重情节”：

（1）个人非法吸收或者变相吸收公众存款，数额在100万元以上的，单位非法吸收或者变相吸收公众存款，数额在500万元以上的。

（2）个人非法吸收或者变相吸收公众存款对象100人以上的，单位非法吸收或者变相吸收公众存款对象500人以上的。

（3）个人非法吸收或者变相吸收公众存款，给存款人造成直接经济损失数额在50万元以上的，单位非法吸收或者变相吸收公众存款，给存款人造成直接经济损失数额在250万元以上的。

（4）造成特别恶劣社会影响或者其他特别严重后果的。

非法吸收或者变相吸收公众存款的数额，以行为人所吸收的资金全额计算。案发前后已归还的数额，可以作为量刑情节酌情考虑。

非法吸收或者变相吸收公众存款，主要用于正常的生产经营活动，能够及时清退所吸收资金，可以免予刑事处罚；情节显著轻微的，不作为犯罪处理。

三、信用卡诈骗罪

（一）罪名的刑法规定

信用卡犯罪，曾经十分猖獗，我国《刑法》第196条对信用卡诈骗犯罪作了如下的规定：

有下列情形之一，进行信用卡诈骗活动，数额较大的，处5年以下有期徒刑或者拘役，并处2万元以上20万元以下罚金；数额巨大或者有其他严重情节的，处5年以上10年以下有期徒刑，并处5万元以上50万元以下罚金；数额特别巨大或者有其他特别严重情节的，处10年以上有期徒刑或者无期徒刑，并处5万元以上50万元以下罚金或者没收财产：

（1）使用伪造的信用卡，或者使用以虚假的身份证明骗领的信用卡的。

（2）使用作废的信用卡的。

（3）冒用他人信用卡的。

(4) 恶意透支的。

前款所称恶意透支，是指持卡人以非法占有为目的，超过规定限额或者规定期限透支，并且经发卡银行催收后仍不归还的行为。

盗窃信用卡并使用的，依照《刑法》第264条的规定定罪处罚。

需要注意的是，盗窃信用卡并使用的，应当以盗窃罪论处，而不能定性为信用卡诈骗罪。

(二) 犯罪构成要件

1. 犯罪主体

根据刑法的现有规定，本罪的犯罪主体为一般主体，只能由自然人构成。对于单位能否成为信用卡诈骗罪的犯罪主体，理论界曾有着不同的观点：

第一种观点，即否定说，这观点认为单位不能成为信用卡诈骗罪的犯罪主体，因为一方面刑法对此没有明确的规定，另一方面信用卡通常存在使用额度的限制，单位不必冒此风险去诈骗如此小金额的财物。

第二种观点，即肯定说，这观点认为单位可以成为信用卡诈骗罪的犯罪主体，理由是单位持卡人在单位意志下可以实施恶意透支等信用卡诈骗行为。而且，现实中单位信用卡也已较为普遍，信用额度也不断提升，已发生了单位恶意透支数额巨大甚至特别巨大的案件。因此我们认为，单位也可以成为信用卡诈骗罪的犯罪主体。

2018年11月公布的《最高人民法院、最高人民检察院关于办理妨害信用卡管理刑事案件具体应用法律若干问题的解释》(2018年修正)，就原有的司法解释作了修改，并在该司法解释第13条就单位可以成为信用卡诈骗犯罪的主体作了明确规定，且其定罪量刑的标准与自然人犯罪是相同的。同时，修改后的司法解释，也是当前打击处理妨害信用卡管理刑事案件最新、最重要的定罪量刑准则。

2. 犯罪客体

信用卡诈骗罪所侵害的客体也是复杂客体，即国家对信用卡的管理秩序、制度和公私财物的所有权。

3. 主观方面

行为人的主观意识状态是直接故意，过失不能构成本罪。值得注意的是，《刑法》第196条第1款中并没有“以非法占有为目的”的表述，而在该条第

2 款中关于恶意透支情形的表述中，加入了“以非法占有为目的”的表述。因为，按照通常的理解，凡是带有“诈骗”两字的罪名，行为人均具有“非法占有他人财物”的目的，涉及“诈骗”两字的罪名或者刑法条文本身就蕴含了非法占有为目的的意思。就信用卡而言，其作为一种金融产品，本身就具有透支消费的功能，持卡人只要在还款期限内正常地归还透支金额，那就是一种正常的、合法的金融行为，此谓善意的透支或者合法的透支；为了与之相区分，刑法特别规定了“以非法占有为目的”的、恶意的透支，且达到一定的金额、一定的期限、经过银行的催收仍不归还的，才构成信用卡诈骗罪。就“以非法占有为目的”的认定，《最高人民法院、最高人民检察院关于办理妨害信用卡管理刑事案件具体应用法律若干问题的解释》第 6 条第 3 款作了较为详细的罗列：

（1）明知没有还款能力而大量透支，无法归还的。

（2）使用虚假资信证明申领信用卡后透支，无法归还的。

（3）透支后通过逃匿、改变联系方式等手段，逃避银行催收的。

（4）抽逃、转移资金，隐匿财产，逃避还款的。

（5）使用透支的资金进行犯罪活动的。

（6）其他非法占有资金，拒不归还的情形。

4. 客观方面

本罪的客观方面具体表现为以下四种形式：

（1）使用伪造的信用卡，或者使用以虚假的身份证明骗领的信用卡。伪造信用卡的手段，随着科技的不断进步，也经历了一个“不断进步”的过程。较为原始的方法，是在刷卡装置或者 ATM 机的插卡口上，加装磁条信息读取和复制装置，并使用最直接的偷窥方式记住持卡人的信用卡密码，待持卡人离开后，将磁条信息读取和复制装置中的信息导出，并写入空白的信用卡卡片，这就是伪造的信用卡。伪卡制作完成后，在消费或者取款时只要输入偷窥来的正确的信用卡密码，即能够成功实施信用卡诈骗行为。

而在当下，已经出现了远程信息读取装置，即只要将装置靠近信用卡的有效读取距离，即可轻松读取到真实持卡人的信用卡信息，并通过无线传输技术，将信用卡信息写入到空白卡片，然后使用类似黑客软件将密码试出来。

（2）使用作废的信用卡。该种方式，在当前已经较为少见，故不再细述。

（3）冒用他人的信用卡。此处的他人信用卡，是指真实持卡人本人合法持有的信用卡，不包括伪造或者作废的信用卡；而所谓冒用，是指未经合法持卡人本人的同意或者授权，擅自以持卡人的名义使用信用卡，使用的行为包括了消费、提取现金等行为。上述最新的司法解释对于冒用他人信用卡的情形也作了列举：拾得他人信用卡并使用的；骗取他人信用卡并使用的；窃取、收买、骗取或者以其他非法方式获取他人信用卡信息资料，并通过互联网、通讯终端等使用的；其他冒用他人信用卡的情形。

值得注意的是，现行刑法所称的信用卡，已经不限于有介质的实体卡片，同样也包括没有实体卡片的虚拟信用卡。

5. 恶意透支

首先需要明确的是，此处的恶意透支，也是指真实的持卡人本人所实施的行为，不包括使用伪造的信用卡、作废的信用卡或者冒用他人信用卡的行为。

如前所述，透支是信用卡本身就具有的金融功能，即持卡人可以在信用卡账户内没有余额的情况下，进行消费或者取现，如果持卡人在银行规定或者与银行约定的额度内进行透支消费或者取现，并在银行规定或者约定的期限内归还的，则是一种完全合法的使用信用卡的行为。

恶意透支的恶意，实际就是表现为“以非法占有为目的”的办理信用卡，进行透支消费或者取现，而根本没有归还透支金额的意愿。在现实中，疯狂办理大量信用卡后进行恶意透支的行为屡见不鲜，而这种行为不但给银行造成了巨大的经济损失，也极大地扰乱了金融秩序。

基于《刑法》对恶意透支行为定义为刑事犯罪的大前提，并结合当下打击信用卡诈骗犯罪的现实需要，《最高人民法院、最高人民检察院关于办理妨害信用卡管理刑事案件具体应用法律若干问题的解释》作了如下规定：持卡人以非法占有为目的，超过规定限额或者规定期限透支，经发卡银行两次有效催收后超过3个月仍不归还的，应当认定为《刑法》第196条规定的“恶意透支”。

（三）量刑标准

对于使用伪造的信用卡、以虚假的身份证明骗领的信用卡、作废的信用卡或者冒用他人信用卡，进行信用卡诈骗活动的量刑标准，修改后的《最高人民法院、最高人民检察院关于办理妨害信用卡管理刑事案件具体应用法律若干问题的解释》沿用了之前的标准，即数额在5000元以上不满5万元的，应认定为“数额较大”；数额在5万元以上不满50万元的，应当认定为“数额巨大”；数额在50万元以上的，应当认定为“数额特别巨大”。

而对于恶意透支的情形，修改后的上述司法解释作了较大的调整，原有的入刑起点金额，即“数额较大”的标准为1万元，而修改后的上述司法解释规定“数额较大”的标准为5万元以上不满50万元；数额在50万元以上不满500万元的，应当认定为“数额巨大”；数额在500万元以上的，应当认定为“数额特别巨大”。

【案例分析实训】

【案例7.3】

【案情简介】

张某某，于2016年3月在招商银行办理了一张信用额度为3万元的信用卡，其经常持该信用卡进行透支消费。透支一直维持在人民币2万元至3万元间，且始终处于逾期归还状态，为此银行每月都以信函的方式向其催收。而张某某基本每月仅向银行归还人民币50元（未达到最低还款额标准）。

【思考问题】

张某某的行为是否构成恶意透支的信用卡诈骗罪？理由是什么？

第四节　常见经济犯罪的辩护技巧

经济犯罪因其本身的法定性、复杂性、双重违法性，以及其特有的证据规格要求，就律师辩护的角度而言，往往具有一定的空间，当然这种辩护技巧的运用，其基础和核心仍是对证据材料的充分研判。

一、罪与非罪

（一）刑法规定的入刑标准

我国刑法规定的经济犯罪，大多没有相应的入刑数额标准，而仅有“数额较大”“数额巨大”“数额特别巨大”的表述，但几乎所有的经济犯罪罪名在相关司法解释中都可以找到入刑数额的标准。从辩护人的角度出发，基于对案件证据材料的分析和研判，可以就相关的犯罪金额提出异议。如果公安、司法机关对于案件原先的金额确实有误，或者相关证据材料并不能证明犯罪嫌疑人或者被告人实施了相应金额的犯罪行为，而这些金额从原先认定的犯罪金额中扣除后，剩余的数额并不能达到刑法或者司法解释规定的可以追究刑事责任的数额的，则行为人不构成犯罪。

【案例分析实训】

【案例 7.4】

【案情简介】

2017 年 1 月，A 公司因为聘请了具有丰富公司运营管理经验的职业经理人赵某，担任公司的总经理。公司基于对其能力的认可以及充分的信任，让其全面负责公司的运营，将公司的采购、销售、财务等的决策权全部交予赵某。2018 年年初，公司股东在例行查阅财务账册凭证时发现了以下情况：

1. 公司客户 B 公司有一笔 7 万元的应收货款，已经逾期 5 个月未收回，经与 B 公司核对账目，发现该 7 万元的货款已经于 5 个月之前以支票形式支付，并由赵某签收。

2. 2017 年 6 月，公司账户上还有一笔 5 万元的款项，转账至赵某个人的银行卡上，且没有记载任何事由。

3. 2017 年 9 月、10 月，分别有 3 万元和 4 万元的巨额招待费发票，且这些发票系赵某报销的，但公司应该不会在短期内发生如此大额的招待费用。

由此，A 公司怀疑赵某有利用职务便利挪用和侵占公司资金的犯罪嫌疑，遂向公安机关报案。公安机关受理案件后，经调查发现。

1. B 公司称应赵某要求，以现金方式支付了 7 万元货款，且确系赵某签收。

2. A 公司账户转账至赵某个人银行卡上的 5 万元，到账后提取了现金。

3. 赵某在 2017 年 9 月、10 月分别向公司报销了 3 万元和 4 万元餐饮发票，由赵某从公司领取了合计 7 万元的报销款。

后公安机关传唤了赵某到案，赵某辩称：①B公司的7万元现金，确实系其签收的，因为其个人购房还贷款需要资金，故利用职务便利，挪用了该笔资金用于偿还银行贷款。②A公司转账至其个人银行卡的5万元，其为了销售需要，提现后交给了客户B公司的采购经理陈某，该5万元是好处费。③其报销的3万元餐饮发票，其中的3万元确实是没有发生过招待业务，也是因为其经营的个人独资企业缺少流动资金而通过让别人开具了C餐饮公司的发票进行报销的方式，将该3万元占为己有；另外的4万元确实是用于招待一批境外客户而支出的招待费。

根据赵某的交代，公安机关找到了B公司的陈某进行核实，但陈某否认其收到过赵某所称的5万元；公安机关又找到了C餐饮公司的负责人进行了询问，得知该3万元的餐饮发票，确实是赵某出了票面额3%的开票费让其开具的，但另外的4万元确实是赵某带着几名外国人前来就餐所消费的，包含了餐费和数瓶昂贵的洋酒，并向公安机关提供了当日消费的清单和赵某刷卡的单据。

【法理分析】

在上述案件中，7万元的餐饮发票报销，表面上看似赵某通过这种方式侵占了公司的资金，但有4万元是真实用于公司招待而支出的费用，故不能认定为职务侵占的金额为7万元，而只能认定为3万元；但3万元的数额是没有达到职务侵占罪的入刑起点（6万元），因而赵某的行为不构成职务侵占罪。至于其虚开3万元发票的行为，仅仅是赵某为了达到侵占公司资金目的而采取的手段而已，故不宜再定虚开发票罪，更何况，该发票的金额和份数均没有达到虚开发票罪的入刑起点标准。

另外，公安机关认为赵某自认的7万元和B公司采购经理陈某否认的5万元，均应当认定为赵某挪用公司资金的数额，后移送检察机关审查起诉，检察机关以赵某涉嫌挪用资金向人民法院提起公诉。在法院审理该案过程中，赵某的辩护律师王某对于陈某否认收到人民币5万元的说法提出了质疑，因为王某在多次会见赵某的过程中，赵某始终坚称确实给了陈某5万元的贿赂款，且说出了以性命担保之类的话，故坚决要求人民法院进一步查明陈某的说法是否属实。后经深入调查陈某的经济状况并传唤其到庭作证，最终陈某如实陈述了其确实收到过赵某给与的5万元现金，且其陈述的经过与赵某是一致的，并向法庭提供了其妻子在银行卡上存入5万元现金的存款凭据。

在此情况下，赵某虽有对非国家工作人员行贿的行为，但因其金额未达到该罪的入刑起点数额（6万元），故不能定其为对非国家工作人员行贿罪；并且，剩余的7万元现金，虽然确实是赵某挪用的，但却还是没有达到挪用资金罪入刑的起点数额（10万元），故赵某的行为也不能认定为犯了挪用资金罪。

另外，例如侵犯商业秘密案件中，刑法及相关司法解释规定，侵犯商业秘密的行为必须达到给被害人造成50万元以上的损失，或者其违法所得达到一定的金额才能够入刑；并且，行为人所侵犯的信息必须属于商业秘密，对此相关司法解释对于哪些信息属于商业秘密也作了明确的规定。

按照罪刑法定原则，在经济犯罪案件的辩护中，罪与非罪的标准，与犯罪数额有着直接的关联，我们要学会从繁复的证据中，在合法合规的前提下，去寻找对于当事人有利的点和面，着重需要注意的就是在经济犯罪金额统计过程中，有其他证据足以证明部分或者全部金额并非所谓犯罪金额的关键点，最终达到维护当事人合法权益的辩护目的。

（二）经济纠纷与经济犯罪

在民刑交叉的案件中，严格区分经济纠纷与经济犯罪，尤为重要，因为这直接关系到当事人面临的是刑事处罚还是民事层面的诉讼。例如，同样是形式上的民间借贷，若是公司企业的经营负责人或者实际控制人仅向特定的人群借取资金，实际用于公司企业的经营，并承诺给与一定的回报，则不能认定为非法吸收公众存款罪；若是针对不特定的公众借取资金并允诺给与一定的回报的，即使其是实际用于企业的生产经营，仍有可能构成非法吸收公众存款罪。又如，公司企业收到的支票被银行作退票处理，出票人并非一定会构成票据诈骗犯罪，而必须视实际情况来界定其行为到底是否构成票据诈骗罪。

根据我国现行《刑法》的规定，律师作为辩护人角色参与刑事诉讼的时间节点，已经从之前的公诉、审判阶段前移至侦查阶段，因此，律师从公安机关对案件的侦查阶段开始，就已经具备了辩护的权利。这一点，是中国的刑事司法制度逐步与西方法治国家的刑事诉讼制度接轨的一种表现，也更有利于当事人合法权益及时、完整的维护。

那么，作为一名律师应该从什么角度着手更好地去区分一个案件到底属于经济纠纷还是经济犯罪呢？除了坚实的法律理论基础之外，还应更加侧重立足于对案件事实情况的全面掌握和把控、对证据材料的深入剖析，而不能停留于表面现象。下面，我们通过两个关于空头支票的案例，来解析在经济犯罪与经济纠纷的区别，以便大家了解从律师角度如何去为当事人作更好的无罪辩护。

【案例分析实训】

【案例 7.5】

【案情简介】

2016 年 4 月某日，A 市公安局接到某轻纺城十余家公司的报案，均称被嫌疑人黄某以出具空头支票的形式骗走金额数万元至数十万元不等的服装面料，现黄某已逃匿，无法联系。公安机关受理案件后，进行了调查，发现黄某并非出票人甲公司的法定代表人，也非甲公司的股东，即从形式上来看，黄某与甲公司没有任何关联性。但是，黄某刚开始，是以现金形式从该十余家公司采购服装面料的，且金额均在 2000 元至 6000 元不等。数次之后，黄某在采购面料过程中提出，是否可以以支票形式支付，而被害人因为之前数次的交易均以现金方式结算，而对黄某产生了一定的信任感，故同意黄某以支票形式结算。黄某遂又向该十余家被害单位采购了数次服装面料，每次的金额在 1 万元至 3 万元不等，且被害单位接受支票解入银行均按期到账。如此数次之后，黄某在逃匿前，在短短的 5 天之内，向该十余家被害单位集中采购了大量的服装面料，每家的金额在 5 万元至 30 万元不等。黄某提货之后，该十余家被害单位将支票解入银行均被银行以余额不足为由退票。被害单位也再也无法联系到黄某，亦不知其去向。

公安机关遂对该案立案侦查，并将黄某上网通缉，数月后，黄某在驾车经过某公安检查站时，被民警抓获，其交代了相关的犯罪事实。甲公司系其出了 5000 元向黑车司机购买的空壳公司，营业执照、公章、财务专用章、银行账户等均系该黑车司机一并交付给黄某的。其先以现金交易的形式，博得了被害单位的信任；后又以小额支票结算的形式，进一步增强了被害单位的信任感；最终在短期内以大额空头支票疯狂购货，并直接销赃给其事先联系好的收赃人员，进行了底价抛售，取得了销赃款后马上逃匿。

【法理分析】

本案中，其利用了被害人的信任和支票的合理兑付时间，诈骗了多家被害单位的巨额财物，并低价抛售，其实施开具空头支票，诈骗被害单位财物的主观故意十分明显，故应认定其犯票据诈骗罪无疑。

【案例 7.6】

【案情简介】

2017 年 1 月，B 市公安局经侦大队接到多家公司报案称：该市的乙公司，向其开具了多份到期日为 3 个月之后的远期支票购买原材料，支票到期后解入银行，均被银行以账户余额不足为由退票，被退票的总金额达 130 余万元，且联系不上乙公司的老板秦某。公安机关受理案件后经过初步调查发现，乙公司的银行账户于案发前 10 日被人民法院查封，账户上的余额仅为 1 万余元；且老板秦某确实不知去向；另，乙公司的一家客户丙公司于案发前 6 日，应秦某的要求，将到期应付款 160 万元支付至秦某的个人银行卡上，于是公安机关对该案以票据诈骗案立案侦查。5 日后，秦某在回到公司后被公安机关抓获并对其刑事拘留。秦某到案后辩称：其并没有诈骗供应商财物的想法，其公司一直正常运营，但在案发前由于其公司内一员工常某发生工伤死亡事故，死者家属蛮不讲理将其软禁了数十天，并限制其拨打和接听电话，一定要求巨额的赔偿。

其之所以要让客户丙公司将货款直接转账至其个人银行账户，是因为其知道公司的银行账户已经被法院查封，原因是其供应给另一客户丁公司的一台价值 200 万元的设备，因产品质量纠纷，丁公司提起诉讼要求退货和返还货款，并向人民法院申请查封了其银行账户。常某的工亡事故，家属本可以通过正常的法律途径申请工伤认定，并经社保部门进行相关赔付，但由于常某家属蛮不讲理将其软禁，公司银行账户又恰巧被法院查封，所以其不得不通知客户丙公司将货款支付至其个人银行卡，以应对常某家属的威逼和赔付要求。如果没有此次的突发情况，其公司完全是有能力偿付其开具的这些支票的金额的。

公安机关经进一步调查核实后，确认秦某的说法确实属实，后将秦某释放，并告知报案的供应商通过正常的民事诉讼途径解决。

【法理分析】

所谓票据诈骗罪，是指以非法占有为目的，利用金融票据进行诈骗的行为，签发空头支票是《刑法》第 194 条第 1 款第 4 项规定的一种情形。通过上述两个案例，我们基本可以了解，如果行为人主观上并没有非法占有他人财物的故意，那么即使发生了签发的支票被银行退票的情况，也未必构成票据诈骗罪。在现实中，经常会有人会认为其收到的支票被银行以余额不足为由退票，出票人的行为就是票据诈骗，这种认识是非常片面的。站在辩护律师的角度，我们必须站在维护当事人合法权益的角度，向公安、司法机关客观、全面地阐明相关的背景情况、突发状况等，依据客观事实来证明行为人实施签发空头支票行为时的主观意识状态，以衡量行为人的行为到底是否能够构成犯罪。

二、罪轻辩护

在罪轻辩护的情况下，个案中相关法定和酌定的从轻、减轻处罚的情节，例如自首、立功、从犯、初犯、偶犯、坦白、如实供述、自愿认罪、退赔赃款或者非法所得、取得被害人谅解等，相对较为容易把握，就不再着重介绍。就经济犯罪而言，此罪与彼罪的区分尤为重要，因为经济犯罪所涉及的罪名的数量众多，且有不少罪名的客观表现类似，比较容易混淆，而不同的罪名往往其量刑的标准是不一样的。对于当事人而言，其实施的行为能否准确定性，将直接关联到其将受到的刑罚的严重程度。我们将以较为常见非法吸收公众存款罪与集资诈骗罪的区别和职务侵占与盗窃罪、诈骗罪、挪用资金罪的区别为例，重点阐述经济犯罪辩护中此罪与彼罪区分的原则。

以非法吸收公众存款罪和集资诈骗罪的区别为例——主观故意和资金流向：

【案例分析实训】

【案例7.7】

【案情简介】

上海Y资产管理有限公司（以下简称Y公司）于2013年注册成立，法定代表人夏某，注册资本人民币5000万元，旗下有多家关联公司，并在上海各个区县以及江苏等省市开设有多家分公司，各个分公司又开设有数家门店，对外招揽客户，宣传称其有多处的实业投资，其中重点宣传的有：地产项目、旅游项目、矿产项目，等等，若将资金投放在这些项目，将有高额的回报。

各个分公司、门店均设有经理、团队长、业务员等层面的工作人员，每个员工均能够按照其业绩，从公司领取一定比例的提成。2016年，Y公司及其关联公司被曝出现兑付危机，公司的法定代表人失联。后经公安机关立案侦查，Y公司在全国所有的债权人达数千人，未兑付的本金为10亿余元。Y公司吸收的资金，除了支付公司日常的开销、员工工资、提成、兑付被害人的部分本金和利息回报之外，有数个亿的资金，被公司高层几经周转，流向境外并占为己有。

资金流向境外的模式如下：

Y公司用从被害人处吸收的资金，在某地取得一工业用地，并对外宣传该地块今后的定位是一个高端的地产项目。Y公司在地块上开展了少量基础建设并进行了项目的宣传后，寻找政府进行融资，通过当地银行以土地和在建工程抵押的方式取得高额贷款；后将取得的贷款分流至境外，Y公司核心高层在境外取得资金控制权。

最终，法院对Y公司核心的高层人物以集资诈骗罪重判；对上述人员以外的人员，以非法吸收公众存款罪判决。

【法理分析】

非法吸收公众存款罪，在之前已经作了详细的介绍，其刑罚的标准最高为有期徒刑10年。而集资诈骗罪，根据《刑法》第192条的规定，最高可以判处无期徒刑。

为什么在同一个案件中，不同的人会被法院以不同的罪名定罪量刑呢？通过案例的介绍，我们可以看出，最终对于核心的高层人物以集资诈骗罪重判，根本的原因在于其从一开始就具有非法占有被害人资金的主观故意，且通过层层流转，最终取得了资金的控制权，也就是说其达到了非法占有的目的；而对于其他人员来说，不论是分公司主管人员，团队经理，还是普通业务员，都仅仅是按照公司核心高层给出的项目对外进行投资宣传，招揽客户进行投资，其对于核心高层的非法占有资金的主观故意并不知情，且该项目从表面上来看确实存在，同时这些人员仅仅是按照其投资理财产品的销售业绩领取一定的提成加上底薪作为其工作报酬的，其本身并不具有非法占有被害人资金的主观故意，故对其认定为集资诈骗罪是有失公允的。而从其行为本身出发，认定为非法吸收公众存款罪更为妥当，也更能体现罪刑相当的刑法原则。在此，从辩护律师的角度出发，厘清行为人的主观意识状态以及相关赃款的最终控制人，对于区分此罪与彼罪是具有十分重大的意义的。

以职务侵占罪与盗窃罪、诈骗罪、挪用资金罪的区别为例——职务便利、作案方式：

【案例分析实训】

【案例7.8】

【案情简介】

某公司出纳张某，因赌球输了近8万元的赌债且无力偿还，遂对公司资金动起了脑筋。作为公司出纳，其保管着公司保险箱的钥匙，并知道公司保险箱的密码，要从公司保险箱里拿取现金是十分方便的，但其又害怕被公司发现后难逃罪责。于是，张某事先购买了螺丝刀、钳子、撬棒等工具。在某日晚上进入公司，用螺丝刀、钳子弄坏财务室的门，再使用撬棒将财务室内的保险柜撬开，取走了保险柜内存放的10万元现金，并在第二天上班后向公司领导汇报财务室被窃现金10万元，公司遂报警。公安机关经调查后将张某抓获，最终人民法院仍以职务侵占罪对张某判处有期徒刑。

【法理分析】

这个案件中，张某的行为看似实施了盗窃的行为，但事实上还是利用了职务便利。其身为公司出纳，本来就有公司财务室和保险箱的钥匙，要从保险箱内取现金，根本不需要使用暴力手段，其试图伪造财务室失窃的表象，目的仅仅是为了不让公司怀疑是张某自己拿走了保险柜里的现金，让公司认为保险柜里的现金是被他人偷走的。而制造这些表象，张某实际上也是利用其系公司出纳，保管有公司财务室和保险柜钥匙的职务便利。张某的这种“偷”，是“有职务的偷”，也是基于其职务便利，故通常仍认定为职务侵占罪，而不认定为盗窃罪。

【案例 7.9】

【案情简介】

G 公司的工程部经理徐某，负责代表公司对外发包工程、结算工程款工作。2015 年年初，其因为购车缺钱，遂萌生了骗取公司资金的念头。于是在向 C 公司发包某工程时，与 C 公司总经理张某商量，原本的工程价款是 40 万元，但要签订 60 万元的合同，多出来的 20 万元，由其徐某本人另行由 D 公司向 C 公司开具发票，要求张某收到 G 公司工程款后，将 20 万元汇款至 D 公司账户。张某为了能够做下该笔业务并能够长期做到 G 公司的工程，遂答应并照做。而 D 公司实际系徐某自己实际控制的公司，20 万元到账后，其转至个人账户并用于购买一辆 SUV 越野车。后该案案发，黄某最终被人民法院以犯职务侵占罪判处有期徒刑。

【法理分析】

该案中，从徐某所实施的行为来看，是一种“骗”的行为，即欺骗公司实际只有 40 万元的工程，需要 60 万元来完成，并最终将公司多支付的 20 万元非法占有。但为什么最终法院仍以职务侵占罪对其判处呢？还是因为其实施的行为与其职务便利有着直接的关系。这种“骗”是“有职务的骗”，一方面，其是在公司本身所担任的职务给其实施“骗”的行为提供了便利条件；另一方面，其事实上抱着一种将公司资金占为己有的主观目的，欲使用“骗”

的表象来掩盖其非法占有公司资金的事实。

上述两个案例中，我们通过检索《刑法》内容可以看到，职务侵占罪的入刑数额，要远大于盗窃罪和诈骗罪，其最高的刑罚也要低于盗窃罪和诈骗罪，以职务便利和主观故意两个方面为着眼点，客观地区分此罪与彼罪，对于当事人合法权益的维护，有着至关重要的作用。

挪用资金罪的量刑标准，要略低于职务侵占罪的量刑标准。关于职务侵占罪和挪用资金罪的区分，我们通常参照的标准主要有以下几点：

一是是否以非法占有公司资金为目的。所谓挪用，是指侵犯了公司对于资金的使用权，而非所有权；而侵占即占为己有，其侵犯的是公司对资金的所有权。

二是客观表现。挪用行为通常在公司账面上的体现是“不平”，即被行为人挪用的资金，在公司的账面上的表现是“未收到”的状态。例如，公司的销售人员向客户收取的货款被其挪用后，公司账面上显示为被挪用的应收款仍处于没有收到的状态，而业务员通常会敷衍公司称客户还未支付，而这类案件的案发，常见于公司与客户对账时发现客户实际已经支付并由业务员签收相关票据。

职务侵占行为通常在公司账面上的体现是“平”，即被行为人侵占的资金，在公司账面上的表现是某种表面看似正常合理的“已支付”或者“已消耗”的状态。例如前述徐某“骗取”公司20万元的资金，在公司账面上体现的是某一工程已经支付合理价款；又如，对于公司的仓管人员或者生产条线的工人，侵占公司原材料或者产品的，在公司账面上的体现通常就是已经消耗掉的状态。

综上，严格区分此罪还是彼罪，是罪轻辩护中，尤其是经济犯罪的罪轻辩护中切实维护当事人合法权益的重要方面，律师在法庭上关于罪名问题所提出的意见，应当要有理有据。法官、检察官和律师都同为法律人，就有争议的罪名问题在法庭上充分发表各自意见，不但有利于刑法理论和实践的进步，同时也是对公平公正司法的一种促进。当然无论是无罪辩护，还是罪轻辩护，其基石仍然是案件的证据以及真实客观事实，我们拒绝为了为当事人逃脱罪名或者获得轻判而铤而走险实施伪造证据、毁灭证据等的违法犯罪行为。

【案例 7.10】

【案情简介】

卞某，系某实业公司的经营负责人，其在公司经营过程中，为了少交一些税款，与其一家供应商商量，能否在平时开票的时候帮忙多开一点增值税发票，其愿意支付一定的开票费用，该供应商为了牟利，遂在正常业务量的基础上，每次为卞某的公司多开一部分增值税专用发票，卞某将发票用于其公司的增值税进项抵扣。后卞某的公司被公安机关查获，并定性为虚开增值税专用发票罪。

【思考问题】

如果你是卞某的辩护律师，你准备从哪些角度去为卞某辩护？

CHAPTER8 第八章

行政案件律师业务基本技能

【本章概要】 行政诉讼是独立的诉讼制度，在解决行政争议、促进依法行政、保障公民权利方面，发挥着重要的作用。对初级律师而言，行政诉讼既是打响名号的机遇，又是极富艰辛的挑战。在案件代理过程中，初级律师经验积累不充分，往往感觉无从下手。本章从行政诉讼业务的基础实务技能入手，探讨行政行为的可诉性及参与主体的认定，分析行政诉状案件的法律适用规则。

【学习目标】 即通过本章学习要让学生了解行政诉讼实务的基础知识，基本掌握初级律师在行政诉讼中的起诉和应诉技巧，合理援引相关法律规定，有效应对各类不同的行政诉讼案件。

第一节 概 述

一、行政诉讼的变迁及现状

《中华人民共和国行政诉讼法》（以下简称《行政诉讼法》）1989 年颁布实施，多年以来未有大的改动。然而当前社会行政机关的目的宗旨、机构设置、职能职责等均发生了翻天覆地的变化，其俨然已经不能满足当代社会的需要，比如说受案范围已不适应客观要求，行政复议基本维持原结果、立案审查制度、审判监督程序不完善等，对行政诉讼功能的充分发挥影响甚大。2014 年，在深水改革和法治社会建设的时代号召下，《行政诉讼法》终于迎来了第一次修改，随后又在 2017 年进行了第二次修改。

2014 年和 2017 年《行政诉讼法》的两次修改都是大修，其对原有条款进行了较大幅度的改动，调整增加了立法目的、扩大了受案范围、修改了复议案件的被告确立原则、调整了行政诉讼的证据规则、加重了拒不履行司法判决的责任等，另外增设了行政机关负责人出庭应诉的制度、行政协议的解决方案、行民交叉案件的处理途径和简易程序制度。这些修改扎根于实践和经验，立足于我国经济的发展和司法审判的实务。行政诉讼法律制度进一步的完善，贯彻了限制公权力的宗旨，在保障公民权利和加快建设法治政府方面有着实质性的进展，逐步担任起“小宪法”的设计功能。

尽管法律的修正和完善规定了许多行政诉讼实践中不少问题的司法解决途径，但是对于普通民众来说“民告官”不仅要克服心理障碍，还要面对严峻的现实。以上海铁路运输法院审理的行政案件为例，其经授权负责审理上海市静安、虹口、普陀、长宁四区的一审行政案件。从其 2017 年召开新闻发布会通报的 2017 年行政案件司法审查情况来看，无论是行政类案件的受理件数还是民众的胜诉率，均不容乐观。2017 年，上海铁路运输法院共受理行政类案件 1599 件，同比增长 25.7%，在 2017 年审结的 1542 件行政案件中，行政机关败诉 72 件，败诉率为 4.7%，比 2016 年上升了 1.6 个百分点。另外，上海铁路运输法院相关负责人指出，2017 年行政机关负责人出庭应诉率总体有所提高，但正职干部仍仅占全部开庭审结案件的 1.4%。尽管法院有对行政机关败诉率低迷的问题作出回应，认为如果把经调解后的原告撤诉率加上去，其数字还是相当可观的。但是这不能掩盖行政诉讼整体的市场环境，对于律师而言，代理行政诉讼案件，需要更加注重实务经验和诉讼技巧。

二、行政诉讼与刑事诉讼、民事诉讼的区别

诉讼法是我国八大法律之一，由行政诉讼、刑事诉讼、民事诉讼三大诉讼制度共同构成。这三大诉讼之间有某些联系和共同点，但也存在明显的区别。

（一）功能不同

行政诉讼的目的是通过审查行政机关行政行为的合法性，保护行政相对人的合法权益免受行政行为的侵害；刑事诉讼的目的在于以审查犯罪嫌疑人的行为是否符合犯罪构成要件的方式，打击和惩罚犯罪；民事诉讼的目的在于通过确认私领域下的个人权益归属及民事责任，以保障私权利。

（二）诉讼客体不同

行政诉讼以行政机关行为的合法性和行政法律关系为诉讼客体，刑事诉讼以被告人的行为为诉讼客体，而民事诉讼以双方当事人之间的权利义务或民事法律关系为诉讼客体。

（三）当事人关系不同

行政诉讼中的当事人双方在实体法中是管理者与被管理者的关系，行政诉讼的原被告是限定的，原告只能是与行政行为有利害关系的行政相对人，被告只能是实施被诉行政行为的行政机关。刑事诉讼中的当事人双方在实体法上是国家法律监督机关与刑事主体的关系，除自诉案件由自诉人自诉外，其余均由人民检察院作为原告提起公诉，被告可以是自然人或单位。民事诉讼中的当事人双方在实体法中的地位是平等的，任何一方均有提起诉讼的权利，原告起诉的，被告可以反诉。

（四）证据规则不同

在举证责任分配上，行政诉讼要求行政机关主体对其行政行为的合法性承担举证责任，且不得事后补证；刑事诉讼由公诉机关对被告违法性行为承担举证责任，由侦查机关负责立案侦查、搜集证据；民事诉讼则规定由主张积极事实的一方承担举证责任。在证明标准上，刑事诉讼的证明标准一般为排除合理怀疑，民事诉讼的证明标准一般为高度可能性，而行政诉讼的证明标准一般是介于两者之间的明显优势标准。

三、行政诉讼业务的基本原则

细观各部法律，往往在总则或概述里会有关于该法律基本原则的规定。法理学上说，基本原则具有概括性和普遍适用性，但不具有优先适用性。在民商事领域，“诚实信用”原则是王道原则，但是法院基本不会一上来就用诚实信用原则进行审判，而是先审查是否存在可以直接适用的规则。同样，《行政诉讼法》中规定的基本原则也不具有直接适用性，行政诉讼中的核心原则是依法行政，该原则贯穿行政法的整个部门领域，具有指导性意义。纵观我国《行政诉讼法》第 4 条至第 8 条列举的几项基本原则，除了第 6 条合法性审查原则外，均为诉讼规则的共同原则，故本章不再重复。这里从实务角度阐述的，是在行政诉讼法律服务的法律实践中，律师经常用到的一些特殊原则。

（一）合法性审查原则

《行政诉讼法》第6条规定："人民法院审理行政案件，对行政行为是否合法进行审查。"这个原则就是上文所说的行政诉讼特有原则，之所以说它特殊，是因为我们能够从该原则中看到司法权力和行政权力的博弈。

司法对行政具有审查的权力。人民法院审理行政案件，司法审查权体现在审理对象仅仅是行政机关的涉案行政行为。但是，司法的审查权限超越行政职权，行政权力在于管理和维护社会秩序，司法审查是为了限制行政权力的滥用。故行政相对人行为的合法性，应当由行政机关判断，人民法院不宜审理行政相对人行为的合法性。另外，行政相对人行为的合法性与行政机关行为的合法性之间，不一定存在直接因果关系。

行政对司法有着一定的限制。具体表现为以下两个方面：其一，审查程度的有限性。人民法院不审查行政行为的合理性，只审查其行为的合法性，在某些具体案例中，表现为只要行政行为的形式是合法的，法院便极有可能判决原告败诉。这个并不是公平与否的问题，行政权力的行使过程中，多是根据法律、行政法规、规章的授权或委托，在实际情况下作出的具体决定，这些行为体现了行政机关执法的专门性、专业性以及裁量性，司法权要对行政权进行监督，但是又不能替代行政权作出决定。其二，审查结果的有限性。法院虽然可以审查行政行为的合法性并作出相应的判决，但是判决的形式或种类是固定有限的，与民事诉讼存在差异。另外，人民法院的审查仅具有个案效力，这也是审查结果有限性的表现之一。

（二）行政行为合法性由被告举证原则

根据《行政诉讼法》第34条第1款规定："被告对作出的行政行为负有举证责任，应当提供作出该行政行为的证据和所依据的规范性文件。"这个规定并不是出于保护行政相对人或者加重行政机关负担的目的，也不违反"谁主张，谁举证"的要义，而是体现了行政机关应当"先取证，后裁决"的执法要求，即要求行政机关在作出该行政行为时即是有合法的依据。这个原则背后的支撑是依法行政原则，如果行政机关无视法律法规的依据作出行政行为，不能以事后形成的规范性文件、会议纪要等作为执法依据；如果行政机关无法证明其当初作出该行政行为的合法性，则需承担相应的不利后果。

但是我们不能简单地把这一规定用于所有的行政诉讼案件中，有原则必有例外。行政机关在某些特殊情况下可以免除对某些事实的举证责任。首先，行政机关对于相对人未起诉的行政行为不承担举证责任。其次，不是行政诉讼中审查对象的行政行为，按照“行政行为效力先定原则”，举证责任也不会落到行政机关头上。

根据有关司法解释的规定，具体罗列以下应当由原告承担举证责任情形：其一，被告抗辩超过起诉期限的，原告应当承担关于期限的举证责任。其二，若原告起诉被告不作为，需要同时证明原告曾经申请或主张的事实。其三，原告主张国家赔偿的，应当承担具体实际损失的证明责任。

（三）起诉不停止执行原则

《行政诉讼法》第56条规定，诉讼期间，不停止行政行为的执行。在我国，国家利益或集体利益是大于个人利益的，《中华人民共和国行政强制法》（以下简称《行政强制法》）规定了紧急情形下的代履行，这些都体现了对公共秩序的优先保护，体现了行政法中的行政行为效力先定原则。

作为代理律师，特别是代理行政相对人提起诉讼时，应当向当事人明确起诉不停止执行原则，在诉讼期间被代理人还要及时履行相应的义务，避免执行罚的加长和损失的扩大。律师更要明确的是法律规定的，在诉讼期间可以停止具体行政行为执行的情形，主要包括行政机关主动认为需要停止执行的、人民法院经行政相对人申请后认为或主动认为该行政行为的执行会给社会造成重大损害的三种情况。

分析这三种情况可以发现，行政机关一般不会主动停止执行，而法院主动停止执行，损害程度的要求比较高，故对于原告的代理律师而言，向行政机关或人民法院申请停止执行更具有可行性，也可以同时向二者提出申请，重点阐述可能造成巨大损失、损失难以挽回、被限制人身自由等情况。

四、律师参与行政诉讼

行政诉讼案件中，律师的代理不受限制，执业律师可以代理原告、被告，也可以代理第三人。尽管司法部推出了公职律师试点的相关政策，但是更多的律师还是面向市场经济，兼顾伸张法律正义与盈利。我国社会仍存在官僚主义思想、官本位思想，律师多愿意代理行政机关参与诉讼；而代理行政相对人的律师，基于现实中行政诉讼起诉较难、原告胜率较低、执行较难，少有律师专接或只接行政诉讼业务。这也导致了律师整体在代理行政诉讼的过程中，存在基本知识掌握较差、实务经验较缺乏的情况。

对于行政诉讼，律师可以不精，但是不能不通。在目前非诉业务的盛行、公司管理意识增强的情况下，以行政相对人代理律师的身份与政府机关打交道已不可避免。另外，考虑到行政诉讼案件的影响力及个人崭露头角的机会概率，从事行政诉讼业务不失为青年律师执业道路上的选择。

作为一个法律人，律师更需要有法治意识和法治责任。行政机关的依法行政是促进社会法治化的最好实践。正如龚祥瑞先生指出的："行政诉讼要靠我们的行政法官、我们的出庭律师、我们的自觉的原告和被告心灵神往、不约而同地融合，绝非任何一张法律文件的作者自称的'杰作'所能望其项背，更不消说穷其究竟了。"[1]在建设社会主义法治国家的道路上，律师不仅能够参与司法与行政在个案中的对抗，而且能够产生一定的辐射影响，对于协助司法机关纠正、引导行政机关在后续治理活动中依法行政，对于推进社会治理的现代化和法制化均具有重要意义。

【理论思考】

1. 名词解释：行政主体。
2. 名词解释：行政机关。
3. 名词解释：行政行为。
4. 简答题：合法行政与合理行政的联系与区别？
5. 简答题：人民法院审查行政行为合法性的依据是什么？

第二节 行政行为的可诉性

行政行为的可诉性，是一个案件能否进入到诉讼阶段的前提和条件。可诉性问题不仅是原告的诉请准入门槛，也是被告的重要答辩点。即使法院已经受理立案，若被告针对涉案行政行为不具有可诉性提出抗辩，法院认为抗

〔1〕 龚祥瑞主编：《法治的理想与现实》，中国政法大学出版社 1993 年版，第 343~344 页。

辩成立的，可以判决驳回起诉。

一、可诉的行政行为

行政诉讼的可诉性与其受案范围息息相关，可以说，属于司法审查范围的行政行为均具有可诉性，但是由于行政行为的复杂性，具有可诉性的行政行为是否能为法院立案受理，则不具有必然性。我国《行政诉讼法》采用了肯定式与否定式相结合、列举式和概括式相结合的方法，来界定行政诉讼的受案范围。

《行政诉讼法》第 12 条规定：人民法院受理公民、法人或者其他组织提起的下列诉讼：①对行政拘留、暂扣或者吊销许可证和执照、责令停产停业、没收违法所得、没收非法财物、罚款、警告等行政处罚不服的；②对限制人身自由或者对财产的查封、扣押、冻结等行政强制措施和行政强制执行不服的；③申请行政许可，行政机关拒绝或者在法定期限内不予答复，或者对行政机关作出的有关行政许可的其他决定不服的；④对行政机关作出的关于确认土地、矿藏、水流、森林、山岭、草原、荒地、滩涂、海域等自然资源的所有权或者使用权的决定不服的；⑤对征收、征用决定及其补偿决定不服的；⑥申请行政机关履行保护人身权、财产权等合法权益的法定职责，行政机关拒绝履行或者不予答复的；⑦认为行政机关侵犯其经营自主权或者农村土地承包经营权、农村土地经营权的；⑧认为行政机关滥用行政权力排除或者限制竞争的；⑨认为行政机关违法集资、摊派费用或者违法要求履行其他义务的；⑩认为行政机关没有依法支付抚恤金、最低生活保障待遇或者社会保险待遇的；⑪认为行政机关不依法履行、未按照约定履行或者违法变更、解除政府特许经营协议、土地房屋征收补偿协议等协议的；⑫认为行政机关侵犯其他人身权、财产权等合法权益的。除前款规定外，人民法院受理法律、法规规定可以提起诉讼的其他行政案件。

该规定从正面明确了行政诉讼的受案范围，符合这 12 条中的任何一项，原告即可以向法院提出诉讼请求，法院应当立案受理。在司法实践中，如果原告在“事实与理由”一栏中仅写道“对某个行政行为不服，故向法院提起诉讼”，人民法院往往会要求原告提供不服的相关理由或证据，也就是说，原告在起诉时，不仅要符合《行政诉讼法》第 12 条的规定，而且还要了解相关法律、行政法规、规章等里面的内容。

在民事领域，并没有哪一个或哪几个法条规定什么样的行为能够起诉，王泽鉴先生提出请求权基础的理论，即明确谁以某个具体法条的规定向谁提出请求权主张。在行政诉讼中，原告可以借鉴这样的理论，明确指出被告行政机关的行政行为违反某个法律、行政法规、规章等的规定，损害了原告的利益，故原告享有撤销行政行为等请求权。

值得注意的是，对比2014年的《行政诉讼法》，在2017年的修改中，不再强调行政诉讼的对象必须是具体行政行为。最高人民法院曾试图在《关于贯彻执行〈中华人民共和国行政诉讼法〉若干问题的意见（试行）》第1条中对具体行政行为作出过定义：“‘具体行政行为’是指国家行政机关和行政机关工作人员、法律法规授权的组织、行政机关委托的组织或者个人在行政管理活动中行使行政职权，针对特定的公民、法人或者其他组织，就特定的具体事项，作出的有关该公民、法人或者其他组织权利义务的单方行为。”但是可惜的是这个定义不但没有解决复杂实践中的问题，反而使得行政诉讼的受案范围更加模糊。在我们的实际生活中，很多概念是无法用法律的语言去定义的，例如人格权等。如果硬要给其强制性地下个定义，反而很可能在司法实践中适得其反。具体行政诉讼的定义也是这样，故在之后的法律修改中废止了这一条文。同样地，《行政诉讼法》第2条规定：“公民、法人或者其他组织认为行政机关和行政机关工作人员的行政行为侵犯其合法权益，有权依照本法向人民法院提起诉讼。前款所称行政行为，包括法律、法规、规章授权的组织作出的行政行为。”这实际上也是摒弃了把受案范围局限于“具体行政行为”的要求，将其扩大至“行政行为”。

在《行政诉讼法》二次修改之前，只有行政行为侵犯相对人人身权和财产权的，行政相对人才可以向人民法院提起行政诉讼，如果行政行为侵犯的是劳动权、休息权、受教育权等其他权利，且无特殊法律、法规或者司法解释规定的，行政相对人向法院起诉就会比较困难。2017年修改后《行政诉讼法》扩大权利保护范围，删除了在受案范围中对人身权、财产权的限制性要求，但是作为代理律师，只有在明确行政相对人受影响权利性质的基础上，才能合理地提出责任承担的方式。

从上述分析中我们可以发现，关于行政行为的受案范围，立法上的态度是呈现开放宽松倾向的。尽管如此，穷尽实践中所有的可诉行政行为仍然是个不可能完成的任务。从律师的思维出发，在判断行政行为可诉性时需要同时考虑以下三个因素：其一，涉案行政行为的类型；其二，行政相对人受影响权利的性质；其三，法律、法规或者司法解释的特殊规定。

二、行政诉讼法中的排除条款

与《行政诉讼法》第 12 条相反，《行政诉讼法》第 13 条是对行政诉讼中法院受理行政案件的否定性列举规定，明确指出了人民法院不予受理的行政案件种类有：①国防、外交等国家行为；②行政法规、规章或者行政机关制定、发布的具有普遍约束力的决定、命令；③行政机关对行政机关工作人员的奖惩、任免等决定；④法律规定由行政机关最终裁决的行政行为。

行政诉讼案件的律师，需要精准把握涉案行政行为是否属于《行政诉讼法》第 13 条中某一项。其一，对于国家行为，要注意其核心和外延，国家行为并不包括所有与国防、外交有关的行为。真正判断一个行政行为是否可以归属国家行为，主要应看这个行为是否以政治上的利益为目的，是否涉及国家主权的运用，是否是以国家的名义作出。其二，“具有普遍约束力的决定、命令”的表现形式是指行政规范性文件，这些规范性文件是由行政机关依照法律规定自己制定的，针对不特定对象并且可以具有反复适用性，律师要准确判断这些特征因素。其三，是学界称为的内部行政行为，即该行为仅对内部工作人员发生内部效力。所谓内部人员，应当限定为有编制公务员，公务员的编制必须由国务院或者省级人民政府依法规定。故内部行政行为的作用对象不包括行政机关工勤人员、行政协助人员、临时工人等其他工作人。另外，“奖惩、任免等决定”应是指根据当时有效的有关公务员法律、法规作出的规定。其四，关于终局裁决行为，应当把握其法定性和有限性，行政终局裁决权只能由法律规定，规范性文件不能规定，且法律的规定范围原则上应当限于“涉及国家安全的行为”或者“机构内部的行为”。

2018 年颁布的《最高人民法院关于适用〈中华人民共和国行政诉讼法〉的解释》更是以新的思路，将排除法贯彻到底，致力于对不属于受案范围事项的规定。《最高人民法院关于适用〈中华人民共和国行政诉讼法〉的解释》对不予受理事项的规定可以分为两类：一类是由《行政诉讼法》排除的事项，即《行政诉讼法》第 13 条的规定；另一类是由司法解释规定的事项。对应到法律条文上，有关受案范围的规定精简到仅两条：一是对《行政诉讼法》已经明确规定予以排除的四项不予受理行政行为的释明，指出其边界范围；二是规定实践中不属于受案范围的事项，在原有的法律和司法解释上进行增加。当然这新增的10项事项也并非绝对，特别是无实际影响行为和过程性行为，在实践中也存在一定的争议。因为是否有影响，在立案登记制的规则下无法准确判断，而过程性行为也需要个案中具体分析。

三、准行政行为的可诉性

《行政诉讼法》通过正面肯定和反面否定的方式画了两个相互独立的圈，但是这两个圈之间仍然有不少的灰色空间。在现实生活中，则表现为仍有很多行政行为无法准确定性，难以对其可诉性作出判断，准行政行为即为其中之一。司法实践中，法律将受案范围修改为“行政行为”，人民法院通过个案效力和《答复》《复函》等方式，为准行政行为的可诉讼性提供了相应的依据。

定义准行政行为，我们需要借鉴和参照行政行为的概念。关于行政行为，法律并没有明确其概念，从学理上，可以分析出其几个必要的特征要素：行政主体所为、行使管理职权、产生行政法律效果等。

关于准行政行为的概念，中外学者作出了不少理论研究，行政行为与准行政行为的差异不在于行为上的差异，实质区别是法律效果的直接性问题。行政行为的法律效果是直接设定、变更、消灭行政机关与相对人间的法律关系，而准行政行为的法律效果是间接的，准行政行为要对行政相对人的权利义务产生法律效果，还要有法律规定或者新的事实。如公证处对相对人申请某项公证业务的受理行为，与最后出具相应的公证书不具有必然性，只有最后以公证法的相关实体及程序上的规定出具的公证书，才会对相对人的权利义务产生实际上的影响。另外，准行政行为所产生的法律效果，并不局限于行政法上的法律效果，也有可能是民法上的法律效果。就拿公证行为来说，公证机关对遗产事项的公证，影响的就是相对人民事方面继承法上权利和义务。

目前学界认可准行政行为属于行政诉讼的受案范围。常见的准行政行为类型有通知行为、受理行为、行政确认、行政答复、行政登记等。以公安机关出具交通事故认定书为例，我们来尝试分析准行政行为可诉性。

交通事故责任认定书是公安机关依据法律赋予的职权，对在道路上发生的交通事故进行事实确认，依照《中华人民共和国道路交通安全法》（以下简称《道路交通安全法》）的相关规定，结合行人或车辆的实际情况，来认定该起事故双方当事人的责任问题，认定其责任的有无和大小。实践中，公安机关往往是委托各地的交警大队进行实地勘查检验，其出具的交通事故认定书并不直接对当事人产生影响，不能直接设定、变更、消灭相对人的权利义务关系，但是其会产生间接的法律效果，例如民法上的赔偿责任，甚至是刑法上的刑事责任，故交通事故责任认定书是典型的准行政行为。

从理论上分析，交通事故责任认定书是由享有职权的交通运输管理部门作出的，根据的是《道路交通安全法》《道路交通事故处理程序规定》等法律规范，在职权范围内对事故的双方当事人信息、车辆及道路的基本情况、事故发生的基本事实、事故相关的证据及当事人的过错等进行认定，分配责任承担的比例。该认定行为是依法行使行政职权的行为，内容上具备了准行政行为可诉之内容标准。交通事故认定书是处理事故的依据，也是事后一方就民事侵权赔偿问题或检察院就刑事追责问题向法院提交的主要证据。交通事故认定书所载明的双方当事人的过错及责任将影响到当事人的权利义务的分配，进而实际影响到当事人的权益。故仅从理论角度及《行政诉讼法》规定受案范围标准来看，将交通事故认定书纳入行政诉讼受案范围是完全可行的。

但是在实践中，鉴于法律对此做了特殊的规定，故应当认为是准行政行为可诉性的例外。《道路交通事故处理程序规定》第 71 条规定："当事人对道路交通事故认定或者出具道路交通事故证明有异议的，可以自道路交通事故认定书或者道路交通事故证明送达之日起 3 日内提出书面复核申请。当事人逾期提交复核申请的，不予受理，并书面通知申请人。复核申请应当载明复核请求及其理由和主要证据。同一事故的复核以一次为限。"故交通事故责任认定书并不能被人民法院立案受理。且根据该规定，当事人对于交通事故责任认证书不服的，救济的途径只有一条，即在规定的期限内，向上一级交警部门提出复核申请。

此类的法律规定并不少见，故律师在认定涉案行政行为是准行政行为后，还需要查阅相关的法律法规，查找是否有排除性的特殊法律规定，以免浪费为起诉而进行准备工作的时间和精力。

四、阶段性行政行为的可诉性

在行政管理职能发达现代社会，多阶段的行政行为已经屡见不鲜，一个对相对人作出的行政行为可能之前经历过前后两个阶段，甚至前中后三个阶段。阶段性的行政行为是指，经过其他行政机关的参与，由其作出相关答复、同意或核准意见后，才对相对人作出的行政行为。原则上行政相对人只能对后阶段的行政行为提起诉讼，但是这未免有失公平，而且在司法实践中某些情况下，前阶段行为也具有可诉性。

分析前阶段是否可诉，结合实践和最高人民法院公布的典型案例的阐述，可以采用两层构造的逻辑判断。对这个逻辑可以进一步提炼出两个要素，即外部效力和行为效果。

（一）外部效力

外部效力即在行政体系之外，对行政相对人产生的具体权利义务关系。只有行政机关对外部进行表示的行政行为才被认为具有外部效力，对外表示的方式多是通知到行政相对人。但是关于仅公示而未具体通知到相对人的行政行为是否具有外部效力，实务界存在一定的争议。例如，公司工商变更登记备案的行为，如果没有通知到公司所有股东，未知晓股东是否具有诉权的问题。强调行政行为外部效力的原因，在于从诉讼救济的角度，缺少外部效力的行政行为因没有形成具体的权利义务关系和具体的法律关系，不具有可诉讼性，这也是行政诉讼成熟性标准的要求，即行政行为只有发展到一定的阶段，才允许对其进行司法审查。

故在阶段性行政行为中，若前阶段行为既向后阶段行为机关作出内部表示，也向行政相对人作出对外表示的，即能产生外部效力。

在外部效力的认定上，不仅包括前阶段行政行为明确向行政相对人作出对外表示，也包括实质上的外化。例如在江苏省盐城市中级人民法院审理的一起案件中，某市城管局向住建局发送《函复》，人民法院认为，因为《函复》经过行政相对人的申请已经被公开，产生了外化的效果及后果，进而实质性地影响到了相对人的权利，故相对人可以起诉请求对其进行司法审查。

（二）行为效果

确认了外部效力之后，涉案的行政行为是否可以提起诉讼，则仍需要进行下一步的判断，即该行政行为是否对行政相对人的权利义务产生了实质性的影响。

判断整个阶段性行为是否对行政相对人的权利义务产生了实质性的影响，我们需要确定前阶段行为在整个阶段性行政行为中最终发挥的作用或所处的地位。我们可以大概分为以下三类：一是前阶段行政行为在实际上占据决定或主导地位，已然成为后阶段行为的执行依据；二是前阶段行政行为在某个特定事项上居于独立决定地位，对后阶段行为的作出起到先决作用；三是前阶段行政行为仅为纯粹地陈述事实、表达意见或提出建议的。

这三类前阶段行政行为也对后阶段行政机关产生了不同的法律效果。第一类型中，后阶段行为仅处于前阶段行为意思的名义行为，真正产生影响的只有前阶段行为。第二类型中，前阶段行为产生的影响由其独立决定的“特定事项”与行政相对人间的相关性决定。第三类型中，前阶段行为由于仅仅是一种咨询意见或者合理建议，对后阶段行政行为不具有决定力和强制效力，对行政相对人的权利义务不会产生影响。

【案例分析实训】

【案例8.1】

【案情简介】

本案原告为丁甲，被告为某市人力资源和社会保障局，第三人是A公司。丁甲是丁乙的父亲。2013年1月，A公司的员工丁乙发生道路交通事故，并导致其死亡。然而，事故发生时丁乙驾驶的摩托车倒地并翻覆的原因无法查实，该市公安局交警大队仅作出《道路交通事故证明》。

2013年2月，第三人A公司以其员工丁乙在上下班途中发生交通事故死亡，向被告申请工伤认定。提交的证据包括劳动合同、薪资发放凭证、该市公安局交警大队所作的《道路交通事故证明》等。被告则以公安机关交通管理部门尚未对本案事故作出交通事故认定书为由，作出《工伤认定时限中止通知书》（以下简称《中止通知》），并向原告和第三人送达。

2013 年 4 月，原告向被告申请恢复对丁乙的工伤认定程序，并提交《恢复工伤认定申请书》，证据同 A 公司提交的证据，原告要求被告恢复对丁乙的工伤认定。后因被告未恢复对丁乙工伤认定程序，原告遂向法院提起行政诉讼，请求判决撤销被告作出的《中止通知》。

【思考问题】

原告对《中止通知》不服的，是否可以提起行政诉讼？

【法理分析】

1. 原告主张的依据。本案中，丁甲是丁乙的直系亲属，在丁乙死亡后完全承受丁乙的权利义务，故丁甲具有原告资格，且属于原告资格转移的情形。原告依据《工伤保险条例》第 14 条的规定向被告主张恢复对丁乙的工伤认定程序。

2. 举证责任的分配。本案被告作出了《中止通知》，故不属于不作为的情形，被告应对行政行为的合法性承担举证责任。被告依据《工伤保险条例》第 20 条第 3 款的规定提出抗辩，认为相关职权部门尚未对此事作出结论，故被告的《中止通知》及不恢复工伤认定程序的行为是正确的。

【法院认定】

1.《道路交通事故证明》的效力。本案中的《道路交通事故证明》是相关部门就该起事故作出的结论，在没有其他新的证据或法定事由的情况下，不会再有其他的结论产生。故其属于《工伤保险条例》第 20 条第 3 款规定的“司法机关或者有关行政主管部门的结论”。

2. 被告作出《中止通知》的行为性质。被告在第三人申请时作出《中止通知》，并且拒绝原告的工伤认定程序恢复申请，以上状态一直持续到原告起诉。因此，尽管被告作出《中止通知》的行政行为属于程序性行为，正常情况下不具有实体效力。但在本案中，该行为对原告产生了实际上的影响，可能造成原告的合法权益长期既无法以行政又无法以司法的方式得到救济，显然该行为具有终局性质。结合以上观点，人民法院认为被告作出《中止通知》是可诉的行政行为，并判决撤销《中止通知》。

【案例 8.2】

【案情简介】

徐某妻子李某前前后后多次在甲医院住院治疗，原告徐某认为该医院在检查、诊断、治疗和用药方面存在严重违法行为，多次向省卫生厅投诉。2011 年 11 月 10 日，省卫生厅收到转自厅长焦某批示的署名徐某的行政投诉书及来信后，责成该厅省卫生和计划生育委员会（以下简称“省卫计委”）前往甲医院进行调查。该省卫计委经调查后，于 2012 年 1 月 13 日向省卫生厅作出《报告》。后被告省卫计委多次书面答复原告，告知其申请医疗事故技术鉴定，另要求该省市卫生局妥善处理原告与甲医院的医疗争议。经过两次医疗事故技术鉴定，在最终鉴定书中明确甲医院在诊疗李某期间不存在检查、诊断、治疗方案和用药方面的问题。

原告向人民法院起诉，请求判令湖北省卫生厅不履行法定职责败诉。后原告认为两级法院均以《报告》为据，判定该厅履行了法定职责，故重新要求判决撤销被告省卫计委违法行政的《报告》，并判令被告重新作出合法的具体行政行为。

【思考问题】

原告的行为是否属于重复起诉？原告的诉请是否属于行政诉讼的受案范围？

【法院认定】

首先，根据相关司法解释的规定，“重复起诉的”具体是指就同一具体行政行为重复起诉，起诉人可以向同一法院起诉，也可以向不同法院起诉。本案中，原告第一次起诉的是被告不作为，第二次起诉的是确认行为无效，起诉被告并不相同，也并非针对同一答复起诉，本质上属于是两个不同的诉，因此不属于重复起诉应予驳回的情形。

其次，被告作出《报告》的行政行为，属于内部的行为，仅仅是下级机关向上级机关汇报收集的材料和工作情况。另外，这份《报告》并没有同时送达徐某，没有产生外部效力，对徐某的权利义务也没有产生实际上的影响。

故徐某的诉请，不属于人民法院行政诉讼的受案范围。

第三节　行政诉讼中的参与主体

一、行政诉讼中的原告

《行政诉讼法》第2条第1款规定："公民、法人或者其他组织认为行政机关和行政机关工作人员的行政行为侵犯其合法权益，有权依照本法向人民法院提起诉讼。"根据该规定可以得出，行政诉讼法原告资格限制为"公民、法人或者其他组织"，条件仅需要"认为"行政主体的行政行为对其合法权益造成侵害的情况，即可依法诉讼，成为行政诉讼的原告。

（一）行政诉讼中的原告资格

1. 审查确定当事人的原告资格

不是任何人均有权对行政机关作出的某一个行政行为提起诉讼，根据《行政诉讼法》第2条规定，行政诉讼制度在目前的立法框架下，仍然属于自益诉讼的范畴，即当事人能够为自己的利益提起行政诉讼。

原告资格的本质特征是"法律上的利害关系"，即行政机关的行政行为实际上真切地影响到了当事人的权利义务，这种影响既包括积极影响，也包括消极的影响。具有原告资格是启动行政诉讼的先决条件，因此审查当事人原告资格的核心内容是其现实利害关系是否受到争议的行政行为影响。在司法实践中，相邻权人、公平竞争权人等认为自己的合法权益被行政机关行政行为侵犯的，有权以自己的名义向人民法院提起行政诉讼。

然而关于当事人利害关系的性质，是直接的利害关系还是间接的利害关系，当事人权益或利益受到的损害是实质性的还是可能性的、是物质层面的还是精神层面的，理论上说法不一，实践中不同的案件也往往有着不同的认定。

2. 原告资格的转移

《行政诉讼法》第25条第2款、第3款规定了原告资格的转移问题："有权提起诉讼的公民死亡，其近亲属可以提起诉讼。有权提起诉讼的法人或者其他组织终止，承受其权利的法人或者其他组织可以提起诉讼。"

对于有权提起诉讼的公民死亡的情形，其近亲属可以就原事项提起诉讼，承受权利的法人或者其他组织也可以在有权提起诉讼的法人或者其他组织终止后就原事项提起诉讼。近亲属应以自己的名义提起行政诉讼，因为其承受了死亡公民作为原告的权利和义务，在法律关系的认定上与死亡公民并无区别。这种情况不同于一般的委托代理，应当区别二者的差异。由于被限制人身自由等原因无法提起行政诉讼的公民，授权委托其近亲属代为起诉的，委托公民与其近亲属间仅为委托关系而非权利义务的承受关系，这种情况不是原告资格的转移。

（二）律师代理原告的审查和注意事项

律师能否接受原告的委托请求，成为原告的代理人，基本的审查事项包括判断涉案行政行为是否属于行政诉讼的受案范围、是否在法定的起诉期限内、当事人是否具有原告资格、当事人的诉讼目的、具体的管辖法院等。其中，“当事人的诉讼目的”这一项常常被律师忽略。

行政诉讼是权益救济手段，但是并不一定是最有效的救济手段，并不一定能够完全解决或者最终解决当事人的问题。比如一个仅仅违反行政程序的行政处罚行为，即使法院判决原告胜诉，被告行政机关仍然有权再次作出同样的处罚决定。如果当事人的目的是最终撤销该行政处罚，则提起行政诉讼并非良策；如果当事人仅仅希望达到拖延时间或者是希望能够与行政机关协商解决的目的，则可以考虑行政诉讼的方式。

律师在决定是否接受当事人的委托时，要准确了解当事人的意图所在，并且告知其自己预测的诉讼结果及可能承担的后果。这样不仅有助于当事人达到其所预期的结果，而且能够与当事人建立更好的信任关系，降低律师被投诉的风险。所以律师在确定建立代理关系的时候，要与当事人充分沟通，明确诉讼的目的和律师工作的重点方向。

关于管辖的问题，由于高校教材中均有详细讲解，本节不再赘述。需要提醒的是，在移送管辖的问题上，移送的法院和被移送的法院会给出两个不同的案号，因此在查询移送案件的开庭信息时，应当以新的案号为准。

律师经过初步审查之后，认为律师代理能够发挥一定的作用，符合当事人的意愿和要求，应当依据有关规定，接受当事人的委托。一旦律师接受了当事人的委托，则必须准备证据、起草文书，积极代理相关法律工作。

二、行政诉讼中被告

（一）行政诉讼被告的概念

行政诉讼中的被告，是指因实施行政行为，而被该行政行为的相对人或其他与行政行为有利害关系的主体以合法权益受侵害为由，向法院提起行政诉讼的被指控方。

与原告资格一样，行政诉讼中被告也有相应的限制条件。为了解决行政诉讼实践中认定被告资格的需要，学界提出了行政主体的相关理论，即我国的行政诉讼被告必须具备行政主体资格。在我国，行政主体主要包括两类，一类是指根据宪法及组织法而加以设定职权的行政机关主体，另一类是获得宪法、组织法以外的法律法规以及规章授予行政职能的主体。在实务层面，我们可以简单地理解为，行政诉讼的被告是“权”“名”“责”三者形成有机统一的行政机关。

（二）行政诉讼被告的具体确定

《行政诉讼法》第26条对于行政诉讼的适格被告作了较详细的规定，公民、法人或者其他组织直接向人民法院提起诉讼的，作出行政行为的行政机关是被告。经复议的案件，复议机关决定维持原行政行为的，作出原行政行为的行政机关和复议机关是共同被告；复议机关改变原行政行为的，复议机关是被告。复议机关在法定期限内未作出复议决定，公民、法人或者其他组织起诉原行政行为的，作出原行政行为的行政机关是被告；起诉复议机关不作为的，复议机关是被告。两个以上行政机关作出同一行政行为的，共同作出行政行为的行政机关是共同被告。行政机关委托的组织所作的行政行为，委托的行政机关是被告。行政机关被撤销或者职权变更的，继续行使其职权的行政机关是被告。在通常情况下，作出行政行为的行政机关为被告，在特殊情况下，被告的身份和数量需要根据具体案件加以确定。

1. 经过上级批准的案件

实践中，存在虽是由下级机关向相对人作出行政行为，但实际上事先已经经过上级机关批准的情形。考虑到上下级机关内部活动的封闭性，为便于原告在起诉时确定被告，《最高人民法院关于适用〈中华人民共和国行政诉讼法〉的解释》第19条以名义为判断被告的形式标准，即“当事人不服经上级行政机关批准的具体行政行为，向人民法院提起诉讼的，以在对外发生法律效力的文书上署名的机关为被告。”

然而，形式标准虽具有直观性的优点，却可能对行政行为的实际决策者（如批准机关）缺乏监督。鉴此，《最高人民法院关于审理行政许可案件若干问题的规定》第4条作出了进一步的规定：“当事人不服行政许可决定提起诉讼的，以作出行政许可决定的机关为被告；行政许可依法须经上级行政机关批准，当事人对批准或者不批准行为不服一并提起诉讼的，以上级行政机关为共同被告；行政许可依法须经下级行政机关或者管理公共事务的组织初步审查并上报，当事人对不予初步审查或者不予上报不服提起诉讼的，以下级行政机关或者管理公共事务的组织为被告。”该规定则明确采取“对谁不服，起诉谁”的实质标准。

2. 经复议的案件

根据原行政诉讼法的规定，若复议机关维持原行政行为，行政相对人不服起诉的，作出原行政行为的行政机关为被告。现实中，复议机关为了避免当被告，频繁作出复议维持决定，导致复议制度应有的监督行政及权利救济功能被架空。为了改变“复议维持会”的局面，现行行政诉讼法遂以“共同被告"的规定予以应对。所谓复议机关维持原行政行为，是指在复议机关对原行为经过合理性审查、合法性审查后，复议机关作出驳回复议申请的决定。与复议机关维持原行为相对应的，是复议机关改变原行政行为，这里的改变应当是指实质上的改变，即改变原行政行为的处理结果。

但是有一个例外，即以复议申请不符合受理条件为理由的驳回。如果是复议机关不予受理的情形，不能将复议机关作为共同被告。那么这种情况下，被告应当如何确定呢？遗憾的是无论行政法的修改还是新出台的司法解释均未对此作出明确规定。在理论研究层面，应当首先区分复议前置与非复议前置两种情形。对于复议前置的情形，复议机关不予受理直接导致复议机关并未对原行政行为进行实质性审查，复议前置所追求的行政系统内部自我纠错、为司法机关分流、高效监督违法及失当行政行为等目标均未实现，故而原告别无选择，只能以复议机关为被告，起诉不予受理决定。而对于非复议前置的情形，则可由原告具有选择的权利，可以选择以复议机关或作出原行政行为的行政机关为被告。其次根据《行政诉讼法》第26条第3款，对于复议机关的不作为，无论是否涉及复议前置，一律采取“对谁不服，起诉谁”的被告确定标准。

3. 共同行政行为

共同行政行为是指，两个以上行政机关就同一行政相对人的同一事项联合作出同一行政行为，法律将在这种情况下，确定共同执法的行政机关是共同被告。两个以上行政机关联合作出同一行政行为，是指行政机关在没有形成新的专门机构的前提下联合执法，通常表现为两个以上行政机关在同一行政决定书上签章，如果行政决定书上仅为一个行政机关的签章，即使是两个行政机关联合执法，且行政决定书内容并非署名机关的专属管理事项，根据形式标准，原告也只能起诉行政决定书上的签章机关，但是可以将另一个机关作为第三人。

值得注意的是，《行政许可法》第 26 条第 2 款与《最高人民法院关于审理行政许可案件若干问题的规定》第 5 条的规定不相一致，在实践处理中，对于统一办理的行政许可不服而起诉的情形，并未采用名义被告的形式标准，故联合执法并署名的行政机关也未必成为共同被告。

4. 行政委托行为

行政委托与法律、法规、规章授权不同，前者并未赋予受托机关以行政主体地位，而后者可造就授权行政主体。《最高人民法院关于适用〈中华人民共和国行政诉讼法〉的解释》第 20 条的规定，行政机关组建并赋予行政管理职能但不具有独立承担法律责任能力的机构，以自己的名义作出具体行政行为，当事人不服提起诉讼的，应当以组建该机构的行政机关为被告。没有法律、法规或者规章授权行使行政职权的，属于《行政诉讼法》第 26 条规定的委托。当事人不服提起诉讼的，应当以该行政机关为被告。根据该条法律规定，行政机关组建机构并赋予其相应的管理职权的行为，可以视为一种行政委托行为。同样，内设机构、派出机构虽没有正式的法律法规或规章授权，但作为行政机关的组成部分，其已然以行政机关的名义在事实上行使了所属行政机关职权的，应视为一种当然的委托代理关系。因此法律作出规定，作为上述两种委托关系的当然结果，是将被诉行政行为视作被组建机构、内设机构或派出机构所属行政机关的行为，由所属行政机关承担相应责任并成为被告。

此外，当受托机关超越委托权限之范围而实施职权行为时，被告该如何确定？法律层面上，行政诉讼法及相关司法解释没有明确的条文规定。实践中，应当对该情形区分处理：其一，虽然超越委托权限，但受委托机关行使的权力仍在委托机关的职权范围内，此时因委托机关容易使相对人产生信赖，且鉴于委托机关有对于监管的失职，应以委托机关为被告；其二，超越委托权限的程度十分严重，甚至超出了委托机关的职权范围，通常表现为事务管辖权、级别管辖权与地域管辖区的全面越界，此时委托机关的行为是一种假象行政行为，尽管也是以行政机关为被告，但是相对人应当提起的是民事诉讼而非行政诉讼。

（三）律师代理行政诉讼被告的注意事项

律师代理行政诉讼被告，除了基本的义务和注意事项外，重点关注的应当是证据问题。基于行政诉讼中被告承担举证责任的事实，律师应当证明行政机关作出的行政行为有据可循且在程序上没有瑕疵。如果说原告请求主张的结构是 A 依据法律、行政法规、规章等中的条文规定向 B 提出请求权主张，那么被告答辩的结构应为 B 根据法律、行政法规、规章、规范性文件等中的某一项或某几项具体规定向 A 作出涉案行政行为。

三、行政诉讼中第三人

（一）第三人的确认规则

《行政诉讼法》第 29 条的规定：“公民、法人或者其他组织同被诉行政行为有利害关系但没有提起诉讼，或者同案件处理结果有利害关系的，可以作为第三人申请参加诉讼，或者由人民法院通知参加诉讼。人民法院判决第三人承担义务或者减损第三人权益的，第三人有权依法提起上诉。”根据该条法律规定，可以将行政诉讼第三人概括为，同争议的行政法律关系或行政诉讼结果存在利害关系，依法申请或经人民法院通知，参加到诉讼进程来的个人或者组织。第三人在诉讼中享有诉权和上诉权。

第三人之所以能够参与到诉讼进程的根本原因，在于“与提起诉讼的具体行政行为有利害关系”，它是指一种法律规定的权利义务关系或者法律所保障利益的得失关系。故此处利害关系应当理解为是法律上的利害关系，即排除事实上的利害关系。与行政主体的行为有法律上的利害关系，是指该行政行为是否存在、能否有效，行政行为的内容会给该利害关系人带来不同的法律后果。第三人这些法律后果可能包括的情形有现存权利义务关系得到确认、权利的得失、义务的增减、有利于己或者不利于己的法律事实的确认等。而根据不同的法律后果，被判定承担责任的第三人有权向二审法院提出上诉请求。

但是，在确定利害关系性质上，法律回避了这个问题，并未明确利害关系究竟是直接利害关系或者间接利害关系、是法律上的利害关系或者一般利害关系、是与诉讼客体和标的有利害关系或者与诉讼结果有利害关系。学界对此也颇有争议。

故律师在判断和代理第三人时，应当考虑以下因素确认某个人或组织具备第三人资格：其一，行政诉讼的结果是否会涉及原、被告以外的个人或者组织的合法权利或利益；其二，法院对同一争议标的的不同裁判是否会使其利益关系发生不同的变化；其三，如果该个人或组织不参加诉讼，还有无其他无须推翻法院生效判决的救济途径。如果对前两个问题做了肯定回答，而对后一个问题做了否定回答，则应当认定该个人或组织具有第三人资格。

（二）行政机关作为第三人的情形

在行政诉讼中，行政机关经常是作为被告参与诉讼，但是实际上其也可以作为第三人参与行政诉讼。司法实践中有不少行政机关作为第三人的案例。鉴于行政机关不具有原告资格，故在其为第三人的情况下，只可能是对案件的处理结果有利害关系，但是与被诉行政行为没有或者没有直接的利害关系，与民事诉讼中无独立请求权的第三人的法律地位较为相似。

常见的情形是，经过复议的行政行为和共同行政行为，行政相对人不同意将复议机关或共同执法机关作为共同被告的，可以将其中一个列为第三人。另外一种情形与行政许可相关，行政相对人在获得行政机关的许可后，在许可范围内实施某一项行为，后来却因为该行为而遭到另一行政机关的行政处罚或行政强制等行政行为，行政相对人因对另一机关的行政行为不服提起行政诉讼的，可以将此前作出行政许可的行政机关列为第三人。南靖县靖城镇尚寨村民委员会与南靖县公路局赔偿及罚款处罚案即为该情况。原告在南靖县林业局授权的情况下砍伐树木被被告南靖县公路局给予行政处罚，南靖县林业局作为第三人参与行政诉讼。

【案例分析实训】

【案例8.3】

【案情简介】

外籍人士A与中国籍人士B共同设立外资企业C公司，A与B为C公司股东，其中A占95%股份，B占5%股份，公司的经营管理由B负责。2017年，A发现其在C公司的股份由95%变更到5%，B在C公司的股份由5%变更到95%，B向相关部门提交的股权转让协议等材料均是伪造的。A不服该市工商局的备案登记行为，故以该市工商局为被告，向该市人民法院提起行政诉讼。

该市人民法院审理后认为，《中华人民共和国中外合资经营企业法实施条例》第14条的规定："合营企业协议、合同和章程经审批机构批准后生效，其修改时同。"根据该条具体规定，外资企业章程的成立和修改需要有审批机构的批准，被告该市工商局对修改的公司章程仅具有备案职责，其备案行为并不决定修改后章程的生效与否，合营企业修改后的章程系经审批机构批准生效，与工商管理部门无涉；且该对变更章程的备案行为，并不具有对外公示性。故判决驳回原告A的诉讼请求。

【思考问题】

本案中原告A的举证非常充分，其败诉的原因是什么？

【经验总结】

在这个案件中，作为原告A的代理律师需要深刻反省被告的确定问题，因为在整个行政诉讼过程中，代理律师从未意识到这个问题。产生这种情况的原因，除了经验不足之外，还有对法条的陌生。行政诉讼中涉及的法条，包括法律、行政法规、规章和规范性文件，其范围不可谓不广，所以律师更应当做好充分的准备。这个案子宣判后，原告只能选择向真正作出审批行为的商务局重新提起行政诉讼。倘若原告代理律师在诉讼过程中发现被告资格问题，可以向法院申请追加该市商务局为共同被告，也可以避免重新起诉的诉累。

第四节 诉讼裁判的法律适用

一、行政诉讼的法律适用规则

行政诉讼的法律适用，旨在解决人民法院在对涉案行政行为进行司法审查活动中，援引哪一类或哪一条法律规范的问题。行政诉讼法律适用的规则，实质上是确定行政诉讼法律适用的范围及该范围内法律规范的效力性、先后性、延展性的有关规定。因行政行为的多样性和行政行为依据法律法规的复杂性，行政诉讼法律适用范围也非常广泛，法院对行政行为进行司法审查并作出裁决时，须以有关诉讼的专门法律规范审查行为的程序性操作，以行政实体法律规范和行政程序法律规范，审查行政行为的合法性。

《行政诉讼法》第63条明确规定："人民法院审理行政案件，以法律和行政法规、地方性法规为依据。地方性法规适用于本行政区域内发生的行政案件。人民法院审理民族自治地方的行政案件，并以该民族自治地方的自治条例和单行条例为依据。人民法院审理行政案件，参照规章。"

根据该规定，我国行政诉讼以法律、行政法规、地方性法规、自治条例和单行条例作为依据，以行政规章作为参照。从条文规定可以看出，法律明确将"依据"和"参照"作了区分处理，要求人民法院审理时差异对待。

二、行政诉讼法律适用的依据

行政裁判的"依据"是指法院审理行政案件时必须适用该规范而不能拒绝适用，同时人民法院无权审查它们的合宪性和合法性。

（一）法律

法律是指由全国人民代表大会或全国人民代表大会常务委员会制定的，法院在审判活动中可以直接适用的法律条文规范。

（二）行政法规

行政法规内容如果出现违反法律或其他不当的情形，极有可能给行政相对人的合法权益造成重大损害。从法理上，判断特定行政行为是否违法的权力在于法院，如果坚持将所有的行政法规，包括违背法理与法律的行政法规作为法院审理行政案件的依据予以直接适用，明显有悖于依法治国的基本方略。实践中，行政法规违法的事例更是屡见不鲜，比较典型的有《劳动教养试行办法》等。法院拒绝适用与法律相抵触的行政法规，在理论上貌似可行，但是在实践中从未出现过。对于当下的中国法院而言，不予适用行政法规超出了其现实能力。

（三）地方性法规

地方性法规作为法律的正式渊源，能在一定程度上对法院的审理和裁判产生约束力，但问题是，当地方性法规与上位法的规定发生冲突时，法院应当如何处理？首先应从形式上审查，即法院根据《宪法》与《中华人民共和国立法法》（以下简称《立法法》）的规定，审查地方性法规的规范事项与设立程序是否合乎法律。其次以最高人民法院的答复为准，最高人民法院不止一次针对此问题作出“应当适用法律和行政法规”的答复。故在案件审理中，法院通过认定地方性法规抵触法律、行政法规的方式，不将其作为正确的“依据”予以适用。

（四）自治条例和单行条例

自治条例和单行条例适用于民族区域自治地方的行政案件，是具有国家民族特色的法律依据。自治条例和单行条例在必要时可以变通法律和行政法规的某些规定，故法院在审判民族自治地方行政机关根据上述条例实施的行政行为引发的行政案件时，应根据特别法优于一般法的原则适用自治条例和单行条例进行审理。

三、参照规章的法律规则

何谓“参照规章”，法律未予以明确。根据立法的初衷，法院在适用规章之前应先审查规章本身是否具有合法性，特别是从正面看是否有相应法律依据，从反面看是否与立法法精神相违背、是否违反上位法的规定等。这意味着法院应当对规章的规定是否合法有效进行判断，对于合法有效的规章应当适用，反之，法院可以灵活处理，不予采纳。

行政机关作出行政行为，依据的往往是规章的规定。这些规章，制定的主体和效力不一，在行政诉讼的过程中，这也会作为证据向法院提交。律师对于规章等证据质证意见的发表，需要考虑规章的制定和规章的内容是否合法两个层面。

首先，在规章与上位法的适用问题上，应当严格遵循《立法法》的规定。《立法法》不仅规定了法律保留事项，而且对于规章制定的程序、内容均作了详细的规定。《立法法》第88条规定："法律的效力高于行政法规、地方性法规、规章。行政法规的效力高于地方性法规、规章。"该条法律明确规定了法律规范所确立的法律效力体系，应当据此来审查判定规章能否被"参照"。

从最高人民法院公布的第5号指导案例"鲁潍（福建）盐业进出口有限公司苏州分公司诉江苏省苏州市盐务管理局盐业行政处罚案"的裁判结果可以得出，与上位法相抵触的规章不予适用。审理该案，人民法院的思路方向为判断《江苏省〈盐业管理条例〉实施办法》这一地方政府规章在现有法律体系框架中的层次和效力，由此认定该地方政府规章违反法律规定设定行政许可和行政处罚，其与上位法相抵触，应当排除出适用范围。

其次，对于规章之间规定冲突情形下法律适用的问题，主要是明确什么情形下优先适用部门规章、什么情形下优先适用地方政府规章。简单来说，可以以全国性事项和地区性事项来作为标准。具体而言，优先适用部门规章的情形主要包括有法律或行政法规授权的、属于国务院决定或命令授权的、属于中央宏观调控的事项、设计外商投资事项等，优先适用地方政府规章的情形主要包括该规章是根据本行政区域的实际情况作出的、是根据本行政区域的具体管理事项作出的等。如果仍不能以上述的情形确定的，最终的裁决机构为国务院。

四、规范性文件的审查和适用

行政规范性文件是行政机关为实施法律和执行政策所制定的除行政法规和行政规章外的决定、命令等普遍性行为规则的总称。关于行政规范性文件，《行政诉讼法》并没有明确规定其适用的原则，其并不是正式法律渊源，但是在实践中行政规范性文件却对公民权利和义务有着重大影响。律师代理行政诉讼案件，行政规范性文件的适用问题是不可避免的。

对于人民法院而言，规范性文件的特殊之处在于，人民法院在审理具体行政行为的同时，可以一并对规范性文件进行形式上和实质上审查。形式上的审查规则与规章的审查类似，此处不再赘述。实质上的审查是指利用比例原则等司法审查工具，从立法目的、原则阐释、利益衡量等角度，对规范性文件相关条款的制定进行较深层次的评价。

但是，法院不能直接宣告行政规范性文件无效或撤销该行政规范性文件。法院审查涉案行政规范性文件后，可以在判决理由部分而非主文部分，对相关行政规范性文件的合法性进行评价，具体地说明是否可以作为相应行政行为合法依据以及具体理由，但是不能直接对行政规范性文件的效力进行评判。例如下位法与上位法冲突的，法院有权选择适用上位法规范适用于具体案件，但是对下位法的效力及其合法性不能在判决主文中提及。这一做法从一定程度上讲，既是在法院对法律规范冲突拥有选择适用权基础上的一种进步，也会对规范性文件产生强有力的监督和制约作用。法院之后应当向制定该瑕疵行政规范性文件的行政机关发出司法建议书，说明审查的理由和结果。

对于律师而言，规范性文件的特殊之处在于，此类案件的终点并非得到法院作出终局性裁判文书，无论代理哪一方，律师仍然应主动处理后续事项。律师代理原告或第三人的，应当追踪查询是否该规范性文件被行政机关主动废止或修改，必要时可以就该行政规范性文件申请行政信息公开，避免行政机关再一次对原行政相对人作出同样或类似的行政行为，积极保护当事人的合法权益。律师代理被告的，应当仔细研究规范性文件不被适用的原因及法院给予行政机关的司法建议，站在行政机关的立场上，对该规范性文件的修改或废止作出相应的建议；同时，通过查询是否另有对该规范性行为的其他行政诉讼和效力认定情况，最大程度避免全国各不同地方的法院对于该规范性文件的相同条款反复多次审查，避免截然相反的生效判决出现。

五、法律适用为律师代理行政诉讼的核心

法律适用虽然是人民法院援引相关法律规范进行司法审查的活动，但是基于法院客观中立的地位与不告不理的原则，原被告亦需提供相应的主张或抗辩依据。上文曾提出过原告请求主张的结构“A 依据法律、行政法规、规章、规范性文件等中的条文规定向 B 提出请求权主张”与被告答辩的结构“B 根据法律、行政法规、规章、规范性文件等中的某一项或某几项具体规

定向 A 作出涉案行政行为”，人民法院最后往往是在原告主张与被告答辩的依据中行使选择适用权。因此，律师准确寻找和挑选有利于当事人的法律依据尤为重要。例如，对于行政机关将路边售卖白菜的卡车强行拖车至某处的行为，如果行政相对人既可以以该行为违反《中华人民共和国行政处罚法》（以下简称《行政处罚法》）未给予处罚决定书为由起诉，也可以以该行为违反《行政强制法》中代履行未通知为由起诉，究竟何种起诉更有利于当事人，则需要由律师根据案件的具体情况进行判断选择。

另外律师需要特别注意，行政诉讼中民事诉讼法律规范的适用问题。在制定行政诉讼法时，很多国家和地区对与民事诉讼相同或相似的内容简略规定甚至不作规定，而准予援用民事诉讼法的相关规定参照执行。司法实践中，基于行政诉讼与民事诉讼存在诸多共同的规律，行政诉讼中有条件地适用民事诉讼法律规范是普遍现象。即在行政诉讼法未作规定时，法院可以适用不与行政诉讼相抵触的民事诉讼法条款。

我国《行政诉讼法》对此也作出了相关规定，《行政诉讼法》第 101 条：“人民法院审理行政案件，关于期间、送达、财产保全、开庭审理、调解、中止诉讼、终结诉讼、简易程序、执行等，以及人民检察院对行政案件受理、审理、裁判、执行的监督，本法没有规定的，适用《中华人民共和国民事诉讼法》的相关规定。”从立法层面的规定上可看出，行政诉讼在司法实践中适用民事诉讼法律规范的情形非常广泛。值得注意的是，此处的“等”应当是“等外等”，即民事诉讼法有规定，但是行政诉讼法未规定，即便未在本条列举之内只要符合行政诉讼的性质，也适用于行政诉讼。例如笔者曾办理的一个涉外行政诉讼案件中，就翻译出庭的问题向审判法院请教，法院则以民事诉讼相关规则为依据予以答复。可见实践中，民事诉讼的法律规定在行政诉讼中的适用之广。但也绝不能扩大适用民事诉讼法的相关规定，如民事诉讼法中规定的协议管辖，与行政诉讼性质相悖，就不能在行政诉讼中适用该条款。

【案例分析实训】

【案例8.4】郑晓琴诉浙江省温岭市人民政府土地行政批准案

【案情简介】

郑甲及郑乙、郑丁为某省市某街道某村同户村民。1997年8月，郑甲通过郑乙户申请补办个人建设用地被列为郑乙一户的在册人口。2013年3月，郑乙因拆迁复建提交个人建房用地申请，发现郑甲未在在册人口中。该市政府认为，郑甲虽然是郑乙的女儿，且郑甲的户口登记在郑乙一户下，但因其已经出嫁，属于应迁人口，其实际未迁出不影响拆迁人数的确定，郑乙户的有效人口为2人，同时审批同意郑乙的个人建房用地申请。

该市政府作出上述认定的依据是两个规范性文件，其一为《用地管理办法》的规定："申请个人建房用地的有效人口计算：①本户在册人口（不包括应迁出未迁出的人口）……"其二为《安置补偿办法》的规定："有下列情形不计入安置人口：①……已经出嫁的妇女及其子女（含户口应迁未迁）只能在男方计算家庭人口……"

郑甲对该审批行为不服，向该市法院起诉，请求判令撤销该市政府的审批行为，重新作出新的具体行政行为，同时提出附带审查以上两个规范性文件合法性的诉讼请求。

【思考问题】

上述规范性文件是否能作为行政行为的适用依据？

【法理分析】

人民法院对规范性文件进行司法审查，应当先形式后实质，上述规范性文件即使制定程序合法，是否有违善良风俗仍有待商榷。

【法院认定】

人民法院经过原审及二审两次审理后认为，《用地管理办法》与《安置补偿办法》是由该市政府制定的规范性文件。因该市政府对郑乙申请建造住宅用地提交的申报材料，负有审核的责任。但是对于被诉的审批行为，该市政府未对村委会上报的个人建房用地审批表中村委会的公布程序等相关事实进行认真审查。故该行政行为程序违法，应当依法撤销。涉案两个规范性文件的相关规定，郑甲具有原告资格，并且可以适用于郑甲，郑甲向人民法院起诉附带性审查并无不当。其后，人民法院向该市政府发送司法建议，该市政府收到司法建议后，及时启动相关规范性文件的修订工作，并表示将加强规范性文件制定的审查工作。

第五节　思考与实训

【案例分析实训】

【案例 8.5】

【案情简介】

某公安局为了某种工作需要，决定禁止一个商场大门前的一条道路通行汽车，于是在该商场两侧各竖立了一个禁止通行的牌子。所有的汽车都得绕道行驶。甲平时驾车经过该道路上班，禁止通行的牌子竖立后，他不得不绕道行驶，导致上班迟到。于是他向当地法院提起行政诉讼，要求人民法院认定公安局禁止该商场门前道路通行的决定违法。

法院收到起诉状后，首先审查了被诉行政行为的可诉性。经过审查后，法院作出该行政行为不在行政诉讼受案范围之内的认定。主要理由如下：该行政行为的作出对象具有不特定性，在该条道路上，被禁止通行不仅仅是起诉人的车辆，而是所有的车辆均被禁止。故该决定并非是针对起诉人作出，其符合《行政诉讼法》第 13 条的相关规定，最终裁定不予受理。

【思考问题】

1. 若该商厦内的所有人，以该决定严重影响商厦正常经营，导致商厦收入明显减少为由，向人民法院起诉，要求认定该禁止通行的决定违法，人民法院是否应该受理？

2. 检察院是否可以以该禁止通行决定严重影响道路交通，造成大量交通事故为由，提起行政公益诉讼？

【法理分析】

对于该商厦内的所有人而言，该决定严重影响商厦的正常经营，是一个针对特定对象作出的具体行政行为，法院应予以受理。同样一个行政行为，起诉人起诉的均为禁止通行决定的合法性，针对驾驶司机而言可以被理解为一个抽象行政行为；针对商厦所有人而言，则可以被理解为具体行政行为，我们可以认为这是行政行为具有相对性的表现。

【案例 8.6】

【案情简介】

针对目前上海市某区大量共享单车乱停乱放、过多占用非机动车道的情况，该区城市管理行政执法局书面告知摩拜等公司，将近 5000 辆共享单车由该区车辆停放管理公司代为管理，停放在该公司。

【思考问题】

1. 该区城市管理行政执法局委托管理公司拖车的行为是否有法律依据？

2. 该区城市管理行政执法局委托管理公司拖车清理的行为属于行政强制措施还是行政强制执行？若把该行为理解为代履行，代履行是否符合《行政强制法》中规定的实施程序？

3. 《上海市非机动车管理办法》属于地方政府规章，根据《行政强制法》相关规定，规章不得创设行政强制措施和行政强制执行，该地方政府规章是否有相应的上位法依据？

【法理分析】

《上海市非机动车管理办法》第 33 条规定："在道路上停放非机动车，应当使用非机动车道路停放点。各区、县人民政府应当根据非机动车道路停放点设置规范，编制本区、县非机动车道路停放点的设置规划，指定专门管理部门落实非机动车道路停放点的设置工作，并组建专门管理队伍，加强非机动车道路停放点的日常管理。"

《上海市非机动车管理办法》第39条第5款规定："违反本办法第33条第1款规定，非机动车未停放在非机动车道路停放点，影响其他车辆和行人通行且行为人不在现场的，公安机关交通管理部门可以会同城市管理行政执法部门对现场予以清理。"

该区城市管理行政执法局委托管理公司拖车行为的法律依据为《上海市非机动车管理办法》，此为地方政府规章，可以参照使用。该规章第33条规定了非机动车的停放要求，第39条第5款规定了未在停放点停放非机动车的法律后果。

CHAPTER9 第九章

常见行政案件

【本章概要】自1989年《行政诉讼法》颁布至今已有30年，但司法实践中，行政诉讼只占诉讼案件很小一部分，其数量相对远少于民商事案件总量。造成这种局面的原因很多，但随着我国法治化进程的推进，随着人民法治意识的不断提高，行政诉讼在整个诉讼领域所占比重必将持续上升。本章简要介绍常见的行政诉讼案件，目的让学生对行政诉讼有初步的认识和了解。

【学习目标】即通过本章学习，使学生对行政诉讼有直观的初步认识和了解，初步掌握律师行政诉讼业务的基本技能。

第一节　对行政处罚不服提起的行政诉讼

【案例分析实训】

【案例9.1】于某诉A市公安局交通管理局第一支队道路交通管理行政处罚决定案

【案情简介】

2005年7月28日，于某驾驶一辆小轿车在途经某路口时，被告A市公安局交通管理局第一支队（以下简称“交警一支队”）的执勤交通警察甲示意原告靠边停车。甲向于某敬礼后，请于某出示驾驶执照，指出于某在途经某路口时无视禁止左转弯交通标志违规左转弯。于某申辩自己未左转弯，是警察甲自己没看清楚。甲认为于某违反禁令标志行车的事实是清楚的，其行为已违反道路交通安全法的规定，依法应受处罚，遂向于某出具 XXX 号处罚决定书。于某拒不承认并拒绝在处罚决定书上签字，甲便在 XXX 号处罚决定书上注明，并将该处罚决定书的当事人联交给于某。于某不服，向 A 公安局申请行政复议。2005 年 9 月 15 日，A 市公安局作出行政复议决定，维持了 XXX 号处罚决定书。于某仍不服，遂提起行政诉讼。

在法院审理过程中，原告于某诉称：原告在被交警一支队的交警甲拦住后，就甲所说的“违章掉头”，原告当即申辩“没有违章掉头，你看错了”，但该警察不听申辩，并当场制作 XXX 号处罚决定书，决定对原告处以罚款 200 元。根据《行政处罚法》第 30 条规定：“公民、法人或者其他组织违反行政管理秩序的行为，依法应当给予行政处罚的，行政机关必须查明事实；违法事实不清的，不得给予行政处罚。”第 32 条第 1 款规定：“当事人有权进行陈述和申辩。行政机关必须充分听取当事人的意见，对当事人提出的事实、理由和证据，应当进行复核；当事人提出的事实、理由或者证据成立的，行政机关应当采纳。”第 33 条规定：“违法事实确凿并有法定依据，对公民处以 50 元以下、对法人或者其他组织处以 1000 元以下罚款或者警告的行政处罚的，可以当场作出行政处罚决定。当事人应当依照本法第 46 条、第 47 条、第 48 条的规定履行行政处罚决定。”第 36 条规定：“除本法第 33 条规定的可以当场作出的行政处罚外，行政机关发现公民、法人或者其他组织有依法应当给予行政处罚的行为的，必须全面、客观、公正地调查，收集有关证据；必要时，依照法律、法规的规定，可以进行检查。”第 37 条第 1 款规定：“行政机关在调查或者进行检查时，执法人员不得少于两人，并应当向当事人或者有关人员出示证件。当事人或者有关人员应当如实回答询问，并协助调查或者检查，不得阻挠。询问或者检查应当制作笔录。”第 42 条规定：行政机关作出责令停产停业、吊销许可证或者执照、较大数额罚款等行政处罚决定之前，应当告知当事人有要求举行听证的权利；当事人要求听证的，行政机关应当组织听证。所以，根据上述的法律规定，于某认为 XXX 号处罚决定书是一名交警在不听当事人申辩，仅凭个人主观臆断的情况下作出的，事实不清且没有证据。而且该处罚决定书的内容是当场决定对原告罚款 200 元，突破了当场只能处 50 元以下罚款的法律规定，所以这是错误的行政处罚决定，请求法院判令撤销 XXX 号处罚决定书。

原告于某提交了以下证据：

1. 交通违章缴款单，用以证明虽然于某不服XXX号处罚决定，但仍依法缴纳了200元罚款。

2. 行政复议决定书，用以证明原告在法定时间内提起行政诉讼。

作为被告的交警一支队辩称：我支队交警甲在执勤过程中，发现原告于某在明确标志禁止左转弯的路口驾车左转，这一行为明显违反《道路交通安全法》第38条规定，于是甲便将于某拦停，并礼貌地请其出示驾驶执照，指出其违法事实，告知将对其处以罚款200元，以及处罚的依据和其依法应享有的权利，然后才填写XXX号处罚决定书。原告拒不承认违法事实，拒绝在处罚决定书上签字，甲也将此情形注明在处罚决定书上，然后才将处罚决定书的当事人联交给原告。甲的执法行为符合《道路交通安全违法行为处理程序规定》的规定，事实清楚、适用法律正确、程序合法，应当予以维持。

被告交警一支队提交以下证据：

1. XXX号处罚决定书一份，用以证明原告于某存在交通违法行为。

2. 甲的书面陈述一份，用以证明原告违法行车及交通警察纠正违法的经过。

3. 《道路交通安全法》《道路交通安全法实施条例》《道路交通安全违法行为处理程序规定》，用以证明被告实施处罚的法律依据。

法院认为：

《道路交通安全法》第5条第1款规定："国务院公安部门负责全国道路交通安全管理工作。县级以上地方各级人民政府公安机关交通管理部门负责本行政区域内的道路交通安全管理工作。"第87条第1款规定："公安机关交通管理部门及其交通警察对道路交通安全违法行为，应当及时纠正。"根据上述规定，对辖区内的道路交通安全进行管理，是被告交警一支队的法定职责。甲作为交警一支队派遣执行勤务的交警，对在辖区内发生的道路安全违法行为，有权力及时纠正。根据甲陈述，2005年7月28日，原告于某驾驶小轿车在某路口无视禁止左转弯交通标志违规驾车左转弯。经查，该路口确实树立着禁止左转弯的交通标志，而且2005年7月28日于某确实驾车途经此处。对于某是否在此处违反禁令左转弯，在没有证据证明甲与于某之间存在利害关系的前提下，虽然只有甲一人的陈述证实，但只要甲是依法执行公务的人员，其陈述的客观真实性得到证实，甲一人的陈述就是证明于某有违反禁令左转弯行为的优势证据，应当作为认定事实的根据。

《行政处罚法》确实有当场对公民作出的罚款只能在50元以下，行政机关调查或者检查时执法人员不得少于两人的规定。但《行政处罚法》制定于1996年，此后的2003年10月28日，第十届全国人民代表大会常务委员会第五次会议通过了《道路交通安全法》。《道路交通安全法》第1条规定："为了维护道路交通秩序，预防和减少交通事故，保护人身安全，保护公民、法人和其他组织的财产安全及其他合法权益，提高通行效率，制定本法。"说明该法是处理道路交通安全问题的专门法律。为了落实道路交通安全法，国务院于2004年4月28日颁布了《道路交通安全法实施条例》，公安部也于2004年4月30日发布了《道路交通安全违法行为处理程序规定》。一切因道路交通安全管理产生的社会关系，应当纳入上述法律、行政法规和规章的调整范畴。

道路交通安全管理具有其特殊性。道路上的交通违法行为一般都是在瞬间发生的，对这些突发的交通违法行为如果不及时纠正，将会埋下交通安全隐患，甚至当即引发交通安全事故，破坏道路交通安全秩序。但要及时纠正这些突发的交通违法行为，则会面临取证难题。交通警察发现交通违法行为后应当及时纠正，如果必须先取证再纠正违法，则可能既无法取得足够的证据，也无法及时纠正违法行为，甚至还可能在现场影响车辆、行人的通行。考虑到上述因素，为了遵循《道路交通安全法》第3条确立的依法管理，方便群众，保障道路交通有序、安全、畅通的原则，《道路交通安全法》第79条规定："公安机关交通管理部门及其交通警察实施道路交通安全管理，应当依据法定的职权和程序，简化办事手续，做到公正、严格、文明、高效。"第107条第1款规定："对道路交通违法行为人予以警告、200元以下罚款，交通警察可以当场作出行政处罚决定，并出具行政处罚决定书"。《道路交通安全违法行为处理程序规定》(2004) 第8条第2款[1]规定："公安机关交通管理部门按照简易程序作出处罚决定的，可以由一名交通警察实施。"因此，交通警察一人执

---

〔1〕《道路交通安全违法行为处理程序规定》2008年修正后该内容调整至第42条，具体条文内容为：适用简易程序处罚的，可以由一名交通警察作出，并应当按照下列程序实施：①口头告知违法行为人违法行为的基本事实、拟作出的行政处罚、依据及其依法享有的权利；②听取违法行为人的陈述和申辩，违法行为人提出的事实、理由或者证据成立的，应当采纳；③制作简易程序处罚决定书；④处罚决定书应当由被处罚人签名、交通警察签名或者盖章，并加盖公安机关交通管理部门印章；被处罚人拒绝签名的，交通警察应当在处罚决定书上注明；⑤处罚决定书应当当场交付被处罚人；被处罚人拒收的，由交通警察在处罚决定书上注明，即为送达。交通警察应当在2日内将简易程序处罚决定书报所属公安机关交通管理部门备案。

法时，当场给予行政管理相对人罚款200元的行政处罚，是合法的行政行为。

综上所述，原告于某违反禁令行车的事实可以认定。被告交警一队的执勤交通警察当场作出XXX号处罚决定书，决定对于某的违法行为给予罚款200元的行政处罚，适用法律正确，符合法定程序，依法应予维持。于某的诉讼请求不能成立，不予支持。

一审宣判后，双方当事人在法定期限内均未提出上诉，一审判决发生法律效力。

【法理分析】

原告于某不服XXX号行政处罚决定书，并申请行政复议。A市公安局作出行政复议决定，维持了第XXX号行政处罚决定书。于某不服，提起行政诉讼，请求判令撤销XXX号行政处罚决定书，其理由主要为三点：①XXX号处罚决定书是交警在不听当事人申辩，仅凭个人主观臆断的情况下作出的，事实不清且没有证据；②该行政处罚是由一名交警作出的，违反了《行政处罚法》第37条第1款关于"执法人员不得少于两人"的规定；③当场决定对原告罚款200元，这突破了当场只能处以50元以下罚款的法律规定。这三点也正是本案的争议焦点。

关于第①点，可与第②点一起讨论，即交通警察可否一人执法，如一人执法，其执法时的证据效力认定问题。关于这方面，从审理本案的法院观点来看，根据《道路交通安全违法行为处理程序规定》，公安机关交通管理部门按照简易程序作出处罚决定的，可以由一名交通警察。又因为该规定中规定对个人处以200元以下罚款的，可以适用简易程序。因此，本案所涉的情况交通警察可一人执法。对于某是否在此处违反禁令左转弯，虽然只有甲一人的陈述证实，但只要甲是依法执行公务的人员，其陈述的客观真实性得到证实，且没有证据证明甲与于某之间存在利害关系，甲一人的陈述就是证明于某有违反禁令左转弯行为的优势证据，应当作为认定事实的根据。

关于第③点，审理本案的法院认为，《道路交通安全法》《道路交通安全法实施条例》《道路交通安全违法行为处理程序规定》是处理道路交通安全问题的专门法律、行政法规、规章。一切因道路交通安全管理产生的社会关系，应当纳入上述法律、行政法规和规章的调整范畴。虽然学界对《行政处罚法》和《道路交通安全法》在行政处罚适用上有不同观点，有一些学者认为《行政处罚法》与《道路交通安全法》是上下位法律关系，因此下位法《道路交通安全法》的规定与上位法《行政处罚法》抵触，应遵循《行政处罚法》的规定。但结合本案，笔者认为，《行政处罚法》与《道路交通安全法》并非上下位法关系，而是一般法与特别法的关系，因此交警一支队依据《道路交通安全法》《道路交通安全法实施条例》《道路交通安全违法行为处理程序规定》作出行政处罚并无不妥。

综上，被告交警一支队的执勤交通警察当场作出XXX号处罚决定书，决定对于某的违法行为给予罚款200元的行政处罚，适用法律正确，符合法定程序。最终法院维持了被告交警一支队作出的XXX号处罚决定书。

【案例9.2】甲、乙诉A县城市管理综合执法局行政处罚案

【案情简介】

原告甲、乙不服A县城市管理综合执法局（以下简称“城管局”）作出的行政处罚，遂提起行政诉讼，原告共同诉称：2015年6月14日，A县人民政府发布《关于开展城市环境综合整治的通告》，6月15日，被告向原告送达了《通知书》，要求原告于6月18日自行搬离人行道上的摆摊点。6月19日，被告以原告占道经营为由将原告房屋过道上的烟、酒、副食品等物品暂扣，并未出具扣押决定书及扣押物品清单。两个月后，经原告多次上访，被告于2015年11月26日向原告送达信访答复意见书。原告认为，自己在家中房屋过道摆放物品，没有妨碍过往人行走，所经营的烟、酒生意属合法经营，被告未向原告送达告知书，未通知原告到场的情况下，将扣押物品进行销毁的行为程序违法，损害原告合法权益，故诉至法院，要求确认被告暂扣、销毁物品的行政行为违法，并赔偿二原告经济损失1 259 800.3元、停业损失37 000元等，共计1 296 800.3元。

被告城管局辩称：①主体合法，被告根据相关法律规定，系有权作出行政处罚的主体，被告依法没收原告物品的行政行为合法；②认定事实清楚，原告在街道和公共通道处违法占道经营，严重妨害过往行人正常通行，经告知停止和纠正其违法行为后，原告仍不予理睬，根据相关法律规定，被告依法拆除原告经营设施、扣押其违法经营商品；③程序合法，2015年6月14日，A县发布《关于开展城市环境综合整治的通告》，2015年6月15日，被

告向原告送达限期搬离通知书，2015 年 6 月 19 日，被告依法没收并销毁原告违法经营物品。综上所述，被告行政行为合法，原告的损失是原告自身的违法行为所致，不应由被告赔偿，请求驳回原告的诉讼请求。

法院经审理查明：

2015 年 6 月 14 日，A 县人民政府发布《关于开展城市环境综合整治的通告》，决定对县城环境进行综合整治。

2015 年 6 月 15 日，A 县城管局向甲、乙送达行政执法告知书，限甲、乙于 2015 年 6 月 18 日下午 5 时自行搬离位于镇雄县 XX 街 XXX 位置的摆摊点。甲、乙对上述告知书进行了签收。

2015 年 6 月 19 日，城管局认为甲、乙在街道和公共通道违法占道经营，拆除了原告位于 XX 街 XXX 位置的商铺经营设施，扣押其经营商品，并进行了录音录像。

2015 年 6 月 19 日，城管局出具物品暂扣单及物品登记表，限甲、乙于 7 月 1 日前到城管局处接受处理，并对甲、乙物品进行了清理登记，现场协助单位 A 县工商行政管理局、A 县食品药品监督管理局在物品登记表上加盖了公章。该暂扣单载明甲、乙拒绝签收。

之后经甲与乙多次上访，城管局于 2015 年 11 月 26 日作出信访答复意见书告知甲与乙，已经对其违法占道经营的商品予以没收并进行了销毁。

2015 年 12 月 5 日，城管局向甲与乙送达信访答复意见书及违法暂扣物品登记表。

2016 年 7 月 24 日，经 B 司法鉴定所鉴定，被告城管局提供的暂扣清单物品价值鉴定为 32 500 元，原告提供的财物清单物品损失鉴定为 205 600 元（其中包含被拆除的货柜、烟柜，价值为 4125 元），鉴定费 25 000 元由原告甲暂行垫付。

另查明，原告没有取得其经营商铺所在房屋的所有权。

法院认为原被告均符合法定主体资格。

被告城管局在 A 县城区内开展城市综合整治工作，行使相对集中领域的处罚权，具有法律授权，但其执法行为应适用一般行政处罚程序进行，即必须依照《行政处罚法》规定的各项程序。

被告于 2015 年 6 月 15 日向原告何某送达执法告知书，同年 6 月 19 日以二原告占道经营为由，对其经营的全部商品予以扣押，并对货柜、烟柜进行了拆除，但未在法定期限内作出处理决定，也未告知原告救济途径，就对该物品进行了销毁。

被告城管局在扣押、销毁执法过程中，没有根据《行政强制法》第24条、第26的规定〔1〕，当场出具扣押决定书、销毁决定书，也未告知原告救济途径，故被告扣押、销毁的行政行为程序违法。

被告在庭审中出具了一份没有签收记录的处罚决定书，欲证明其处罚决定程序合法的观点，不予采纳。

根据《国家赔偿法》第4条、第36条的规定〔2〕，被告在行政执法过程中违反法定程序造成财产损失的，依法应当予以赔偿；应当返还财产灭失的，给付相应的赔偿金，故对原告要求赔偿财产损失的诉讼请求，予以部分支持，原告要求以惩罚性五倍以上计算其赔偿标准及赔偿误工费的诉讼请求不符合法律规定，不予支持。

由于原告提供的财务清单损失205 600元系进货来源，因货物已经灭失，除被拆除货柜、烟柜能够估算其价值为4125元，其余被扣押物品价值已无法核实，其举证不能的责任应由原告自行承担，原告要求按照其进货渠道购买

---

〔1〕《行政强制法》第24条、第26条规定内容如下：第24条规定，行政机关决定实施查封、扣押的，应当履行《行政强制法》第18条规定的程序，制作并当场交付查封、扣押决定书和清单。查封、扣押决定书应当载明下列事项：①当事人的姓名或者名称、地址；②查封、扣押的理由、依据和期限；③查封、扣押场所、设施或者财物的名称、数量等；④申请行政复议或者提起行政诉讼的途径和期限；⑤行政机关的名称、印章和日期。查封、扣押清单一式二份，由当事人和行政机关分别保存。第26条规定了，对查封、扣押的场所、设施或者财物，行政机关应当妥善保管，不得使用或者损毁；造成损失的，应当承担赔偿责任。对查封的场所、设施或者财物，行政机关可以委托第三人保管，第三人不得损毁或者擅自转移、处置。因第三人的原因造成的损失，行政机关先行赔付后，有权向第三人追偿。因查封、扣押发生的保管费用由行政机关承担。

〔2〕《国家赔偿法》第4条、第36条规定内容如下：第4条规定，行政机关及其工作人员在行使行政职权时有下列侵犯财产权情形之一的，受害人有取得赔偿的权利：①违法实施罚款、吊销许可证和执照、责令停产停业、没收财物等行政处罚的；②违法对财产采取查封、扣押、冻结等行政强制措施的；③违法征收、征用财产的；④造成财产损害的其他违法行为。第36条规定了，侵犯公民、法人和其他组织的财产权造成损害的，按照下列规定处理：①处罚款、罚金、追缴、没收财产或者违法征收、征用财产的，返还财产；②查封、扣押、冻结财产的，解除对财产的查封、扣押、冻结，造成财产损坏或者灭失的，依照本条第3项、第4项的规定赔偿；③应当返还的财产损坏的，能够恢复原状的恢复原状，不能恢复原状的，按照损害程度给付相应的赔偿金；④应当返还的财产灭失的，给付相应的赔偿金；⑤财产已经拍卖或者变卖的，给付拍卖或者变卖所得的价款；变卖的价款明显低于财产价值的，应当支付相应的赔偿金；⑥吊销许可证和执照、责令停产停业的，赔偿停产停业期间必要的经常性费用开支；⑦返还执行的罚款或者罚金、追缴或者没收的金钱，解除冻结的存款或者汇款的，应当支付银行同期存款利息；⑧对财产权造成其他损害的，按照直接损失给予赔偿。

商品的价值计算被扣押物品损失的诉讼请求不予支持；本案中，除不能计算价值的几项物品外，原告对被告提交的扣押清单内容没有异议，原告最终损失计算参照被告提交的扣押清单的已评估价值。

综上，最终法院判决如下：

一、被告城管局于2015年6月19日对原告甲、乙物品进行扣押、销毁及强制拆除货柜、烟柜的行政行为违法。

二、判令被告城管局在判决生效后30日内赔偿原告甲、乙主要财产损失32 500元；货柜、烟柜损失4125元，共计36 625元。

三、鉴定费25 000元，由被告城管局承担，在判决生效后30日内直接支付给先行垫付人甲。

宣判后，甲、乙及城管局均提起上诉。二审法院对上述判项予以维持。

【法理分析】

本案主要涉及两方面的内容，一是严重违反法定程序的行政行为是否违法；二是如果违法，当事人的损失可否获得赔偿及按怎样的标准进行赔偿。

为了保证行政相对人充分行使知情权、陈述权和申辩权，保障行政处罚决定的合法性和合理性，对本案涉及没收、销毁财物的行政处罚，应严格按照法律规定，出具扣押清单，在期限内作出处罚决定，告知当事人复议期限及救济权利。本案中，在没有作出任何处罚决定的情况下即销毁其没收的财物，没有法律依据，严重违反法定程序，依法应予撤销。

除了行政处罚行为的违法性，本案还涉及国家赔偿的标准问题。目前，我国的国家赔偿尚未有惩罚性赔偿，与赔偿有关的范围及赔偿标准应严格参照相关法律法规的规定。本案中，依据《国家赔偿法》第4条、第36条，按实际发生的财产损失予以赔偿。

【案例9.3】

【案情简介】

某日，陈某在下班途中遭人殴打致轻微伤。区公安局认定是丁某所为，作出对丁某处以行政拘留15天，并赔偿陈某医疗费等损失的行政处罚。丁某不服，向上一级公安部门即市公安局申请复议。市公安局经过审查，发现系陈某辨认错误，实际上丁某并没有殴打陈某，而是与丁某相像的张某殴打了陈某（张某为精神病患者，无行为能力人），于是市公安局撤销了区公安局的处罚决定，把张某追加为第三人。由于张某是无行为能力人，仅作出了令张某的监护人对陈某的医疗费用一定赔偿的决定。陈某对市公安局的复议决定不服，他认为殴打他的人是丁某没错，而并非精神病人张某，市公安局在复议过程之所以作出相反认定，一定是收受了丁某的好处，遂对此复议决定向人民法院提起行政诉讼。

【思考问题】

1. 陈某是否具有行政诉讼原告资格？为什么？
2. 张某是否可对复议决定提起行政诉讼？为什么？

【法理分析】

1. 陈某具有行政诉讼原告资格。《行政诉讼法》第 25 条规定了行政行为的相对人以及其他与行政行为有利害关系的公民、法人或者其他组织，有权提起诉讼。《最高人民法院关于适用〈中华人民共和国行政诉讼法〉的解释》第 12 条规定：有下列情形之一的，属于行政诉讼法第 25 条第 1 款规定的“与行政行为有利害关系”：①被诉的行政行为涉及其相邻权或者公平竞争权的；②在行政复议等行政程序中被追加为第三人的；③要求行政机关依法追究加害人法律责任的；④撤销或者变更行政行为涉及其合法权益的；⑤为维护自身合法权益向行政机关投诉，具有处理投诉职责的行政机关作出或者未作出处理的；⑥其他与行政行为有利害关系的情形。在本案中，陈某是治安管理中的权利被侵害人，区公安局对侵害人处以行政处罚的行政行为是对其被侵害权利的一种救济形式。但市公安局的行政复议决定撤销了这个行政处罚，他也就具有行政诉讼原告的资格。

2. 张某可以对复议决定提起行政诉讼。相关的法条详见上述分析。本案中，张某在市公安局的复议过程中被追加为第三人，被裁决赔偿医疗费。虽然他本人无行为能力，但他的法定监护人如认为此复议决定违法，侵犯了其合法权益，可以以张某的名义依法提起行政诉讼。

第二节 对行政强制措施不服提起的行政诉讼

【案例分析实训】

【案例9.4】甲诉A县人民政府行政强制案

【案情简介】

2006年8月，甲与A县国有资产监督管理委员会签订《房产及土地使用权转让协议》，购买了涉案房屋，此后又取得了房屋所有权证及国有土地使用证。

2012年5月27日、2012年8月14日，A县人民政府分别作出房屋征收决定和补充决定，甲的上述房屋被纳入征收范围。2014年5月，甲的上述房屋及机器设备被强制拆除。甲认为是A县人民政府实施了强制拆除行为，提起行政诉讼，请求人民法院确认该强制拆除行为违法。

原告甲在诉讼中提交了强制拆除的视频录像资料及照片等证据，以证明该强制拆除的行为系由被告A县人民政府组织实施的。被告A县人民政府辩称其并未实施原告所称的强拆行为，但没有提交原告所称强拆行为系由其他行政机关或组织实施的证据。

人民法院经审理认为：涉案房屋及室内机器设备已经被拆除，被告是否是强拆机关是本案争议焦点之一。

首先，根据《国有土地上房屋征收与补偿条例》的规定，实施房屋征收应当先补偿、后搬迁，作出房屋征收决定的市、县级人民政府对被征收人给予补偿后，被征收人应当在补偿协议约定或者补偿决定确定的搬迁期限内完成搬迁。而在本案中，就涉案房屋的征收补偿问题，原、被告双方既未达成征收补偿协议，被告也未作出征收补偿决定。原告作为该房屋的实际使用人，在客观上难以获得拆除主体的证据。因此，被告否认了拆除该房屋的，应当提交相应的证据予以证明，否则应当承担不利后果。

其次，涉案房屋及室内设备没有得到实际补偿安置。现原告仍持有《房产及土地使用权转让协议》，而现有证据证明双方未达成任何形式的安置补偿协议，被告也未给予其他主体补偿安置。

最后，被告怠于履行应当承担的举证义务。涉案房屋处于征收范围内，原告已经提交了强制拆除房屋现场的部分视频资料，结合拆除现场有警察、城管工作人员以及原告向公安机关报警等事实，可以认定原告已经尽到了初步的证明义务。上述证据均指向被告组织实施了拆除行为，如果被告予以否认，应当积极提交证据予以反驳。现被告仅陈述其没有实施原告所述的拆除行为，而怠于提交相应证据支持其主张，应当承担不利法律后果。

据此，法院认定被告实施了原告所称的强拆行为，并判决确认被告于2014年5月拆除原告的涉案房屋及室内机器设备的行为违法。经被告提起上诉，二审法院作出了驳回上诉，维持一审判决的终审判决。

【法理分析】

本案的争议焦点在于，如何确定房屋强制拆除的实施主体，人民法院应该如何合理分配举证责任？

日常生活中，当公民、法人或者其他责任人认为行政机关及其工作人员的行政行为侵犯其合法权益的，有权依据相关法律规定提起行政诉讼。但通常而言，涉诉的行政行为系由谁作出应该由原告负责举证。但在本案中，行政机关在实施强制拆除行为时并未作出书面决定，也没有将行政行为的内容告知行政相对人，从而给本案的当事人甲证明行政行为的实施主体带来困难。但甲为何在本案中就认定是被告A县人民政府呢？因为是A县作出的房屋征收决定，就房屋被强制拆除而言，对甲来说，在本案中无其他可以怀疑的对象。

所以，为避免被征收人告状无门和合法权益受到侵害，本案法院认为，在行政机关作出房屋征收决定后原告的房屋被强制拆除，原告提供了初步证据，但因客观原因无法提供确凿证据证明具体组织实施强制拆除机关的，原则上应推定作出征收决定的行政机关是强制拆除机关，除非该行政机关有证据证明强制拆除行为确属其他行政机关或者组织所为。

【案例9.5】乙诉B公安分局强制隔离戒毒决定案

【案情简介】

2013年11月22日，B公安分局XX派出所接到电话举报，称有人在其管辖范围内的某小区附近的公共厕所内吸毒。派出所民警遂赶往现场，将准备采取注射方式吸毒的乙传唤到派出所接受调查，并对该吸毒案件予以受理。当日，该派出所向乙的母亲送达了被传唤人家属通知书，告知乙因涉嫌吸毒在 XX 派出所接受调查。

同年 12 月 3 日，B 公安分局作出《强制隔离戒毒决定书》，认为乙吸毒成瘾严重，决定对乙强制隔离戒毒二年。乙不服，提起行政诉讼，要求撤销《强制隔离戒毒决定书》。

在本案审理的过程中，原告乙认为被告 B 公安分局作出的《强制隔离戒毒决定书》不合法，因为根据《中华人民共和国禁毒法》第 38 条规定：对于吸毒成瘾严重，通过社区戒毒难以戒除毒瘾的人员，公安机关可以直接作出强制隔离戒毒的决定。所以社区戒毒是强制隔离戒毒的前置条件，原告未经社区戒毒不能强制隔离戒毒。

被告 B 公安分局在审理过程中辩称，原告因吸毒于 2003 年被强制戒毒。而且根据原告被传唤到派出所接受调查期间陈述了其极长的吸毒史，B 公安分局认为乙毒瘾较重，符合《吸毒成瘾认定办法》第 8 条第 1、2 项〔1〕关于吸毒成瘾严重的规定。据此，被告适用《中华人民共和国禁毒法》第 38 条的规定，作出的《强制隔离戒毒决定书》认定事实清楚，证据充分，程序合法，适用法律正确。

法院认为，首先，依据《中华人民共和国禁毒法》第 38 条的规定，被告作为公安机关具有作出强制隔离戒毒决定的行政职权。其次，原告曾在 2003 年被强制戒毒，现于 2013 年 11 月 22 日再次注射毒品，故被告 B 公安分局认定原告吸毒成瘾严重，符合《吸毒成瘾认定办法》第 8 条的规定。最后，被告作出《强制隔离戒毒决定书》前，告知原告享有陈述申辩权，并依法向原告进行送达，程序合法。

---

〔1〕《吸毒成瘾认定办法》第 8 条：吸毒成瘾人员具有下列情形之一的，公安机关认定其吸毒成瘾严重：①曾经被责令社区戒毒、强制隔离戒毒（含《禁毒法》实施以前被强制戒毒或者劳教戒毒）、社区康复或者参加过戒毒药物维持治疗，再次吸食、注射毒品的；②有证据证明其采取注射方式使用毒品或者多次使用两类以上毒品的；③有证据证明其使用毒品后伴有聚众淫乱、自伤自残或者暴力侵犯他人人身、财产安全等行为的。注意：《吸毒成瘾认定办法》已于 2016 年进行了修改，并于 2017 年 4 月 1 日起实施。修改后，将第 8 条第 2 项中的"多次"修改为"至少三次"，"两类以上"修改为"累计涉及两类以上"。将第 8 条第 3 项修改为"有证据证明其使用毒品后伴有聚众淫乱、自伤自残或者暴力侵犯他人人身、财产安全或者妨害公共安全等行为的"。

因此，被告依据《中华人民共和国禁毒法》第 38 条的规定作出《强制隔离戒毒决定书》适用法律正确。

在本案中，原告认为依据《中华人民共和国禁毒法》第 38 条的规定，须经社区戒毒才能作出强制隔离戒毒决定，而原告未经社区戒毒即被强制隔离戒毒，故被告作出的《强制隔离戒毒决定书》不合法。法院认为，原告的该项诉讼理由缺乏法律依据，不予采纳，原因是该条款规定公安机关直接作出强制隔离戒毒决定的条件是吸毒成瘾严重，而“通过社区戒毒难以戒除毒瘾”仅是对吸毒成瘾严重情形的表述，社区戒毒不是直接作出强制隔离戒毒的前提条件。

综上，驳回原告乙的诉讼请求。一审判决后，双方均未上诉，现判决已经生效。

【法理分析】

本案的争议焦点为怎样理解《中华人民共和国禁毒法》第 38 条第 2 款，即“对于吸毒成瘾严重，通过社区戒毒难以戒除毒瘾的人员，公安机关可以直接作出强制隔离戒毒的决定”。

本案中，原告认为“通过社区戒毒难以戒除毒瘾”系指必须先经由社区戒毒，故而公安机关直接作出强制隔离戒毒决定系违法行为。经审理，法院认为“通过社区戒毒难以戒除毒瘾”仅是对吸毒成瘾严重情形的表述，社区戒毒不是直接作出强制隔离戒毒的前提条件。因此公安机关的行为合法。

况且，从禁毒法关于强制隔离戒毒的法定情形看，笔者认为立法者倾向于对吸毒时间不长、成瘾程度不深、本人有戒毒意愿且具备家庭监护条件的吸毒人员可以采取社区戒毒这一方式。如果公安机关在每次作出强制隔离戒毒决定之前，都需要先责令戒毒人员接受社区戒毒，倘若吸毒人员仍然没有戒除毒瘾，才能决定适用强制隔离戒毒措施，这不仅与禁毒法创设社区戒毒的宗旨相左，也极大地浪费了社区资源。

【理论思考】

简答题：扣押决定书应该包含哪些内容？

参考答案：根据《行政强制法》第24条规定，扣押决定书应当载明下列事项：

（1）当事人的姓名或者名称、地址。

（2）查封、扣押的理由、依据和期限。

（3）查封、扣押场所、设施或者财物的名称、数量等。

（4）申请行政复议或者提起行政诉讼的途径和期限。

（5）行政机关的名称、印章和日期。

第三节　对行政机关不作为提起的行政诉讼

【案例分析实训】

【案例9.6】甲诉A市工商局不履行法定职责纠纷案

【案情简介】

2000年12月1日，甲向被告A市工商行政管理局（以下简称“工商局”）投诉，要求工商局履行其法定职责，对A市电视台一频道播放违法医疗广告，误导其丈夫就医时死亡一案进行查处。工商局接到甲的投诉后，口头告知其所投诉的内容系节目，不属于广告，因此不予立案。甲不服，便向法院提起行政诉讼。

诉讼中原告甲称，2000年7月22日晚，原告的丈夫看了A市电视台一频道播放的介绍XXX医院的电视医疗广告后，于7月25日住进了该医院进行治疗骨病，仅仅20天后竟然无故死亡。被告工商局在接到甲的投诉后，没有对该违法医疗广告进行立案查处，属于不履行法定职责。因此原告的诉请是要求被告履行其法定职责，查处电视台播出的违法医疗广告。

在诉讼中，原告提供的主要证据和依据如下：

1. 2000年7月22日A市电视台涉案频道播出的节目光盘一张，用以证明该节目的实质是医疗广告。

2. XXX医院医疗机构执业许可证复印件，用以证明该医院被批准的诊疗科目中无骨科一项。

3. 有关“某医疗机构受罚”报道复印件，内容有工商局广告管理处处长介绍医疗类违法违规广告的情况，用以证明查处非法医疗广告属于工商局的职责范围。

4. A 市卫生局、工商局《关于加强医疗广告管理的通知》复印件，用以证明被告应适用该通知对各类违法医疗广告予以查处。

作为被告的工商局辩称，原告投诉的并非广告，而是一个专题报道类型的节目，主要内容介绍了 XXX 医院五位医生的个人先进事迹。节目虽然有关于骨病治疗的内容，但认定为广告的依据不足，因此工商局才口头答复原告不对该节目立案查处。被告请求法院驳回原告的诉讼请求。

法院认为：

对违反法律规定的广告活动，被告工商局作为 A 市的广告监督管理机关，有权依照法律的规定进行行政处罚。国家工商行政管理总局、卫生部 1993 年 9 月 27 日发布的《医疗广告管理办法》明确规定，医疗广告是指医疗机构通过一定的媒介或者形式，向社会或者公众宣传其运用科学技术诊疗疾病的活动。国家工商行政管理总局 2001 年 3 月 1 日在工商广字（2001）第 57 号答复中进一步明确，大众传播媒介利用新闻报道形式介绍医疗机构及其服务，如出现医疗机构的地址、电话号码或其他联系方式等内容的，在发表有关医疗机构报道的同时，在同一媒体同一时间（时段）发布该医疗机构广告的，即使发布者声称未收取费用，也应认定为利用新闻报道形式发布医疗广告。从甲提供的光盘所录制的节目内容可以看出，该专题报道类节目从形式上具备了上述规定认定医疗广告的基本特征，工商局对甲的投诉应该予以调查处理。综上所述，甲要求工商局履行法定职责的诉讼请求依法应予以支持。依照《行政诉讼法》第 54 条第 3 项之规定〔1〕，法院判决如下：

被告工商局应于本判决生效之日起 3 个月内，履行对 A 市电视台该频道 2000 年 7 月 22 日 20 时播出的专题报道节目是否构成违法医疗广告进行调查处理的法定职责，并将结果告知原告甲。

一审宣判后，工商局提出上诉，认为有关电视专题报道主要是介绍 XXX

〔1〕 此处的《行政诉讼法》第 54 条系指修改前，条文内容为：人民法院经过审理，根据不同情况，分别作出以下判决：①具体行政行为证据确凿，适用法律、法规正确，符合法定程序的，判决维持。②具体行政行为有下列情形之一的，判决撤销或者部分撤销，并可以判决被告重新作出具体行政行为：主要证据不足的；适用法律、法规错误的；违反法定程序的；超越职权的；滥用职权的。③被告不履行或者拖延履行法定职责的，判决其在一定期限内履行。④行政处罚显失公正的，可以判决变更。相关内容在现行《行政诉讼法》（2017 年修正）中为第 72 条，条文内容为：人民法院经过审理，查明被告不履行法定职责的，判决被告在一定期限内履行。

医院五位医生的个人先进事迹，虽然其中涉及了关于骨病治疗的内容，但认定为广告的依据不足。且工商局在接到甲的投诉后，已经积极进行调查，将节目内容录制成了光盘交给其本人，并将处理结果告知了甲，已经履行了法定职责，请求驳回甲的诉讼请求。

甲在二审时辩称：A 市电视台过去从未播放过类似的节目，据了解该节目是 XXX 医院自己制作并送往电视台进行播放的。在该节目中明确说明了医疗机构的名称、医师的姓名、医疗的内容，故应认定为医疗广告，请求维持原判。

二审法院认为：

《中华人民共和国广告法》（以下简称《广告法》）第 6 条[1]规定，县级以上人民政府工商行政管理部门是广告监督管理机关。根据广告法的规定，广告的管理和监督是工商行政管理部门的职责之一，因此，认定有关节目是否构成广告、是否构成违法广告以及如何依法进行行政处罚，均属于工商行政管理部门的职责范围。甲认为 A 市有线电视台播出节目属于违法广告，侵犯了其合法权益，并向 A 市工商局申请对该广告予以行政查处，符合《行政诉讼法》的有关规定。

1993 年国家工商行政管理总局、卫生部《医疗广告管理办法》第 2 条第 2 款规定，医疗广告是指医疗机构通过一定媒介或者形式，向社会或者公众宣传其运用科学技术诊疗疾病的活动。公众所理解的广告，就是以一定的方式通过媒体对商品或者服务以及提供商品或者服务单位的宣传和介绍。从庭审播放的该专题报道类节目来看，画面清晰反映出节目中不仅有对 XXX 医院医生先进事迹的介绍，还有相当一部分内容是介绍其诊疗方法和疗效，画面上还多次出现 XXX 医院骨科的特写镜头。观众从该节目可获得的信息既有医务人员工作事迹的介绍，还有医务人员医术和医疗专长的介绍，该节目宣传医院和医院服务的意图十分明显，甲有理由认为该节目属于医疗广告而非普通的节目。因此，原审法院认定该专题报道类节目从形式上具备了被认定为医疗广告的基本特征，并无不当，符合《医疗广告管理办法》的有关规定，工

〔1〕 此处的《广告法》第 6 条系指修改前，条文内容为：县级以上人民政府工商行政管理部门是广告监督管理机关。现行《广告法》（2018 年修正）中第 6 条的条文内容为：国务院市场监督管理部门主管全国的广告监督管理工作，国务院有关部门在各自的职责范围内负责广告管理相关工作。县级以上地方市场监督管理部门主管本行政区域的广告监督管理工作，县级以上地方人民政府有关部门在各自的职责范围内负责广告管理相关工作。

商局以该节目不构成广告而不予查处的理由不成立。工商局虽然已经进行了调查并将不予立案查处的理由口头告诉了甲本人，但由于工商局没有依法履行其法定的行政职责，未能够依法保护申请人的人身权和财产权，故原审判决认定工商局应对该节目进行查处，亦无不当，可予维持。

据此，二审依照《行政诉讼法》第 61 条第 1 款第 1 项之规定[1]，判决驳回上诉，维持原判。本判决为终审判决。

【法理分析】

原告甲认为电视台播出的节目实质是广告，且系违法广告，给自己家庭带来重大变故，要求主管部门工商局予以查处。但被告工商局认为该节目不属于广告，因此未立案查处。原告甲以行政机关不履行法定职责为由诉至法院。由此可见，本案的争议焦点为：①应该如何认定医疗广告；②电视台播出的有关 XXX 医院的节目是否应认定为医疗广告。

关于第①点，应该如何认定医疗广告：二审法院指出依据《广告法》第 6 条的规定，县级以上人民政府工商行政管理部门是广告监督管理机关。因此，有关节目是否构成广告、是否构成违法广告以及如何依法进行行政处罚，均属于工商行政管理部门的职责范围。

关于第②点，电视台播出的有关 XXX 医院的节目是否应认定为医疗广告：公众所理解的广告，就是以一定的方式通过媒体对商品或者服务以及提供商品或者服务单位的宣传和介绍。就本案所涉的节目，观众从该节目可获得的信息既有医务人员工作事迹的介绍，还有医务人员医术和医疗专长的介

---

[1] 此处的《行政诉讼法》第 61 条系指修改前，条文内容为：人民法院审理上诉案件，按照下列情形，分别处理：①原判决认定事实清楚，适用法律、法规正确的，判决驳回上诉，维持原判；②原判决认定事实清楚，但适用法律、法规错误的，依法改判；③原判决认定事实不清，证据不足，或者由于违反法定程序可能影响案件正确判决的，裁定撤销原判，发回原审人民法院重审，也可以查清事实后改判。当事人对重审案件的判决、裁定，可以上诉。相关内容在现行《行政诉讼法》（2017 年修正）中为第 89 条，条文内容为：人民法院审理上诉案件，按照下列情形，分别处理：①原判决、裁定认定事实清楚，适用法律、法规正确的，判决或者裁定驳回上诉，维持原判决、裁定；②原判决、裁定认定事实错误或者适用法律、法规错误的，依法改判、撤销或者变更；③原判决认定基本事实不清、证据不足的，发回原审人民法院重审，或者查清事实后改判；④原判决遗漏当事人或者违法缺席判决等严重违反法定程序的，裁定撤销原判决，发回原审人民法院重审。原审人民法院对发回重审的案件作出判决后，当事人提起上诉的，第二审人民法院不得再次发回重审。人民法院审理上诉案件，需要改变原审判决的，应当同时对被诉行政行为作出判决。

绍，该节目宣传医院和医院服务的意图十分明显，因此一审、二审法院均认为其已具备了认定为医疗广告的基本特征。

综上，当事人甲认为该节目乃违法广告，侵犯其合法权益，要求工商局予以查处，符合法律规定，工商局以该节目不构成广告而不予查处的理由不成立，因此，工商局没有依法履行其法定的行政职责，系行政不作为。最终法院认定工商局应对该节目进行查处，履行其应尽的法定职责。

【案例 9.7】乙诉某市某区住房和城乡建设局不履行房屋登记法定职责案

【案情简介】

某市某区有一房屋所有权人丙，在 2011 年 5 月，丙亲笔书写遗嘱，将该房产以及丙名下所有存款无条件赠给乙。后丙于 2011 年 6 月在医院去世。

2011 年 7 月，陈某经公证处作出公证，声明接受丙的全部遗赠。2011 年 8 月，乙携带丙遗嘱、房产证、公证书等材料前往该市该区住房和城乡建设局（以下简称“区住建局”）下设的房地产交易中心办理房屋所有权转移登记被拒绝。

2011 年 10 月乙向区住建局提出书面申请要求区住建局依法为其办理房屋所有权转移登记，区住建局以“遗嘱未经公证，又无‘遗嘱继承公证书’”为由不予办理遗产转移登记。乙认为区住建局强制公证的做法，与我国现行的《继承法》《物权法》《公证法》等多部法律相抵触，故向法院提起行政诉讼，要求法院确认被告区住建局拒为原告乙办理房屋所有权转移登记的行为违法，责令被告就涉案房屋为原告办理房屋所有权转移登记。

原告乙提交如下证据：

1. 丙所书遗言，用以证明丙将涉案房屋遗赠给原告。

2. X 司法鉴定中心出具的鉴定意见书 1 份，用以证明丙所书遗言是其本人书写，是其真实意思表示。

3. 丙身份证及户籍信息证明复印件各 1 份，用以证明丙的身份。

4. 《房屋产权证》1 份，用以证明丙对遗言中所涉及房产有合法处置权。

5. 丙的死亡医学证明书 1 份，用以证明丙于 2011 年 6 月去世。

6. 公证处出具《公证书》1 份，用以证明原告已声明接受丙的遗赠。

7. 房产分层分户平面图、取号单、发票各 1 份，用以证明原告前往被告处办理房屋所有权转移登记，并办理好了配图手续及交纳费用，但是被告拒绝为其办理的事实。

8.《关于办理过户登记的申请》及国内特快专递邮件详情单各1份，用以证明原告向被告书面申请办理过户登记的事实。

9. 区住建局作出的书面回复1份，用以证明被告回复无法为原告办理房屋所有权转移登记。

被告区住建局辩称：根据司法部、建设部《关于房产登记管理中加强公证的联合通知》（以下简称《联合通知》）[1]第2条的规定：遗嘱人为处分房产而设立的遗嘱，应当办理公证。遗嘱人死亡后，遗嘱受益人须持公证机关出具的“遗嘱公证书”和“遗嘱继承权公证书”或“接受遗赠公证书”，以及房产所有权证、契证到房地产管理机关办理房产所有权转移登记手续。处分房产的遗嘱未经公证，在遗嘱生效后其法定继承人或遗嘱受益人可根据遗嘱内容协商签订遗产分割协议，经公证证明后到房地产管理机关办理房产所有权转移登记手续。对遗嘱内容有争议，经协商不能达成遗产分割协议的，可向人民法院提起诉讼。房地产管理机关根据判决办理房产所有权转移登记手续。而本案原告乙仅依据丙所立书面遗嘱为依据提出房屋所有权转移登记申请，该遗嘱并未经过公证，且原告也未提供该遗嘱分割协议，故不符合《联合通知》的规定，不应为其办理房屋所有权转移登记。综上，被告不予办理房屋所有权转移登记的具体行政行为事实清楚、程序合法、适用法律正确，请求法院依法驳回原告的诉讼请求。

法院一审认为：

根据相关法律法规规定，房屋登记，由房屋所在地的房屋登记机构办理。被告区住建局作为房屋登记行政主管部门，负责其辖区内的房屋登记工作。本案中，丙书面遗嘱的真实性已交由X司法鉴定中心进行司法鉴定，出具的鉴定结论为：丙在该书面遗嘱中的签名与提供的签名样本是同一人书写。即该遗嘱的真实性已得到证实。

根据《行政诉讼法》第52条第1款的规定：“人民法院审理行政案件，以法律和行政法规、地方性法规为依据。地方性法规适用于本行政区域内发

[1]《联合通知》已于2016年被废止。

生的行政案件。”〔1〕及第53条第1款的规定：“人民法院审理行政案件，参照国务院部、委根据法律和国务院的行政法规、决定、命令制定、发布的规章以及省、自治区、直辖市和省、自治区的人民政府所在地的市和经国务院批准的较大的市的人民政府根据法律和国务院的行政法规制定、发布的规章。”〔2〕另《物权法》第10条第2款规定：“国家对不动产实行统一登记制度。统一登记的范围、登记机构和登记办法，由法律、行政法规规定。”《继承法》第16条第3款规定：“公民可以立遗嘱将个人财产赠给国家、集体或者法定继承人以外的人。”以及第17条第2款规定：“自书遗嘱由遗嘱人亲笔书写，签名，注明年、月、日。”另《房屋登记办法》第32条规定：“发生下列情形之一的，当事人应当在有关法律文件生效或者事实发生后申请房屋所有权转移登记……③赠与……”且《房屋登记办法》并无规定，要求遗嘱受益人须持公证机关出具的遗嘱公证书才能办理房屋转移登记。

本案中，《联合通知》是由司法部和建设部联合发布的政府性规范文件，不属于法律、行政法规、地方性法规或规章的范畴，其规范的内容不得与《物权法》《继承法》《房屋登记办法》等法律法规相抵触。行政机关行使行政职能时必须符合法律规定，行使法律赋予的行政权力，其不能在有关法律法规规定之外创设新的权力来限制或剥夺行政相对人的合法权利。行政机构以此为由干涉行政相对人的合法权利，要求其履行非依法赋予的责任义务，法院不予支持。故，被告依据《联合通知》的规定要求原告必须出示遗嘱公证书才能办理房屋转移登记的行为与法律法规相抵触，对该涉案房屋不予办理房屋所有权转移登记的具体行政行为违法。

据此，一审法院判决如下：

一、撤销被告区住建局于2011年10月作出的《关于乙办理过户登记申请的回复》。

二、责令被告区住建局在本判决书发生法律效力后30日内履行对原告乙办理涉案房屋所有权转移登记的法定职责。

区住建局不服一审判决，提起上诉，但提起上诉后，上诉人区住建局同

〔1〕 2017年《行政诉讼法》修改后该条内容已变更至第63条第1款。

〔2〕 2017年《行政诉讼法》修改后第53条已非该规定，相关内容调整为“人民法院审理行政案件，参照规章”，并移至第63条第3款。

意为被上诉人乙办理涉案房屋登记手续并撤回上诉。

【法理分析】

本案原告乙向被告区住建局下设的房地产交易中心办理房屋所有权转移登记被拒绝，之后乙向区住建局提出书面申请要求区住建局依法为其办理房屋所有权转移登记，区住建局以“遗嘱未经公证，又无‘遗嘱继承公证书’”为由不予办理遗产转移登记并书面回复了乙。乙认为区住建局强制公证的做法，与我国现行的《继承法》《物权法》《公证法》等多部法律相抵触，故提起行政诉讼。从中我们可见本案的争议焦点在于，如果政府性规范文件与国家的法律法规相冲突，那么行政机关以政府性规范文件为依据，拒绝履行法定职责的，该行为是否违法？

从本案法院的观点我们可以清晰得出结论，《联合通知》作为由司法部和建设部联合发布的政府性规范文件，不属于法律、行政法规、地方性法规或规章的范畴，其规范的内容不得与《物权法》《继承法》《房屋登记办法》等法律法规相抵触。行政机关行使行政职能时必须符合法律规定，行使法律赋予的行政权力，其不能在有关法律法规规定之外创设新的权力来限制或剥夺行政相对人的合法权利。行政机构以此为由干涉行政相对人的合法权利，要求其履行非依法赋予的责任义务，法院不予支持。

综上，法院认定被告区住建局不予办理房屋所有权转移登记的行政行为违法，撤销区住建局作出的《关于乙办理过户登记申请的回复》并责令被告区住建局限期履行其法定职责。

【思考问题】

按照有关法律法规的规定，在起诉被告不作为的案件中，原告应当提供其在行政程序中曾经提出申请的证据材料，但下列哪些情形除外？[1]

A. 罗某与林某申请办理结婚登记，民政机关提出今年结婚指标已满，没

---

〔1〕 答案：BD。《最高人民法院关于行政诉讼证据若干问题的规定》第4条：公民、法人或者其他组织向人民法院起诉时，应当提供其符合起诉条件的相应的证据材料。在起诉被告不作为的案件中，原告应当提供其在行政程序中曾经提出申请的证据材料。但有下列情形的除外：①被告应当依职权主动履行法定职责的；②原告因被告受理申请的登记制度不完备等正当事由不能提供相关证据材料并能够作出合理说明的。被告认为原告起诉超过法定期限的，由被告承担举证责任。

有多余的名额，要求他们明年再结婚，罗某与林某提起诉讼的

B. 大熊食品厂向有关部门申请核发某资质证书，该部门期满仍未作任何答复，但由于被告受理申请登记制度不完备不能提供相关证据材料，原告可以作出合理说明的

C. 小张因生活困难向有关部门申请生活补助，该部门拒不发放，小张不服提起诉讼的

D. 赵某认为被告的不作为侵害其财产权，该作为属于被告应当依职权主动履行法定职责的

第四节　执行与行政赔偿

【案例分析实训】

【案例 9.8】甲市 A 区人口和计划生育局申请非诉执行案

【案情简介】

甲市 A 区人口和计划生育局于 2013 年 1 月 28 日作出 A 计生征字（2012）第 XX 号征收社会抚养费决定书，该决定书认定甲、乙于 2006 年 5 月办理结婚登记手续，于 2007 年 4 月 1 日符合政府生育第一胎后，又于 2012 年 8 月 2 日生育第二胎，该不符合再生育条件多生一胎的生育行为，违反了甲市所在省的《人口与计划生育条例》规定。2011 年，甲当年的工资收入为 42 728 元，乙当年工资收入为 49 640 元，由于甲和乙能够主动申报违法生育情况，并积极配合调查取证工作，甲市 A 区人口和计划生育局根据该省制定的《人口与计划生育条例》，并依据《A 区征收社会抚养费自由裁量权行使规则》低限征收情形进行裁量后，依法对甲多生一胎的生育行为，按照 A 区统计局公布的 2011 年度城镇居民人均可支配收入 34 058 元的二倍标准征收社会抚养费 68 116 元，实际收入高于当年城镇居民居民人均可支配收入部分按一倍标准加收社会抚养费 8760 元；对乙多生一胎的生育行为，按照 A 区统计局公布的 2011 年度农村居民人均纯收入 17 293 元的二倍标准征收社会抚养费 34 586 元，实际收入高于当年农村居民人均纯收入部分按一倍标准加收社会抚养费 32 347 元。合计对被执行人甲、乙征收社会抚养费 143 719 元。

甲市A区人口和计划生育局于2013年1月向甲、乙送达征收社会抚养费决定后，因甲、乙在法定期限内未申请行政复议，也未提出行政诉讼，又不履行决定书确定的法定义务，宁波市A区人口和计划生育局依照《行政强制法》第35条的规定于2013年7月向甲、乙送达了缴纳社会抚养费催告通知书，甲、乙在规定期限内仍未履行义务。故甲市A区人口和计划生育局于2013年8月向甲市A区人民法院申请强制执行该征收社会抚养费决定书。

甲市A区人民法院经审查认为，申请执行人对被执行人作出的A计生征字（2012）第XX号征收社会抚养费决定，认定事实清楚，适用法规正确，程序合法。被执行人未在法定期限内申请行政复议或提起行政诉讼，又不履行义务，现甲市A区人口和计划生育局向法院申请强制执行，该强制执行申请符合《行政强制法》第54条规定。依照《行政强制法》第53条、第55条、第57条，《行政诉讼法》第66条〔1〕的规定，裁定对申请执行人甲市A区人口和计划生育局于2013年1月28日作出的A计生征字（2012）第XX号征收社会抚养费决定书，准予强制执行。

【法理分析】

行政诉讼的执行相对于民事诉讼和刑事诉讼的执行不同的地方还在于还有非诉执行。非诉执行也称非诉行政执行，是指法院依据《行政诉讼法》第97条规定，依行政机关的申请，对未经诉讼审查的行政行为进行受理、审查和执行的活动，即指行政机关依法作出行政行为后，行政相对人在法定期限内，既未提起行政诉讼，又拒不履行已生效的行政行为所确定的义务时，行政机关或行政裁决行为确定的权利人向人民法院申请采取强制措施，使行政行为的内容得以实现的制度。常见的非诉执行种类有计划外生育罚款、追缴公路规费、拆除违章建筑、拖欠劳动工资、工商行政处罚罚款和拖欠税费款等。

本案就是一起对计划外生育罚款的非诉执行案件。要特别注意的是告知义务，即《行政强制法》第54条规定了，行政机关申请人民法院强制执行

〔1〕 当时《行政诉讼法》第66条的内容为“公民、法人或者其他组织对具体行政行为在法定期限内不提起诉讼又不履行的，行政机关可以申请人民法院强制执行，或者依法强制执行”。2017年《行政诉讼法》修改后相关内容为第97条，且条文调整为“公民、法人或者其他组织对行政行为在法定期限内不提起诉讼又不履行的，行政机关可以申请人民法院强制执行，或者依法强制执行”。

前，应当催告当事人履行义务。催告书送达10日后当事人仍未履行义务的，行政机关可以向所在地有管辖权的人民法院申请强制执行；执行对象是不动产的，向不动产所在地有管辖权的人民法院申请强制执行。如未进行催告，就不符合法律规定，人民法院有可能裁定不准予执行。

【案例9.9】乙与某省某市B区人民政府房屋拆迁行政赔偿纠纷案

【案情简介】

乙在B区某处拥有建筑面积为55.25平方米的一合法房屋，土地性质为集体土地。2015年政府决定在B区建造轨道交通X线，轨道交通X线建设指挥部（以下简称“建设指挥部”）于2015年7月作出《致XX村村民的一封信》（以下简称《致村民信》），其中写道：“某市B区轨道交通X线是市委、市政府确定的基础设施重点工程，同时也是一项重要的民生工程、德政工程……根据工程建设需要，需对XX村实施整村搬迁，广大村民的房屋要限期拆迁……按照方案要求，自2015年7月13日起，安置补偿协议的签订和腾空房屋时间总计90天……所腾空房屋由某市轨道交通集团有限公司委托专业拆迁队伍依法拆除。其他任何单位和个人不得擅自拆除，否则一切后果自负。”该信还包括政策依据及安置补偿有关规定等内容，明确了土地及地上附着物的补偿标准、各类房屋及附属物的搬迁补偿标准、安置的方式及标准等内容。建设指挥部由该市B区人民政府（以下简称“B区政府”）成立。乙的房屋在搬迁范围内，但是在签订期限内乙未签署安置补偿协议。2016年1月，乙的房屋被拆除。乙认为该强制拆除的行为系B区政府所为，因对强制拆除的行为不服，乙以B区政府为被告提起行政诉讼，请求法院确认B区政府强制拆除房屋的行为违法，判令B区政府将涉案房屋恢复原状，并赔偿因强制拆除给乙造成的财产损失共计310.4万元，其中包括电视机12 000元、电脑6500元、音响12 000元、电冰箱空调等电器21 000元、电饭煲等厨具3200元、自行车700元、沙发躺椅等家具20 000元、衣物9000元等动产共计10.4万元；还包括乙收藏多年的各样古董共计300万元。

在一审时，由于B区政府否认强制拆除行为系其所为，一审法院责令B区政府对乙房屋被拆除情况予以调查。B区政府调查后出具情况说明，其中载明：B至今未签订安置补偿协议，涉案房屋确已倒塌，但对房屋倒塌的原因均不知情。乙向一审法院提出财产损失鉴定申请，请求对被拆除房屋的房地产市场价格、土地使用权价值及被损毁和灭失物品的价值进行评估鉴定。一审法院依法对该申请予以处理后出具XX号退卷函，C土地房地产评估有限公司出具评估说明，D资产评估有限公司出具了不具备资产评估条件的情况说明，两家公司均认为赵某提出的评估事项不具备评估条件，无法进行评估。

一是乙的房屋所涉土地因当地轨道交通建设被纳入征收范围。在本案强制拆除行为发生之前，B区所在市的所在省政府作出了建设用地批复；之后，市政府发布了征收土地公告。B区政府为此提交了上述用地批复、征地公告，证明征地行为已经审批并已启动了征收程序。二是乙的房屋被强制拆除时，所在村庄只有少数几家尚未拆除，B区政府为此提交了情况说明，证明大部分被征收人已经签订安置补偿协议并拆除完毕。三是由于乙的房屋已经被强制拆除，无法确定房屋实体状况，不具备现场勘查条件。对于一审法院的委托评估，先后有两家评估机构以不具备评估条件为由，声明无法进行资产评估。B区政府为此提供了评估机构的情况说明。

一审法院经审理认为，《物权法》第42条第1款、《土地管理法》第46条规定，为了公共利益的需要，依照法律规定的权限和程序可以征收集体所有的土地和单位、个人的房屋及其他不动产；国家征收土地的，依照法定程序批准后，由县级以上地方人民政府予以公告并组织实施。本案中，建设指挥部由B区政府组建成立，根据该指挥部作出的《致村民信》，可以认定涉案建设项目相关安置补偿工作由其具体实施，故拆除涉案房屋的行为应当系其所为。依照《最高人民法院关于执行〈中华人民共和国行政诉讼法〉若干问题的解释》[1]第20条第1款有关“行政机关组建并赋予行政管理职能但不具有独立承担法律责任能力的机构，以自己的名义作出具体行政行为，当事人不服提起诉讼的，应当以组建该机构的行政机关为被告”的规定，由于建设指挥部不具备独立承担法律责任的能力，其对外作出的行政行为，应由组建机关B区政府承担相应的责任，故B区政府系本案的适格被告。

《行政诉讼法》第34条规定：“被告对作出的行政行为负有举证责任，应

[1]《最高人民法院关于执行〈中华人民共和国行政诉讼法〉若干问题的解释》现已被废止。现行《最高人民法院关于适用〈中华人民共和国行政诉讼法〉的解释》第20条第1款规定：行政机关组建并赋予行政管理职能但不具有独立承担法律责任能力的机构，以自己的名义作出行政行为，当事人不服提起诉讼的，应当以组建该机构的行政机关为被告。

当提供作出该行政行为的证据和所依据的规范性文件。被告不提供或者无正当理由逾期提供证据，视为没有相应证据。但是，被诉行政行为涉及第三人合法权益，第三人提供证据的除外。”B区政府在本案中没有提交证据证明拆除涉案房屋行为的合法性，乙有关请求确认强拆行为违法的主张，应予支持。

乙要求将其房屋恢复原状，并赔偿因强制拆除行为给乙造成的财产损失。《国家赔偿法》第36条第3、4项规定：“侵犯公民、法人和其他组织的财产权造成损害的，按照下列规定处理：……③应当返还的财产损坏的，能够恢复原状的恢复原状，不能恢复原状的，按照损害程度给付相应的赔偿金；④应当返还的财产灭失的，给付相应的赔偿金”。乙的房屋已灭失，恢复原状已无可能，B区政府应当给付相应的赔偿金。乙提交的《致村民信》明确了土地及地上附着物的补偿标准、各类房屋及附属物的搬迁补偿标准、村民安置的方式及标准等内容，说明B区政府并未拒绝有关房屋搬迁的安置补偿要求。因此，乙应当先行与政府相关部门就其房屋搬迁安置与补偿问题进行协商，协商不成时可以另行主张权利。对要求恢复房屋原状的诉讼请求，应予驳回。《行政诉讼法》第38条第2款规定：“在行政赔偿、补偿的案件中，原告应当对行政行为造成的损害提供证据。因被告的原因导致原告无法举证的，由被告承担举证责任。”对于请求判令B区政府赔偿家庭财产损失约计310.4万元的诉讼请求，乙应该承担相应的举证责任。其中，乙主张的包括电冰箱、空调、电视等约计10.4万元物品，均属于合理的日常生活用品，B区政府对该部分财产损失不予认可，但B区政府未能举证证明涉案房屋（被拆时）的物品情况，因此B区政府应当对10.4万元财产损失承担赔偿责任。乙提交的证据尚不足以证明其主张的其他大宗财物（古董等）确系因房屋被拆而灭失的事实，可待证据充分后另行主张。

故一审判决如下：

一、确认B区政府强制拆除乙房屋的行为违法。

二、判令B区政府于本判决生效之日起10日内赔偿赵某财产损失10.4万元。

三、驳回乙的其他诉讼请求。

之后，乙不服一审判决，提出上诉，二审法院以与一审判决基本相同的理由驳回了乙的上诉、维持了原判。乙仍不服，申请再审，法院经再审审查后裁定，驳回再审申请人乙的再审申请。

【法理分析】

本案的审查要点主要为三方面，一是确定适格的被告主体；二是认定强拆行为的性质；三是判定损失赔偿的责任。关于前两点，鉴于在强拆案件中主体推定的问题已在本章第二节对行政强制措施不服提起的行政诉讼中有详细具体的论述，而强拆行为的性质认定在本案基本案情环节已有详细的解释说明，故不再赘述，就第三点判定损失赔偿的责任在此作展开评析。

根据《行政诉讼法》《国家赔偿法》的相关规定，认定行政赔偿责任应当考虑以下法定要件：一是侵权主体，系行政机关及其工作人员；二是行为性质，系违法的执行职务或者行使职权行为；三是损害事实，系合法权益受到不法侵害造成损失；四是因果关系，系违法行为是导致权益受损的原因。

对于这四大法定要件，关于在原被告之间如何分配举证责任，通常主要根据当事人与待证事实之间的亲疏远近、获取证据的能力大小来合理分配，确保原告、被告诉讼地位的实质平等。于本案中，损失赔偿分为动产和不动产两部分。

第一，动产损失赔偿部分。根据《行政诉讼法》第 38 条第 2 款规定："在行政赔偿、补偿的案件中，原告应当对行政行为造成的损害提供证据。因被告的原因导致原告无法举证的，由被告承担举证责任。"因此原则上应当由原告举证，但当非因被告的原因导致原告无法举证的，应当由被告就该损害情况承担举证责任。

本案中，乙有关沙发、电视等动产 10.4 万元的赔偿主张，属于合理的日常生活用品，而 B 区政府作为经人民法院认定的违法强制拆除主体，在未能提供证据证明强制拆除的行为实体与程序合法、涉案房屋实际物品状态的情况下，如果对乙主张的这部分合理的日常生活用品损失不予认可，应当承担举证责任。法院在结合双方当事人的辩论情况、实际生活情况等认定该动产 10.4 万元的损失价值合情合理，故据此判令 B 区政府赔偿乙 10.4 万元损失。而乙另外要求赔偿 300 万元古董损失，属于非日常生活用品的大宗财物，乙应当提供有说服力的证据证明这些大宗财物在强制拆除现场客观存在以及这些古董各自的具体价值，否则人民法院无酌定的基础依据。由于乙在法院审理期间所提交的证据不足以证明主张的 300 万元大宗财物的存在，该财物的损失与被诉强制拆除的行为之间的因果关系更无法证明。因此，法院判决驳回乙相应的诉讼请求，同时指出待证据充足后可另行主张，可视作保留其后续依法寻求救济之权利，并无不当。

第二，不动产损失赔偿部分。乙在诉讼请求中提出了恢复房屋原状，法院认为行政机关应当赔偿以及双方可就安置补偿问题先行协商，如协商不成可另行主张。对于上述判项处理是否合法恰当，是本案的争议焦点。

从本案来看，根据《国家赔偿法》第36条第3、4项规定："侵犯公民、法人和其他组织的财产权造成损害的，按照下列规定处理：……③应当返还的财产损坏的，能够恢复原状的恢复原状，不能恢复原状的，按照损害程度给付相应的赔偿金；④应当返还的财产灭失的，给付相应的赔偿金"。乙的房屋已灭失，恢复原状已无可能，B区政府应当给付相应的赔偿金。因此有人认为法院驳回乙恢复原状的诉讼请求不妥，应直接判决被告B区政府给付相应的赔偿金。但结合本案的实际情况，笔者认为法院的判决合情合理，理由如下：

1. 乙提交的《致村民信》明确了土地及地上附着物的补偿标准、各类房屋及附属物的搬迁补偿标准、村民安置的方式及标准等内容，说明B区政府并未拒绝有关房屋搬迁的安置补偿要求。在涉案房屋被强制拆除发生之后，B区所在市的市政府发布了征收土地公告，征地公告明确了货币、社保和调地三种对村民的安置方式。如果人民法院直接判决货币补偿，将限制了乙有关安置补偿方式的选择权，这将侵害到乙的合法权益。

2. 一审法院曾根据乙的申请，先后委托两家评估公司对涉案房屋进行估值，均由于房屋已经灭失、现场勘查时过境迁等原因无法进行。因此法院缺乏判决货币赔偿金额的依据。

综上，法院驳回乙恢复房屋原状诉求的同时，建议其先与当地政府协商处理，协商不成后再另行主张权利，合情合理，更有利于当事人合法权益的保护。

【案件分析实训】

【实训要求】

请学生参照下面范例草拟一份行政诉讼裁判申请执行书。

范例：

行政诉讼裁判申请执行书

申请人：XXX，住所地：XXXX，法定代表人：XXX。

被申请人：XXX，住所地：XXXX，法定代表人：XXX。

申请执行事项：

1. 执行被申请人即日向申请人履行 XXXXXXXX；

2. 执行费由被申请人承担。

申请事实与理由：

申请人与被申请人因 XXXXX 提起行政诉讼一案，于 2019 年 X 月 XX 日经上海市某法院（2019）X 行初字第 XXX 号行政判决书和 2019 年 X 月 XX 日（2019）沪一中行终字第 XXX 号行政判决书判决，现判决书已发生法律效力。被申请人应于上述判决生效之日起 20 日内重新作出行政行为。

但被申请人至今未履行判决，其原先作出的行政行为已严重侵犯申请人的合法权益，给申请人造成了重大损失。根据《中华人民共和国行政诉讼法》有关规定，申请人向贵院申请执行。

此致

XX 人民法院

申请人：XXXXX

XX 年 X 月 X 日

附：1. 上海市某法院（2019）X 行初字第 XXX 号行政判决书和（2019）沪一中行终字第 XXX 号行政判决书判决；

2. 其他具体事项所涉材料。

第五节　思考与实训

【案例分析实训】

【案例 9.10】

【案情简介】

【2017 年司法考试真题】某省盐业公司从外省盐厂购进 300 吨工业盐运回本地，当地市盐务管理局认为购进工业盐的行为涉嫌违法，遂对该批工业盐予以先行登记保存，并将《先行登记保存通知书》送达该公司。其后，市盐务管理局经听证、集体讨论后，认定该公司未办理工业盐准运证从省外购进工业盐，违反了省政府制定的《盐业管理办法》第 20 条，决定没收该公司违法购进的工业盐，并处罚款 15 万元。公司不服处罚决定，向市政府申请行政复议。市政府维持了市盐务管理局的处罚决定。公司不服向法院起诉。

材料一：

1.《盐业管理条例》（国务院 1990 年 3 月 2 日第 51 号令发布，自发布之日起施行）

第 24 条 运输部门应当将盐列为重要运输物资，对食用盐和指令性计划的纯碱、烧碱用盐的运输应当重点保证。

2.《盐业管理办法》（2003 年 6 月 29 日省人民政府发布，2009 年 3 月 20 日修正）

第 20 条 盐的运销站发运盐产品实行准运证制度。在途及运输期间必须货、单、证同行。无单、无证的，运输部门不得承运，购盐单位不得入库。

【思考问题】

请根据案情、材料一和相关法律规定，回答下列问题：

1. 请简答行政机关适用先行登记保存的条件和程序。

2.《行政处罚法》对市盐务管理局举行听证的主持人的要求是什么？

3. 市盐务管理局以某公司未办理工业盐准运证从省外购进工业盐构成违法的理由是否成立？为什么？

4. 如何确定本案的被告？为什么？

【官方参考答案】

1. 根据《行政处罚法》规定，行政机关在证据可能灭失或者以后难以取得的情况下，经行政机关负责人批准，可以先行登记保存，并应当在7日内及时作出处理决定。

2. 听证由市盐务管理局指定的非本案调查人员主持；当事人认为主持人与本案有直接利害关系的，有权申请回避。

3. 不成立。根据《行政许可法》第15、16条规定，在已经制定法律、行政法规的情况下，地方政府规章只能在法律、行政法规设定的行政许可事项范围内对实施该行政许可作出具体规定，不能设定新的行政许可。法律及国务院《盐业管理条例》没有设定工业盐准运证这一行政许可，地方政府规章不能设定工业盐准运证制度。故，市盐务管理局认定有限公司未办理工业盐准运证从省外购进工业盐构成违法的理由不成立。

4. 市盐务管理局和市人民政府为共同被告。《行政诉讼法》第26条第2款规定，经复议的案件，复议机关决定维持原行政行为的，作出原行政行为的行政机关和复议机关是共同被告；复议机关改变原行政行为的，复议机关是被告。本案中，复议机关乙市人民政府维持了市盐务管理局的处罚决定。

【理论思考】

请浅析行政诉讼与民事诉讼的区别。

CHAPTER10 第十章

合同的起草与审核

【本章概要】 中国《合同法》颁布至今不过20年时间，但合同制度在中国乃至世界都拥有着悠久的历史。在古代，合同被称之为契约。在中国，契约实践最早可以追溯到两千多年前，当时的人们用契约进行土地、奴隶等财产的交换。到了唐代，朝廷通过法典的形式开始对不同类别契约所需要满足的交易条件进行明确规定。可见，契约文明在整个文明史的发展过程中有着举足轻重的地位。

随着社会经济的发展，普通简单的合同已无法满足经济市场的多样性、自主性需求，合同亦从简单的一张纸发展成了包含各项专有部分和自有部分的复杂的、专业的法律文书，已并非专业人士可以轻松驾驭的。在法律行业中，起草、修改，设计合同也逐渐成为一门独立、重要、专业的法律事务。对起草、审核合同中的要点的熟悉与把握已成为了一名律师必不可少的专业技能。本章将在实践的基础上，向各位同学介绍合同起草与审核的流程及应当注意的一些细节，帮助学生快速学习和了解如何起草与审核一份专业的合同。

【学习目标】 通过本章节的学习，旨在让学生了解掌握“如何起草与审核一份专业的合同”；“了解起草与审核合同的过程中应当注意的细节”。

第一节 概 述

一、合同事务的现状及市场需求

（一）合同事务的现状

目前法律行业中，关于诉讼与非诉的行业之分逐渐清晰，其中诉讼类主要分为民事、商事、刑事、知识产权等，而非诉类则范围比较广，有法律顾问、法律意见书、公司设立、并购、见证等。这几年，一个穿梭于诉讼与非诉之间的重要事务逐渐崭露头角，那就是合同事务，无论做什么都离不开一份合同，因而合同事务发展迅速。一份完美的合同通常需要几个属性：简约完善、条理清晰、逻辑严谨、风险微小。而律师，作为法律知识的传播者、执行者，成为完美合同的主要起草者之一。

就目前而言，企业依旧占据着合同事务最主要的需求来源。大到上市公司，小到个体工商户，他们在进行经营行为期间，时时刻刻需要签订合同，而随着法治社会理念的逐渐深入，企业对合同质量的要求也逐年提高，他们越来越重视合同，而律师在合同中的作用也越来越受到关注。

基于以上情况，专门从事合同事务的律师逐渐增多。“合同”律师主要的日常工作包括合同的谈判、起草、审核。看似简单，但其中却蕴含着很多专业知识与技巧。

（二）合同事务的市场需求

1. 谈判

在合同事务的初级阶段，律师并不参与谈判工作，只是根据客户的需求进行合同的拟定修改。但随着现代化企业的进步与追求，客户逐渐要求律师全程参与到其业务中，这就要求律师在谈判阶段就介入工作，并全程参与合同谈判。律师参与谈判可以尽早地帮助客户理清思路、了解法律重点、告知在谈判过程中的“进退区间”、防范法律合同条款上存在的漏洞。

2. 起草

合同起草属于专业合同事务律师的基础技能之一，能看懂合同，并不意味着会起草合同。起草一份合同需要从无到有，而审核合同仅需要顺着思路找出漏洞和风险点即可。起草的合同需要在事实方面满足双方行使合同的可行性，在法律方面要规避我方当事人行使合同中可能存在的风险。除了合同内容的书写，还需要考虑合同的逻辑排版、条款顺序等外在形式。一份简简单单的合同堪比一个优秀企业的战略规划：布局合理，可进可退，势能又能最大化利用。

3. 审核

合同审核包括审查和修改两方面。对于企业来说，相比合同起草，合同审查更让他们无所适从，他们不知道要审查什么，哪些合同条款"蕴藏杀机"，哪些字眼不同会带来完全相反的效果。因此合同审核更需要一名专业律师来进行把关。与起草不同，在审核过程中，律师不用完全推倒重来，仅需把握特别重要条款，确保其可履行，当事人权益无风险，防止对方随意违约即可。

4. 法律意见书

这里指的法律意见书并非非诉中通常意义上的法律意见书，而是针对合同审核过程中出现的问题出具法律意见的行为。有时因为交易双方地位上的差距，导致并非所有合同在审核后均可予以修改，那么此时，作为当事人的律师我们仍应尽到自己的职责，指出合同中的风险与注意点，并按重要程度予以分类供客户参考，至于最后交易与否由客户决定。

二、合同事务中的主要思路导向

合同是企业经营过程中必不可少的一部分，完美的合同可以帮助企业在经营过程中降低很多风险，可以说是企业经营的一个守护神。但如果评判一份合同的完美程度，不可单独分开进行评判，必须结合企业交易的状况而定。比如一份简单的借款合同没必要起草十多页，只要能抓住此次合同的目的，尽可能保护当事人的所有权益，它就是一份完美的合同。

（一）以当事人的目的为中心思想

考虑一份合同的起点或者说是第一思想，永远是以当事人的目的为第一要素。一份合同无论多详细，逻辑多严谨，风险多微小，如不能最终实现当事人的目的，那么将变得毫无意义，当事人的目的就像一篇作文的中心思想，贯穿始终。

因此律师在处理合同事务时，应当先充分了解当事人签订该份合同的目的、所处的环境、地位等内容，只有了解全面才能更好地发挥自身的专业，对合同进行起草或审查，从而进一步规范合同的内容和用词。只有在保证交易目的充分实现的前提下，才能再去考虑风险的控制。就像一篇作文写得再好再优美，如果偏离了题目，依旧得不到高分。

（二）时刻考虑交易背景

一份合同是否具有可执行性，是律师考虑的内容。虽然法律对于合同提倡意思自治，给予了当事人充分的自由及选择度，但这并不代表只要写在合同上的合法内容就具有可行性，合同的可行性往往是需要根据客观情况而定的。

1. 地位上的强弱

通常情况下，交易双方因为资源的稀缺程度、公司的规模等情况使得双方并非处在同等地位上。律师在处理此类合同事务时必须根据客户的地位进行恰当的处理。比如客户与某快递上市公司进行加盟事务，那么很明显，客户处于绝对的劣势地位，所以律师在处理合同事务时所能发挥的空间就比较小，此时着重点就应放在风险防控上，提醒客户该如何避免未来合同中的风险。如果你不顾地位差别，强行大幅修改合同，那么该份合同很明显将不具备可行性，合作将无法继续。

2. 合作紧急程度

如果我方客户具有强烈与对方进行合作的意愿，且该合作有多方在争取，时间紧急，不容许长时间耽搁，那么我们在处理此类合同的过程中应当尽量避免大幅度的修改，尽可能争取时间、抓住重点，帮助客户尽快把握签约时机。要知道，商机不可待。

3. 经济水平

客户的风险和利益大多数情况下是需要通过违约条款来把控的，但如果违约条款脱离实际，不根据对方的经济水平来制定，则该违约条款就无任何可行性，最终只能让客户吃亏。比如客户与一家小公司交易，为了防止对方不支付货款而设定远超对方公司注册资本几倍的违约金，最终对方收到货物后未支付货款，且账上也没有钱，那么即使存在高额违约金，客户的货款依旧将无法得到弥补，该类条款就属于没有可行性的条款。我们在处理该合同事务时，更应在调查对方经济水平后向客户提出实质性的建议，如终止交易，或者设置先付款后发货的条款。

（三）向客户提供专业的合同事务工作

每一位律师都对处理合同事务有自己的见解与方法，但如何体现出专业的合同律师水平则是一门学问，专业的合同律师会让客户更容易产生信任感，因此律师在处理合同事务时必须以专业的水准与理念去审查、起草和修改合同。

1. 法律专业语言的运用

很多企业也有自己的法务或者从事合同业务的员工，他们与律师之间的区别之一就是法律专业语言及术语的运用。法律专业语言具有简洁、客观、正式、凝练、严谨几个特点。使用法律专业语言不但会给人更加专业的印象，而且在词义表达上也更加的精准，能有效避免歧义的产生。

合同一般情况下指向的是书面合同，合同的书面语言更多采用的是一种客观表述，不宜掺杂主观用语，而应准确运用法律专业语言亦可避免口语化、主观化的问题。

除了法律专业语言，在起草合同时，同时应当选词庄重、用句严谨、逻辑缜密，这也同时是专业的一种体现。

2. 注释的运用

客户之所以需要聘请律师起草或审核合同，是因为其本身并非这方面的专业人员，外加上合同中通常存在上述各类专业词汇，客户看完合同后很可能无所适从。因此，我们在处理合同事务的过程中，必须选取部分内容加以注释，供客户理解。

注释的主要用处：

（1）帮助客户理解法律用词，避免客户对法律条款产生歧义。

（2）告知客户法律风险所在。

（3）告知客户实践操作需注意的点，防止客户在实际履行合同中因为非规范操作导致维权困难。

（4）合同操作流程，包括但不限于型号、数量、价格等，一般不属于审核范围，但如律师发现异议，则仍需注释供客户注意。

3. 专业技巧的综合运用

（1）单一对接模式的运用。很多时候律师在处理合同事务中，往往不可能是一个人在办事，他需要一个团队，帮助其检索法条、梳理法律思路、搭建框架等。但这只是对内的内部工作，对外、对客户则必须需要一个指定人员，且最好是整个团队的核心人员。

前面已述，在处理合同事务中，最先的工作就是陪客户谈判，与客户沟通案件事实。如果此期间不停地更换律师前往，则很容易造成观点差异，给客户造成一种不专业、不可靠的印象。因此一定要固定一名人员与客户进行工作对接，这样才能更有效地进行信息输送，也更突显律师的专业形象。

（2）良好的工作记录习惯。这里的工作记录习惯指两种，一种是内部记录，即每次将工作进展予以记录，方便以后调查整个工作进展情况。另一种是类会议纪要，每次陪客户谈判、与客户交流之后都整理一份书面文件，将交流的基本信息、重点都予以记录，并发送到客户。这样虽然会花费一定的时间，但会大幅度提高律师在客户心中的专业形象。这样做同时也能方便我们日后的工作，因为大量案件的积累必定会造成文档过多、事情过多的情况发生，如没有随时记录，则很容易忘记一些曾经做过的工作。

（3）基本软件功能的熟练运用。软件的熟练运用不单是指会熟练打字，还需要有熟练运用一些软件的技巧，比如 word 中对比功能，这一功能是个十分实用的功能，在大型合同起草的过程中，合同往往有几十页，甚至上百页之多，并且双方从合同初稿到定稿往往可能需要经历数十个来回的合同修改，因此作为律师，我们需要关注的是，对方对于我们发送的合同的每一次修改之处，是否有异议。那么如何快速对比出两份合同之间的区别呢？对比功能正好用于此时，如果不对比，很可能对方在合同中修改了两个字却不注明，使该条款意思完全相反，而我们却无法发现。又比如 PPT，与客户交流过程中，一个精美的 PPT 可以给客户一个很专业的印象。

软件是工具，熟练运用可以帮助你很好的“输出”，把其有效运用到合同事务中也是一种很好的选择。

4. 遵守律师执业准则

也许我们所审核的合同，正是由对方律师辛辛苦苦起草的。而我们作为专业律师，仅应当根据客户的委托，对合同进行客观审核，切忌因对他人带有偏见而影响审核合同的客观性。

三、合同事务的目标与理念

（一）目标的理解

万事皆有因，如同学习知识一般，死记硬背只能得益于一时，只有知其背后原理，方可真正化为己用。律师在处理合同事务中亦是如此，我们为什么要处理合同事务，或者说我们处理合同事务的目的是什么，究其原因，主要有以下几点：

（1）审核合同条款中的错误。

（2）修改合同中无履行可能性的条款。

（3）审核不合理的权利义务约定。

（4）找出合同中可能存在的法律风险。

（5）根据客户需求起草完美的合同。

了解了这些目的后，在处理合同事务的过程中，才能有更明确的方向。总的来说，在律师接受了客户委托后，就需要用自己的专业知识，尽自己最大的努力，使合同成为有利于自己客户履行且能有效保护客户降低风险的一种存在形式。虽然说处理合同事务时需客观，不应受主观思想所左右，但律师必须清楚，我们的委托人是客户，而非对方当事人，我们应当尽可能维护客户的利益，而非对方当事人。

（二）理念的结合

目标我们已经理解，但怎么才能完成该目标呢，这时我们就需要明了一份能实现目标的合同所伴随的成功理念，也就是说，怎样的合同才能实现我们处理合同事务的目标，怎样的合同才是一份完美的合同呢？要结合正确的最终理念，即完美的争议解决。

如果双方交易都信守承诺、自觉履行双方所约定的权利义务，那么双方之间即使没有合同存在，双方也能顺利地完成交易。但事实并非如此，在现今市场经济中，往往需要一份合同来约束双方。那么双方所签订的合同是否符合各自的预期目标呢？这又回到了之前的那个问题，即使双方签订的合同只有几句话，双方依旧遵守约定完成交易的话，那么这份合同的优劣就无从评价。何时才能确切知道合同是否符合了当初的预期呢？通常在双方发生争议诉至法院的时候，根据法院判决来确定。如果法院根据合同约定支持了你的诉讼请求，那么你的这份合同就是合格的。反之，如果法院根据合同支持了对方的请求或者未支持你的诉求，那么很显然，这份合同是失败的，其存在严重的缺陷。因此根据是否能完美的解决争议是评价合同是否完美的重要理念之一。

我们在处理合同事务中需始终秉承着这一最终理念，因为这一理念是合同优劣的最终、也是最切实的评价标准。维护客户的利益，实现客户的目标，都少不了这一最后的“评价官”。

明确目标，融合理念，心中始终怀揣着目标与理念的结合，这样我们才不会在处理合同事务中迷失方向。

【理论思考】

公司法中公司注册资本自改革成为认缴制后，又推动了新的一波经营潮，也推动了法律专业中合同事务的地位，更多的律师开始专业从事合同事务，为企业、为个人把关。合同事务转向前景广阔，易懂却难精，如何做到专业将会是未来几年内一个很值得探讨的话题。但基于这几年合同事务的市场来看，前景广阔。

目前法律市场中，合同事务专业律师的生存现状究竟如何？

【思考问题】

1. 请说明现阶段律师主要处理的合同事务内容有哪些？
2. 列举你认为的5款软件中对处理合同事务有帮助的功能。
3. 请详述你认为的在处理合同事务中对“专业”两个字的定位。

第二节　合同事务的整体要求及思路

在前一节中已经对合同事务的市场现状及发展前景作了详述，我们已知合同事务最主要的两大业务就是合同审核及合同修改。在这一节中，我们需要学习在正式处理合同事务前应该了解的基础事宜，包括合同的基本结构、框架层次、基本原则、常见的形式错误等。这些是合同事务之基础，就好像金庸武侠中在学习上等武学前，必须打好基础，如扎马步等，没有过硬的基础作为铺垫，即使你能学成上等武功，那也容易走火入魔。又好比一个袋子，如果没有强硬的底部材料，贸贸然直接放入大量的书籍，那么最后的结果也必然是底部穿孔。回到合同，如果你不知道合同的基本原理、条款的作用，贸然进行起草或审核，待你完工后，看似完美的合同其实漏洞百出，一旦发生争议，该份合同不但不会保护你的利益，反而会成为刺穿你的利器。因此我们一定要在充分了解合同基础原理的情况下进行合同事务，在处理合同事务中始终牢记这些原理，这样起草或审核出来的合同才会是一份完美的合同。

一、合同的框架组成及书写规范

处理合同事务，无论是起草还是审核，对于我们来说，首先要知道的是一份规范的合同其格式框架应当如何。框架是一个基调，只有在确认了解基调后，大方向原则才不会出错，其关乎的是逻辑结构，逻辑结构混乱的合同，无论其条款细节多严谨，用语多准确，用词多专业，或者多谋求客户的利益保护，其依旧是一份不专业、不合格的合同。那么一份规范的合同框架应当是如何的呢?

一份规范的合同应当分为“头（首部）”“身体（正文）”“脚（尾部）”“尾巴（附件）”几部分，这是一个基本框架。

（一）首部

首部是合同正文中的一部分，属于正式条款前的一部分，主要由合同名称、各方当事人名称及基本信息、合同签署背景所组成。

1. 编号

一般讲究一点的合同，还会在合同名称的右下方特别列出合同编号，该合同编号可以根据客户自身的习惯或合同性质进行拟定，其作用是让各方今后可以更明确地指向合同：如“NO. 20190305（代表时间）XX（代表公司简称）销（代表销售合同）21（代表今年销售合同第21个合同）”。

2. 合同名称

合同名称需要粗体，比普通文字稍大，置于合同最上方的中间部位，一般以直接描述合同性质为宜，如“买卖合同”“代理合同”等。

3. 当事人信息

各方当事人名称及基本信息一般紧跟着书写在合同名称的下方，左右或者上下对齐，名称大多情况下一般有两种，分为个人或者企业，个人需要将名字、民族、出生年月、身份证号码、住所、联系方式写上，如“王某某、汉、X年X月X日出生、310109XXXX、住上海市松江区XXX路X弄X号X室、联系电话：XX”。而企业的话则需要将企业名称、法定代表人、企业地址，联络人、联系方式写上。如“XXX有限公司、法定代表人：XX、住所：上海市松江区XX路X弄X号X室、联络人：XXX、联系电话：XX”。

4. 合同签署背景

一般我们会将合同签署背景放置于当事人信息下方，正式条款上方，起到承上启下的作用。粗体书写，一般控制在两至四行左右，用来描述合同签署的背景与目的。如“鉴于XX公司为拓展XX地区业务，特找到拥有XX公司产品销售资质的YY公司与之开展合作，YY公司成为XX公司XX地区的特约经销商。”

（二）正文

合同正文指的是从第一个正式条款到最后一个正式条款之间的部分，我们都将其称为合同正文。正文是整个合同的精髓点所在，合同所有的主内容都书写在此段。

1. 格式

正文的格式我们主要追求的是统一，拿office的word软件为例，使用条款项符号时应注意层级，如应当先使用“一”，下一层级则使用“（一）”，再往下层是“1”，再是“（1）”等，相同的层级应使用相同的层级符号。我们建议使用word的“自动编号功能”，切记不要进行手动输入，这样做的好处在于，一是格式干净齐整，自动编号功能会自动将编号与正文条款的间距、上下编号的位置进行对齐，而手动输入则会出现间距不一致的情况，并不美观。二是编号数字不会出现错误。如果是一两页的合同文本可以手动输入，而如果长达几十页，甚至几百页的合同进行手动输入则一定会出现错误，如你会忘记对合同的层级进行分类，又或者是起草完几十页合同后需要进行修改，那么这时自动编号的数字在修改后会自动将全部数字进行修改调整，而手工输入的编号数字则需要全部进行手动修改，这是极其漫长且极其容易出错的环节，因此一定要注意自动编号功能的使用。段落编辑中则要注意对齐边距，不可有前有后。

2. 内容

既然是合同的正文，那么就应当将合同的中心内容全部纳入其中，以买卖合同为例，买卖交易最关键的就是货物的缴付及金钱的支付，那么在合同的正文中应当明确买卖产品的内容、产品的价格、缴付的时间、地点、金钱的给付时间、方式、交易双方的其他权利义务，等等。要尽可能将核心关键点列明。

（三）尾部

尾部主要放置的内容系签字条款，较为简单，一般列明各方的名字，签订时间。如"签名/盖章""签署日期"，根据需要，有的合同可以将签订地点纳入尾部，用于明确合同签署地点。当然，合同的签订地点也可以放置在首部，即当事人信息及合同签署背景下面。

（四）附件

首先要注意，合同附件并非补充合同，补充合同从性质上来说属于一份新的合同，而附件则是原合同的一个附属页。通常情况下，附件仅仅会在主合同中的特殊条款需具体细化的情况下才会出现。如买卖条款中关于产品规格质量的约定，如写在主合同条款中会显得格外繁琐且会使得合同不清晰，因此在主合同中只要加入"具体产品信息详见附件一"就行，这样主合同就十分的清晰明了，而关于具体的产品信息又可以在附件一中清楚地显示。

当然，附件也是合同的一种衍生文件，我们亦应当根据合同的书写规格进行附件的书写，以确保格式的一致性。

二、合同条款的基本结构与作用

在了解了合同的基本框架之后，我们将在这一部分中以一个普通民事合同为例向大家介绍一下具体合同条款的基本结构组成及其相应的作用。

（一）合同名称

合同名称是合同的主心骨，就类似于人的名字，合同的名称其实就是对合同性质的一种定义，如XX委托合同、XX代理合同，等等。在之后的争议解决中，我们往往需要通过合同名称来确定案由，因此合同名称不可随意乱取。

（二）当事人信息

前面已粗略介绍过当事人信息的写法和需要标明的内容，列出当事人信息条款的作用是明确合同各方的基本身份信息，如企业名称、身份证号码，以防争议发生时无法确认当事人。而在信息条款中的住址和联系方式条款，则可以起到通知的作用。有的时候在合同履行过程中，对方突然失联或者约定该签订的验收单等拒绝签订，此时就需要通过这些信息向对方发送文字内容，以防争议时对方狡辩称我们没有进行过通知。因为信息到达指定地点时，即可视为已通知。

（三）鉴于条款

鉴于条款主要是用于释明各方签订合同的目的，其主要作用在于发生争议时解决对合同目的定性问题。合同法中，法定解除合同条件之一便是合同目的无法实现。何为合同目的无法实现，这是一个模糊的概念，因此需要在鉴于条款中列明。如甲方鉴于乙方拥有 XX 资质，特委托乙方建造 XX 建筑。那么如履行合同过程中发现乙方并没有该资质，即使乙方建造的再完美，那么甲方也可以解除该合同，因为其签订合同的目的之一便是乙方具有相应的资质。

（四）合同期限

该条款主要作用是约定了合同履行的期限，也就是给合同定下一个期限值，超过该期限合同即失效。主要作用是可以防止一些当事人无故拖延导致另一方迟迟无法得到其想要的结果。

（五）费用条款

费用条款是众多条款中比较重要的条款，其直接指向了各方当事人的最终利益。该条款一定要进行详细列明，包括具体费用金额、支付时间、支付方式等。

（六）权利义务

权利义务条款主要是用于明确各方在履行合同中需要遵守的约定，其在合同中也较为重要，亦应当详细书写。在合同争议中，往往焦点就在于违约方是否属于违约，其是否有履行相应不违约情形的义务。如按约支付款项义务，免费保修义务等。这些事项都应当在这一条款中进行详细约定。

（七）知识产权

现如今社会对知识产权的重视越来越高，亦越来越认可知识可以带来财富，因此在交易过程中，知识产权的归属问题就显得格外重要。这一条款就是用来解决履约过程中关于知识产权的归属问题的。

（八）保密条款

各方在履约过程中，必然会因为履约事宜涉略到他方的一些企业机密或不能外泄条款，此时我们就需要保密条款来进行约束，禁止他方泄露。

（九）合同解除条款

该条款是用于明确合同约定解除事项的，即在一方违反该条款约定时，另一方有权单方解除本合同。该约定的目的在于给予守约方一定的解除合同权利，防止在他方违约时无法解除合同，损失无法得到制止或救济。

（十）争议解决途径条款

该条款是用于明确各方履约过程中发生争议时，应当通过何种方式解决争议。一般情况下为诉讼或者仲裁两条途径。可以在此处约定争议解决方式及争议解决地点。

（十一）其他条款

该条款一般是对合同履行本身以外的事宜进行约定。如合同份数、签订地点、补充合同的性质，等等。

以上便是一份民事合同中最基础的一些合同条款及其作用，如一些特殊合同或比较复杂的合同，则需要根据实际情况进行合同起草。

三、处理合同事务中应坚持的几个原则

之前我们已经对合同框架及条款组成做了介绍，现在我们将了解一下在处理合同事务中应当坚持的几个原则。

（一）忠于客户原则

我们要始终记住处理合同事务的目的是为了帮助客户获得一份相对公平又有利于客户的合同，客户始终是我们的委托人。因此在处理合同事务中，无论是起草还是审核，都应当秉承着一个信念，即合同需要公平才能促进合同的达成，但保证客户在履行合同的过程中无风险、并获得最大利益是一个大前提。如果不能做到这一点，起草或审核的合同再公平，也没有做到一名专业律师应尽的责任。作为一名专业律师，客户永远是第一位的。

（二）可行性原则

在处理合同事务条款时，应当自始至终关注并贯彻这一原则。合同公平、完整、条款设置详细、逻辑严谨都是我们所追求的，但可行性原则是隐藏在这些追求下的第一“潜规则”。比如为了客户，你将违约条款设置地再详细，但却在对方违约后无法得到实际实施，那么此时，你所设计的条款就是我们所说的无任何可行性条款，其只是一个无用的条款而已。因此在处理合同事务时，千万记得合同条款始终要有可行性。

（三）忠于原合同原则

这一原则主要是用于合同审核之中，合同审核中的合同基本来源于对方所提供的范本，合同本身就已经有了内容基础，只是其内容可能更偏向于对方。此时我们进行审核，即使认为有些条款不合理，也不宜进行大幅修改。如进行大幅度的修改，则不利于各方当事人达成一致。因此在审核中，原则上要忠于原合同，我们更应该注重原合同的细节，将可能存在的风险或关键点告知客户，进行修改即可。

（四）当事人原则

当事人原则也被称之为客户原则。我们处理合同事务的宗旨是为客户服务，我们只是客户交易流程中的一环，因此在处理合同事务时，一定要记住，最终决定权在客户手里，即使你认为合同存在一定的风险，或者有些看似很难接受的条款，我们要做的并非是一味否定，而是需要和客户进行沟通，告知客户问题所在及风险级别。这时，我们已经做到了一名专业律师应尽的责任。记住，最终如何修改的决定权是在客户手上，也许客户认为虽然部分条款并不平等，但其仍然可以接受，目的是为了换取其他利益，我们切勿“喧宾夺主”。

四、合同文本的美化修饰

在本节的第一条中，我们已经谈到了合同格式的重要性以及规范合同的格式要求。那么合同具体的文本格式是如何要求的呢？我们将在这一部分中概括十种常见的格式错误，供大家参考。

（一）合同美观的重要性

在看常见错误时，我们首先要理解我们为什么要一份美观整洁的合同，了解一下它的重要性。给客户合同就好比面试，企业在招聘时为什么要选择录用你呢？是因为你的工作能力强吗？很显然不是，因为在录用前，企业并不知晓你的工作能力强弱，其之所以通知你来面试，看中的是你的文凭及简历上的内容，而并非工作能力，因为此时你还没有被企业录用，还未工作，即使你工作能力再强，这时也没有展现的机会。就如同合同，企业第一次要求你来处理合同事务，其并不知晓你对合同事务的专业能力，其看中的是你律师的专业身份。而你的工作能力强弱只有在录用后的一段时间内才能具体展现，很明显并非是招聘时所能体现的。拿到合同方面来说，就是你处理的合同事务的结果好坏，只有在发生争议，经判决考验后才能知晓，并非把合同给到客户的时候客户就能知晓的。那为什么客户愿意再一次把合同事务给到你来处理呢？或者说企业因为什么原因录用你呢？很大的原因是你在面试时穿着得体，仪表大方，也就是第一印象好。对于合同来说，那就是合同格式美观，客户看到合同文本后第一时间认为你是合同事务的专业律师。试想，如果客户在拿到合同后，发现纸张皱叠，文字格式混乱，看着不舒服，那下一次客户还会愿意聘请你吗？这就是我们所说的合同美观的重要性，它是一种外在表现，虽然它并不关系着合同法律本质规范与否，但它一定是一名专业合同事务律师与普通人的区别所在。

（二）常见的几种格式错误

1. 标题未居中、粗体、突出显示

这里所述的标题指的就是前面所说的合同名称。前面已阐述，合同名称应当位于整个合同的最上方，并且加粗突出显示，字体比正文大2~3个层次，一定要做到让别人第一眼就能注意到。

2. 当事人信息部分后面没有横线或者横线长短不一

一个美观的合同，在当事人信息后面一定要加上横线，其作用是为了让当事人在填写信息时，保持上下位置的一致性。而且横线的长度一定要一致，这里指的一致并非每个信息横线长度一致，而是每个信息在输入横线时，最终横线达到的点必须对齐，这样才显得更加美观。比如，如果“地址”栏后面的横线长度算作10的话（因为地址通常来说比较长），“姓名”栏后面的横线长度则一般来说会相对短一点（因为姓名一般只有2~3个字）。如果是这样，就显得会长短不一，不美观，这时，我们就需要把名字栏后面的横线适当加长，加长到与地址栏横线一样的截止长度为止。当然，各方当事人的横线应当对应，不可甲方姓名栏长度为7，乙方姓名栏长度为8。

3. 在没有数字列表的情况下，首段落没有空两格

无论是合同，还是其他文书，首段落空两格都是必须的要求，我们从小就学过。如果没有空格，那么字数段落一多，就会显得臃肿，视觉效果不佳。如果有编号数字列表，那可以选择不空两格，只要把数字列表单独罗列在前面，然后一段中的文字对齐就可以了。有了数字列表，很容易就能分清段落，全部对齐的情况下也显得整体美观。

4. 条款之间没有空行

部分条款之间空行的目的与首段落空格的目的一致，会使得整篇合同更加的清晰明了，不显得拥挤，但需要注意的是，并不是每个段落之间都是需要空行的，一般来说，第一大层次条款之间是必须要空行的，最低层次款项一般不需要进行空行，当中层次的款项则视合同长度和内容需要进行空行。切记不可全部内容进行空行，这样不但不美观，反而会让人视野分散。条款之间空行的作用不仅仅为了美观，也是为了凸显整个合同的层次结构：空行部分为上层次条款，未空行部分就是上层次条款下的子条款，一目了然。

5. 下划线方式没有统一

在合同中有很多地方会用到下划线，目的是为了空出让客户根据需求进行填写的内容部分。下划线有两种方式实现，第一种是word中的下划线符号，锁定后只要按空格键就会自动出现下划线。这种方法的好处是其他人在横线上输入文字时，文字下方会直接出现下划线。第二种是“shift”+“-”，

同样可以出现下划线的效果，但其他人在横线上输入文字时，文字则会代替下划线。很显然，我们推荐第一种使用方法，简单且实用。切忌在同一文本中使用两种下划线，因为虽然在word显示里的效果是一样的（无文字的情况下），但如果打印出来，就会有上下距离的差距，整个合同也就不美观了。

6. 字体不统一

这种情况往往发生在律师起草合同时，借鉴了各方面的要素，直接复制粘贴过来，最终导致各种字体都有。这是一个很低级的错误，因此在起草合同或者起草完成以后，一定要全选合同，然后统一选择你要的字体。

7. 没有用自动编号

关于自动编号的好处，在之前已有过相关阐述，这里我们只提一点，就是自动编号一定要从一开始就使用，这样才不会出错。因为一旦合同定型后再进行逐一调整，那不但会增加工作量，而且还容易出错。

8. 间距不统一

间距必须全文统一，这样看上去才会显得清晰整齐。试想一下，一眼望去前半段紧凑无比，后面一段突然十分宽松，会是什么感受。

9. 标点符号不全

标点符号，是大家从小就学习的知识，这里的标点符号不全，指两种，一种是错误使用，另一种是干脆没有标点符号。这两项都是我们需要避免的，尤其是错误使用，我们需要格外注意。想要用对标点符号，很难，我们必须在平时的学习当中不断注意，才能运用自如。同样的，标点符号须在每次使用中注意，否则一旦书写过后，由于内容繁多，就很难再发现错误了。

10. 编号空格不一致

这是一个很小的细节，但也需要大家特别注意。主要指的是条款项编号后面与标题之间的距离，有的时候即使是自动编号，也会出现距离不同的情况，因此在每次自动编号后，要查看一下距离是否一致。

以上就是我们常见的十个格式错误，需要特别注意，这些错误不但适用于合同，也适用于各种文书材料。专业不仅仅指的是内容，也同样指格式，因此请不要忽视格式的作用。

【理论思考】

一份完美的合同，需要具备哪些要素？为什么？

【案例分析实训】

【案例 10.1】

【实训要求】

请指出并标注以下合同中存在的格式错误。

兼职顾问聘用合同

甲方：________________ 乙方：________________
身份证号：________________身份证号：________________
联系方式：________________ 联系方式：________________

甲、乙双方依据《中华人民共和国合同法》之相关规定，就甲方聘用乙方担任兼职顾问一事达成如下协议，并订立本合同，以兹双方共同信守。

一、聘用岗位

甲方聘用乙方担任本公司的兼职顾问，负责公司与上海东方数字社区发展有限公司（以下简称“东方社区公司”）合作推广惠乐途智慧旅游服务平台的项目

二 聘用时间为期________年，即自________年________月________日起至________年________月________日止

三 聘用报酬

乙方为本公司聘用兼职顾问，并非公司员工，双方之间无劳动关系、因此不享受公司月薪制。

鉴于乙方是兼职工作的原因，甲方不为乙方办理社会保险

甲方需按照与东方社区公司合作项目的销售数量按月支付乙方分红报酬，分红报酬的标准参见附件 1《旅游线路分红表 1》。如项目中增加新旅游线路，则双方另行商定。

四、争议的解决

本合同经双方签字盖章后生效。因履行本合同发生的争议，由争议双方协商

解决。协商不成的，提交________________仲裁委员会，依该仲裁委员会的仲裁规则仲裁。

甲方签章：　　　　　　　　　　乙方签章：

日期：　　　　　　　　　　　　日期：

第三节　合同审核的基本技能

合同审核通常分为审查和修改两部分，既要审核出合同存在的风险部分或不利于客户的内容，也要对该部分进行修改。合同审核与起草不同，起草是从无到有，而审核是对现有内容的审视修改；起草是我方客户掌握先手主动权，而审核是以对方文本为基础，对方掌握先手权；起草一般情况是我方客户地位比较强势，而审核一般情况下是对方比较强势。我们在了解审核与起草区别的情况下，才能明确自己所站的审核角度，再行合同审核事宜。

一、审核前的准备事项

在开始审核前，我们应当对合同交易背景作一个详细调查，主要调查以下几点：

（一）了解客户最终目的

客户之所以需要与对方签订合同，其总有一个目的，该目的也就是客户的最终诉求。比如客户有场地需要对方装修、客户有商品需要出售，等等。无论合同内容、细节如何，我们都要确保合同最终履行完毕后，客户的最终诉求能得以实现。千万不要出现，整个合同审核得很完美，风险、利益都为客户考虑得很周全，但客户最终却发现自己原本的基本诉求无法得以实现，这种情况属于律师处理业务中的重大事故。因此，一定要在与客户交流之初就与之确认其签订合同的目的，并在之后的交流中始终围绕着这一目的进行进一步了解。

（二）客户需求

在了解完客户目的后，第二步该做的就是围绕客户的目的，进一步了解客户的需求。目的与需求不同，目的是最终目标，而需求是完成最终目标中间所要完成的步骤。比如，客户的最终目的是接受对方的委托，为对方完成一个场地的装修建设，并从中赚取装修款。那为了完成这一目的，我们需要和客户确认哪些需求呢？

（1）费用金额与支付方式。这是客户最终目的（赚取装修款）所衍生出来的最终需求，如装修款总金额到底是多少；分几批支付；通过银行转账还是现金交付或者支票支付；支付时间等。

（2）装修过程中对方需要配合的义务。如是否包工包料；如需要办理相关验收执照，对方是否需要进行一定程度的配合；工期中对方验收时间的确认；负责人的确认等。

（3）救济途径。是选择仲裁还是法院的途径寻求救济；如果是通过法院，那么需要在哪个关联法院诉讼是否有过协商；如果是通过仲裁的话，仲裁机构是哪个？

（4）违约条款。是否愿意加强违约责任，以获得最大力度的风险保障；还是可以在适当的地方降低对方的违约责任，放低姿态，从而获得对方的好感与配合？

以上的种种就是为了达到最终目的所要确认的最终需求，只有在这些最终需求都一一确认，并在双方签订的合同里一一落实的时候，合同才算完善，客户签订合同的最终目的才能得以实现。因此作为专业的合同事务律师，绝不能忽略客户需求这一项，不但不能忽略，反而要问得详细，这样才能确保合同的顺利履行及客户利益的保障。

（三）了解合同及交易各方背景信息

在本节开言处已经分析了合同审核与起草的区别，合同审核我们相对处于被动地位，因为一般合同都是由对方所提供的。在实践中，几乎有30%的合同是格式合同，也就是说，客户与对方之间在交易中的地位并不平等，客户方明显处于劣势，此时的合同很大程度上不能进行修改，我们要做的就是审核合同的风险点并将其进行风险等级分类，告知客户并给出自己的建议，由客户决定是否进行签约。这就是我们审核合同过程中的一个基础判断内容——合同可修改度。可修改度的大小体现了交易双方的地位，因此我们在初步了解时应了解双方的交易地位，从而判断可修改度，否则在客户地位较低的情况下，仍然进行大幅度修改，则很有可能导致交易的失败。

另外我们还需要对对方背景进行审核，了解对方征信、债务、资质财力等情况。

（1）征信。现代社会征信系统十分强大，无论是企业还是个人，一旦发现征信问题，都会进入相关网站被公示，而一旦被公示，就代表着这家企业或者个人存在严重的信用问题，交易存在重大的风险，因此我们在交易前，应当通过相关网站或者 APP，对对方征信问题进行审核。如发现对方存在征信问题，则需要立即告诉客户，由客户决定是否继续交易。

（2）债务。目前一些 APP 可以查询企业的债务或者案件、执行纠纷，我们在审查前也应当对企业客户的这些信息进行审查，如发现对方存在债务纠纷的，则表示其可能存在无法偿还的情况，此时应及时告知客户，如继续交易可能存在对方无法依约付款的风险。

（3）资质。一些特殊合同中，需要对方具有一定的资质，才可以履行与客户所签订的合同，如建筑、装修、教育、旅游资质等。因此我们在审核时要特别注意，如发现合同中需要对方具备这些资质的，一定要要求对方出具资质证明，确认后方可继续进行合作。如对方无法出具的，则应当通知客户立即暂停合同签订，以免出现合同无法继续履行的风险。

二、对合同法律事实层面的审核工作

在对客户合同事宜有了详细了解之后，我们将正式开始合同的审核，一般来说，合同审核分为两方面，法律、事实层面的审核和文字层面的审核。法律、事实层面的审核工作，主要是按合同是否有法律风险，事实是否是客户想要的流程进行审核。

（一）合同有效性

合同有效性的重要性不言而喻，如果一份合同无论是合同本身还是条款缺乏有效性，都将导致其直接无效。试想，经我们审核后的合同，各方签订并履行，在发生纠纷，客户方需要救济时，却发现合同无效，导致客户无法得到救济，那律师会承担什么后果？所以合同的有效性永远是放在第一位审查的。

1. 合同整体及条款的有效性

虽然法律对于合同的主体思想是意思自治，但在《合同法》第 52 条中规定了合同无效的情形。也就是说，我们在审查合同的同时，要重点审查合同中是否有这些无效情形。如果有一定要指出，不可遗漏。需要特别注意的是《合同法》第52条第5款规定：违反法律、行政法规的强制性规定，合同无效。如果合同条款有这方面情形，那么是无效的。例如，对方公司要求合作的是需特许经营的项目，如烟草等。请注意，合同条款一定是要违反法律、行政法规的规定才无效，如果违反的是部门规章、地方性规定，则并不必然无效。

2. 合同标题的有效性

之前已经论述过关于合同标题的书写方法及其作用，那什么样的合同标题属于有效的呢？其实合同标题并不存在无效的情形，那我们为什么要审？审的又是什么？

合同法将合同分为有名合同和无名合同，其中，有名合同一共有15个。一般来说，我们会根据合同性质将合同的标题书写在最上方。而我们要审的，就是合同标题与实际内容是否相符，因为合同通常更多的是对方提供的，可能存在合同内容与标题不符的情况，此时我们就应当根据合同实际内容对标题进行审核，修改标题错误或无效的情形。

（二）条款的争议性

从整个合同来说，我们可以粗略地将其分为三部分，第一部分是信息条款，第二部分是权利义务条款，第三部分是救济条款。下面，我们还是以一般的民事合同为例来对条款的争议性该如何审核进行讲解。

1. 信息条款

审查的伊始，我们要先核对各方当事人填写的信息是否准确，尤其是地址及联系方式，这两个信息涉及履行合同中的通知义务，因此一定要再三与对方确认。

2. 权利义务条款

权利义务条款，是整个合同中最重要的条款之一，占据了整个合同的绝大部分版面。我们需要谨慎审核。

费用条款：我们要审核的是费用总金额是否有错误，分期支付的话，比例是否准确。如果是对方付款的，对方付款的条件是否可以实现。要确保费用准确，支付条件公平，我方客户履行合同后能获取相应款项。

知识产权或商业机密条款：在客户沟通中，如发现在履约过程中对方可能获取我方客户知识产权信息或商业机密的，我方应对此进行详细约定，如约定保密违约义务，知识产权归属等，确保客户的商业机密和知识产权不外漏。

其他权利义务条款：对于其他权利义务的审查，我们应当根据之前与客户沟通的情况来确认，审查合同中为我方客户所指定的义务是否是履行合同所必需的；这些义务客户是否可以妥善履行，如果不能，则应当及时与客户沟通；客户应当享有的权利，是否已在合同中进行了明确约定，是否有遗漏。确保客户的权利得到保障，才能使客户最终的合同目的得以实现。

3. 救济条款

救济条款我们一般将其分为两类，违约条款和争议解决条款。

对于违约条款，我们在审核时，主要关注两点。其一，对于对方制定，我方客户需要承担违约责任，是否存在过于严格之处，违约金额是否过高。有时候，一些细微且不影响整个合同履行的细节，如我方未妥善履行，对方就要求我方赔偿高额违约金或者解除合同，这样的约定很明显对于我方客户不利，其在履行合同中的利益就无法得到保障，我们应当进行修改，如对方要求我方客户必须在接到对方电话的 10 秒钟之内接听，否则有权解除合同等。其二，在对方未履行义务时，我方客户是否有权利解除合同或要求对方承担违约金。这是对我方客户利益的一个保障，也是对对方妥善履行合约的一种牵制。

对于争议解决条款，主要是审查双方选择的是起诉还是仲裁。如果是仲裁，是否有约定仲裁地点，是否对仲裁机构有明确约定。如果是起诉，则要审查对方选择的法院是否合理，如果选择对方所在地，则要考虑是否和我方客户系同一城市，如果不是，如我方维权，是否方便等，这些都是需要考虑与审核的。

（三）交易目的的实现可能性

从前面的一些条款的讲述中我们已经知道，交易目的是否可以实现是客户最为关注的点，但我们是审核合同而并非起草合同，如果客户或者我们认为没有必要，原则上我们是可以不进行这方面的审核的，因为虽然是接受客户的委托而进行合同审核，但我们的服务对象其实是该份合同本身而已。但作为律师，我们还是需要在审核合同的过程中去帮助客户进行这方面的把关，这样才显得我们更加的专业。

三、对合同文字层面的审核工作

我们在法律、事实方面帮助客户进行合同审核后，一份合同就算审核完成了吗？并非如此，除了合同法律与事实，我们还需要帮助客户对合同进行文字层面的审核。前面说过一份完美的合同，并非只有法律、事实上的严谨，更需要文字上的严谨、格式上的规范。

（一）审核合同逻辑结构是否规范

合同逻辑结构，指的是一份合同中，各方为了实现各自的交易目的，而以一定逻辑方式构建的合同条款。合同逻辑结构是由不同模块按顺序组成的，一般为“信息—定义—目的—费用—权利义务—违约救济—附则”。当然，你也可以不按该顺序随意排列，这并不影响合同的有效性，只是在逻辑层次上会出现混乱，给他人一种难以梳理的感觉，就好像一根绳子，应当一顺到底，而弄乱后绕在一起，虽然其亦是一根绳，但会让人觉得不舒服。因此我们在文字层面首先要帮助客户审核合同逻辑结构是否规范，如果你有幸看过一些专业性合同或者一些大公司的合同，你就会发现，他们的合同逻辑非常规范，如果你的客户恰好也有这方面需求，你帮他审核好逻辑后，他看起来会更顺畅，也会认为你更加专业。

逻辑结构除了从整体上来审查，还要从标题体系来审查，有一些不规范的合同虽然整体逻辑结构正确，但存在篇幅过长、章节分布不均匀、标题混乱甚至没有等问题，导致乍一看合同又长又密，普通人根本无法下手，无法理清其结构。这时我们作为合同专业律师，就需要帮助客户去理清思路，把段落简单分开，并在适当的地方加入应有的、与段落相对应的标题，使合同清晰明了。这样不但会让客户更容易理解合同，而且会给客户更专业的感觉，客户定会对你感激不尽。

（二）合同条款是否完备

一份民事合同，常规需要哪些条款，哪些条款比较重要，已经在之前讲述过了。一般来说，一份合同应当具备两类条款，基本条款与实现合同目的应当具备的条款，二者缺一不可。

1. 基本条款的缺失

通过我们之前所述的标题体系整理，我们可以轻易发现一份合同中哪些基本条款是应当具备的。根据《合同法》第12条的规定，一般应当具备的基本条款为：①当事人的名称或者姓名和住所；②标的；③数量；④质量；⑤价款或者报酬；⑥履行期限、地点和方式；⑦违约责任；⑧解决争议的方法。

我们主要根据之前的方法整理出合同条款标题，再与合同基本条款进行一一对比，就可以发现哪些条款缺失或者哪些条款需要修改了。

2. 实现合同目的应当具备的条款缺失

除了基本条款，实现合同目的应当具备的条款也不可缺失。这些条款的缺失会直接导致客户所签订合同的最终目的无法实现，因为这些条款直接关系着客户权利的获取。因此这些条款有时候甚至比基本条款更为重要。如委托开发合同中开发完产品后知识产权的归属问题条款，客户委托他人开发产品的目的就是拥有这款产品并且使用它的所有知识产权，一旦缺少了相关条款，则很有可能会导致客户无法获得其知识产权，即合同目的无法实现。

（三）提升合同逻辑思维及语言表达的精确性

一名合同事务律师的专业性，很大程度取决于经其处理后的合同逻辑思维是否严谨，语言文字表达是否足够精确简练。

逻辑思维的严谨最主要的因素就是看逻辑是否严密，在整个合同体系中是否有遗漏的点存在，即使是某些很小的可能性，也有可能是致命的。因此我们在审核合同的过程中，应当从上至下，将合同履行的每一步都进行拆分，拆分成一小份进行思考，思考在履约过程中客户可能存在什么风险，不要有半点遗漏。将拆分的都思考完毕后，大脑又要将各小份进行整合，从整体的宏观角度出发，再次查看是否有遗漏风险的地方。这种思考逻辑需要经过大量的合同审核才能锻炼出，如条件反射一般，非一朝一夕可以做到。

而文字表达的精确简练，则要求律师逐字逐句地审核文字意思，并联系上下文对某些文字进行词义理解，确认词语是否是合同想要表达的意思，一定要杜绝一个词有两种意思表达的可能性，用词要做到准确、唯一。文字表达精确简练的另一层意思是简化词语，中国文字博大精深，很多长句可以用简单的几个字或词予以表达，如果我们能确认这些词足以表达我们的意思，就无需用繁琐而又绕口的句子进行表述。这样修改后的合同既简单易懂，又能让客户认为经你审核后的合同清晰多了，这就充分体现了你的专业程度。

【理论思考】

在合同审核的过程中，最需要注意的合同条款是哪几个？

【案例分析实训】

【案例10.2】要求同学审核一份简单合同

【实训要求】

给予同学一个简单的合同文本（内容控制在1~2页），指出合同中所存在的3个风险点或不合理之处。

第四节 合同起草的基本技能

本节我们将向大家讲述的是合同起草的基本技能。合同起草不同于合同审核，合同起草是一个从无到有的过程，相对合同审核来说难度更加大，对于律师专业性的要求也更高。起草一份各方利益相对平衡、客户风险低、利益保障高、救济途径完善且可执行程度高的完美合同是合同事务专业律师综合能力的良好体现。本节将会从起草前的准备事项、合同条款的逐步搭建、合同细节的完善把握、合同起草事务中的附件工作这四方面为大家讲述如何起草一份完美的合同。

一、起草前的准备事项

（一）了解客户需求

在前面一些章节中，我们已经提到过，处理合同事务的本质就是服务客户，如果脱离客户存在单独起草合同的，即使你认为合同再完美，那也毫无意义，因为这份所谓的完美合同并不满足客户的需求。因此在正式起草前，应当与客户充分沟通，在沟通中应做到以下几点：

1. 确认客户的最终需求

在与客户的沟通中，我们应当先行确认客户的交易意图，也就是其签订合同想要实现的目的，如想要获得满意的装修、想要寻找到合适的供应商等。因为那些是客户签合同的目的，如果偏离了目的或者搞错了方向，那一切努力都将白费，这是第一原则。

2. 当事人情况及交易背景

在了解完客户最终目的后，我们可以开始了解双方的信息和交易背景了。我们需要了解各方当事人的基本情况及背景，这样我们才能初步判断此次合同的交易风险及起草合同时需要注意的关键点。比如：如果客户需要寻找建筑公司进行施工，那么我们在了解情况时需要了解对方是否有相应的建筑资质，是否有足够的规模去接受客户的发包，等等。

3. 履行合约的细节

在了解完上述内容后，我们可以开始确认整个合同细节了。在这里，我们需要了解的是整个合同履约的过程细节、权利义务等，以及如何把客户的要求约定在合同内。

（二）了解客户行业规则

律师分专业，但律师的知识不能分专业，这里的知识包括法律知识和非法律知识，也就是说律师需要了解各行各业。隔行如隔山，想要了解客户的行业非常难，但如果不了解，就很难起草出一份令客户满意的合同。比如客户是装修公司，那么你至少要清楚装修行业的一些规则，如隐秘工程是什么，装修资质为何物，验收需要哪些部门，等等。如果什么都不知道，你所起草的合同里很容易缺失一些关键要素，使得合同存在风险。

（三）合同谈判

合同谈判指的是有时客户会需要你全程陪同参与整个交易过程，其中就包括合同起草和起草前的谈判。这时起草合同我们就会更有目的性和针对性，因为我们参与到了客户与对方的整个谈判过程中。在谈判过程中，我们除了要帮助客户谈判把握风险外，还要牢记整个谈判过程中双方的争议点。因为这些争议点往往就是合同的焦点，双方在履约过程中的矛盾点，这样我们才能在起草合同时做到有的放矢。

（四）寻找基础模板

合同起草中的从无到有，并非指的是起草合同时一定要从空白 word 开始起草书写，而是指客户所要合同的框架思路从无到有的一个过程。我们可以在起草合同时借助模板。模板是指作图或设计方案的固定格式，也就是类似合同的固定模式，但合同千变万化，客户要的那份合同一定是有其特殊的需求，因此一定是独一无二的。所以我们在使用模板时一定要注意以下几点：

（1）使用最合适的模板，要求类型、内容相似。

（2）不要将模板当作你的合同，模板的作用只是给你参考，永远不是给你抄袭。

（3）如果可以，请不要用模板，那会让你失去独立判断。

（4）即使用模板，也请逐字逐句阅读模板条款字眼，即使内容相同或相似，该条款也不一定适用你的合同。即使模板条款本身很规范，但可能放在你的合同里就不适合。

（5）模板只是模板。

二、合同条款的搭建要点

在本章第二节中，我们对民事合同的基本条款作出了讲述与解释。通过对第二节的学习，我们对合同的条款框架有了相应的认知，现在我们就可以在起草合同时加以运用。那么到了具体起草合同时，我们该如何构建我们的合同条款？该考虑哪些问题呢？

（一）从客户需求出发，定位合同

合同定位是对合同进行一个方向性的定位，在经过前期的准备工作后，我们已经对客户需要的合同有了初步的认识，这时我们就可以开始对合同进行定位了。比如客户仅仅需要一份合同作为对方付款的依据而已，那么此时我们就不需要起草很复杂的合同，仅需将简单的客户需求写清楚即可。如写得太复杂，不但该合同对自身及客户无多大的意义，也浪费客户时间，致使对方付款时间延长。但如果客户需要一份合同用于充分保护自己的各方面权益，那么此时我们就需要详细起草合同条款，将各方面权利义务和违约责任罗列清楚。

（二）从与客户交流结果出发，分析条款项的重要性

我们应当先根据前期准备工作（与客户交流和参与谈判）得出的结果，将合同关键点进行一一罗列，并对其重要性进行划分，再根据划分结果设计合同条款。

经过一系列的谈判与交流，我们在起草合同前应该对客户的需求、双方的争议点有所了解了，这时我们就应该对条款进行分析，哪些条款可以侵略性更强一些，哪些条款需要我们严守底线不能退让，哪些条款又是我们可以让步但起草时需要相对严格的，等等。这些都是需要我们一一明确的。只有在明确这些后，我们起草合同条款时才更具目的性。

我们要清楚，很多时候，尤其是大型合同，并非一稿能确定的，往往需要各方反复谈判修改才能最终定论。那么我们在为客户起草时，就要为后面可能存在的修改埋下“机关”。合同谈判犹如打仗，敌进我退，我攻敌守，需要为自己留下一定的后退道路。如果一开始就按部就班地起草合同，到时候谈判一开始就可能会陷入退无可退的被动中。

三、合同条款的搭建与细化规则

一般我们可以将合同条款分为规范性条款和特定性条款。规范性条款指的是合同中通常都会存在的条款，如违约条款、权利义务条款、费用条款等。而特定性条款指的是根据客户具体事宜需要而选择的条款，如民间借贷中的担保抵押条款。

（一）确认条款

无论哪种条款，我们在下笔起草之初，首先要做的就是条款的确认。犹如我们学生时写作文一样，正式书写之前都要先进行提纲的搭建，只有在条款方向都确认的情况下，我们书写起来才会有正确的思路，才不会发生写到一半又突然加入其他条款的情况。

确认条款框架后，我们就需要对条款的标题及其体系进行精心安排设计。在一般格式中最上层为基本信息及合同相关概况条款，中层为具体各方权利义务条款，而最下层则是救济、附属条款。

条款确认后，根据合同需要，我们还可以再行确认子条款来丰富条款内

容。相对于条款的确认来说，子条款的确认就相对简单一点，我们可以根据具体的条款有的放矢地去设计优化。

（二）注意重要条款的设计把握

首先我们要理解什么条款为合同重要条款。合同重要条款指的是在客户履行合同过程中会存在风险的条款及相关救济途径条款。这些条款的重要程度不言而喻，这些条款的好坏会直接影响到客户最终是否能实现其所签订合同的目的，因此一定要对这些条款进行严格的设计。这里我们就列举三个重点条款。

1. 费用条款

合同各方之所以签订合同，其中最终目的都是对金钱的转化，因此他们对费用格外地关注。如果合同目的实现却不能转化为相应的费用，那么合同将毫无意义。因此费用条款就显得比较重要了。起草时一定要注意详细列明费用数额、费用往来方式、时间、途径，等等。将一切关于费用的条款内容进行细化。这里需要注意的是，关于费用条款，在用词上一定要准确，不能产生任何歧义，以免各方对付款事宜发生争议。

2. 权利义务

权利义务可以说是整个合同的灵魂，尤其是义务，其担负着表明各方在履行合同中有哪些应当履行到位的义务。是否履行到位，关乎着对方是否履行费用条款义务，关乎着对方是否要用违约条款来追究责任。因此可以说是“牵一发而动全身”的重要条款。我们必须在与客户沟通后详细约定。

与客户沟通是制定权利义务条款的关键因素，因为权利义务的内容往往涉及客户领域的专有事项。前面已经说过，律师并非全才，不可能做到每个领域都十分精通，因此在涉及需要专业领域人士配合的情况下，一定要与客户沟通清楚，才能起草，尤其是义务部分条款。义务代表着客户需要对方尽到的责任，或者说是客户签订合同所要实现的目的，如有遗漏或约定不清，这份合同的签订和履行最终可能无法实现客户想要实现的目的。

3. 违约条款

违约条款可以说是整个合同中最为重要的一个条款，它有两个属性，预防及补救。这章节开篇时我们曾说过，合同是信用协议的一种书面体现，法律之所以给予了合同很大的自主权，就是因为鼓励合同信用的发展。但万事总有两面性，信任是客户的事，我们作为专业律师需要做的，就是在信任破裂后如何维护客户的利益。这时我们就需要运用到违约条款。涉及违约条款时，我们需要先罗列出对方应尽的义务，然后对这些义务逐条设计违约条款、设置违约金。根据不同的情况，我们还要设计单方合同解除权，以便在对方违约时可以解除合同，避免损失进一步扩大。请注意，违约条款设计时应体现相对的公平，如只针对对方设计违约责任或双方违约责任后果相差巨大，则在谈判或签约时会显得毫无诚意，阻碍合同的签订。

（三）条款优化与细化

在按照上述流程原则对合同条款进行确认及书写完毕后，我们不能直接将稿件给到客户，我们要做的是再次对合同进行复查，进行条款优化与细化工作。

1. 复查方法

由于是复查，我们再次阅读的时候很大程度上会陷入先前的思维，导致一目十行的问题，无法检查出错误。因此我们需要特殊的方法进行复查，那就是一字一句地阅读，避免连词成句的阅读方法，只有这样，才能抛开之前的惯性思维，重新审视自己所起草的合同内容。

2. 复查内容

首先，我们需要复查文字是否有书写错误。现阶段我们都是用电脑打字，很常见的现象是打字过快容易出现错别字，即同音不同字，而这在我们第一次输入时很难发现，因此我们需要在复查中，逐一对字进行确认，确保不存在任何错别字。错别字也是一种不专业的体现。

其次，我们需要复查语句、逻辑是否通顺，是否有更好、更明确的表达方式。起草合同时，虽然我们前期准备工作已经做得非常完善，但随着客户需求的改变以及我们思路的变化，我们会发现合同初稿的表达与现在的想法有所差异，因此我们需要在复查中重新梳理逻辑，修改我们最新的思路与想法。

通过以上的步骤，我们形成初稿合同的第一版，但这并非最终版本。合同初稿后，我们还需要与客户沟通确认初稿是否符合客户要求，确认后还需要与对方沟通谈判，反复修改合同细节和内容，才能形成最终的合同版本，供客户签约使用。

四、起草合同中律师的附加工作

在本节的前三条中，我们已经讲述了起草合同从无到有的过程，包括前期准备工作、框架基础的搭建、条款确认及条款优化细化。起草一份合同的全貌已经展现在了我们面前，此条中，我们需要了解的是起草一份合同背后的“故事”。

（一）律师参与合同谈判工作

1. 律师参与谈判工作的时间点和工作内容

在前几节中我们提到过，合同事务并不仅仅指起草、审核合同，律师还需要陪同客户参与合同的谈判工作。这里的谈判包含两个节点，一种是前期合同条款谈判，我们谈判时主要侧重于条款的确认及利益细节的拉锯。另一种是初稿确认前与最终定稿前的条款修改谈判。因为合同初稿是我们拟定的，虽然我们会追求相对的公平，但不可避免地会更倾向于我们客户，因此对方必然会对合同进行修改。之前我们说过，在起草合同时需要埋下一定的伏笔，做到可进可退，指的就是这一时刻。谈判时，我们会逐步放弃对我们的利益实现不太重要的条款，追求可选择范围内的合同利益最大化。如果一味地不放弃合同任何条款，那么最终合同是无法达成一致的。哪些属于重要条款，哪些条款可以放弃，这些都需要专业知识的帮助，客户是无法独立完成的，这正是体现我们合同事务律师专业度的时候。

2. 霸王条款的把握

霸王条款指的是提供商品或服务的一方单方面制定的逃避法定义务、减免自身责任，加重消费者责任、排除消费者主要权利的不平等格式条款、通知、声明、店堂公告或者行业管理等。通常情况下，霸王条款是无效的，因为其绝对排除了己方的责任。但运用在合同中时，人们通常所谓的“霸王条款”就不能简单认定为上述意思表示。合同中人们常说的霸王条款多表示对方条款条件苛刻，使得我方在履行合同中风险较大，利益很难或无法得到保障。这种情况下，该条款并非当然无效。因为合同最主要的特点就是意思自治，只要不违反法律强制规定，其原则上都是有效的。那么在这种前提下，虽然合同条款比较严格，保护对方利益的条款较多，比如违约条款中都是我方在支付违约金，而对方却没有相关处罚，但违约条款还是有效的。

所以我们在谈判时，不要认为对方修改的条款比较严格，就单方面认为其肯定无效，而不去与对方周旋谈判、与客户沟通确认。这样的合同一旦签订，如果发生争议，其结果将不堪设想。

另外，如果我方客户要求加入相应的、绝对的霸王条款，我们则需要从整个合同角度出发，判断这些霸王条款的有效性、可行性、必要性。如果是无效的，那我们需要和客户提前指出，告知其原因，另行设定其他有效可行条款。如果其不具备可能性，那么即使这些条款有效存在，那也无任何实际意义。如果不是非必要存在的，那么也不应当增加到合同中，因为这种情况下一定存在其他条款对客户的利益进行保护，那么其就没有重复存在的必要。如果存在，不但无法起到保护客户利益的作用，可能还会破坏客户与对方之间的关系，严重的可能导致合作终止。

（二）合同文稿的重复修改

合同文稿的反复修改主要指双方对我方所起草的初稿的一个谈判修改过程。这是一个必不可少的过程。如果是大型合同，文稿修改次数可能多达数十次。因此我们在起草和修改过程中，应当养成几个习惯：

1. 文稿全部采用电子档

这里说的电子档，不单指所有合同文稿，还包括每一次谈判、交流所形成的文档记录，平时开会一般习惯用纸质文件记录书写，之后一定要更新形成电子档，因为纸质文件极其容易丢失，而且无法做到随身携带，拥有电子档则可以很好地解决这个问题。

2. 加强电子档综合管理

曾经看到过不少律师，其电脑桌面有许许多多的文件，十分杂乱，这是一个很不好的习惯，我们在处理文稿的过程中，应当对文件进行有规律的修改。如文件夹可以用年份来命名，而文件则可以用“时间+公司名简称+项目+文档内容”来表示，这样会显得十分清晰，如“190309XX 公司 YY 项目合同初稿”。

3. 约定修改方式及核对文本变化

每一位律师都有自己独特的习惯，如果双方习惯不同，来回修改就会比较麻烦。因此在谈判时，最好能统一修改方式，如统一约定使用 word 修订+批注功能进行修改，这样双方在修改时都能节省很多时间，清晰明了。但虽然有所约定，在对方给予我方文档的时候也应当有所防备，这一点之前已经阐述过，我们需要用word的对比功能，将我们递交给对方的文本以及对方修改后还给我方的文本进行对比，确认除了标注以外的部分是否有其他的修改。

（三）合同的补充与变更

在双方正式签订合同后，不排除双方还会对合同的其他事项另行约定，或者对原合同产生新的想法，需要再行修改部分条款。此时由于合同已经签订，我们已经无法对原合同进行修改，只能重新起草补充约定，作为对原合同的补充。起草补充合同时，我们需要注意以下两点：

1. 体现原合同

因为我们起草的是补充合同，即从合同，是基于原合同所订立的，因此在从合同中要体现出原合同的存在，并指明原合同，如合同名称、合同编号、签订时间等。这样才能将两者联系起来。

2. 效力条款

无论是整个补充合同，还是补充合同内的条款，其效力均应当详细列明。比如约定补充合同与原合同效力一致；如发生补充条款与原合同条款冲突时，应以补充条款为准，等等。

【案例分析实训】

【案例10.3】

【案情简介】

场景模拟：王某因生意上的需要，向同学张某借款100万元，王某与张某约定的借款期限为一年，双方约定，每月借款利息为2%。为此，王某愿意以登记在自己一人名下且无贷款的产权房屋作为抵押向张某借款。因数额较大，为避免风险，张某前来找寻律师为其拟定一份借款合同。

【实训要求】

请学生起草一份简单的《借款合同》。

【理论思考】

在合同起草的过程中，我们应当如何与客户沟通，才能使得我们起草的合同符合客户的需求？

第五节　思考与实训

【案例分析实训】

【案例 10.4】

【案情简介】

甲方是上海飞得快旅行社有限公司，乙方系“上海宏律数码科技有限公司”。因业务需要，乙方需与甲方进行业务上的合作，但担心在合作中存在风险，自身法律知识又匮乏，因此想找一名专业的合同事务律师帮助其起草一份合作合同。

合同背景：甲方系一家旅行社，其已经与雅典社区公司签订合作合同，开展合作项目，项目名称为“安乐途旅游成长计划”。现甲方欲与乙方签订合作项目，目的是双方共同拓展安乐途旅游项目。

合同权利义务简要情况：

1. 合作期限暂定为 1 年。

2. 甲方负责旅游线路制定（线路应当根据双方确认的固定线路进行安排），如想要引入新线路或第三方线路需经过乙方确认；负责景区、导游、领队培训。

3. 旅游的收入款项均打入新建的指定账户中，该账户由甲方以其名义负责开设。之后按比例进行分成。每月 10 日前，甲方将分成打入到乙方账户中。

4. 双方合作结束时，甲方应当将所有关于安乐途的收款账户无偿转移至乙方名下。

5. 乙方负责安乐途项目平台开发、建设、修理、技术支持。

6. 所有平台开发维护费用由乙方承担、广告费用由乙方承担。

7. 与上海飞得快旅行社有限公司工作对接由乙方负责。

8. 乙方亦可引入旅游资源。

9. 所有关于安乐途项目的商标由乙方负责，知识产权归乙方所有。

【实训要求】

模拟场景：我方作为“乙方”律师，现乙方拟与甲方进行业务上的合作，需要根据双方要求起草一份合作协议供双方合作之用。请根据以下给出的条件，为乙方完整起草一份《合作协议》，要求在该份合同中，保障乙方的利益得以实现，并尽量降低乙方各方面存在的风险。

【理论思考】

1. 在起草该份《合作协议》过程中，最应当注意的关键点/条款有哪些？条款为什么要如此起草？

2. 乙方签订该份合同的最终目的是什么？

3. 乙方签订该份合同的权利需求有哪些？

4. 乙方在履行合同的过程中需要注意的点有哪些？

知识产权案件律师业务基本技能

【本章概要】知识产权包括专利、商标、著作权、商业秘密等，是一种具有极强竞争力的无形资产。2008 年 6 月 5 日，国务院颁布实施《国家知识产权战略纲要》，将知识产权工作上升到国家战略层面进行统筹部署和整体推进。新兴的知识产权法律服务市场经过十余年的蓬勃发展，仍有许多未成熟的领域等待年轻律师一同深入研究。因此，本章选取知识产权律师最基础的三个业务类型，即知识产权权利取得、知识产权合同审核、知识产权民事侵权诉讼。

【学习目标】通过本章学习，让学生掌握"知识产权权利取得、知识产权合同审核、知识产权民事侵权诉讼"三种常见知识产权法律服务的基本技能。

第一节　知识产权律师基本业务范围

一、概说

知识产权是基于创造性智力成果和工商业标记依法产生的权利的统称。自 1474 年《威尼斯专利法》开始，人类社会逐步建立起了以专利、商标、版权为代表的知识产权制度。知识产权制度设立的初衷是通过保障权利人的人身与财产利益，以促进科学技术研究和文化创作领域的积极性和创造性。知识产权制度经过几百年的发展，现已成为商业社会竞争的有力工具，其重要性已上升到国家战略的层面。

目前我国与知识产权相关的主要法律法规有《中华人民共和国专利法》（2008 修正）、《中华人民共和国专利法实施细则》（2010 修订）、《中华人民共和国商标法》(2019 修正)、《中华人民共和国商标法实施条例》(2014 修订)、《中华人民共和国著作权法》(2010 修正)、《中华人民共和国著作权法实施条例》(2013 修订)、《著作权集体管理条例》(2013 修订)。随着我国市场经济的逐步繁荣发展，与知识产权相关的法律法规修改也越来越频繁，知识产权律师要随时关注最新的立法动态，掌握最新法律规定与司法实践，才能更好地服务当事人。

知识产权与贸易竞争高度相关，与之相关的律师业务也具有跨国特性，因此，知识产权律师不仅要熟悉国内法，还要对国际条约有一定的了解。目前世界范围内与知识产权相关且我国已加入的主要国际条约有《建立世界知识产权组织公约》《保护工业产权巴黎公约》《与贸易有关的知识产权协定》《专利合作条约》《国际专利分类斯特拉斯堡协定》《工业品外观设计国际分类洛迦诺协定》《商标国际注册马德里协定》《商标国际注册马德里协定有关议定书》《商标注册用商品和服务国际分类尼斯协定》《保护文学和艺术作品伯尔尼公约》《世界版权公约》等。

二、知识产权权利的取得及维护

专利的权利取得需申请，系行政许可。发明专利需要经过实质审查，其申请的流程较复杂，而专利的有效期是自申请之日起算，因此有可能出现专利获得授权时权利期已即将届满的情况。实用新型专利和外观设计专利只需经过形式审查就可获得授权，相应地也会带来权利不稳定的问题。

专利的权利维护主要在于防止被他人提出无效宣告请求。依据《中华人民共和国专利法》(以下简称《专利法》)〔1〕规定，任何人在专利有效期内都可以对专利提出无效宣告请求。专利被无效的可能原因有：①发明专利与实用新型专利不具有新颖性、创造性和实用性〔2〕；外观设计专利与现有设计相同或

〔1〕《中华人民共和国专利法》第 45 条：自国务院专利行政部门公告授予专利权之日起，任何单位或者个人认为该专利权的授予不符合本法有关规定的，可以请求专利复审委员会宣告该专利权无效。

〔2〕《中华人民共和国专利法》第 22 条第 1 款：授予专利权的发明和实用新型，应当具备新颖性、创造性和实用性。

近似，或与他人在先取得的合法权利相冲突[1]。②违法的发明创造[2]。③不属于专利保护的对象[3]。

专利一旦被宣告无效，其权利视为自始不存在。专利被宣告无效前法院已经作出并执行的专利侵权判决、裁定，已经履行或者强制执行的专利侵权纠纷处理决定，以及已经履行的专利实施许可合同和专利权转让合同，不具有溯及力；但是因专利权人的恶意给他人造成的损失应当予以赔偿。

商标的权利取得需申请，系行政许可。商标分为45个类别，允许不同类别的商标一并提交一份申请书。商标申请应遵守申请在先原则，如果两个申请人同日递交申请书的，申请权归属于先使用该商标的申请人；同日使用或均未使用的，由申请人自行协商；不愿协商或协商不成的，以抽签方式确定一名申请人。[4]

商标维护过程中，应注意及时进行商标续展。注册商标权的有效期为自授权之日起10年，有效期届满前12个月可以申请续展，有效期届满后6个月为宽展期，因此在前述18个月内均可办理续展。

商标授权后，可能面临着被撤销或无效的风险。商标撤销或无效的事由分为禁止注册的绝对理由与禁止注册的相对理由。任何人在任何时间都可以

---

〔1〕《中华人民共和国专利法》第23条：授予专利权的外观设计，应当不属于现有设计；也没有任何单位或者个人就同样的外观设计在申请日以前向国务院专利行政部门提出过申请，并记载在申请日以后公告的专利文件中。授予专利权的外观设计与现有设计或者现有设计特征的组合相比，应当具有明显区别。授予专利权的外观设计不得与他人在申请日以前已经取得的合法权利相冲突。本法所称现有设计，是指申请日以前在国内外为公众所知的设计。

〔2〕《中华人民共和国专利法》第5条：对违反法律、社会公德或者妨害公共利益的发明创造，不授予专利权。对违反法律、行政法规的规定获取或者利用遗传资源，并依赖该遗传资源完成的发明创造，不授予专利权。

〔3〕《中华人民共和国专利法》第25条：对下列各项，不授予专利权：①科学发现；②智力活动的规则和方法；③疾病的诊断和治疗方法；④动物和植物品种；⑤用原子核变换方法获得的物质；⑥对平面印刷品的图案、色彩或者二者的结合作出的主要起标识作用的设计。对前款第4项所列产品的生产方法，可以依照本法规定授予专利权。

〔4〕《中华人民共和国商标法实施条例》第19条：两个或者两个以上的申请人，在同一种商品或者类似商品上，分别以相同或者近似的商标在同一天申请注册的，各申请人应当自收到商标局通知之日起30日内提交其申请注册前在先使用该商标的证据。同日使用或者均未使用的，各申请人可以自收到商标局通知之日起30日内自行协商，并将书面协议报送商标局；不愿协商或者协商不成的，商标局通知各申请人以抽签的方式确定一个申请人，驳回其他人的注册申请。商标局已经通知但申请人未参加抽签的，视为放弃申请，商标局应当书面通知未参加抽签的申请人。

依据商标禁止注册的绝对理由申请宣告商标无效[1]；而依据商标禁止注册的相对理由申请宣告商标无效的申请人只能是在先权利人或利害关系人，且必须在商标注册之日起五年内提出申请[2]。

著作权自作品完成之日起即自动取得，无需申请。但是权利人可以进行著作权备案登记，一旦发生著作权侵权诉讼，备案登记可以作为权利主体以及创作时间的认定依据。

三、知识产权民事案件代理

知识产权的民事案件主要包括确权与侵权两类。

确权诉讼主要是当专利申请权、商标申请权、著作权权利归属不明时发生的诉讼。专利权属纠纷中较常见的情况是涉及职务发明的问题。律师代理该类纠纷时，可以从发明人与单位的聘用时间、聘用岗位、发明完成时间、是否利用单位物质技术条件等角度入手。著作权权属纠纷中常见的问题是法人作品、职务作品与委托作品等。律师代理著作权权属纠纷时，应关注法人是否主持作品的创作过程、作者与单位的聘用时间、聘用岗位、委托合同有无特殊约定等。

侵权诉讼的内容详见本章第四节、第五节。

四、知识产权刑事案件代理

目前我国刑法规定的侵犯知识产权刑事案件的罪名有：假冒注册商标罪，销售假冒注册商标的商品罪，非法制造、销售非法制造的注册商标标识罪，侵犯著作权罪，销售侵权复制品罪，假冒专利罪，侵犯商业秘密罪。

假冒注册商标罪，是指未经商标权人同意，在相同商品上使用与其注册商标相同的商标。未经同意是指没有获得许可，包括许可到期后超出合同范

---

〔1〕《中华人民共和国商标法》第 44 条第 1 款：已经注册的商标，违反本法第 4 条、第 10 条、第 11 条、第 12 条、第 19 条第 4 款规定的，或者是以欺骗手段或者其他不正当手段取得注册的，由商标局宣告该注册商标无效；其他单位或者个人可以请求商标评审委员会宣告该注册商标无效。

〔2〕《中华人民共和国商标法》第 45 条第 1 款：已经注册的商标，违反本法第 13 条第 2 款和第 3 款、第 15 条、第 16 条第 1 款、第 30 条、第 31 条、第 32 条规定的，自商标注册之日起 5 年内，在先权利人或者利害关系人可以请求商标评审委员会宣告该注册商标无效。对恶意注册的，驰名商标所有人不受 5 年的时间限制。

围继续使用该注册商标，以及超越了受许可的范围使用该注册商标等。相同商品上使用相同的商标，要求必须是与权利人自己生产的商品相同，且使用的商标也必须完全相同，在类似商品上使用近似商标的不构成刑事犯罪，仅承担民事责任。

销售假冒注册商标的商品罪，是指明知是假冒注册商标的商品，仍进行销售的。成立该罪名必须有主观故意，如果行为人不知情的，不构成本罪。销售，包括但不限于采购、推销、批发、零售、委托销售等方式。销售的商品不应是行为人自己所生产的商品。

非法制造、销售非法制造的注册商标标识罪，是指伪造、擅自制造他人的注册商标标识，或者销售伪造、擅自制造的注册商标标识的行为。商标标识是指有商标图样、“注册商标”字样或“©”标识的商品包装、商标纸、商标片、商标织带等。

侵犯著作权罪，是指以营利为目的，故意侵犯著作权人对其作品所享有的著作权，以及邻接权人对其传播作品依法享有的权利。所侵犯的具体权利，必须是权利人在相应的作品种类中所享有的权利。

销售侵权复制品罪，是指以盈利为目的，销售明知是侵犯他人著作权的作品的行为。如果是非盈利为目的的出借、赠与或收买自用等行为，不构成本罪。

假冒专利罪，是指假冒他人专利的行为。假冒他人专利，是指未经许可，在产品或产品包装上标注他人的专利号、在广告中使用他人的专利号并使人误以为所涉技术是他人的专利技术、在合同中使用他人的专利号并使人误以为所涉技术是他人的专利技术、伪造或变造他人的专利证书或相关专利文件。如果是专利侵权行为，或者未获得专利而谎称是专利的行为不构成犯罪。

五、企业知识产权顾问

律师从事企业知识产权顾问的非诉工作时，应将工作的重点放在企业内部制度建立上。例如合同制度中应设定完备的知识产权条款、保密条款；知识产权日常管理制度中应明确界定法人作品、职务作品、职务发明等性质，在相关知识产权开发立项时就与员工明确约定知识产权的性质等。

另外，从主动防御他人侵权的角度来看，商标监控实为必要。《中华人民共和国商标法》（以下简称《商标法》）规定在实质审查后的3个月公告期内，在先权利人可以提出异议申请，一旦错过异议期，就只能在授权公告之日起5年内提出撤销申请。因此，律师应帮助企业建立商标监控制度，可以由专人每周翻阅商标公告，也可以付费使用第三方软件自动监控。

【理论思考】

1. 简述知识产权的类型及对应的国际公约。
2. 简述律师可以从事哪些知识产权相关业务。

第二节 律师代理知识产权权利的取得

一、专利权的取得

专利申请的基本流程如下：

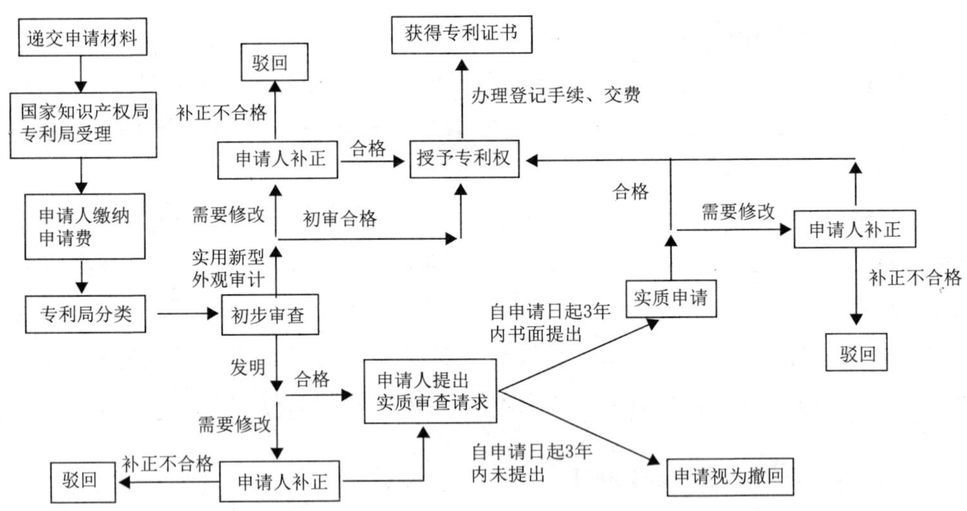

专利权依申请取得，且采取申请优先原则。

发明专利需进行实质审查，通过实质审查的，可授予专利权。实用新型与外观设计专利只需形式审查，递交材料合格的即可授予专利权。

递交申请材料后，国家知识产权局会给予相应的申请号；获得授权后，专利号即为“ZL+申请号”。2003年以前的专利号，第三位数字代表专利类型，1代表发明专利，2代表实用新型专利，3代表外观设计专利。2004年以后的专利号，第五位数字代表专利类型，1代表发明专利，2代表实用新型专利，3代表外观设计专利。

二、商标权的取得

商标申请的基本流程如下：

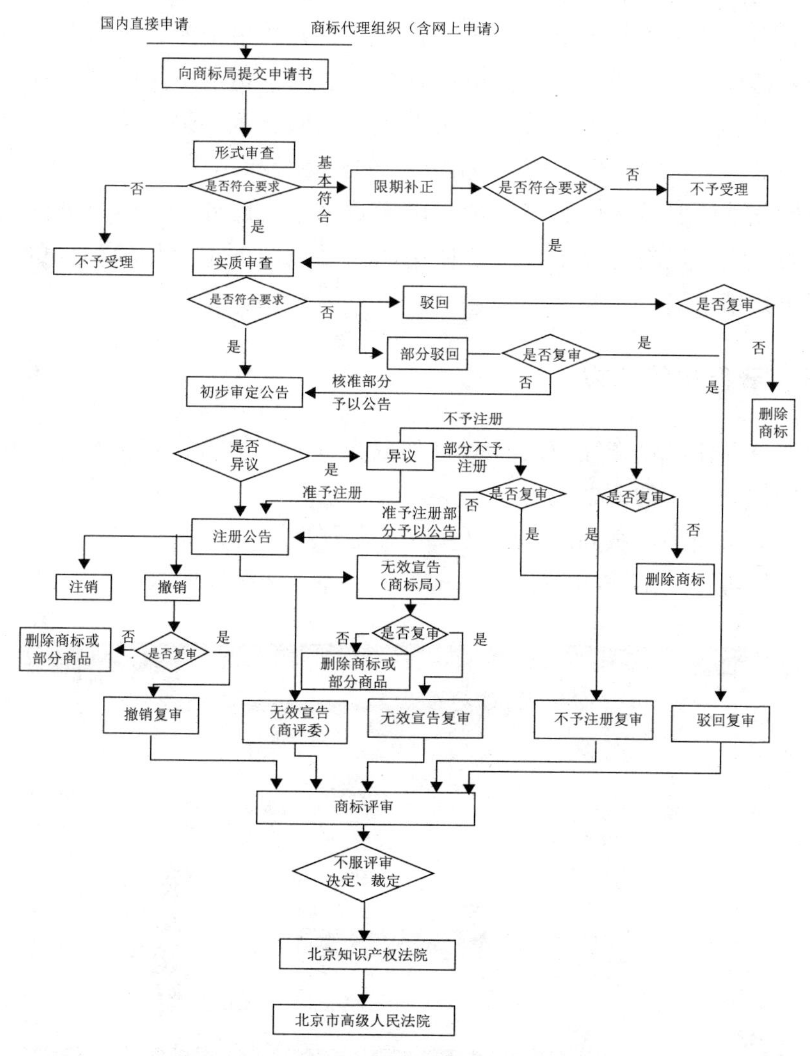

商标权依申请取得，且采用申请优先原则。

商标申请后需要进行实质审查，实质审查未通过的，可进行驳回复审及行政诉讼，实质审查通过后初审公告 3 个月，公告期间任何人都可以提出异议，公告期满即宣告核准注册。

收到驳回复审通知书后，如果放弃驳回复审的，商标局会在初步审定的商品或服务上继续商标申请流程，即进行初审公告。如果选择进行驳回复审的，可以选择分割申请，即初步审定的部分商品或服务先继续商标申请流程，被驳回的部分商品或服务分割出来，获得一个新的申请号，进入驳回复审流程。如果选择进行驳回复审，但拒绝分割申请的，初步审定的部分商品或服务则不能继续进入商标申请流程，而需等待驳回复审结果，但驳回复审结果不会影响已初步审定的部分商品或服务上的商标授权结果。

商标核准注册后，仍有可能被提出无效宣告。此外，商标核准注册之日起 3 年内，没有正当理由未在核定使用的商品或服务上使用该商标的，也可能被提出撤销申请。

三、著作权的取得

著作权自作品创作完成之日起自动取得权利，但著作权备案登记可以作为诉讼中权利归属的证据使用。

以上海市新闻出版局的著作权登记系统为例，说明如下：

进入网址：http://cbj. sh. gov. cn/index. jsp，选择行业服务—版权服务。

选择在线填报—作品自愿登记。

登录后选择在线业务—作品申请。

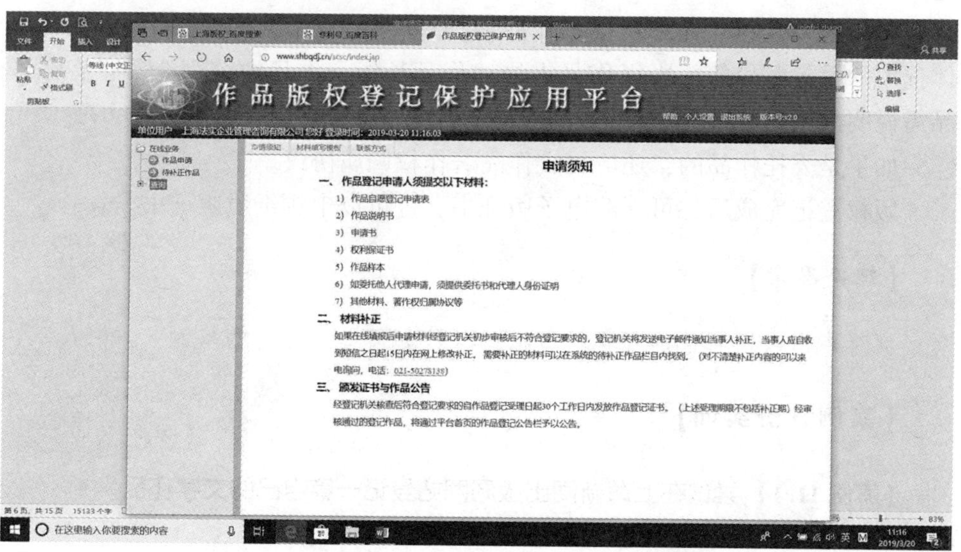

依系统提示分别填写作品著作权登记申请表、作品自愿登记申请书、作品自愿登记说明书、作品自愿登记权利保证书，并上传作品样品。

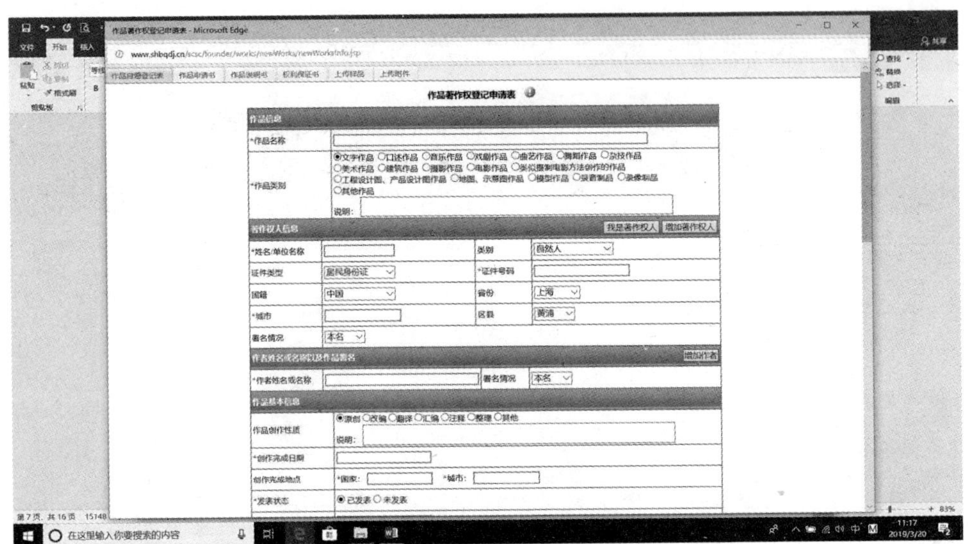

作品说明书需要填写作者的创意、构思、内容简介、创作经过及作品用途。具体而言，文字作品需填写作品的内容简介或中心内容、写作手法等；美术作品需说明画面简介；摄影作品需描述作品的拍摄条件、拍摄技巧、具体选用的设备型号等；影视作品需描述作品长短、作品内容简介等；音乐作品需说明曲风的编排等。

如果是委托作品的，还应提交作品著作权归属协议。

版权登记完成后，可下载电子版证书，也可以申领纸质版证书。

【理论思考】

商标申请人所申请的商标被驳回的，该如何救济自己的权利？

【案例分析实训】

【案例 11.1】尝试在上海新闻出版局网站登记一篇自己的文字作品。

第三节 律师审查知识产权合同

一、知识产权开发合同

知识产权开发合同指技术开发合同，即当事人之间就新技术、新产品、新工艺或者新材料及其系统的研究开发所订立的合同，可能涉及专利权、商业秘密、软件著作权等权利类型。根据我国现行法律〔1〕规定，包括委托开发合同与合作开发合同两类。

（一）委托开发合同

委托开发合同是指当事人一方委托另一方进行研究开发所订立的合同。审核委托开发合同时应注意以下要点：

1. 委托方的权利与义务

《合同法》〔2〕规定委托方应按约定支付开发经费和报酬、提供技术资料及原始数据、完成协作事项、接受研究开发成果。

研究开发经费，是指完成研究开发工作所需成本。合同中应尽量明确约定范围，包括但不限于：仪器设备、原料、物流、人员成本、查阅文献成本等。对于开发经费的审计、经费不足时的追加要求、开发完成后剩余经费是否返还等问题，也应一并明确约定。

技术资料及原始数据，包括但不限于委托人所享有的商业秘密、行业背景资料等。涉及商业秘密的，应当增加相应的保密条款。

接受研究开发成果既是权利，又是义务。合同中应明确约定开发成果的质量验收标准，接受条件，以及接受的期限，应交付的资料等。

2. 开发方的权利与义务

《合同法》〔3〕规定开发方应按照约定制定和实施研究开发计划、合理使

〔1〕《中华人民共和国合同法》第330条第2款：技术开发合同包括委托开发合同和合作开发合同。

〔2〕《中华人民共和国合同法》第331条：委托开发合同的委托人应当按照约定支付研究开发经费和报酬；提供技术资料、原始数据；完成协作事项；接受研究开发成果。

〔3〕《中华人民共和国合同法》第332条：委托开发合同的研究开发人应当按照约定制定和实施研究开发计划；合理使用研究开发经费；按期完成研究开发工作，交付研究开发成果，提供有关的技术资料和必要的技术指导，帮助委托人掌握研究开发成果。

用经费、按期完成开发工作并交付开发成果、提供有关技术资料和必要技术指导、帮助委托人掌握开发成果。

研究开发计划应包含项目的可行性论证、进度计划、经费预算等内容，并及时向委托人报告；开发过程中也应定期向委托人汇报进展。

开发方应当接受委托方的开发经费审计要求，并配合提供相关资料。合同中应对审计次数、审计时间等明确约定。

开发成果完成后，开发方应将全部的技术资料交付给委托方，并提供必要的技术指导，使委托人能够独立实施该开发成果。合同中应对开发方提供技术指导的方式、人数、频次等明确约定，并约定技术指导的质量标准。

对于开发方无法按期完成开发任务的，应在违约条款中明确其违约责任，充分考虑知识产权开发受认识水平、科学技术水平的制约而存在一定风险的特点，明确双方对于无法按期完成开发任务的责任分配。

3. 知识产权成果权利归属

《合同法》〔1〕规定，当事人可以约定开发成果的专利申请权，若无约定的，专利申请权属于开发人，但委托人可以免费实施该专利。

若开发人取得专利权，委托人依法可以免费实施该专利，本质上是一种许可。合同中应当明确约定委托人获得许可的类型、地域范围、时间范围等细节，具体内容参见本节“三、知识产权许可合同”。

（二）合作开发合同

合作开发合同是指当事人各方就共同进行研究开发所订立的合同。审核合作开发合同时应注意以下要点：

1. 合作各方的投资方式

对于开发过程中的所需投入的资金、设备、物料、原始数据、现有专利或技术等，双方可以约定各自投入的类型〔2〕。对于非货币出资的，应当事先进行评估作价，以明确各方当事人的投资比例〔3〕。

---

〔1〕《中华人民共和国合同法》第339条：委托开发完成的发明创造，除当事人另有约定的以外，申请专利的权利属于研究开发人。研究开发人取得专利权的，委托人可以免费实施该专利。研究开发人转让专利申请权的，委托人享有以同等条件优先受让的权利。

〔2〕《中华人民共和国合同法》第335条：合作开发合同的当事人应当按照约定进行投资，包括以技术进行投资；分工参与研究开发工作；协作配合研究开发工作。

〔3〕朱雪忠主编：《知识产权管理》，高等教育出版社2010年版，第105页。

2. 合作各方的开发任务分配

区别于委托开发合同中一方出资由另一方开发的方式，合作开发合同中各方均实际参与开发工作并对开发工作做出实质性贡献。

对于开发过程中的先期可行性调研、设计、工艺、试验等环节，各方当事人应充分协商确定，并写入合同条款。

3. 合作各方的互相协作

为保证开发工作的顺利进行，各方当事人应在合同中明确约定开发过程中技术资料的转移，各方进展的互相通报的时间、频次，以及人员调配等事宜。对于不配合协作而导致开发工作停滞、延误或者失败的，还应约定其违约责任[1]。

4. 知识产权成果权利归属

《合同法》[2]规定除另有约定的，专利申请权应归各方当事人共同所有。如果其中一方当事人声明放弃的，其他当事人可以自行申请专利，放弃的声明应作为合同附件予以确定。若有一方当事人不同意申请专利的，其他各方当事人均不得申请专利，该开发成果应当作为商业秘密保护，合同中应明确约定任何人不得泄露该开发成果及其相关的技术资料，并约定泄露商业秘密的违约责任。

二、知识产权转让合同

知识产权转让合同是指知识产权权利人将知识产权的相关权利转让给他人而订立的合同。在知识产权转让合同中，转让知识产权的一方称为转让方，根据合同取得知识产权的一方称为受让方。除适用一般的合同规则外，还有如下审核要点：

---

〔1〕《中华人民共和国合同法》第336条：合作开发合同的当事人违反约定造成研究开发工作停滞、延误或者失败的，应当承担违约责任。

〔2〕《中华人民共和国合同法》第340条：合作开发完成的发明创造，除当事人另有约定的以外，申请专利的权利属于合作开发的当事人共有。当事人一方转让其共有的专利申请权的，其他各方享有以同等条件优先受让的权利。合作开发的当事人一方声明放弃其共有的专利申请权的，可以由另一方单独申请或者由其他各方共同申请。申请人取得专利权的，放弃专利申请权的一方可以免费实施该专利。合作开发的当事人一方不同意申请专利的，另一方或者其他各方不得申请专利。

（一）双方主体资格及保证条款

知识产权转让合同中，转让方应当为知识产权权利人，在合同中应增加知识产权权属保证条款，即转让人保证其权利真实有效，且权利无瑕疵，并将知识产权权利证书作为合同附件予以确认。转让完成后，转让方不得对该知识产权提出撤销、无效宣告申请。

法律法规对受让方有特殊资质要求[1]的，受让方应确保其有相关资质，并将相应证书作为合同附件。

（二）技术转让的特殊注意事项

作为专利权或专利申请权转让的技术，除了权利本身外，还可能附有未公开的技术资料或数据，也应一并转让。为保证受让方能够充分掌握、实施该专利技术，还可以另外约定转让方在一定期限内委派专业人员给予专业技术指导。

转让方在多个国家享有同一技术的专利权的，可以只转让一国内的专利权，但应当明示其在其他国家保留专利权，并明确约定双方利用该专利制造的商品可以销售的地域范围。

以商业秘密的形式转让未公开技术的，应通过合同条款详细约定技术内容及特征、技术的工业化开发程度、相关资料或数据的清单，以及转让完成后转让方是否可以自行实施该商业秘密。

（三）商标转让的特殊注意事项

我国现行《商标法》[2]规定，在相同或类似商品上注册的相同或近似的注册商标必须一并转让。因此律师在审核商标转让合同时，除了依赖客户提供的信息，还应主动对转让商标作出检索报告。

出于对公众利益的保护，为防止商标转让前后不同生产商的质量标准存

---

〔1〕 例如《中华人民共和国专利法》第 10 条第 2 款：中国单位或者个人向外国人、外国企业或者外国其他组织转让专利申请权或者专利权的，应当依照有关法律、行政法规的规定办理手续。

〔2〕《中华人民共和国商标法》第 42 条第 2 款：转让注册商标的，商标注册人对其在同一种商品上注册的近似的商标，或者在类似商品上注册的相同或者近似的商标，应当一并转让。

在巨大差距，而导致消费者受到误导，《商标法》[1]规定受让方必须保证使用该注册商标的商品或者服务质量。律师审核合同时，可以根据商标的类别及转让方实际使用的商品性质，要求受让方提供必要的资质证明，例如生产车间卫生标准、产品抽检质量报告等，并增加受让人的质量保证条款及相应的违约责任。

转让用于人用药品、卷烟、报纸杂志的注册商标，受让方应出具有关部门批准经营的有效证明文件，并作为合同附件。

（四）著作权转让的特殊注意事项

著作权分为著作人身权与著作财产权。与其他人身性质的权利一样，著作人身权不得转让，永远属于原始著作权人。而著作财产权可以转让，且不同的著作财产权利可以依其性质分别转让给不同主体，合同中应当明确转让的具体著作财产权利。

著作权的载体作为一种物权，可以与抽象的著作权相分离，除美术作品的展览权[2]外，取得物权不一定取得著作权，而取得著作权也不一定取得物权。律师审核著作权转让合同时，应充分了解客户需求，明确其转让的是物权还是著作权，是著作权中的哪些财产权利。

（五）转让合同备案登记

我国《专利法》[3]规定的专利转让登记系效力性强制性规定，即专利转让合同应向国务院专利行政部门登记，未经登记的，虽合同有效，但专利权视为未转让。

我国《商标法》[4]同样规定商标转让的登记系效力性强制性规定，受让

---

〔1〕《中华人民共和国商标法》第 42 条第 1 款：……受让人应当保证使用该注册商标的商品质量。

〔2〕《中华人民共和国著作权法》第 18 条：美术等作品原件所有权的转移，不视为作品著作权的转移，但美术作品原件的展览权由原件所有人享有。

〔3〕《中华人民共和国专利法》第 10 条第 3 款：转让专利申请权或者专利权的，当事人应当订立书面合同，并向国务院专利行政部门登记，由国务院专利行政部门予以公告。专利申请权或者专利权的转让自登记之日起生效。

〔4〕《中华人民共和国商标法》第 42 条：转让注册商标的，转让人和受让人应当签订转让协议，并共同向商标局提出申请。……转让注册商标经核准后，予以公告。受让人自公告之日起享有商标专用权。

人自登记公告之日起享有商标专用权。

我国现行法律[1]并未规定著作权转让合同必须备案登记，著作权转让合同可根据当事人的意愿决定备案登记与否。

三、知识产权许可合同

知识产权许可合同是指一方将专利、商标、著作权等知识产权许可他人使用而订立的合同。除适用一般的合同规则外，还有如下审核要点：

（一）许可类型

知识产权许可合同可以从不同角度进行分类，其中按照被许可人获得的权利和所处的地位所进行的分类对于知识产权许可合同的审核最具有实际操作价值，故本书仅探讨该种分类。

专利、商标许可合同依实践中的通常做法，分为独占许可合同、排他许可合同和普通许可合同三种：

第一，独占许可合同，又称独家许可合同，即在一定的地域和时间范围内，被许可人对于作为合同标的物的知识产权享有独占使用权。许可人不得许可第三人在该地域、时间范围内实施该知识产权，也不得自行在该地域、时间范围内实施该知识产权。

第二，排他许可合同，即在一定的地域和时间范围内，被许可人对于作为合同标的物的知识产权享有排他使用权。许可人可以在该地域、时间范围内实施该知识产权，但不得许可第三人在该地域、时间范围内实施该知识产权。

第三，普通许可合同，即在一定的地域和时间范围内，被许可人对于作为合同标的物的知识产权享有普通使用权。许可人可以在该地域、时间范围内实施该知识产权，也可以另行许可第三人在该地域、时间范围内实施该知识产权。

著作权许可合同依法律规定[2]，分为专有许可合同和非专有许可合同两种：

---

〔1〕《中华人民共和国著作权法实施条例》第25条：与著作权人订立专有许可使用合同、转让合同的，可以向著作权行政管理部门备案。

〔2〕《中华人民共和国著作权法》第24条：使用他人作品应当同著作权人订立许可使用合同，本法规定可以不经许可的除外。许可使用合同包括下列主要内容：……②许可使用的权利是专有使用权或者非专有使用权……

第一，专有许可合同。著作权的专有许可合同本质上即是独占许可使用合同，即在一定的地域和时间范围内，被许可人对于作为合同标的物的著作权享有独占使用权。许可人不得许可第三人在该地域、时间范围内使用该著作权，也不得自行在该地域、时间范围内使用该著作权。

第二，非专有许可合同。著作权的非专有许可合同本质上即是普通许可合同，即在一定的地域和时间范围内，被许可人对于作为合同标的物的著作权享有普通使用权。许可人可以在该地域、时间范围内使用该著作权，也可以另行许可第三人在该地域、时间范围内使用该著作权。

律师在审核知识产权许可合同之前，应当向客户明确许可的类型，以便在审核过程中确认相应条款的表述是否符合客户的真实意思。合同条款中，为使许可的权利内容明确化，不仅应描述许可的类型，还应清楚、完整地表述许可的权利内容及地域、时间范围，许可期限，对被许可人的特殊限制，是否允许分许可等条款。

（二）许可人主体资格及保证条款

知识产权许可合同的双方当事人包括许可人与被许可人。通常情况下，许可人应为知识产权权利人。在合同特别约定被许可人可以转许可第三人时，许可人可以不是知识产权权利人。一般而言，专利、商标的权利人均以专利证书、商标证书记载的内容为准。著作权因其权利取得的特殊性，只能以推定的方式判断许可人是否为真正的权利人。

律师在审核知识产权许可合同时，应根据客户提供的知识产权权利证书等文件，主动通过官方网站审核其是否为真实的知识产权权利人。

除律师主动审核外，还应在合同中签署许可人保证条款，主要包括两方面内容：一是许可人保证权利真实有效，即该知识产权在合同签订时到许可期限届满前均真实有效；二是保证权利无瑕疵，即许可人享有被许可的知识产权且没有侵犯第三人的权利。

此外，尤其是专利权许可合同中，可以另行约定许可人应当交付实施相关知识产权的未公开技术资料，并委派专业人员给予技术指导。

（三）许可的地域范围及时间范围

知识产权具有地域性及时间性，知识产权许可也相应地具有地域性及时间性。一般而言，许可的地域及时间范围不得超过该知识产权的地域及时间范围，但根据不同知识产权的性质，可以出现例外。

就专利权而言，在不存在优先权的情况下，若已在一国获得专利授权，而未在其他国家申请专利的，该专利已在全世界范围内公开，在未申请专利的国家境内属于公有领域，通常只能在获得专利授权的地域范围内许可他人，超出该地域范围的，没有许可的必要性。专利权一旦超出有效期，即进入公有领域，因此许可期限一般不超过专利权的有效期。

就商标权而言，通常许可的地域范围仅限于其权利的地域范围。若商标权人希望在未获得注册的地域范围内，以未注册商标许可他人的，应警惕该地域范围内是否有相同或近似的在先权利。由于商标可以通过续展来延长权利的有效期，因此商标权的许可期限可以超出商标权的有效期，但应当通过合同约定许可人的续展义务。

就著作权而言，目前世界主要国家均已加入《伯尔尼公约》，故许可的地域范围最大可以约定为《伯尔尼公约》成员。著作权一旦超出有效期的，即进入公有领域，因此许可期限一般不超过著作权的有效期。

（四）被许可人限制性条款

尤其是在专利许可中，正是因为被许可人亲自实施了该专利，充分了解了该专利的技术特征，被许可人比第三人更有可能发现该专利的权利瑕疵，而提出专利的无效宣告申请。所以被许可人在获得许可并获取未公开技术资料及许可人的指导后，即便该专利权被宣告无效，也能比第三人更有实施该知识产权的技术优势，且已占据市场先机。

因此，在知识产权许可合同，尤其是涉及技术的许可合同中，应当对被许可人及其关联公司作出限制，不得对被许可的知识产权提出无效宣告请求。另外，对于实施知识产权中获取的未公开技术资料，也应当尽到保密义务，且保密期至少与知识产权有效期一致。

（五）改进成果的归属

知识产权制度设计的初衷，是以公开换保护，以便公众在前人的基础上作出进一步的研究和创作，避免重复劳动。因此，知识产权许可过程中，被许可人出于市场需求、研发动机等因素，不可避免地会对被许可的知识产权作出改进，甚至产生新的知识产权，这在专利许可中尤为常见。

我国《合同法》[1]规定，在这种情况下新产生的知识产权权利归属，由双方协商确定，协商不成的，被许可人后续改进的技术成果归被许可人所有。律师应当在审核许可合同时就预见到后续改进的技术成果回授问题，提醒双方当事人就此作出谈判并在合同中明确约定改进的技术成果归属权、是否回授、回授的地域及时间范围等问题。

（六）许可到期后库存商品的继续销售问题

知识产权的实施过程通常伴随着实体商品的生产，而知识产权许可到期时，被许可人可能还留有库存商品，因此，是否能够继续销售库存商品就值得在合同中明确约定。

律师应当注意到，通常知识产权的使用包括制造、销售等多种形式，知识产权许可到期后，继续销售该商品应属于侵权行为，但对于被许可人而言继续销售库存商品又关系到其经济利益。是否继续销售库存商品、允许销售的地域及时间范围、销售的渠道、许可到期时库存商品数量的确定等细节问题，应当在当事人充分谈判的基础上，在合同中明确约定。

（七）许可合同备案

就专利权而言，我国现行法律[2]规定的许可合同备案仅是管理性、强制性规定，未经备案的许可合同依然有效，但独占被许可人及排他被许可人在许可合同已备案的情况下，可以获得专利侵权诉讼的原告资格[3]。

就商标权而言，我国现行法律[4]同样规定许可备案仅是管理性、强制性

---

〔1〕《中华人民共和国合同法》第354条：当事人可以按照互利的原则，在技术转让合同中约定实施专利、使用技术秘密后续改进的技术成果的分享办法。没有约定或者约定不明确，依照本法第61条的规定仍不能确定的，一方后续改进的技术成果，其他各方无权分享。

〔2〕《中华人民共和国专利法实施细则》第14条：……专利权人与他人订立的专利实施许可合同，应当自合同生效之日起3个月内向国务院专利行政部门备案……

〔3〕《中华人民共和国专利法》第60条：未经专利权人许可，实施其专利，即侵犯其专利权，引起纠纷的，由当事人协商解决；不愿协商或者协商不成的，专利权人或者利害关系人可以向人民法院起诉……《最高人民法院关于对诉前停止侵犯专利权行为适用法律问题的若干规定》第1条：……提出申请的利害关系人，包括专利实施许可合同的被许可人、专利财产权利的合法继承人等。专利实施许可合同被许可人中，独占实施许可合同的被许可人可以单独向人民法院提出申请；排他实施许可合同的被许可人在专利权人不申请的情况下，可以提出申请。

〔4〕《中华人民共和国商标法》第43条：……许可他人使用其注册商标的，许可人应当将其商标使用许可报商标局备案，由商标局公告。商标使用许可未经备案不得对抗善意第三人。

规定，但商标许可他人使用是实现商标商业价值的主要途径之一，商标许可的现象非常普遍，进行备案登记有利于明确双方的权利义务范围，且具有对抗第三人的效力，实有必要。

就著作权而言，我国现行法律[1]并未强制规定著作权的许可备案，但著作权的权利获得具有自动性，被许可人为防止被许可的著作权存在侵权状况而导致需要承担侵权责任的风险，可以主动提出许可合同备案，以自身降低风险。

四、员工保密协议与竞业禁止协议

尤其是对于可能接触技术秘密的员工而言，企业往往会要求其签订保密协议及竞业禁止协议。保密协议是指约定在劳动合同解除或终止后，劳动者承担保守相关商业秘密的义务。竞业禁止协议是指用人单位禁止劳动者在本单位任职期间同时兼职于与其所在单位有业务竞争的单位，或禁止他们在本单位离职后一段时间内从业于与本单位有业务竞争的单位。

（一）保密协议

1. 明确秘密的范围

并非所有的未公开信息均可成为商业秘密。商业秘密应当是不为公众所知悉，能为权利人带来经济利益、具有实用性，最为关键的是权利人应采取了保密措施[2]。

保密协议中应当具体、明确地罗列保密信息的范围，且该保密信息必须采取保密措施，例如文件加密、制定档案借阅登记制度、进入特定区域时不得携带电子设备等规定。通常，可能成为商业秘密的信息有：设计、程序、产品配方、制作工艺、制作方法、管理诀窍、客户名单、货源情报、产销策略、招投标中的标底及标书内容等信息[3]。

---

[1]《中华人民共和国著作权法实施条例》第25条：与著作权人订立专有许可使用合同、转让合同的，可以向著作权行政管理部门备案。

[2]《中华人民共和国反不正当竞争法》第9条第4款：本法所称的商业秘密，是指不为公众所知悉、具有商业价值并经权利人采取相应保密措施的技术信息、经营信息等商业信息。

[3]《关于禁止侵犯商业秘密行为的若干规定》（1995年11月23日国家工商行政管理局令第41号公布，1998年12月3日国家工商行政管理局令第86号修订）。

2. 应约定保密费用

任何协议都应当是权利义务对等的，如果保密协议中只规定了员工一方的保密义务，而企业无任何义务，则该约定可能被认为是显失公平而无效。因此，应当在保密协议中约定保密费用。

3. 根据岗位制定不同的保密协议

由于不同岗位接触的秘密是不同的，企业应当考虑各个岗位所能接触、知悉、掌握的商业秘密的范围，所签订的保密协议中约定的保密范围应当有且仅有员工所能接触、知悉、掌握的商业秘密。

对于企业的一般行政人员、保安等岗位，通常难以接触到企业的核心商业秘密，故出于成本的考虑，可以在劳动合同中约定一般保密义务，不必另行签订保密协议并支付保密费用。而企业的研发人员、销售人员、高级管理人员等通常能够接触到企业的核心商业秘密，需要签订专门的保密协议，并尽量细化协议条款。

4. 员工离职时的措施

员工离职时，应当交还在工作中接触到的商业秘密载体，包括但不限于文档、U 盘、电脑等。应在保密协议中约定，员工离职时的交还义务，企业的签收义务等，若未按约定交还的，企业有权向员工追索甚至可以要求员工赔偿相应损失。

5. 违约条款

根据《中华人民共和国劳动合同法》（以下简称《劳动合同法》）的规定，企业不得在保密协议中约定员工泄露商业秘密时应当支付违约金，但造成损失的，可以要求员工赔偿损失[1]。

（二）竞业禁止协议

1. 签订主体

依据《劳动合同法》[2]规定，企业与员工签订竞业禁止协议时，员工必

〔1〕《中华人民共和国劳动合同法》第 25 条：除本法第 22 条和第 23 条规定的情形外，用人单位不得与劳动者约定由劳动者承担违约金。第 90 条：劳动者违反本法规定解除劳动合同，或者违反劳动合同中约定的保密义务或者竞业限制，给用人单位造成损失的，应当承担赔偿责任。

〔2〕《中华人民共和国劳动合同法》第 24 条：竞业限制的人员限于用人单位的高级管理人员、高级技术人员和其他负有保密义务的人员……

须是单位的高级管理人员、高级技术人员和其他负有保密义务的人员。企业不能与所有员工均签订竞业禁止协议。

2. 应支付补偿费用

由于竞业禁止是对劳动者劳动权利的一种限制，会影响其生活来源，因此出于公平考虑，企业必须支付合理的补偿费用[1]。补偿费用可以在职期间按月发放，也可以离职时一次性发放。

未明确约定金额的，根据《最高人民法院关于审理劳动争议案件适用法律若干问题的解释（四）》第6条规定，可以要求企业按照离职前12个月平均工资的30%为标准，在竞业禁止期限内按月支付补偿费用[2]。

3. 竞业禁止的时间、地域范围

《劳动合同法》规定竞业禁止的时间最长为2年[3]。

地域范围上，现行法律并没有明确规定，但不应当超出合理范围。例如约定在全国范围内竞业禁止的，显然不属于合理范围，可能存在被认定约定无效的风险。一般而言，约定为本省市行政区划较为合理。

4. 违约条款

《劳动合同法》允许企业与员工在竞业禁止协议中约定违约金[4]，同时，如果造成企业损失的，企业还能要求员工赔偿损失[5]。

---

〔1〕《中华人民共和国劳动合同法》第23条第2款：对负有保密义务的劳动者，用人单位可以在劳动合同或者保密协议中与劳动者约定竞业限制条款，并约定在解除或者终止劳动合同后，在竞业限制期限内按月给予劳动者经济补偿……

〔2〕《最高人民法院关于审理劳动争议案件适用法律若干问题的解释（四）》第6条：当事人在劳动合同或者保密协议中约定了竞业限制，但未约定解除或者终止劳动合同后给予劳动者经济补偿，劳动者履行了竞业限制义务，要求用人单位按照劳动者在劳动合同解除或者终止前12个月平均工资的30%按月支付经济补偿的，人民法院应予支持。前款规定的月平均工资的30%低于劳动合同履行地最低工资标准的，按照劳动合同履行地最低工资标准支付。

〔3〕《中华人民共和国劳动合同法》第24条第2款：在解除或者终止劳动合同后，前款规定的人员到与本单位生产或者经营同类产品、从事同类业务的有竞争关系的其他用人单位，或者自己开业生产或者经营同类产品、从事同类业务的竞业限制期限，不得超过2年。

〔4〕《中华人民共和国劳动合同法》第23条第2款：……劳动者违反竞业限制约定的，应当按照约定向用人单位支付违约金。

〔5〕《中华人民共和国劳动合同法》第90条：劳动者违反本法规定解除劳动合同，或者违反劳动合同中约定的保密义务或者竞业限制，给用人单位造成损失的，应当承担赔偿责任。

【理论思考】

律师起草知识产权许可合同时应注意哪些重点？

【案例分析实训】

【案例11.2】

【案情简介】

甲公司是一家生产型企业，该公司自行组建了一支研发队伍，现聘请乙担任研发部门总经理，每月税后收入约5万元人民币。甲公司在上海市范围内有多个强有力的竞争对手，为了确保自己的技术竞争优势，甲公司希望在与乙签订劳动合同时一并约定保密条款与竞业禁止条款。

【实训要求】

请你起草该劳动合同中的保密条款与竞业禁止条款。

第四节　律师代理知识产权民事案件被侵权人

一、知识产权侵权与责任承担方式

《中华人民共和国侵权责任法》（以下简称《侵权责任法》）规定的民事侵权的责任承担方式有停止侵害、排除妨碍、消除危险、返还财产、恢复原状、赔偿损失、赔礼道歉、消除影响、恢复名誉。而知识产权侵权能够适用的责任承担方式只有停止侵害、消除影响、赔礼道歉、赔偿损失。其中，消除影响、赔礼道歉两种方式仅在《中华人民共和国著作权法》（以下简称《著作权法》）[1]中明文规定。

知识产权侵权行为是否以主观过错为构成要件？目前学界尚存在争论。根据通说和多数立法规定，知识产权侵权行为并不以主观过错为构成要件。

〔1〕《中华人民共和国著作权法》第48条：有下列侵权行为的，应当根据情况，承担停止侵害、消除影响、赔礼道歉、赔偿损失等民事责任……

也就是说，无论行为人是否明知，只要客观上侵犯了权利人的知识产权，都构成侵权。但法律规定侵权销售者在能够证明侵权产品合法来源等情况下，只需停止侵权，可以不承担赔偿责任。

二、知识产权民事赔偿数额计算

《专利法》[1]规定专利侵权赔偿数额按权利人的实际损失确定，实际损失难以确定的按照侵权人的获利确定。权利人的损失和侵权人的获利都难以确定的，参照该专利许可使用费的倍数合理确定。许可使用费也难以确定的，按照法定赔偿确定金额，专利法定赔偿范围是1万元~100万元。赔偿范围包括律师费、公证费、保全费等权利人为制止侵权行为所支付的合理开支。

《商标法》[2]规定商标侵权赔偿数额按权利人的实际损失确定，实际损失难以确定的按照侵权人的获利确定。权利人的损失和侵权人的获利都难以确定的，参照该商标许可使用费的倍数合理确定。恶意侵犯商标权，情节严重的，按照前述标准的1~3倍确定赔偿数额。前述标准均难以确定的，按照法定赔偿确定金额，商标法定赔偿范围是300万元以下。赔偿范围包括律师费、公证费、保全费等权利人为制止侵权行为所支付的合理开支。

---

〔1〕《中华人民共和国专利法》第65条：侵犯专利权的赔偿数额按照权利人因被侵权所受到的实际损失确定；实际损失难以确定的，可以按照侵权人因侵权所获得的利益确定。权利人的损失或者侵权人获得的利益难以确定的，参照该专利许可使用费的倍数合理确定。赔偿数额还应当包括权利人为制止侵权行为所支付的合理开支。权利人的损失、侵权人获得的利益和专利许可使用费均难以确定的，人民法院可以根据专利权的类型、侵权行为的性质和情节等因素，确定给予1万元以上100万元以下的赔偿。

〔2〕《中华人民共和国商标法》第63条：侵犯商标专用权的赔偿数额，按照权利人因被侵权所受到的实际损失确定；实际损失难以确定的，可以按照侵权人因侵权所获得的利益确定；权利人的损失或者侵权人获得的利益难以确定的，参照该商标许可使用费的倍数合理确定。对恶意侵犯商标专用权，情节严重的，可以在按照上述方法确定数额的1倍以上5倍以下确定赔偿数额。赔偿数额应当包括权利人为制止侵权行为所支付的合理开支。人民法院为确定赔偿数额，在权利人已经尽力举证，而与侵权行为相关的账簿、资料主要由侵权人掌握的情况下，可以责令侵权人提供与侵权行为相关的账簿、资料；侵权人不提供或者提供虚假的账簿、资料的，人民法院可以参考权利人的主张和提供的证据判定赔偿数额。权利人因被侵权所受到的实际损失、侵权人因侵权所获得的利益、注册商标许可使用费难以确定的，由人民法院根据侵权行为的情节判决给予500万元以下的赔偿……

《著作权法》[1]规定著作权侵权赔偿数额按权利人的实际损失确定，实际损失难以确定的按照侵权人的违法所得确定。权利人的损失和侵权人的违法所得都难以确定的，按照法定赔偿确定金额，著作权法定赔偿范围是50万元以下。赔偿范围包括律师费、公证费、保全费等权利人为制止侵权行为所支付的合理开支。

目前相关法律都在修改草案中商讨提高知识产权侵权的法定赔偿标准，知识产权律师应时刻关注最新立法动态。

三、证据的范围

知识产权侵权诉讼中应当提交的证据包括权属证明证据、侵权事实证据、赔偿数额证据。

权属证明证据，是用来证明权利人是侵权诉讼中的适格原告。具体有专利证书、最近一次缴纳年费的收据、商标证书、商标续展证明、著作权备案登记证明、作品底稿和原件等。

侵权事实证据，是用来证明侵权人是侵权诉讼中的适格被告。具体有侵权复制品、侵权人的促销宣传资料、销售合同、销售发票等。如果是在互联网上发现的证据，还应当经过公证机构公证。

赔偿数额证据，是用来确认侵权诉讼中的赔偿金额的证据。根据前述赔偿数额的计算方法，应优先考虑提供实际损失的证据，可以按照权利人因侵权行为导致减少的销量与自行销售被侵权商品的利润的乘积计算。因维权产生的费用包括律师费、公证费、保全费、鉴定费等，需提供相应的合同和发票。

四、起诉前证据的收集、准备

一般而言，知识产权侵权诉讼对于证据要求较高，对于通过互联网销售产品的侵权行为，权利人普遍会选择公证保全证据。公证证据具有推定为真实的效力，因此证明力度较强。

---

[1] 《中华人民共和国著作权法》第49条：侵犯著作权或者与著作权有关的权利的，侵权人应当按照权利人的实际损失给予赔偿；实际损失难以计算的，可以按照侵权人的违法所得给予赔偿。赔偿数额还应当包括权利人为制止侵权行为所支付的合理开支。权利人的实际损失或者侵权人的违法所得不能确定的，由人民法院根据侵权行为的情节，判决给予50万元以下的赔偿。

除了公证保全，也可以申请法院诉前保全证据。法院采取诉前保全后，权利人应当在规定的期限内提起诉讼，否则将解除保全措施，且对侵权人造成损失的，权利人还应当赔偿损失。

在诉讼中，如果发生当事人因客观原因不能调取证据的情况，可以申请法院依职权调取证据。当事人提出申请后，法院有权审查该申请是否在法院调查取证的职权范围内，否则可以驳回申请。

对于涉及专利、计算机软件等专门问题的，还可以委托有关机构进行鉴定。对于赔偿数额确定过程中，双方对销售额等数据有异议的，可以委托专门机构进行审计。

证据收集过程中，应当关注举证责任倒置的情形。例如专利侵权诉讼中新产品制造方法的发明专利，制造同样产品的单位或个人应当提供其产品制造方法不同于专利方法的证明〔1〕。

五、一审法院管辖（上海地区）

上海市知识产权法院系中级人民法院。

级别管辖上，除特别规定〔2〕由知识产权法院管辖的，均由基层人民法院管辖。

地域管辖上，基层法院受理知识产权案件实行相对集中管辖。由浦东新区人民法院管辖浦东新区内的一审案件；徐汇区人民法院管辖徐汇区、长宁区、闵行区、奉贤区、松江区、金山区内的一审案件；杨浦区人民法院管辖杨浦区、黄浦区、虹口区、宝山区、崇明区内的一审案件；普陀区人民法院管辖普陀区、静安区、嘉定区、青浦区的一审案件。〔3〕

六、电商平台侵权的通知-移除规则

通知-移除规则也称“避风港原则”，系网络空间知识产权侵权所特有。

---

〔1〕《中华人民共和国专利法》第61条第1款：专利侵权纠纷涉及新产品制造方法的发明专利的，制造同样产品的单位或者个人应当提供其产品制造方法不同于专利方法的证明。

〔2〕参见《最高人民法院关于知识产权法院案件管辖等有关问题的通知》《最高人民法院关于调整地方各级人民法院管辖第一审知识产权民事案件标准的通知》。

〔3〕参见《上海市高级人民法院关于调整基层法院知识产权案件、行政案件和未成年人刑事案件集中管辖的公告》。

通知-移除规则是指侵权人利用网络服务实施侵权行为的，权利人有权通知网络服务提供商采取删除、屏蔽、断开链接等必要措施，网络服务提供商接到通知后未及时采取必要措施的对损害扩大部分承担连带责任。如果网络服务提供商在接到通知后及时采取必要措施，则无需对损害扩大部分承担连带责任，就犹如小船驶进避风港一样，因此也称“避风港原则”。权利人如果因为错误通知导致对方发生损失的，应承担赔偿责任。网络服务提供商包括电子商务平台经营者、门户网站经营者、搜索引擎等多种形式。

与通知-移除规则相对应的，是“红旗原则”。“红旗原则”是指如果侵犯知识产权的事实是显而易见的，像红旗一样飘扬，电子商务平台经营者就不能装作看不见，或以不知道侵权为由来推脱责任。例如电子商务平台首页投放广告的产品、销量排名较高的商品、参与秒杀推广活动的商品、搜索引擎的竞价排名产品、门户网站首页的文章、点击率排名较高的页面等，均应适用红旗原则。

【案例分析实训】

【案例 11.3】

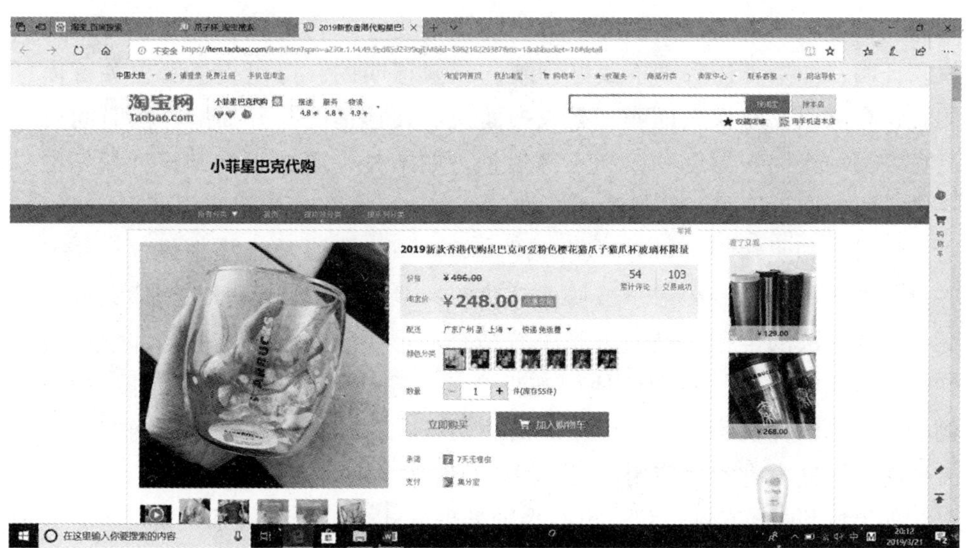

【实训要求】

上图是一家淘宝网店的商品销售页面，现该产品的商标权人怀疑该店铺所售商品系侵权商品，委托你所在的律所出具律师函，分别寄送给淘宝网及该店铺。请你起草相应的律师函，告知对方销售行为已构成侵权，要求对方立即停止侵权，否则权利人将提起诉讼并要求赔偿损失。

第五节　律师代理知识产权民事案件侵权人

一、收到律师函的应对

侵权人在收到权利人的律师函后，往往会询问常年法律顾问该如何应对。作为律师，应当首先向客户确认，律师函中所涉的知识产权的权利状态、权利归属如何，客户企业内使用情况如何。

如果权利明确归属我方，没有异议，我方没有侵权的，可以书面答复对方，并将权利归属情况明确告知。如果是原始取得的知识产权，可以提供专利证书、商标注册证等权属证明复印件或专利号、商标号等信息，告知对方可以在官方网站查询权利人等信息。如果是受让取得的知识产权，可以提供权属证明，如果受让后来不及办理新的权属证明的，可以提供隐去关键信息的转让合同以及原权属证明，亦或书面说明转让情况，并提醒一段时间后通过官方网站查询变更后的权利人等信息。如果是许可取得的知识产权，可以提供许可合同、许可备案等证明文件，证明自己有权使用该知识产权。

如果权利明确归属对方，我方侵权的，一般建议及时停止侵权，并书面答复对方表示歉意，尽量争取协商解决。一旦进入诉讼程序，赔偿数额往往高于协商解决的金额，且败诉判决有损企业形象。需注意的是，即使取得了许可，也应在许可的范围内使用知识产权，超出范围使用的也属侵权行为。例如计算机软件仅购买了 5 台电脑的使用权，那么超出 5 台范围内安装了该软件的，即使没有实际使用，也是侵权行为。

如果权利归属存在争议，也有多种处理方式。可以考虑不回复对方，亦或书面答复称没有侵权或没有使用对方的知识产权，并等待对方提起侵权诉讼。也可以主动提起不侵权的确认之诉，或者是提起侵权诉讼，要求法院确认我方未侵权，或是要求法院判决确认对方侵权并赔偿损失。甚至可以考虑与对方协商，就所争议的知识产权共同合作使用，扩大双方企业的市场占有率与规模。

此外，应注意律师函中对方要求侵权人采取的行动。如果对方要求在几天内予以答复的，应当尽量在期限内书面答复，以期能让事件和平解决。

二、收到起诉状的应对

收到起诉状后，首先需确认开庭时间、地点、答辩期限、法院是否有管辖权等程序问题。其次才是对案件的分析。

第一步，应确认原告是否是权利人。确认原告提供的专利证书、商标注册证等权属证明上记载的权利人是否为原告本人，且要确认权利是否在有效期内，律师应当在官方网站查询该知识产权信息，确认权属证明是否系伪造。原告提供了许可证明的，也应查询专利、商标的许可备案情况，如有必要的，可以联系许可人核实情况。

第二步，考虑是否可以对涉诉知识产权提出撤销或无效宣告请求。在专利是否具有新颖性的问题上，发明专利可以寻找申请日前已有现有技术的证据，实用新型与外观设计专利可以要求对方提供专利评估报告。商标可以查看是否是商标禁止注册的情况，或是商标 3 年不使用的，可以提出撤销申请。著作权可以从不具有独创性角度，只要举证在原告主张的创作完成之日前已经存在相同作品的，就可推翻原告的著作权。

第三步，确认被告是否侵权。从取证程序上，考察对方的证据证明力度如何，一般只有经过公证的证据或法院自行调取的证据可以认为符合证据的真实性、合法性，其他证据均可以质疑其真实性、合法性。从证据本身而言，不同类型的知识产权关注的重点也不相同。

专利侵权证据上，需判断被控侵权产品或方法是否与权利要求书中的技术特征全部相同，是否符合本领域普通技术人员的认知。

商标侵权中，一方面比较商标标识本身是否近似，另一方面比较指定的商品或服务是否类似。判断标识近似时，应以相关公众的一般注意力为标准，即与指定的商品或服务相关的消费者或其他经营者，而不是所有公众。另外，商标标识是多个部分组合而成的，既要比较商标标识的主要部分，也要从整体上进行比较，且两个商标比较时应隔离对比，而不能放在一起直接对比。

考虑商标近似问题时，还应一并参考商标的知名度、是否容易导致误认等因素。在判断类似商品或服务时，首先参照《类似商品和服务区分表》，如果在《类似商品和服务区分表》中没有规定为类似的，还可以考虑商品或服务的功能、用途、销售渠道、销售对象等多方面因素，综合考虑是否会导致消费者混淆，如果有客观证据可以证明已经产生混淆的，即可判断为类似商品或服务。

著作权侵权中，首先应明确思想与表达的二分，著作权法只保护表达，而对思想不予以保护。如何明确思想与表达的界限？一般认为，对于文字作品，可以通过抽象概括的方法，将作品逐步提炼为“具体的文字表达”“每段的情节设计”“每节的情节设计”“每章的情节设计”“故事梗概”“主题思想”几个层次的金字塔，最底层的“具体的文字表达”一定是表达，最顶层的“主题思想”一定是思想，而中间思想与表达的界限则需要在个案中具体分析。另外，还应考量著作权法中的“必要场景原则”。必要场景原则是指文学作品中，由于题材的相同或近似，导致必然会出现的场景或情景，在这种情况下，即便表达相同或近似，也不构成侵权。例如在描述吸血鬼时，总是会描述吸血鬼肤色惨白、尖锐的獠牙、在黑夜出没等，那么这些表达就不能认为构成侵权。

第四步，被告确实侵权的，考量是否符合法律规定不需承担赔偿责任的情况，以及对方提出的赔偿数额是否合理。

法律规定不需承担赔偿责任的情况有：其一，没有造成损害后果的。例如未经许可复制他人作品，但仅仅是复制后个人收藏，没有使用、出售、赠与的。又如侵权人擅自实施了他人的专利，但未使用专利产品，也没有出售、赠与的。其二，侵权产品使用者或销售者能够证明其产品有合法来源的。善意的使用和销售行为也构成侵权，但是可以免除赔偿责任。

赔偿数额方面，原告主张实际损失或侵权人获利的，考察实际损失或获利的数量与单个产品的利润是否真实。例如原告因侵权行为而减少的销售数量，是否纯粹是侵权人引起的，是否有正常的市场波动或者原告自身的因素？被控在网络平台销售侵权商品的，同一链接内是否同时存在侵权商品与不侵权商品，而计算销量时将二者一并算入？又如原告的销售利润或被告的销售利润计算方式是否正确，是否考虑了商品生产成本以外的广告投放、人力资源、仓储、物流等无形成本？必要时可以要求原告出具审计报告。原告主张许可费的，考察其举证的许可协议是否真实，相应的许可费是否实际支付，许可费的付款记录与发票能否一一对应。原告主张律师费、公证费、鉴定费等维权的必要支出的，考察其收费标准是否过分高于行业正常水平，以及费用是否实际支付等情况。

三、诉讼之外的解决思路

知识产权是一种无形的权利，区别于有体物的占有人只能为一个主体，知识产权这样一种无形的权利可以由无数个主体同时“占有”，而权利人可以在无数个主体的“占有”中获得利润。因此，有体物被非法侵占时，权利人往往期望对方能够返还原物并赔偿损失，而知识产权被侵权时，不存在返还原物的可能性，而只能停止侵权并赔偿损失。通过前文分析知识产权侵权赔偿标准，不难发现权利人在侵权赔偿中，所能获得的收益仅仅是以“填平损失”为标准，也就是说，权利人所获得的侵权赔偿与自己实施或许可他人的获利几乎没有区别。再加上知识产权侵权诉讼的时间、经济成本，很多权利人会选择与侵权人达成合作，实现共赢。

最典型的例子就是字库和图库侵权问题。以图库为例，正常情况下一张图片的许可费用在几百元到几千元之间，价格受图片的许可期限、许可范围、被许可人规模、图片质量等因素影响。对于侵权人而言，侵权行为的发生大多是企业员工在编辑网页时的疏忽而导致的，很少有企业主观上想要实施侵权行为。一旦权利人通知侵权人这一侵权事实，侵权人都会第一时间停止侵权，即更换图片。权利人付出了时间、人力成本，如果通过诉讼只能得到几百元到几千元的赔偿，显然不符合商业逻辑。因此，图库公司都是由销售人员完成上述维权工作的。销售人员在发函告知对方侵权事实的同时，会提出合作的建议，例如在一定的时间内以一定的价格许可该侵权人使用图库公司享有著作权的图片，即达成许可协议。如果达成协议的，图库公司可以获得远高于侵权赔偿的许可费，而侵权人也可免于诉累，实现双赢局面。

【案例分析实训】

【案例 11.4】

【案情简介】

甲公司持有某日化品牌，该品牌产品已经取得了巨大的市场成功，目前市场占有率排名第一。现正值该品牌产品更新换代之际，甲公司委托乙公司重新进行包装设计，乙公司设计包装时在产品名称处擅自使用丙公司享有著作权的字体。甲公司确认设计稿后，已委托生产了该产品包装，据估算，库存产品包装可供甲公司使用一年。新产品上市后，甲公司投入大量广告经费用于推广该产品，已经取得了良好反响。丙公司通过新媒体推广内容发现了侵权事实，遂向甲公司维权，要求甲公司停止侵权并赔偿损失。

【实训要求】

1. 讨论丙公司应以什么标准计算赔偿数额。

2. 全班学生分为三组，分别代表甲、乙、丙公司，小组讨论后派代表说明各自可以以什么理由说服另外两家公司通过非诉讼方式解决争议。

CHAPTER12 第十二章

初级律师与客户的接待与表达

【本章概要】律师无论在与客户形成委托关系之前，还是在接案之后，都会频繁与客户以交互形式在各种场景中形成“交流与表达”，这不仅是律师用表达体现专业度进行律师服务的过程，同时也是律师获得案件信息并取得当事人信任的过程。初级律师如果不能进行有效的交流与表达，往往很难获得当事人满意与信任，因此，本章选择了律师业务中最基础、最常遇到的：接待当事人、接案后的交流与表达、即兴表达这三个场景来讲述初级律师交流与表达的基本技巧。

【学习目标】通过本章学习要让学生能基本掌握在“接待当事人、接案后的交流与表达、即兴表达”三个场景中，律师该如何运用实务技巧来获得当事人信任，并完成让当事人满意的法律服务。

第一节 概 述

一、交流与表达对律师的重要性

律师是一个很特别的职业，明明律师提供的是专业的法律服务，但是每当你问起身边的人，他们对律师的第一印象是什么，他们的答案往往是：“能言善辩、口才特别好……”当然这可能是由于我国律师服务在民众中的使用率与接受度并不是特别高，大部分民众对律师的了解是从电视剧中获得的，所以对于一个电视演绎过的律师形象，最有看点、也最容易表现出来的肯定就是“语言的魅力”。

当然一方面大众传媒对律师的宣传让民众对律师产生了“会说话、能表达”的形象感官，另一方面由于律师业务本身的“无产品化”特点，以及律师专业度的体现需要通过大量口头表达来进行传输的特性，无疑让“口才”成为律师取得客户信任、展示服务内容、传输服务成果的不可或缺的重要工具。

这种交流与表达的语言能力培养需要一个漫长的过程，同时在培养和训练的过程中我们还必须要区分在不同的场景中的“交流与表达”。比如接待案件之前的交流与结案后的表达侧重点完全不同，而在法庭上的专业表达与社交场合的即兴表达要求存在很大差异，因此，对于律师交流表达的场景我们可以简单地区分为几大类：

（1）形成案件前的咨询接待场景。

（2）形成案件后与客户交流接待场景。

（3）开庭中的交流与表达场景。

（4）调解中的交流与表达场景。

（5）与公职机关交流与表达场景。

（6）谈判中的交流与表达场景。

（7）访谈中的交流与表达场景。

（8）即兴演讲的表达场景。

之所以要把律师交流与表达分为不同场景来叙述，是因为太多人都会以为律师的“交流与表达”就是“能说会道”，甚至有些以说的内容冗长、说的观点与众不同、用跳脱法律思维的反驳来作为“能说”的评判标准。但当你从事律师职业越久，你就越会发现，虽然一样是“说话”这件事，面对不同场合、不同对象、不同目的都应该用不同的应对技巧。

当今律师行业的发展已经不再是最初的“个性化”发展的阶段，经过中国数十年新一代律师的成长，对于“说话”“交流与表达”已经逐渐在形成“工具化、可复制、专业化”的学术研究领域。因此，作为新一代的律师，学习和刻意练习专业化的“交流与表达”模块也是我们新律师的一门必修课程。

同时，因为本书所针对的阅读人群为“初级律师”或者“未来的律师”，所以，我们先选择“形成案件前的咨询接待场景、形成案件后与客户交流接待场景、即兴演讲的表达场景”即初级律师最常用的交流表达场景进行训练，其他交流与表达的场景需要在有一定专业基础及律师工作经验之后进一步学习与反复练习。

二、律师交流与表达的目的

我们每个人与他人的交流表达的过程，其实就是在传输自己大脑中“思想内容”的过程，同时这也是在对方心中构建出我们所表达“人设形象”的过程。因此如果要让你所表达的“思想内容”能够符合一个民众对律师的认知与期许时，我们就必须先了解我们交流与表达的目的是什么，我们进行的“交流与表达”最终要达到什么样的目的。

而对于每一次律师的有效表达，不论在什么样的场景，我们都需要表达出符合律师职业形象与服务需求的目的。

（一）明确律师职业

律师作为法律职业共同体中的一类，我们自身是能够准确区分出各个法律职业之间的区别，但是这并不是意味着每一个你所面对的客户能准确区分出“法官、检察官、法务、法学老师、法律援助咨询人员、人民调解员”等职业与律师之间的明确区别。就算有部分客户能准确区分律师与以上职业的区别，但还是有可能会对“律师、法援案件律师、公益咨询律师、公职律师”等分类不能准确区分。

为什么要在这里强调初级律师要在交流表达中先达到第一个目的：“让别人明确你是一个律师”呢？

首先是因为律师是一种通过提供无形法律知识服务来作为主要经营收入的职业，这与“法官、检察官、法学老师、法务”等其他拥有稳定收入的法律工作群体存在着本质差异。律师的职业特性就决定我们提供的法律服务必须要转化成对应的知识付费，这是我们职业的特性，也是我们生存的方式。

其次因为你是新人律师的身份，别人对你并不熟悉，不知道你从事什么职业。当不知道你是一名职业律师时，根本不可能有人来向你咨询或与你形成案件委托关系，没有获得当事人委托案件的律师，就意味着只能有较低的工资或甚至没有收入。换言之，当我们提供的法律服务时间和内容与我们收入有直接的关联关系时，但目前大部分群体还没有主动形成对于“知识付费”或者对于“无形服务”支付对价的消费习惯时，如何让你在不交付实体货物的情况下，同时又能让客户明确知晓应当为法律服务支付费用，所以第一点就是需要让对方明确律师是你的职业。

当然在这里我们要和初级律师说明一点，律师作为我们的职业，以此进行法律服务收取律师服务费用这是毋庸置疑的。但是与此同时，我们作为中国法律共同体的一员，我们也应当承担起律师身上不可推卸的社会公益责任。当我们关心社会投身公益时，我们要明确转换身份，这时候你是一名为社会提供法律援助的公益律师而非以法律服务为收入的职业律师，对于初级律师而言，严格地区分自己的不同身份，了解与明确自己在不同律师身份下的不同责任与义务，也是成为一个律师必修的课程。

（二）展现律所的形象

学习过本书第一章节的读者应当已经清楚知晓一个概念，律师不允许以个人名义从事法律服务，接洽法律案件，律师必须以律师事务所的名义与当事人签订律师合同。因此，当别人清楚了解你是一名职业律师之后，可以进一步让对方了解你所在的律所情况。向对方展现和表达律所信息，一来可以让对方更确信你的律师职业身份，有助于之后的交流与表达，二来让对方知晓你的律所信息，也能让你的客户或潜在客户对你的工作状态更为放心，年轻的独立律师较难立刻取得他人的信任，让对方知晓你的律所信息有助于加快建立彼此的信任感。

当然，如果你现在的律师事务所是一家注重品牌宣传或者是在行业中有专业地位的律所，我们也建议尽量向交流的对象展示律所信息。好的律所品牌一定会对你开拓业务或开展律师工作有所帮助。

（三）体现律师法律思维

律师的有效交流与表达核心是要能体现“律师法律思维”。之前我们说到的目的是告诉别人你是律师，你是一个在律所执业的正规律师，后面几条可能是针对交流表达的信息目的和情绪目的来做的阐述，而这一条，是律师交流与表达中的核心目的，也是律师职业区别于其他职业的交流与表达的核心内容。

当然律师在生活中有其他的身份：朋友、孩子、家长……在这些场景中所有的交流可以都不带有法律的思维，但是如果你转换到了律师工作场景，让对方能准确接收到你具有“律师法律思维”这一信息，这是至关重要的。

我们在学习法律和准备法律职业资格考试的时候，就一直在培养自我建立“法律思维”的逻辑体系。这是一种以法律为主线的思考方式，而非普通人以情感与道德为主线的思考方式。我们经常能在节目中看到一些没有违反法律但违反道德观念的社会事件发生后，会邀请评论员和法律人士来做嘉宾进行评述。有些评论员会从事件的情感与道德层面进行分析，这种表达非常令观众“解气”，一种最质朴“好人与坏人”的感情表达与分析让观众心中的公平感得到了抒发。但是对于法律人士而言，做出最符合法律事实的法律评价才是我们应该做的，也许这不是大众最向往的价值评价，但却是当前法律规定下最规范的法律评价。这就是法律思维与普通思维的区别。

但是，我们作为律师在交流与表达的过程中，除了要表达出我们具有“法律思维”的基本技能以外，更需要表达出我们“律师法律思维”。比如在法律共同体中，一样都具有法律思维，但是法官的思维中更多是“对案件作出公正的裁决”，检察官的思维中是“代表国家公权力，让犯罪嫌疑人接受应有的惩罚”，而人民调解员的思维中“化解矛盾，达成双方满意的调解结果”是其要达到的主要目的。对于我们律师而言，“维护当事人的合法权益，提供优质的法律服务”将是我们站在“法律逻辑上”需要进一步培养与提炼的“律师法律逻辑”。只有在明确了自己的核心逻辑体系后，我们才能在律师职业的场景中准确地表达出我们的目的。

（四）准确获取信息

在律师交流场景中除了向外进行的输出表达，准确地从交流方获取信息也是律师交流与表达全场景需要实现的目的。

当然，在不同场景中律师需要获取的信息是不同的。比如接案前的场景，律师需要获得当事人信息、案件情况、当事人需求等内容；在谈判场景中，律师需要获得谈判目标、第一方案、替代方案、对方团队、谈判内容、冲突焦点等内容。由此可见不同场景需要的信息全然不同，这需要在不同场景练习中学习和总结。

（五）及时有效反馈

一次完整的交流和表达过程中，有效反馈是非常重要的一个环节。我们再一次强调一个完整的交流与表达，必须是双向的，双方都需要有信息的输入与输出的过程。在律师的交流表达场景中，一般都是基于律师工作的特性而产生，既然我们从事的是无产品化的知识付费法律服务，那么用语言或文字将我们的服务建议或成果反馈给相对方，是律师交流与表达的一个必要目的。

当然这里的及时与有效并不是指在当时场景下第一时间的立刻回应，而是根据不同情况与需求作出的反馈。比如现场咨询简单的问题，律师可以第一时间进行解答，这是一种反馈；法庭中对方律师提交新的证据，我方律师要求给予法定时间对证据质证，并向法官反馈，一般会以书面形式在期限内将质证意见书面提交给法院，这也是种及时有效的反馈。因此，及时有效的反馈也是交流与表达中律师需要实现的目的。

（六）取得交谈方信任

在实现了以上五个交流与表达的目的之后，那也就实现了50%的第六个目的，那就是“取得交谈方的信任”。

律师界里有一种说法：“我们办理的不是案件，而是其他人的人生”。这虽然是一种具有情怀的表达，但是也是我们与客户关系的一种真实写照。这一点也正契合了律师法律思维的观点：“维护当事人的合法权益，提供优质的法律服务”。

律师作为专业的法律人士，接受当事人委托，为当事人提供法律服务，维护当事人合法的权利，这一系列的过程有一个不可撼动的基础，那就是当事人对律师的“信任”。信任是律师为当事人提供法律服务的基石，如果没有信任作为彼此合作的基石，那么律师做的任何正确但是超出当事人预期的行为都将被严重质疑，毕竟当事人具有的思维方式与对结果的预期与律师的判断一定存在着差距。因此获得交流方的信任不论是对未来形成委托关系，还是对接案后突发事件的交流与处理都具有至关重要的作用，没有一个人会愿意把与自己切身利益有关的事务交给一个不信任的人处理。

那么如何在交谈和表达中获取对方的信任？这依然需要根据不同场景和不同对象进行分析判断，但是有几个必要的表达可以在全场景中进行使用：表现尊重、认真倾听、表达共情、体现专业、尽量公正、表现沉着，对于这一段的详细描述将会在日后《进阶律师实务》课程中进行详述。

当然，有人会指出在与自己当事人沟通时取得信任是可以实现的交流与表达的目的，但是如果在开庭场景中或者谈判场景中，取得交谈方的信任还有必要吗，是否还是律师交流与表达的目的？我的答案是：“是的。”

首先，我们作为律师，作为一方的代理人开展律师业务，在整个服务过程中肯定会有相对方的存在，但所面对的相对方不一定永远就是你的相对方，未来他可能是你的新委托人，也可能是你的同事或者朋友，因此在每一次你作为律师的交流中，应该尽量以取得对方信任为目的，这样会约束你的行为，也会调整你过于沉浸于“当事人身份”中的角色偏差感。

其次，以取得相对方的信任为目的，并不是要求你的交流与表达偏向相对方，也不是要求相对方完全相信你的意见，而是指如果我们时刻告诉自己，在这次律师场景表达中获得相对方的信任也是目的之一，这样会对自己的言行增加约束力，用尊重和尽可能的公正态度来做正确的表达，有利于调和有相对方场景中的气氛，也更可能达成平衡双方共同诉求的目的，毕竟律师是需要为客户解决问题的，而不是将问题恶化与升级。因此取得交谈方的信任也是不可或缺的目的之一。

三、律师交流与表达的三个场景

（一）形成案件前的咨询接待场景

接案前的交流与表达场景，主要指律师与当事人之间形成法律服务关系之前的场景，在这个场景中会出现：法律咨询、接待解答、询问案情、形成委托关系、跟踪回访等环节，通过反复练习掌握好接案前的交流技巧有助于提高初级律师的接案率，有效缓解新律师的生存压力。

（二）形成案件后与客户交流的接待场景

接案后的交流与表达场景，主要指律师与当事人之间形成法律服务关系之后的场景，在这个场景中会出现：方案讨论、案件交流、协同互动、成果反馈等环节，虽然不同的客户有不同的服务需求，但是初级律师能够先了解并掌握接案后的律师交流技巧，有助于提高客户对于律师服务的满意度，有助于新律师与客户之间增加信任与黏度，以此发展长期合作关系。

（三）即兴演讲的表达场景

即兴表达是无论新律师还是资深律师都会经常遇到的场景，他可以是在新客户面前的一段自我表达、可以是律师行业会议中的发表意见、可以是客户聚会中临时法律演讲、也可以是同学聚会中一段即兴的工作感想。即兴表达的机会和场合很多，基于大众对于律师固有“会表达”的定式思维，在初级律师阶段就开始有意识地进行即兴表达的训练，有助于初级律师综合能力的培养，也有助于新律师得到更多被关注的机会，以此辅助其专业业务的成长与发展。本章以下内容，将围绕“接案前、接案后、即兴场合”三个场景进行描述。

【案例分析实训】

【案例 12.1】指导老师需要给两组同学准备基础对话提示卡，提示卡指导老师自行准备，实训前请勿将提示卡内容交给全体同学查阅。

【案情简介】

在一个电视台采访的场景中，请四位学生上台进行互动。

一名主持人主持整场节目。

一名当事人表达自己的情感经历：结婚前，配偶对他（她）非常好，口头承诺会给他（她）买房买车，自己赚的所有钱都会上交，所以结婚前当事人也没有计较太多，没有询问财产权属就与配偶闪婚。结婚后发现，配偶完全不顾家，现在孩子已经三岁了，配偶不仅不管孩子，不支付家里生活费用，现在外面可能有了第三者要提出离婚，要赶当事人和孩子离开，这个时候当事人才发现房子、车子都是配偶婚前名下的，配偶名下没有存款，所有财产都是配偶父母名下，配偶每月工资 3000 元并称用于自己生活花完了，没有任何积蓄无能力抚养孩子，因此既不要孩子还要当事人净身离婚，对此当事人非常愤慨，希望节目组给予帮助。

一名评论员：以情感与道德角度进行评析。（提供对话提示卡 A）

一名法律工作者：以法律角度进行评析。（提供对话提示卡 B）

【实训要求】

两组同学分别模拟“普通思维”与“法律思维”的思考方式。

【思考问题】

两组用不同的思维方式进行评析，大家讨论法律思维与情感道德思维之间的区别在哪里，哪里不一样？

第二节　初级律师接案前接待技巧

一、律师常见接待场景及各场景特点

在律师行业发展的早期，最为常见的案前接待场景是律师与客户之间的面对面现场接待，现场接待考验律师对专业知识的把握以及临场表现能力。

随着电信资费的下降与互联网技术的发展，电话接待、互联网接待也已经成为案前接待的主要方式，然而通过互联网与电话方式接待客户的过程，很大程度上还是在为现场接待提供一个铺垫。因为对于律师提供法律服务而言，除了简单的法律咨询等服务外，如果需要取得客户的信任，以及更好、更准确地为客户提供法律服务，案前当面咨询是不可或缺的环节，好的案前接待可以促成律师业务的形成。

由于现在沟通交流的途径与平台较多，因此随时都可能有客户通过不一样的渠道找到律师来进行法律咨询或案前咨询的情况。我们在本节主要围绕着“可形成案件的案前接待技巧”来进行分析，简单的有偿法律咨询或提供简单的法律服务的接待技巧，不是本节的主要学习与讨论的内容，我们认为这些都是最终形成完整律师业务的前期铺垫，因此本节还是以形成完整律师业务的案前接待技巧作为讨论重点。

我们先来分析一下当下最常见的案前接待的场景与特点。

（一）引流式案前接待场景

电话、互联网案前接待场景是当下最高频的案前接待场景。这些接待方式对于帮助律师最终形成业务而言，具有一种引流式的前端接待作用。通过这一种引流式的接待方式，让律师有机会获取更多的案件咨询，在引流式的前端案前接待中与客户形成初步的信任关系，向客户展示基本的专业信息，为之后面对面接待最终形成案件委托关系打下基础。

1. 电话接待场景

电话接待的场景是一种较为传统的案前接待场景，从最初有新中国律师业务开始，电话就成为律师业务接待场景之一，只是随着电信资费的降低，电话接待场景在我们生活中越来越多地得到普及，就算是在互联网通讯如此

发达的今天，电话接待场景依然占有较大的比重。

（1）电话接待场景的对象：主要是朋友来电或者通过媒介传达而获得电话信息后的来电对象。比如朋友咨询、通过认识的人介绍获取电话号码的咨询人、通过媒体等其他广告形式获得电话信息的咨询人。

（2）电话接待场景的优点：电话接待场景较为便捷，只要律师不是处于无法接听的情况下，客户随时可以通过电话的方式咨询律师。由于电话是语言沟通，客户无法将与案件相关的材料让律师查阅，那么当客户对该律师电话接待较为满意，同时也有进一步法律服务的需求时，律师如果此时发出当面洽谈邀约，对于客户而言是比较容易接受的，这将会引导客户进入下一个面对面案前接待的场景。

（3）电话接待场景的缺点：由于电话接待的便捷性，电话接待有时也会对律师造成一定的困扰，不分时间的来电咨询可能会影响到律师的正常生活与工作。另外，在电话接待场景中，除了与已经认识的朋友进行接待咨询外，对于第一次来电咨询的潜在新客户人群，律师在电话里的声音表现与说话技巧成为是否获取客户好感与信任的重要因素，对一些声音或发音不是大众最能普遍接受的初级律师而言，那电话接待就不是一种最好的引流式接待方式。

2. 聊天工具接待场景

当下有许多互联网聊天工具产品，不同人群、不同国家会选用不同互联网聊天工具作为生活、工作常用的交流平台。目前我国最为主流的互联网聊天软件是“微信”，这也是目前最常见的聊天软件接待场景产生的平台。

（1）聊天工具接待场景的对象：聊天工具好友、好友推荐的好友、群聊认识的新好友、通过媒体等其他广告形式获取聊天工具号码的新好友。当然这里的“好友”并非真正意义上的好友，而是指能在这个聊天工具中与你交流看见你动态的主体。

（2）聊天工具接待场景的优点：聊天工具场景是一个相对而言密闭的空间。它虽然在互联网开放的平台中使用，但是它依然具有私密性，它的公开只限于在你的好友范围内的交流。同时在你聊天工具内的好友也不是每个人都会向你进行法律咨询或者委托案件，因此与电话接待场景相比，聊天工具接待场景在进行案前接待工作以外，日常经营和维护好自己展示空间（如微信朋友圈），也是初级律师重要的工作之一。

聊天工具接待场景比较大的特点就是接待方式的全面。除了语音方式，它还能通过文字、图片、视频、网络电话、视屏电话、电话会议等多形式进行交流沟通。这对于律师工作而言肯定提供了更高的便利性，也对律师跨地区承接法律业务提供了技术上的支持。

(3) 聊天工具接待场景的缺点：聊天工具接待方式有着他的优势，一样有着他的缺点。

首先，在聊天工具接待场景中的律师，很多时候由于双方是聊天工具好友关系，同时又处在“聊天”的场景之下，许多好友在向律师进行法律咨询的时候并没有意识到这是一种与律师职业相关的工作咨询，这种无意识直接影响到律师将案前接待转化成委托案件的概率。

其次，在其他引流式场景中，经过了初步咨询接待后，当客户需要将详细案件材料交给律师查阅分析时，由于传输文件方式的限制，让律师比较容易与客户达成一致，双方进入下一步的当面案前接待场景。然而在聊天工具接待场景中，过于便捷的文件传输方式，导致客户在没有获得完整解答之前不愿意与律师进行当面交流，而大部分情况下，在聊天工具中当律师完全看完材料并作出案件判断提供了完整法律咨询服务之后，客户将不再需要律师继续提供法律服务，这从律师工作特性来看，是一种时间及收入的损失。

最后，聊天工具接待无论多便捷还是存在一定的滞后性。有专家研究为什么明明在互联网这么发达的今天，许多人还是坚持喜欢通过打电话和见面来谈事情呢？这主要是对于等待时间差的难以容忍。为了获得更为及时迅速的反馈，很多人会放弃网络电话而选择电话沟通，因为目前网络电话比电话的延时长，很多人会放弃视频通话而选择见面沟通，因为视频通话虽然能看到人但是依然存在网络延时的情况，哪怕仅几秒的延时，这已经是很多人无法接受的沟通时间差。因此聊天工具这一个缺点反而也能成为促成客户进入见面接待环节的一个机会。当然这必须建立在你的专业服务已经初步取得客户信赖的基础上。

3. 其他网络平台接待场景

在互联网平台中，除了有一定私密属性聊天工具接待场景之外，互联网还有一类更为公开的接待场景，那就是完全开放的网络引流接待平台。传统的互联网平台包括博客、微博、知乎、法律咨询类网站等。律师主要通过这些网络平台发表自己法律意见来体现律师专业度，或者对网友提问进行文字解答，以此建立初级沟通而形成案前接待场景。随着短视频及直播平台的发展，律师通过视频或直播的方式体现自己的专业度，与网友构建交流渠道也是一种新型的网络平台接待场景。

（1）其他网络平台接待场景的对象：主要是陌生网友，哪怕其中包含部分已经有一定粘性的粉丝型网友，这些也只是局限于公开网络平台的交流，对于已经从陌生网友转换成聊天工具好友，或者已成为现实客户的网友，不能再列为此类接待场景的目标对象。

（2）其他网络平台接待场景的优点：受众人群广泛，根据律师选择网络平台的不同，你在网上发表文章或回复观点的不同，将吸引到不同需求、不同背景的人群。这对于没有案源的初级律师是较为公平与公开的展示平台。当然对于大部分的网络平台接待场景来看，律师需要具备把初级引流接待发展到下一步面对面接待场景的能力，这也对初级律师提出更高的交流要求。

（3）其他网络平台接待场景的缺点：完全陌生的网络关系，使得律师较难与客户形成稳定的信任感，如果想要在网络平台营造一个具有信任氛围的接待场景，那必须通过律师在较长时间里经营维系良好的网络律师形象，并且用专业与真诚换取网络口碑。

网络平台接待场景主要还是基于文字回复的方式进行初级沟通，因此其实网络交流场景的周期较短，律师需要在较短的时间内将网络平台接待场景转化成电话或聊天工具接待场景，在进一步取得信任后，再将场景推进到面对面咨询接待场景，最终增加形成案件委托关系的概率。

（二）成案时案前接待场景

案前接待场景中最重要的一个场景就是律师与客户之间面对面的当面接待，如何在当面接待过程中快速展现律师专业度、准确了解客户需求，为客户提出法律服务建议，并取得客户信任，最终形成委托关系，是需要律师在实践过程中慢慢练习的。我们将在本节中为大家总结一部分案前接待经验，供大家在工作中进行参考。

二、案前接待中的流程技巧

在当前的律师案件接待中，较为常见的情况是客户事先与律师进行了预约，或者通过引流式接待场景前来面谈的客户，很大概率我们对于客户初步需求有所了解，因此对于这一次的面谈接待，律师应当从事前准备开始就要认真对待。

（一）认真做好接待前的准备工作

正式的接待场景开始于双方见面，但是为了能更大概率地把咨询接待转化为真实委托律师服务，我们建议要认真做好接待前的准备工作。

1. 面谈信息的确认

在与客户见面前将明确的见面时间、地址、所需对方携带的材料告知客户，如果条件允许，建议编辑文字信息发送给客户。针对第一次见面的客户，建议将准确的地址定位发送给客户，在询问其来访方式后，可以将停车信息或交通信息与客户进行沟通，以方便客户准确找到会谈地点。

如果是律师上门拜访客户进行面谈，请携带好所有与本案有关的材料，与客户明确上门时间与地点，在约定时间前 10 分钟达到见面地点附近，预留充足的时间可以用来调整初级律师的紧张情绪，预留会谈前修整自我形象的时间。如果预约间隔时间较长，请在约定面谈的前一天与客户再一次进行会谈信息确认，以免发生情况的变更，影响此次接待效果。

2. 案件资料汇总

建议律师在接待前，将现已掌握的与客户咨询相关的所有信息及资料进行收集汇总，初步判断客户的法律服务需求，并针对现有案件材料制作一份接待清单，将需要在这次接待中主要表达的内容、想询问的问题，或者要求对方补充的材料信息进行罗列与记录，以此保证面谈接待的效率及效果。

3. 法律关系的论证

在汇总现有案件材料后，针对初步判断的客户需求，初级律师应当提前做好法律关系论证工作，可以通过法条收集、查询案例、询问前辈律师等方式形成初步的法律建议和法律服务方案，充分的准备有助于提高初级律师的现场接待表现。

（二）有条不紊的完成当面接待

1. 良好的形象展示

客户前往律所进行当面接待时，请事先保持接待室环境的整洁，同时保持接待使用的电脑或记录纸外观整洁。律师着装以大众对律师审美价值判断为主要导向，从服装及谈吐上增加律师的可信度。

2. 有礼貌的开场

第一次与客户见面，双方难免会有一定的陌生感，哪怕事先已经有引流式接待场景作前期铺垫，也难免彼此会有距离感。因此在开始接待时，建议律师能够主动有礼貌地打开话题，拉近彼此的距离。开场内容可以是与本案无关的简单问候，也可以是直接切入主题的询问，比如询问上次在聊天工具上与客户聊完之后，目前案件是否有新的进展与变化，以此表达你对案件前期情况已经有所了解，同时也能直接引入正式咨询场景。

3. 用共情的心态倾听客户陈述

在接待的开始，我们需要预留足够的时间与耐心倾听案件经过以及客户的诉求，同时我们需要使用共情的心态理解客户的诉求。不论你是否认同当事人说的案件经过与观点，也不论客户提出的诉求是否符合法律规定，我们在客户表达的过程中都要用尊重对方的共情心态去认真倾听，共情的倾听更能与客户建立信任的关系。我们用共情的方式倾听是为了更好地与客户交流，明确客户的需求，但是这不代表律师就需要完全站在客户的对错观角度来判断问题，毕竟我们是专业的法律工作者，我们应当有自己独立的律师的法律逻辑来对案件做出判断。

4. 通过询问把控全场节奏

客户毕竟不是法律专业人士，因此他们在陈述案件过程中或者提出法律需求的时候，可能表述并不准确。有些客户会表达过多，带入过多与案件无关的内容，只是为了进行情感的宣泄；有些客户表达较少，许多对案件重要的细节正是他所遗漏的；还有些客户对案件表达与常理不相符合，等等。因此律师在除了具有共情倾听能力外，当客户的表达严重超越本案的接待范围时，为了保证接待的效果以及把握接待的时间，我们建议律师可以进行适时的询问。初级律师可以将事前案件资料汇总时已经准备好的核心问题作为主轴，以律师询问为主导的方式引导客户进行有效的叙述。

5. 提炼汇总客户陈述

无论是完整倾听客户陈述还是通过询问的方式获得客户需求，为了保证双方对交流信息内容理解一致，我们建议此时可以提炼汇总一下客户陈述的案件情况以及客户需求，只有在正确信息基础上做出的法律判断才能真正符合客户的服务需求。

6. 现场审阅材料

明确了客户陈述与需求后，律师要根据客户所提供的材料来对案件进行法律判断。很多时候客户陈述的事情经过可能的确是事实，但是所有的事件如果需要法律服务的介入，律师就应当用律师的法律思维重新审视这个事件，而法律思维审视事件的基础是证据材料。作为律师应当严格明确“事实”和“法律事实”的区别。律师在审阅证据材料时，应当尊重证据，明确告知客户材料中的瑕疵，不能为了急于接下案件而隐瞒证据瑕疵，更不能为了收取律师费给予客户伪造证据的非法建议。

7. 给出专业判断与建议

在完成案件材料审阅后，这才是对客户的情况及诉求进行了一个较为完整的了解，律师可以在这样的基础上给予客户初步法律建议，同时也要明确告知客户我们可以为他提供具体法律服务的内容。作为一名律师，我们给客户的法律判断与建议，都是基于当前客户的陈述和材料作出的，但任何一个事件都不会是只有一方参与的，特别是在诉讼类案件中，律师可以通过自己的专业知识以及执业经验告知客户自己对案件走向的分析与判断，但是绝不可以随意地对案件结果做出保证。

8. 坦言收费及促成缔约

律师是为客户提供律师服务的法律工作者，因此向客户收取服务费用是符合商业规律的行为。就像我们购买软件需要支付正版软件使用费一样，知识付费是值得推崇与尊重的理念。初级律师在完成对客户的法律咨询后，应当坦然地告知客户相对应法律服务的收费标准，这个收费标准的依据建议是由每个律师事务所提供统一标准，律所制定的统一收费标准有助于初级律师向客户表达收费要求。如果客户需要对于律师费用提出折扣申请，也建议初级律师表明需要向上级律师进行请示与批准。由于律师提供的是无实体交付的非标服务，因此对于客户而言，无标准的价格以及随意的降价都会使其怀疑初级律师收费是否合理，难免会产生担心自己被多收取律师费的顾虑，因此对于初级律师而言，选择好的律所平台，同时使用律所统一收费标准，更容易获得客户的信任。

（三）接待后的回访与反馈

如果在第一次当面接待场景中，律师与客户对法律服务及律师费用达成共识，同时也完成了律师合同的缔结，那么这是一次成功将当面接待转换成法律服务关系的优秀案例。但是大部分情况下，哪怕客户支付了法律咨询费用，他们也不一定会现场决定委托律师成为他案件代理人，因此在完成第一次当面接待后，对于有意向的客户，我们建议初级律师要做好后续跟踪回访与反馈工作。此时律师可以通过电话或聊天工具场景的方式与客户取得再一次联系，可以询问最近案情发展情况，或者针对客户在当面接待时提出过但你没有及时反馈的问题进行解答，这些都是很好的回访方式。哪怕这一次最终未能形成业务委托关系，但是你的专业认真可信任的形象会在客户心中埋下种子，这将会是你未来获取新业务的优质渠道。

三、关于初级律师表达律师费用的建议

初级律师在谈论收费的时候都会有不知道如何表达，或者不清楚该如何向客户提多少律师费的困惑，我们在这里给予初级律师一点收费上的建议，希望在初级律师为客户提供专业高效法律服务的同时，能帮助初级律师在案前接待场景中提高与客户缔结合同的概率。

（1）使用律所统一的收费标准作为律师收费依据。

（2）记住律所的服务报价与服务内容，在告知客户律师服务价格的同时也能准确说出律师服务内容。

（3）当客户提出律师费用过高时，我们应当思考客户觉得费用过高的真实原因，不同真实原因可以给予客户对应的正面反馈。

（4）客户认为你作为初级律师服务不值这个价值时，我们可以尝试增加服务的价值，比如寻求更有经验的律师合作共同参与这笔法律服务；或者本次服务律师不变，而增加法律服务的内容，比如在常年法律顾问合同中增加服务次数；或者一样的法律服务内容及律师级别，但是提供多名初级律师共同完成本次法律服务。

（5）律师费价格高出客户想支付价格的预期时，我们可以和客户协商调整服务内容与方式，通过提供与客户预期律师费相符合的服务内容来接近客户的支付预期。

（6）客户认可且需要你的服务，但是价格仍然是他顾虑的重要因素时，我们可以建议客户采用分期付款的方式支付律师费用。

(7) 当客户提出打折要求时，我们必须让客户清楚了解他支付的对价是与将获得的法律服务相匹配的。建议初级律师不要随意答应客户的打折要求，而是应当寻找一个明确的理由，经过向律所主管部门申请并获得律所同意后才为客户提供打折的机会。我们必须让客户知道，打折并不是一件随意可决定的事情，这样做完全是因为他需要这次服务，希望为他提供优质法律服务而做的努力。

(8) 如果遇到客户愿意支付更高额律师费用，只是对于初级律师身份不予以认可，那么我们应当学会在第一时间做出“移交案件”的尝试。我们可以尝试与客户进行沟通，并向他介绍律所更为资深的律师，可以由客户选择一位更满足他要求的资深律师来承接该起案件。这种虽然看似是向第三方移交了客户资源的行为，但却可以让我们有机会继续跟踪该起案件，并学习知识获得成长。

我们再次强调谈论初级律师接待案件与收费技巧，都是必须建立在初级律师能够提供优质、专业、诚信的法律服务基础上，我们不能忘记对于一个律师而言，我们的交流与表达中应当充分体现律师执业的专业度与可信度。

【案例分析实训】

【案例 12.2】 指导老师需要对于两组同学准备基础对话提示卡，提示卡指导老师自行准备，实训前请勿将提示卡内容交给全体同学查阅。两组同学分别模拟场景 A“有准备的当面接待”与场景 B“无准备的当面接待”场景。

【案情简介】

【场景 A】

一名律师：提供当面法律咨询。

一名当事人：与朋友有借贷纠纷，需要讨回借款人民币 3 万元。目前证据有借条，但由于现金支付，因此没有转账凭证与收款凭证。在通过微信方式与律师取得联系后相约见面咨询。(提供对话提示卡 A)

【场景 A 实训要求】

一场当面现场咨询的场景（建议在开始课程前进行模拟）。

【场景 B】

一名律师：提供当面法律咨询。(提供对话提示卡 B)

一名当事人：与朋友有借贷纠纷，需要讨回借款人民币 3 万元。目前证据有借条，但由于现金支付，因此没有转账凭证与收款凭证。在通过微信方式与律师取得联系后相约见面咨询。(提供对话提示卡 B)

【场景 B 实训要求】

一场当面现场咨询的场景（建议在完成课程学习后进行模拟）。

【思考问题】

A 组在学习本课程前凭直觉和现有认知完成一次当面案前接待的场景模拟，而 B 组在学习后，根据学习技巧及提示卡提示，完成一次有准备的当面案前接待场景模拟，大家可以进行评析，大家对 A 组与 B 组表现区别有什么不一样的感受？对于 A 组表现是否有调整的空间？

第三节　初级律师接案后交流技巧

对于普通商品的销售而言，顾客的签单付费、商品的售出交付就意味着商家已完成了销售行为，之后再与客户产生交集，往往出现在售后、二次销售、客户维护等场景中。然而对于提供没有统一标准来衡量的法律服务的律师而言，接受委托与客户缔结律师服务合同只是我们开启服务的第一步。因此在接案后用细致服务与专业技能为客户实现委托目的，是律师必须完成的合同责任与义务。

我们在本节中不讨论律师应该如何采用更标准化、流程化的方式为客户提供法律服务。我们在此只是将律师服务中最常见交流场景进行提炼，为大家提出在接案后交流过程中，律师在不同场景下交流与沟通应当注意哪些事项。

一、与客户之间的交流场景

不论什么类型的案件，律师在接案后一定会不可避免地与客户进行交流与沟通。交流与沟通不仅是我们形成法律服务成果比如起诉状、法律意见书等文书内容的必要桥梁，有时它本身也是我们的法律服务成果，比如法律咨询，发展建议等。因此我们在与客户交流时应当从时间节点、沟通工具、反馈对象与内容这几个方面进行综合考虑。

（一）时间节点

客户与律师形成委托关系，他既希望你能在重要环节与他沟通及时汇报，同时又希望你没有什么事不要总是来询问他，给他增加麻烦。律师在长时间的工作中累积经验，才能对客户沟通频率做出准确判断。但是作为一名初级律师，在还不具备准确判断该与客户使用何种沟通频率的能力时，建议还是把重要的沟通时间节点进行整理与罗列，至少在最关键的核心节点上不会出现沟通缺失，防止未来可能存在的执业风险。

1. 诉讼案件的重要时间节点

（1）收集与确认证据材料。

（2）制作法律文书之前。

（3）法律文书确认及提交时。

（4）接到公职机关通知时。

（5）案件情况有所进展时。

（6）案件情况发生变化时。

（7）形成调解方案时。

（8）知晓案件结果时。

（9）其他需要客户做出决策的时间节点。

2. 非诉讼案件的重要时间节点

（1）确认客户需求时。

（2）非诉服务整体启动时。

（3）每次启动非诉服务中单项服务内容前。

（4）每次完成非诉服务中单项服务内容时。

（5）形成非诉服务书面成果时。

（6）按照时间周期提供的非诉法律服务，应当选择一个固定时间节点作为法律服务交流节点，比如选择月度汇报、季度汇报等作为节点。

（7）其他需要客户做出决策的时间节点。

（二）沟通工具

接案后律师与客户之间的沟通方式主要有：当面洽谈、电话沟通、电子邮件往来、聊天工具交流以及快递材料寄送等几种类型。在这里具体选择何种沟通，需要根据客户需求及当时环境而定，律师应尽量配合客户的交流习惯，可以通过符合客户当时需求的沟通方式进行交流。但是我们也必须清楚了解到不同沟通工具之间的差异与使用特点。

1. 当面洽谈

当面洽谈是最为直观与有效的交流方式，它的优点是可以在当下就获得相对方的即时反应，减少交流与沟通过程的时间及内容误差。但是它同样也存在缺点，那就是时间成本过高，缺乏便捷性。律师与客户往往为了一次当面洽谈，可能需要在交通上投入大量的时间成本，并且要协调各方的日程来达成一次共同见面的机会。因此，一般我们建议比较重要的交流场景或节点再选择当面洽谈的方式，让当面洽谈发挥其应有的价值。

2. 电话沟通

电话沟通是一种及时又便捷的沟通方式。这种沟通方式可以在无需当事人对文书材料做出确认或者非重要事项的告知情景中使用，简短且非重要节点的沟通可以通过电话完成，或者是当我们发送电子文件需要对方确认但是对方没有回应时，电话交流会是一种有效的确认与提醒工具。

3. 电子邮件往来

由于互联网实时聊天工具的发展，许多律师在案件沟通时会选择聊天工具作为交流沟通及文书传输的首选，往往忽略了电子邮件的使用，但是电子邮件其实是非常有用的沟通工具。由于它能长期保留数据的特点，电子邮件在律师工作文书确认的场景下，尤其是合同审核与起草的交流场景中具有不可替代的位置。

虽然实时聊天工具也已经实现了文书传输及线上沟通的功能，但是手机更换或遗失都有可能让你无法找到当时与客户沟通的重要信息，因此对于一些重要的工作内容，建议还是选择使用电子邮件作为沟通工具。

4. 聊天工具交流

聊天工具交流的便捷性毋庸置疑，多功能的集合也使得聊天工具成为现在主流的接案后沟通方式，但是在使用聊天工具进行案件沟通时，我们还是应当要注意对于重要文件的保存问题。一旦与客户发生律师服务纠纷，或者客户需要确认当时服务过程中的细节内容时，能够第一时间找到文件资料是比贪图一时沟通便捷更为重要的。

5. 快递材料寄送

在律师法律服务中除了通过电子数据的交互传输进行沟通外，也会有实体材料交换沟通。鉴于律师资料一般均为重要的文书材料，因此对于实体材料寄送的时候，律师首先应当选择正规的快递公司。在清晰写明快递信息以及寄送内容后，需要再次确认地址信息后再行寄送。当快递寄送完成后，律师应当及时告知接收人快递寄送信息，并跟踪快递派发情况，以此保证快递材料安全及时寄送到接收人手中。

（三）反馈对象与内容

我们可以将反馈对象区分为个体客户与集团客户，无论是诉讼案件还是非诉案件，不同的反馈对象需要采用不同的反馈方式。

1. 个体客户

个体客户是指，对于重要事项的反馈只需要向一个个体做出，而重大事项的决定也同样由这一个个体客户做出即可。在这里个人客户并不一定是指一个人，在有些公司客户中，由于只需要向直接负责人反馈案件，由直接负责人做出对案件重要事项的决策，也可以将该类公司客户定义为“个体客户”。

在与个体客户的沟通与交流中，律师只需与其个体沟通，向其进行直接反馈或汇报所有案件相关内容，做到准确、细致、及时，一般就能获得个体客户的好感。客户与律师的直接沟通，使得他们能清晰了解到律师工作的内容及成果，这是初级律师最为常见的客户类型，也是比较容易做交流反馈沟通的客户类型。

2. 集团客户

集团客户是指，公司层级分明，而聘请律师与支付律师费的主体往往不是与你直接进行沟通交流的对象的一类客户。在集团客户中最常见的沟通对象是公司的法务人员，然而你服务的主体并非是你直接沟通的对象。

在与集团客户进行接案后沟通时，律师一定要注意反馈的对象与内容。由于集团客户一般服务内容较多，因此对于较小标的案件或其他事宜可以直接与法务人员进行沟通，以免事事惊动集团领导，造成法务人员不满同时也会让集团领导对此反感。但是当遇到重要的工作成果汇报以及需要作出重要事件决策时，建议除了与直接沟通对象进行反馈外，还需要通过适合的方式将信息向主要领导进行反馈，否则完全不向直接领导进行工作反馈，会导致律师工作与直接负责人直接的沟通脱节，可能大大降低直接负责人对律师的信任度，这也会对双方后续再次合作造成阻碍。因此准确区分反馈对象与反馈内容，是初级律师在服务集团客户时需要掌握的基础沟通技巧。同时我们在此也建议针对集团客户，电子邮件是一种很好的沟通工具。

二、代表客户与第三方进行对抗的场景

律师作为客户的代理人，经常会陪同客户或者代表客户出现在与第三方“对抗”的场景中，主要情景有：参与诉讼、参与调解、参与谈判等。

在律师参与此类沟通场景中时，律师首先应当明确自己的身份与位置。作为一名律师，你虽然是当事人的代表，为维护当事人的合法权益而努力，但你毕竟不是当事人，因此在与有对抗关系的第三方进行沟通时，应当时刻注意自己用词，尽量展现专业的律师形象，不要过于把自己当事人的情绪带到自己的言行中，过于沉浸于当事人情绪会让律师无法做出准确的专业判断。

对于存在有“对抗关系”第三方的场景中，律师在沟通时需要做好双向交流的准备，一方面律师有与第三方之间进行交流时维护自己客户的权利，另一方面律师也需要将当场的法律情形用简单直白的话语向客户解释，帮助客户对该场景下法律关系做出准确的判断。

对于律师该如何在诉讼、调解、谈判这三个情境中做出正确应对，我们将会分类别地在进阶律师实务教程中进行分析。

三、代表客户对第三方进行调查的场景

律师代表客户与第三方进行调查的主要情景有：尽职调查、高管访谈等。

这两种不同的调查情景，主要会让律师与政府机关、企业高管、企业员工等对象进行交流与沟通，这同样需要从不同场景的交流与沟通技巧进行辅助练习，因此我们也将会在进阶律师实务教程中针对相关技巧进行分析。

在律师服务中沟通与交流固然重要，但是更为重要的是每次在完成沟通交流之后的及时反馈。无论是诉讼中还是非诉中的交流沟通，经过每一次的交流，需要形成法律工作成果的，我们也应当及时完成工作，向客户提交工作成果。

当你既能具有专业精神与技能，又能提供准确、细致、及时的服务时，哪怕你还是一个初级律师，你也一定能获得客户及同行的好评与认可。

第四节　初级律师的即兴表达技巧

给大家举个真实的例子：在刚开始成为实习律师的时候，带教老师因为时间冲突，让笔者代替他出席一场商业活动。在参加这场活动之前笔者反复与带教老师进行确认，是否需要在本次活动中发言，如果需要发言，笔者就不想参加这场活动了。带教老师告知肯定没有发言环节，只需要人到就可以。

当然，事情的发展总是事与愿违的。在这次活动的现场，大家坐在一个圆桌上进行交流，在最后交流时间里就有一个环节让每个参与者发表一段讲话，自我介绍也好、对活动的感受也好或者其他要交流的内容都可以。当时笔者在知道需要发言的那一刻起就开始背后冒汗，身体微微发麻，心跳明显加速，脑子一片混乱，用力搜索笔者过去所有学习的经验，都想不起来有谁教过突然在这么多人面前做即兴表达时应该说些什么，这种慌乱让笔者既没有听到前面发言人的发言，又没有做好自己发言准备。

最后，轮到发言时笔者的表达是：

"大家好，我是＊＊律师的助理，今天他有事没有来参加活动，我是代替他来学习的，很高兴认识大家。"

"你是律师还是律师助理？你叫什么名字？"一直到主持人问我名字，我才发现我自己紧张得连名字也忘记说了。

这次即兴发言笔者表现得非常不好，一整段对话里面没有任何的有效信息，就连自己的名字以及实习律师身份都没有表达清楚，同时还明确把带教老师没来的信息传达了出去。

这是一个反面的例子。如果换成今天，笔者自信自己的表达会比那一次有条理很多。这不是因为做律师时间长了，而是在通过学习与反复练习之后，对于即兴表达中应该使用的工具结构更为熟练了。虽然经过训练每个人表达的好坏还是可能因为知识与思想的不同而存在巨大的差异，但是能通过反复练习学会使用结构化工具去应对即兴表达，至少会帮助你达到即兴表达 60 分的水平。

一、如何克服即兴表达的恐惧感

在说即兴表达技巧之前，我们先来说一下关于“即兴表达的恐惧感”，只有能正确面对自己恐惧感的由来，我们才能使用正确的态度来克服这样的恐惧感。

（一）为什么即兴表达会让我们感觉到恐惧

1. 大脑中原始杏仁体的作用

第一次认知到这个概念是在阅读彼得·迈尔斯写的《高效演讲》这本书的时候。在这本书中作者认为，现在我们人类许多下意识体现出来的应激反应是与我们原始社会的本能有关。对于演讲这件事情的恐惧也是因为这种本能。彼得·迈尔斯认为在原始社会中，当一个人被许多双眼睛盯着看的时候，很大概率是他被当作猎物即将被猎杀的时刻。因此在这个时候，人类大脑中原始的杏仁体就会被唤醒，它在第一时间提醒我们小心的同时，也启动了求生的本能。它的启动方式是立刻向大脑发布命令，让我们的血液第一时间统一流向四肢，做好战斗或者逃跑的准备。也正是由于血液大量供给给了四肢，必然会导致头脑一片空白，这种空白是原始本能让我们大脑只够在两个最佳选择中做出一个选择，那就是选择战斗或逃跑，这也是为什么人们在一遇到当众演讲的时候就特别想要逃避的本能原因。

然而到了现代社会，被众目睽睽地注视，绝大部分的情况不再是因为将要启动对抗式的猎杀，更多的情况是因为如：舞台表演、老师教学、当众演讲或者其他需要在多人面前进行的现场表达。这些人们被现场注视的场景，已经不再需要血液向四肢流动，反而更需要血液向大脑供给，以保证我们能够保持清晰的思维来进行表达与展示。可是我们原始时代留给我们的本能却非常顽固，为了使我们还能对可能存在的危险做出求生的应急反应，杏仁体还是会继续工作，它是我们做好演讲或现场表达的本能阻碍。

2. 对于没有充分准备的恐惧

对于即兴表达的恐惧中，一方面是来源于当众表达的原始恐惧，另一方面是人们对外界突然提出要求自己完成不擅长行为的恐惧感，这种恐惧来源于对将进行行为的陌生感，也是对自己是否能完成挑战的怀疑，对行为的不确定与陌生必然让我们产生对该行为的恐惧感。但这种恐惧比原始本能容易克服，它完全可以通过反复刻意练习得以解决。

3. 传统教育中对即兴表达能力培养的缺失

前面已经阐述了，当众表达，特别是在对别人关注下的即兴表达产生心理恐惧是一种人类本能的驱使，那我们有可能通过后天的学习和培养来改善或改变本能的恐惧吗？

让我们回到当今社会中常见的当众表演或表达的场景：舞台表演、老师教学、当众演讲、其他表达，我们不难看出，对于舞台表演及老师教学这两个当众表达的场景，已经形成了系统的培养体系。也就是说要成为一名专业的演员、主持人、歌手或舞蹈表演者都会经过一系列专业的培训，一方面是对其艺术专业技能进行反复训练，同时也会对如何在舞台上表现以及克服心理恐惧进行训练。同样在对老师的培养过程中，也会经过严格的专业教学训练以及反复的实战讲课来克服本能的恐惧。

而对于律师而言，在我们工作中高频率出现的“演讲、即兴表达”的训练，却在我们学生生涯中被忽略。在一直强调学生书面考试分数的学习体系中，从没有要求过一个法科生系统地接受如何做出有效的即兴表达或演讲的训练。这种训练主要是依靠法科生自己经常参加学生会活动、模拟法庭或辩论赛自我学习与摸索的，这也是为什么经常参加学校活动的法科生即兴表达能力会超过不参与活动但是考试分数较高的学生，因为当众的即兴表达，也是需要反复刻意地进行培养与练习的。

（二）克服即兴表达恐惧感的方法

当我们清楚了解即兴表达让我们感到恐惧的原因之后，我们要寻找正确的方式应对，从而克服即兴表达带给我们的恐惧感。

1. 正视自己内心的恐惧

首先我们要承认自己心中的恐惧，不用刻意回避或隐瞒，这不仅是因为我们缺乏日常的训练，同时也是我们本能的正常反应。

2. 提前预设可能出现的即兴场景

对于即兴表达的恐惧一方面来源于大众目光的注视，另一方面也来源于临时的“即兴”感。如果能够将最常见的“即兴场景”进行一个有序罗列，事先做好基本的准备，那么现场表达时将会大大减少恐惧的感觉。比如自我介绍就是一个最常见的即兴表达，如果我们能将自我介绍的基本内容提前准备好，再结合现场的环境增加一部分表达，这样就会降低现场表达的紧张感。

3. 学习即兴表达技巧，进行刻意练习

既然是即兴表达，那么在很多情况下是无法预测出可能的“即兴场景”的。在无法预测的场景中，我们可以通过学习即兴表达技巧来快速组织需要表达的内容，使用模块化工具在最快时间里构建自己的表达框架，以此完成即兴表达。而这种快速使用模块化工具来构建表达框架的技巧，可以通过刻意练习得以实现。

4. 以送礼物的心去表达

在《高效演讲》这本书里，作者提到了一个观点可以克服恐惧感，也提供给大家进行参考。这种方式就是：不要太在乎自己，以送礼物的心去做演讲。作者认为当面对一场演讲时，我们肯定无法摆脱杏仁体的绑架，如果与此同时我们又过度地关注自我，那么这段演讲的时间更是难熬。作者建议演讲人应当把观众作为本次演讲的主角，而演讲者只是一个来为大家送礼物的角色，除非你真的能为观众带来真正的价值，否则，并没有太多的观众会真正地在乎你。这也是为什么往往一次演讲下来，真的能完全记住演讲者表达内容的人少之又少。

所以一方面我们应当为演讲准备好精美内容作为礼物送给观众，另一方面我们要尽量减少对自我的关注度，这样可能对缓解心里的恐惧有一定的帮助。这个缓解恐惧感的方法同样也可以在即兴表达的场景中使用。

二、即兴表达的技巧

（一）明确对象及目的

所有的表达都是有一个或一群对象在接受你所做出的信息输出，在这个信息输出的过程中会传达出你想表达的思想内容，这也是你希望对方接收到的讯息。因此在做即兴表达时，哪怕时间再紧，我们也要快速地思考几个问题。

首先要思考：我的这段表达说给谁听？哪个角度与他们有共同点？什么内容可以受到这个群体关注？这些问题能帮助你确定表达的内容。

其次在明确了表达对象后，我们需要思考：我说这段话想达到的目的是什么？需要让接受对象产生什么样的感觉？开心、乐观、痛苦、启发、下定决心、信任、还是感动？

这些问题能帮助你决定表达的风格和措辞。

（二）快速搭建表达框架

当你初步确定了表达内容和风格之后，我们可以通过模块化工具快速搭建表达框架。对于一个即兴的表达较为完整的框架是：引言、正文、收尾。

1. 引言

在所有的即兴表达中，如果时间紧迫必须开门见山地进行核心思想表达也是没有任何错误的，但是如果在时间较为宽裕的时候，我们建议能有一个小的引言作为开场，一来可以吸引听众的注意，二来也能为正文做一个铺垫。

我们建议为了能够吸引听众的注意力，最好在简短的引言中突出“你或你们”的词语，当你的引言内容和表达对象建立关系之后，就更容易让听众对你所讲的内容产生兴趣，当然抛出有震撼力的数据或者吸引人的短小故事也是不错的选择。

2. 正文

正文是你这次即兴表达中需要阐述的主要内容，而决定正文内容的正是你对这次表达“对象与目的”的判断。一般建议即兴表达的正文观点不超过三点。过多的观点不容易让听众完整接收到你要表达的信息，如果预留给你的表达时间较长，需要表达的观点较多，那么建议正文还是形成三个大观点。在大观点之下形成三个以内的小观点进行阐述。

正文每个观点之间应当有关联性，同时能够围绕着你希望接受对象了解的主要目的去阐述，避免内容表达不一致或者完全没有关联性的观点在同一个正文中进行表达。另外如果正文内容较多，建议可以将主要观点和框架写在纸上，以免即兴表达时突然遗忘。

3. 收尾

收尾是点睛之笔，是让听众记住你表达的总结。因此建议在总结部分不要再表达新的观点，可以用一句名言、一个祝福、一个比喻或者其他感性的内容来进行收尾，如果能与引文前后呼应，就更能让听众记住你的表达。

（三）刻意反复的练习

以上的即兴表达技巧，因场景的不同与使用人表达方式不同将有所区别，但是作为初级律师可以将此作为一个技巧工具进行反复训练，以此帮助自己逐渐形成即兴表达的思维模式。当然所有的工具只是交流与表达的辅助，在律师与别人的沟通中，专业与真诚是任何工具无法取代的。

三、即兴表达训练示范

（一）第一步对即兴表达对象及目的的思考

1. 即兴表达场景

一个朋友聚会的现场，当新朋友知道你是一名律师之后，想让你说一下关于是否应该签订婚前财产协议的看法。

2. 对象与目的确定

对象：新朋友、年轻人、还未结婚的青年情侣。

他们为什么想让律师表达：财产是完整婚姻的重要组成，是否应该把财产在婚前约定明确避免以后的纠纷？还是不应该在婚前对财产进行约定，应该根据法律将夫妻共同财产作为夫妻共同所有？作为一名专业的律师，应该了解更多的婚姻关系中的法律问题，对于这个还不能完全被传统接受的观念，他们希望听听作为律师怎么看。

3. 律师希望他们能够感受到

谈论财产关系不应该成为婚姻关系中的忌讳，这个问题的答案是开放的，任何选择都可以接受，同时即兴演讲者是一个可信赖的专业律师。

4. 律师希望他们听完后知道

财产是婚姻的重要组成，婚前对财产关系的理性讨论值得推崇。在双方经过考虑后，签署或不签署这份协议，对他们彼此都是一个正确的选择。如果选择签署，建议由专业人士拟定婚前财产协议，以免未来有纠纷。

（二）第二步搭建即兴表达框架

1. 开场

你们肯定很好奇，作为一名律师是否会在结婚之前进行婚前财产的约定，据笔者所知，笔者所在律师事务所有 30 名律师，曾经与爱人拟定或打算拟定婚前财产约定的人数是零！你们一定觉得连律师自己都不签署这样的协议，是否婚前财产协议就没有必要存在？笔者也反问过自己这样的问题。

2. 正文

当笔者反问自己之后，当站在一个从业 15 年的律师角度去思考后，笔者认为我们对婚前财产协议还是应该保持积极乐观且开放接受的态度。

感情是婚姻的基础，沟通是感情的桥梁，选择正确的场合与沟通方式与对方谈论这个话题非常重要，这并不会影响双方的感情。如果婚前连这个话题都不敢坦诚讨论，很难想象在未来共同生活的几十年里，你们彼此要怎么携手共度此生。

虽然我们从心里都承认财产是婚姻重要的组成部分，但很多人还是不敢在婚前谈论这个话题。笔者认为，新一代的我们不用刻意回避财产这个问题，我们是在一个平等关系上建立的婚姻，经过双方理性讨论与考虑后，双方在是否签订协议上达成一致，那么任何选择都是正确且可接受的。但如果你决定要与未来的另一半签署婚前财产约定，笔者作为律师给予以下三个建议：

第一，理清双方财产关系，尽量全面公平地对双方婚前或/和婚后财产进行约定。

第二，注意用词及条款约定，既要避免严苛的词语影响彼此感情，又要避免使用导致合同条款无效的约定。

第三，在财产数量较大或财产种类较多的情况下，建议聘请专业律师为双方代为起草专业协议，从文书内容与保管方式上都会为双方提供更好的保障。

3. 收尾

这就是笔者作为一个律师对这个话题的看法，当然在我们客户群体中选择婚前拟定财产协议的也很多，笔者也想过为什么我们律师大部分不会起草这份协议？就笔者自己而言，每天忙碌的工作让自己找到相知伴侣这件事已经很困难了，而且太多人认为律师对婚姻财产过于精明，所以作为感情中的“弱势群体”，笔者不会主动提出签署协议的要求。但对于你们不一样，只要你们经过讨论后，对这个协议的起草与不起草达成一致意见，那么这都将是一种幸福的选择。

以上是使用即兴表达模块工具的练习示范，初级律师可以模拟不同场景根据这样的结构进行练习，经过反复练习后，一定会在即兴表达上有所突破。同时，以上的表达结构也可以用于其他有准备的发言场合，更好的事前准备会对你的表达有更大的帮助。

第五节　思考与实训

【案例分析实训】

【案例 12.3】

【案情简介】

你是一位集团客户的律师，经法务部经理要求，需要为企业起草一份与第三方的合作协议。客户与第三方合同谈判的过程你并没有参与，你起草合同的基础是与法务人员的沟通，并从法务人员处获得了一份谈判过程的会议记录。当你在起草合同时发现，谈判过程的会议记录中多条条款约定并不明确，按照这些现有条款起草协议可能会对公司造成损失，但法务部工作人员并没有意识到这些问题。于是你对合同条款提出了法律建议，并最终配合公司与对方达成新的条款，完成合同签订的任务。

在公司合同庆功会上，法务经理临时请你针对法务人员没有发现谈判记录中条款瑕疵这一情况发表一下意见，你从让大家都满意的角度出发做了即兴表达，现场获得一致好评。

【思考问题】

1. 在这次非诉法律服务的不同阶段，律师沟通与交流的时间节点有哪些？
2. 在这次非诉法律服务的不同阶段，律师可以使用的沟通工具是什么？
3. 在这次非诉法律服务的不同阶段，律师交流与反馈的对象分别是谁？

【实训要求】

使用即兴表达的技巧，根据文中的要求与角度，做一段庆功会上的即兴发言。

图书在版编目（CIP）数据

初级律师基本技能/王祥修主编. —北京：中国政法大学出版社，2019.10
ISBN 978-7-5620-9256-8

Ⅰ.①初…　Ⅱ.①王…　Ⅲ.①律师－工作－中国　Ⅳ.①D926.5

中国版本图书馆CIP数据核字(2019)第230459号

出版者　中国政法大学出版社
地　址　北京市海淀区西土城路25号
邮寄地址　北京100088信箱8034分箱　邮编100088
网　址　http://www.cuplpress.com (网络实名：中国政法大学出版社)
电　话　010-58908289(编辑部) 58908334(邮购部)
承　印　固安华明印业有限公司
开　本　720mm×960mm　1/16
印　张　26.5
字　数　435千字
版　次　2019年10月第1版
印　次　2019年10月第1次印刷
定　价　85.00元